A HISTÓRIA DA TRANSFERÊNCIA DA CAPITAL FEDERAL DO BRASIL

Dados Internacionais de Catalogação na Publicação (CIP)
(Câmara Brasileira do Livro, SP, Brasil)

Amado, Wolmir Therezio
  A história da transferência da capital federal do Brasil : Igreja e política no Planalto Central (1891-1960) / Wolmir Therezio Amado. – Petrópolis, RJ : Vozes, 2024.

  Bibliografia.
  ISBN 978-85-326-6828-8

  1. Igreja Católica – Brasil – História 2. Igreja e Estado – Brasil 3. Planalto Central (Brasil) – História 4. Política eclesiástica I. Título.

24-209623   CDD-981

Índices para catálogo sistemático:
1. Igreja e política : História   981

Cibele Maria Dias – Bibliotecária – CRB-8/9427

Wolmir Therezio Amado

A HISTÓRIA DA TRANSFERÊNCIA DA CAPITAL FEDERAL DO BRASIL

Igreja e política no Planalto Central (1891-1960)

Petrópolis

2024, Editora Vozes Ltda.
Rua Frei Luís, 100
25689-900 Petrópolis, RJ
www.vozes.com.br
Brasil

Todos os direitos reservados. Nenhuma parte desta obra poderá ser reproduzida ou transmitida por qualquer forma e/ou quaisquer meios (eletrônico ou mecânico, incluindo fotocópia e gravação) ou arquivada em qualquer sistema ou banco de dados sem permissão escrita da editora.

CONSELHO EDITORIAL

Diretor
Volney J. Berkenbrock

Editores
Aline dos Santos Carneiro
Edrian Josué Pasini
Marilac Loraine Oleniki
Welder Lancieri Marchini

Conselheiros
Elói Dionísio Piva
Francisco Morás
Gilberto Gonçalves Garcia
Ludovico Garmus
Teobaldo Heidemann

Secretário executivo
Leonardo A.R.T. dos Santos

PRODUÇÃO EDITORIAL

Aline L.R. de Barros
Marcelo Telles
Mirela de Oliveira
Natália França
Otaviano M. Cunha
Priscilla A.F. Alves
Rafael de Oliveira
Samuel Rezende
Vanessa Luz
Verônica M. Guedes

Editoração: Marina Montrezol
Diagramação: Editora Vozes
Revisão gráfica: Nilton Braz da Rocha/Fernando Sergio Olivetti da Rocha
Capa: Rafael Machado
Imagem de capa: Catedral de Brasília – Primeira Missa | Acervo do Arquivo Nacional

ISBN 978-85-326-6828-8

Este livro foi composto e impresso pela Editora Vozes Ltda.

*A todos aqueles que habitaram e habitam
no coração geográfico do Brasil.
Com a viva memória do passado,
a coragem, construtora do presente,
e a audácia profética, rumo ao futuro.*

Sumário

Agradecimentos. *11*
Prefácio *13*
Apresentação *17*
Introdução *25*

1 A CRISTANDADE CATÓLICA NOS PRIMÓRDIOS DO BRASIL REPÚBLICA . . . 27

1.1 Cristandade, uma categoria analítica com múltiplas variáveis 29

1.2 A Cristandade na perspectiva histórica. 32

1.3 A Cristandade no período colonial brasileiro 40

1.4 O início do Brasil República e a separação Igreja-Estado. 48

    1.4.1 Dom Eduardo e a Cristandade romanizada em *Goyaz* 51

    1.4.2 O componente subjetivo na romanização sertaneja. 54

    1.4.3 Disciplina eclesiástica na Cristandade sertaneja. 57

    1.4.4 A República e as dificuldades financeiras na Igreja de *Goyaz* . 60

Considerações 62

2 O SONHO DE DOM BOSCO: UMA REPRESENTAÇÃO ONÍRICA DO SÉCULO XIX ACERCA DA "TERRA PROMETIDA" NO PLANALTO CENTRAL BRASILEIRO 65

2.1 Os sonhos como fenômeno religioso e suas hermenêuticas 68

2.2 As narrativas oníricas da tradição judaico-cristã: a comunhão
com o sobrenatural 70

    2.2.1 Profetas em confronto com os sonhos 72

    2.2.2 Os sonhos de José 73

2.3 O lugar dos sonhos na vida de santos e de protagonistas
da Igreja Católica 75

    2.3.1 Os sonhos de Dom Hélder Câmara 76

    2.3.2 O sonho de Dom Fernando Gomes dos Santos 78

    2.3.3 Entre a escuta e a suspeita 79

2.4 O sonho de Dom Bosco e o imaginário onírico-religioso católico:
aproximações hermenêuticas 80

2.5 O sonho de Dom Bosco: de narrativa onírica a narrativa política . . 100

Considerações 108

3 CONSTITUIÇÕES, TERRITORIALIDADES E PROTAGONISMOS
PARA A TRANSFERÊNCIA DA CAPITAL FEDERAL (1891-1959) 111

3.1 A Constituição brasileira da Primeira República (1891),
a Comissão Cruls (1892-1893) e a primeira demarcação
do Distrito Federal 114

3.2 A pedra fundamental da futura capital federal
no Planalto Central (1922) 119

3.3 A Constituição da Segunda República (1934) 124

3.4 A ditadura do Estado Novo e a Constituição de 1937 127

    3.4.1 O Estado Novo e a Marcha para o Oeste 130

    3.4.2 Missionário católico na causa pelo Oeste brasileiro 132

3.5 A transferência da capital federal na Terceira República
do Brasil (1945-1964) 137

    3.5.1 A Comissão Polli Coelho (1946-1948) 139

    3.5.2 A Comissão Caiado de Castro (1953) 140

    3.5.3 A Comissão Marechal Pessoa (1954-1955) 145

    3.5.4 A comissão goiana de cooperação e a desapropriação
    das terras de Goiás para o Distrito Federal (1955) 147

    3.5.5 Comissão de Planejamento da Construção e
    Mudança da Capital Federal (1955-1956) 152

3.6 Mudancistas goianos: "mudança territorial para mudança social" . . 155

    3.6.1 Os estudantes universitários mudancistas (1956) 160

    3.6.2 Mulheres mudancistas (1958) 168

3.7 Fenômenos religiosos contextualizados pela transferência
da capital federal 171

    3.7.1 A influência do capital simbólico-cristão 174

    3.7.2 Religiosos católicos mudancistas em Goiás 176

3.8 Toniquinho e a expectativa popular goiana (1955) 178

Considerações 181

4 A PARTICIPAÇÃO DA CRISTANDADE CATÓLICA MILITANTE NA TRANSFERÊNCIA E NA CONSTRUÇÃO DA CAPITAL FEDERAL DO BRASIL (1923-1960) 185

4.1 Os bispos de *Goyaz*: o poder sagrado e a gestão do campo simbólico-religioso 188

    4.1.1 Dom Prudêncio e a Cristandade em transição. 191

    4.1.2 Dois bispos e duas histórias, sob o marco e as rupturas da Cristandade militante 194

        4.1.2.1 Feito bispos, o destino seria Goiás. A "delimitação explícita das áreas de competência da estrutura religiosa" 199

        4.1.2.2 O primeiro arcebispo de Goiás 201

        4.1.2.3 O primeiro arcebispo de Goiânia 206

        4.1.2.4 A militância política, social e educacional de Dom Emanuel . . 210

        4.1.2.5 A militância política, social e educacional de Dom Fernando . . 212

        4.1.2.6 Quando os ciclos se encerram... vita brevis!. 217

4.2 Cônego Trindade, o "apóstolo da cruzada cívica" 219

    4.2.1 A militância pela educação. 225

    4.2.2 A militância partidária 231

    4.2.3 A militância pela mudança da capital federal 236

4.3 A transferência da capital federal e a construção de Brasília 249

    4.3.1 A gênese e a formação do campo simbólico-religioso católico durante a construção de Brasília 254

    4.3.2 O uso do capital simbólico-religioso na inauguração da nova capital federal 267

Considerações 272

Conclusão. 275

Referências 285

Anexos 309

Agradecimentos

A pesquisa que resultou nesta obra foi realizada em um tempo bastante difícil, quando a pandemia da covid-19 assolou a humanidade. Frente a um desafio tão imenso e inédito, coincidia ainda que, nessa época, eu estava como o maior responsável pela gestão de uma grande universidade, em meu quinto e último mandato no reitorado. Foi uma árdua jornada! Agora, diante de Deus, mais uma vez meu coração se sente em orante agradecimento. Tudo é graça!

Esta obra, como quase tudo na vida, teve a ajuda de muitas mãos, corações e inteligências. Meu trabalho autoral foi intenso e singular, mas não teria chegado até aqui sozinho sem a solidária contribuição de muita gente, a quem sou devedor de profunda gratidão.

Agradeço à banca examinadora a quem submeti esta pesquisa, agora publicada, que foi originalmente uma tese de doutorado. Além de criteriosa análise e avaliação, forneceu-me importantes sugestões e orientações que me auxiliaram no aperfeiçoamento deste trabalho. Obrigado, Prof.ª-Dra. Carolina Teles Lemos (PUC-Goiás) – presidente da banca e orientadora; Prof.-Dr. Abimar Oliveira de Moraes (PUC-Rio); Prof.-Dr. Clóvis Ecco (PUC-Goiás); Prof.-Dr. José Reinaldo Felipe Martins Filho (PUC-Goiás); Prof.-Dr. Lauri Emilio Wirth (Umesp); Prof.--Dr. Valmor da Silva (PUC-Goiás), suplente interno; Prof.-Dr. Rezende Bruno de Avelar (UEG), suplente externo.

Meu agradecimento a todos professores e professoras do Programa de Pós--graduação *Stricto Sensu* em Ciências da Religião (PPGCR) da Pontifícia Universidade Católica de Goiás.

Gratidão à Prof.ª-Dra. Milca Severino Pereira, então pró-reitora de pós-graduação e pesquisa; à Prof.ª-Dra. Priscila Valverde de Oliveira Vitorino, atual pró--reitora; e ao Prof.-Dr. Clóvis Ecco, coordenador do PPGCR, pela fraterna gestão em meu itinerário acadêmico.

Gratidão ao Prof.-Dr. Antônio César Caldas Pinheiro, pelo acesso e pela orientação em relação aos documentos de fonte primária, no Instituto de Pesquisas e Estudos Históricos do Brasil Central. Agradecimento também às arquivistas Regina Célia Silva e Wanda Fernandes.

Agradecimentos ao Prof. Eduardo Silva, por subsidiar-me na abordagem da análise econômica e na atualização histórica dos valores da moeda brasileira. E meu muito obrigado à Prof.ª-Dra. Estelamaris Brant pela revisão técnica, e ao pedagogo Lúcio Paulo de Carvalho pela formatação inicial deste trabalho.

Agradeço ao arcebispo emérito de Goiânia Dom Washington Cruz, pela amizade, pelo incentivo e por ter disponibilizado alguns dos documentos históricos utilizados nesta pesquisa, provenientes do arquivo restrito do primeiro arcebispo de Goiânia, Dom Fernando Gomes dos Santos. E gratidão ao Dom João Justino de Medeiros Silva, arcebispo de Goiânia, pela fraterna amizade.

Agradeço aos colegas-irmãos e irmãs da reitoria da PUC-Goiás, com os quais, durante tantos anos, compartilhei trabalho, desafios, projetos e esperanças: Olga Izilda Ronchi (atual reitora), Lorenzo Lago, Sônia Margarida Gomes Sousa, Daniel Rodrigues Barbosa, Helenisa Maria Gomes de Oliveira Neto, Milca Severino Pereira, Márcia de Alencar Santana, Eduardo Rodrigues da Silva e Irani Ribeiro de Moura.

Gratidão à Pontifícia Universidade Católica de Goiás, onde atuo como docente há 38 anos. E gratidão a todos os professores, estudantes e funcionários, vivos ou falecidos, desta comunidade universitária, com quem tive a oportunidade de conviver, ensinar, aprender e ser. E a todos os integrantes da Fundação Aroeira, PUC-TV e Santa Casa de Misericórdia de Goiânia.

Agradeço a Aline Santos Carneiro, ao Conselho Editorial e à equipe técnica da Editora Vozes pela dedicação e pelo competente profissionalismo na publicação desta obra.

Agradeço a toda a minha família, que reside no sul do Brasil e no Estado de Goiás. E minha profunda gratidão a minha pequenina família nuclear – Suely, Sarah, Fernando, Gabriel e a netinha Alice –, pela partilha do amor, da vida e do pão de cada dia.

E obrigado a você, amigo(a) leitor(a), razão de todo meu empenho para a publicação desta obra.

Prefácio

Carolina Teles Lemos[1]

Como bem pontua o autor da presente obra, Wolmir Therezio Amado, o entrelaçamento entre a presença da Igreja Católica e os poderes públicos nas decisões tomadas quando da transferência da capital federal do Brasil para o Planalto Central do país se deu em contexto da Cristandade restauracionista e militante. Para entender o significado dessa conjuntura, seguindo a perspectiva do autor deste livro, façamos uma breve retrospectiva da trajetória da Igreja Católica, destacando alguns dos principais aspectos que marcaram cada etapa de sua história, visando evidenciar como se construiu uma mentalidade capaz de exercer forte influência social e política para a transferência da capital federal do Brasil.

O restauracionismo católico não é um movimento recente. Ele vem se fazendo presente desde a idade da Reforma Protestante (século XVI). E por que tal movimento surge na história da Igreja Católica nesse período? Um dos motivos é para se recompor do susto com a própria reforma. Após a queda do Império Romano, a Igreja Católica desempenhou papel crucial na preservação e transmissão da cultura clássica, sendo vista como força estabilizadora na sociedade. Alguns grandes nomes da literatura católica apresentam amplas informações sobre as concepções teológicas que sustentavam a Igreja naqueles tempos: Santo Agostinho, em *A cidade de Deus*, examina a relação entre a cidade de Deus e a cidade terrena, abordando a presença e a influência da Igreja na sociedade nesse período; Tomás de Aquino (1225-1274), em sua *Suma teológica*, explora temas como justiça, governo e poder, fornecendo uma base teológica para a relação entre a Igreja

---

1. Programa de Pós-graduação *Stricto Sensu* em Ciências da Religião/PUC-Goiás. Coordenadora da área de Ciências da Religião e Teologia – Coordenação de Aperfeiçoamento de Pessoal de Nível Superior (Capes).

e a política; Marsílio de Pádua (1275-1342), em *Defensor pacis*, argumenta pela separação entre Igreja e Estado, defendendo a supremacia do poder temporal; o Papa Gregório VII (1020-1085), em *Dictatus Papae*, destacou a supremacia papal sobre os assuntos temporais, delineando a autoridade papal na esfera política.

Se na Idade Média (séculos V-XV) a Igreja Católica ocupou um papel central na sociedade europeia, influenciando a política e a cultura, por outro lado cometeu muitos erros e excessos, gerando descontentamentos tanto internos quanto em sua política externa. A Igreja, muitas vezes, estava envolvida em conflitos políticos, como a luta pela supremacia entre o papado e os imperadores, conhecida como a Questão das Investiduras (séculos XI-XII). As Cruzadas também foram empreendimentos militantes da Igreja para retomar Jerusalém dos muçulmanos. A oposição a tudo isso levou ao acontecimento denominado Reforma Protestante, caracterizado pelo desejo de restaurar a pureza doutrinária e a prática da Igreja primitiva. Dentre os grandes nomes de teólogos que se destacam nesse período estão: João Calvino (1509-1564), em *Institutas da religião cristã*, que aborda a relação entre Igreja e governo, validando a autoridade da Igreja na esfera espiritual, e Martinho Lutero (1483-1546), com *À nobreza cristã da nação alemã*, obra na qual discute a responsabilidade dos governantes e critica a corrupção na Igreja, defendendo uma atuação mais ética e justa. Ambos buscaram liderar o retorno à autoridade das Escrituras e à salvação pela fé. No entanto, a Reforma também tinha suas próprias contradições, que a levaram aos conflitos políticos, como a Guerra dos Trinta Anos, durante a qual as linhas entre as facções religiosas e políticas frequentemente se confundiam. No período seguinte, chamado de Pós-Reforma e Idade Moderna (séculos XVII-XVIII), surgiram movimentos como o pietismo e o metodismo visando restaurar o fervor espiritual mais profundo na vida cristã. Não obstante tais movimentos, a Igreja Católica permaneceu desempenhando papel significativo na política e influenciando questões como direitos humanos, abolição da escravatura e reformas sociais.

Dando um salto na história, ao século XX, verifica-se a acentuação do modelo eclesial denominado "Cristandade militante", que mantinha as características de restauração disciplinar e ortodoxia doutrinária, mas com simultânea ênfase à militância social e política. Nesse período, a Igreja exerceu funções importantes em movimentos sociais, como os direitos civis nos Estados Unidos, a resistência contra os regimes totalitários na América Latina e o ativismo contra o *apartheid* na África do Sul.

No Brasil e em Goiás, durante os períodos colonial e monárquico, a presença da Igreja Católica foi marcante, com a construção de igrejas, a vinda de grande número de congregações religiosas, a edificação de seminários e formação do clero brasileiro e a intensa atuação dos missionários. Tal cenário exigiu a gradual demarcação dos territórios eclesiásticos, com a organização das dioceses e paróquias, fortalecendo a relevância da hierarquia eclesiástica católica no país e, particularmente, no Planalto Central brasileiro. Com a independência do Brasil em 1822, a Igreja Católica continuou ocupando posição central na organização social e cultural de Goiás. Os religiosos e a hierarquia eclesiástica, composta de bispos e padres, exercia influência na educação, na moral, nos costumes e nas práticas culturais da população.

Com a Proclamação da República em 1889, houve mudanças significativas na relação entre a Igreja e o Estado no Brasil devido à separação oficial entre essas estruturas, estabelecida pela nova constituição. A Igreja Católica, anteriormente detentora de grande poder e privilégios, teve que se adaptar a um novo contexto político. No entanto, apesar da separação oficial, a Igreja continuou interferindo na sociedade brasileira – particularmente, a goiana –, envolvendo-se em atividades sociais, como assistência aos necessitados; e, na área educacional, mantendo escolas e instituições de ensino. Além disso, a Igreja Católica foi crucial na preservação da cultura e na identidade regional em Goiás – isso incluiu a promoção de eventos culturais, a preservação de tradições religiosas e a contribuição para o desenvolvimento educacional da população.

Embora sob a vigência do Estado laico e de profundas transformações sociais e culturais em meados do século XX, foi nesse contexto que a Igreja Católica exerceu grande influência nas decisões para a transferência da capital federal ao Planalto Central brasileiro. A mitificação do "sonho de Dom Bosco", descrito pelo autor desta obra, torna-se um mito fundante, uma história simbólica que dá significado às origens de Brasília. O sonho de Dom Bosco adquire um significado especial no contexto religioso, sendo interpretado como uma revelação divina sobre o destino espiritual da região. A representação das estrelas e a transformação de uma terra hostil em um espaço abençoado conferem um caráter sagrado à narrativa. Na ocasião da mudança da capital do Brasil para o Planalto Central, esse relato foi utilizado para legitimar a escolha do local para a construção da nova capital, outorgando-lhe uma dimensão sagrada.

O entrelaçamento entre os poderes eclesiais, políticos e econômicos fez da transferência da capital do Brasil para o interior do país um processo complexo que se desenrolou ao longo de muitas décadas, envolvendo questões constitucionais, territorialidades e diversos protagonistas. Vários líderes políticos e empresariais foram defensores da mudança da capital para o interior, buscando descentralizar o poder político e desenvolver o interior do país. No âmbito da Igreja Católica, durante o período de 1923 a 1960, alguns membros foram significativos nessa transferência. Dentre eles destacam-se figuras como Dom Emanuel Gomes de Oliveira, cônego José Trindade da Fonseca e Silva e Dom Fernando Gomes dos Santos. Nesta obra, o protagonismo desses personagens é amplamente apresentado.

O ponto de chegada da obra aqui prefaciada é a percepção de que a Cristandade católica militante foi crucial na promoção de valores sociais e educacionais ao longo da história do Brasil e, particularmente, do Centro-Oeste brasileiro. O impacto dessa atuação influenciou não apenas a religião, mas também a política e a educação. As ações da Igreja Católica, marcantes no contexto da transferência e construção da capital federal, refletiram a busca por uma presença notável da Igreja Católica na nova capital, abrangendo aspectos sociais, educacionais e espirituais, e contribuíram para a consolidação da identidade religiosa e cultural na região.

Apresentação

Era difícil acreditar, até meados do século XX, que um dia a capital federal do Brasil seria transferida ao interior do sertão, em meio ao cerrado, onde a vida agrária transcorria em monótona lentidão, no isolamento social e com poucas pessoas habitando em vazios e longínquos espaços geográficos. Durante mais de quatro séculos, a ocupação urbana concentrou-se na costa litorânea brasileira. No Rio de Janeiro residia a sede do Império e, depois, da República. E lá havia beleza natural, pujança econômica, desenvolvimento sociocultural, escolas e universidades e intensa vida citadina. Também havia conflitos políticos, contrastes socioeconômicos e profundas contradições na condução do projeto de nação. Mas retirar desse lugar geopolítico a sede do poder nacional, isso nem pensar! Os interesses e os estereótipos eram tantos e tão variados, que afugentavam toda e qualquer iniciativa de mudança da capital federal. Padre Wand, missionário redentorista, em relato escrito no ano de 1924, afirmava que a resistência contra essa transferência se devia,

> [...] por um lado, pela total ignorância a respeito do imenso interior do Brasil, e, de outro lado, pela resistência do alto funcionalismo, que não esta[va] disposto a trocar o Rio, a "Cidade Maravilhosa", com seus palácios, suas praias, sua grandiosa natureza e sua vida cômoda, trocar tudo isto para morar num lugar deserto, distante quase dois mil quilômetros do litoral e dos centros da civilização, e ver-se privado de todo o conforto da vida (Wand, 2023 [1924], p. 208).

A ideia de transferência da capital federal vinha desde o Brasil Colônia e, depois, alcançou também os tempos do regime imperial; mas, cabia mais na cabeça dos estrategistas do que na realidade possível. Entretanto, após a Proclamação da República, durante um longo e complexo processo político de sete décadas – de 1891 a 1960, com inúmeros reveses, impasses e dissensos –, fortaleceu-se a decisão pela transferência. Assim, quando o ciclo republicano se tornou maduro e propício, eclodiu a possibilidade de mudar a capital federal para o Planalto Central brasileiro. E, assim, Brasília foi construída! Esta é a história que será relatada nesta obra.

Para essa narrativa historiográfica foi necessária uma exaustiva pesquisa documental, em fontes primárias. Exigiu tempo, paciência, resiliência e humildade investigativa. Vivia-se, então, na fase da pesquisa, sob o impacto e as incertezas de uma pandemia. Enquanto se estava em cuidadoso "isolamento social" – como era então a determinação sanitária, no país e no mundo –, simultaneamente esta pesquisa foi sendo gradualmente desenvolvida, e preciosas fontes de informação histórica foram sendo descobertas, cotejadas, comparadas e analisadas. Disso resultou uma tese de doutorado, produzida com rigor científico, formalidade técnica e submissão avaliativa a uma banca examinadora.

Para esta obra foram aplicadas importantes mudanças e adaptações editoriais. O título foi modificado, várias das citações indiretas foram supressas no corpo do texto (embora mantidas as referências bibliográficas ao final da obra), diversas notas em rodapé foram abreviadas, hipóteses e objetivos foram reinseridos em nova perspectiva textual – tudo isso para dar mais leveza e abrangência à leitura. Mas este trabalho publicado manteve o imprescindível: a pertinência científica e a relevância social. Deseja-se, sobretudo, compartilhar novas contribuições e olhares atualizados à memória histórica do Brasil, com honestidade intelectual e compromisso social.

Brasília, a capital federal do Brasil, pela sua relevância política e social, já obteve quase onze mil títulos de livros, artigos, teses e dissertações em todas as áreas de conhecimento, de política a cultura, de hidrografia a literatura. São milhares de narrativas sobre as muitas "Brasílias" ou uma mesma Brasília na perspectiva de múltiplos olhares[2]. Não obstante essas milhares de abordagens formuladas, esta obra quer lhe apresentar uma perspectiva inédita enquanto enfoque temático, informação documental de fonte primária e chaves hermenêuticas[3]. Para o tema central deste

---

2. Essa constatação é o resultado de uma compilação realizada por Cristian Brayner, organizador da obra *Bibliografia Brasília,* que reúne as referências sobre a capital federal obtidas nas 29 principais bibliotecas e bancos de dados do mundo. Nesse livro inédito e exaustivo acerca das obras publicadas sobre a capital dos brasileiros constam 10.578 fontes numeradas em ordem alfabética, 6.560 nomes de pessoas ou entidades que fazem parte da história de Brasília e índice temático com mais de 2 mil diferentes tópicos. Essa obra foi lançada em 16 de dezembro de 2020 e está no site da Câmara dos Deputados. Disponível em: https://www.agenciabrasilia.df.gov.br/2020/12/15/livro-reune-11-mil-textos-sobre-a-historia-da-capital-federal/amp – Acesso em: 2 fev. 2021.

3. Com as palavras-chave "Igreja Católica e construção de Brasília", o portal de periódicos da Capes apresentou o seguinte resultado, consultado pelo sistema em vinte bancos de dados: entre os anos

livro convergem e se interseccionam múltiplos outros temas transversais e correlatos – cristandades, símbolos, arquétipos, messianismos, milenarismos, migrações, educação, política etc. –, que ampliam o horizonte de compreensão desta pesquisa e conduzem ao seu aprofundamento. Ainda, a construção textual desta obra terá a ênfase historiográfica, mas, subsidiariamente, será necessário recorrer a algumas das abordagens teóricas da psicologia, filosofia, ciências da religião, eclesiologia, exegese bíblica, missiologia, geografia, economia, ciências políticas, sociologia e demografia.

Talvez o leitor se surpreenda com uma preciosa novidade histórica, "escondida" e adormecida em documentos de fonte primária; trata-se do protagonismo da Igreja Católica em Goiás – com seu modelo eclesiológico de Cristandade católica restauracionista e militante, no período republicano brasileiro –, como fator imprescindível na criação das condições a fim de que a capital federal do Brasil fosse transferida do litoral brasileiro ao Planalto Central goiano. Além disso, para que durante a construção de Brasília houvesse espaço físico e político onde fosse implantada a Igreja Católica e as demais igrejas e religiões.

A dimensão jornalística mais conhecida e difundida sobre o acontecimento decisivo para a mudança da capital do Rio de Janeiro para Brasília é aquela do início da campanha eleitoral de Juscelino Kubitschek (JK) (1902-1976), em Jataí/

1992 e 2021, dentre os idiomas em português, inglês, espanhol, alemão ou italiano, foram publicados 381 artigos científicos, 94 livros e 3 resenhas contendo uma das palavras-chave inseridas. Entretanto, após a leitura do conteúdo dessas 478 publicações, em nenhuma delas havia coincidência com a pesquisa que trazemos nesta obra. Outra vez, então, retornou-se à consulta ao portal da Capes, agora com palavras-chave ainda mais específicas: "Igreja Católica e a transferência da capital federal". Novamente, o portal da Capes exibiu o resultado, agora restrito a quinze bancos de dados, com publicações realizadas entre 1996 e 2020, dentre os idiomas português, inglês, espanhol, francês ou alemão. Apresentou 133 artigos e 62 livros, que continham uma das palavras-chave. Verificadas cada uma dessas 195 publicações, nenhuma tratava do tema específico pesquisado neste livro. Foi feita a consulta na Biblioteca Eletrônica Científica *Online* (SciELO). Esta revelou também diversas teses e dissertações sobre Brasília, as quais, outra vez, sequer tangenciam o tema e as principais fontes primárias abarcadas nesta obra. Ainda, consultaram-se dezesseis das revistas científicas da área de teologia ou ciências da religião publicadas nos últimos cinco anos. Nessas, há vários temas correlacionáveis e pontuais, dos quais esta pesquisa serviu-se para aprofundar aspectos como messianismo, milenarismo, migrações, igrejas e política etc. Contudo, também nesta área não foi identificado um estudo específico ao tema aqui tratado. Quanto aos livros impressos sobre Brasília – alguns dos quais também utilizados e aqui citados, como fonte subsidiária de contextualização ao objeto de pesquisa –, não são estudos específicos que se refiram ao recorte temático aqui desenvolvido e, naquilo que esteve ao alcance de verificação, não mencionam as principais fontes primárias utilizadas na presente pesquisa. Por tais razões, salvo melhor juízo, este livro se constitui com um recorte temático inédito. Isso exigiu ainda mais responsabilidade e esforço para tratar com pertinência o objeto desta investigação; e humildade, aguardando que no futuro, já com outras possibilidades históricas, possam emergir novas perspectivas e aprofundamento acerca do tema pesquisado.

GO, quando um cidadão, após o discurso do candidato, perguntou se ele faria a transferência da capital para o Planalto Central goiano, conforme previa a Constituição. A resposta de JK transformou-se em plataforma político-eleitoral. Uma vez eleito, fez de seu mandato o "tempo político" para a construção de Brasília e a transferência da capital federal.

Surgiram no período colonial e, depois, durante o império as primeiras ideias de situar a capital do Brasil no centro geográfico do território nacional, e não em um dos centros de maior densidade populacional. Com a instauração do regime republicano, isso se tornou decisão constitucional. Para cumprir tal determinação, desde o final do século XIX houve comissões designadas pelo governo federal para a demarcação do território central, onde deveria ser a sede dos poderes da República Federativa do Brasil. Todas as constituições da República mencionam a disposição legal para a transferência da capital federal ao centro geográfico do território brasileiro.

Entretanto, as crises dos diversos ciclos econômicos brasileiros, o revés do Estado Novo, as duas guerras mundiais, a resistência local no estado do Rio de Janeiro, a instabilidade política e as indecisões dos governos, dentre outros fatores, inviabilizaram a concretização da transferência da capital federal.

Na década de 1950, a impetuosa decisão de JK para transferir a capital federal e para construir Brasília somente foi possível devido à emergência de novos sujeitos históricos e, dentre eles, a atuação política de parte do clero da Igreja Católica, em Goiás. Três fatores significativos, dentre outros, levaram a Igreja a envolver-se nessa causa política: a conjuntura mudancista goiana; o movimento de militância católica pela restauração do prestígio frente ao Estado laico republicano; e o perfil dos sujeitos históricos eclesiais, pertencentes à hierarquia eclesiástica. Para demonstrar como se desenvolveu esta complexa trama sociopolítica foi necessário: localizar em arquivos os documentos de fonte primária que contêm informações acerca deste panorama histórico; cotejar e comparar tais informações primárias com as pesquisas já publicadas sobre o tema, identificando lacunas historiográficas, articulando narrativas e apresentando novas possibilidades hermenêuticas; e articular as micro-histórias com as mentalidades e os macrocontextos sociais, eclesiais, políticos e econômicos.

Junto aos atores, enredos e cenários desse imenso e complexo processo sociopolítico do Brasil, também se almeja: (a) explicitar a geopolítica brasileira para a transferência das capitais, bem como as narrativas e as "ordens discursivas" que tornam possível um movimento histórico heterólogo pela transferência da capital federal; (b) apresentar as ênfases regionais que fundamentaram a eclesiologia da Cristandade restauracionista e militante em Goiás, na primeira metade do século XX, com sua respectiva incidência e correlação à macropolítica nacional e identificar quais foram os antecedentes históricos – de curta e média duração temporal – que precederam à transferência da capital federal brasileira (a Cristandade romanizada, o sonho de Dom Bosco, as constituições da República, as comissões técnicas e os argumentos científicos para a mudança, o movimento mudancista goiano e os argumentos políticos para a transferência da capital federal); (c) desenvolver um "estudo de caso" específico sobre o deputado federal Cônego Trindade, voz político-partidária da Igreja de Goiás no Congresso Nacional, e o seu singular protagonismo na construção e difusão dos argumentos para a persuasão pela transferência da capital ao Planalto Central goiano; (d) apresentar as variáveis da fenomenologia religiosa, imponderáveis em sua natureza, mas que influenciaram de modo subjacente o movimento político de transferência da capital federal e da construção de Brasília, tais como o sonho de Dom Bosco, a expectativa milenarista em torno da nova capital, a cura miraculosa da filha do presidente da República e a incidência desse fato para os acréscimos ao plano-piloto da capital federal; (e) identificar os principais sujeitos históricos, explicitando como atuaram no campo eclesial, social, político ou econômico para conquistarem a disputa pela transferência da capital federal; e, por fim, (f) verificar como se consolidou a hegemonia católica no contexto da laicidade política, durante a construção de Brasília[4].

---

4. A Igreja Católica, enquanto instituição estruturada e determinada, exercerá, excepcionalmente na década de 1950, a função (re)estruturante para o fornecimento de uma ideologia compacta e a coalização das demais forças sociais, a fim de desencadear o processo de transferência da capital federal ao Planalto Central goiano. As categorias "estruturante" e "imprescindível" são muito importantes para a compreensão do lugar e modo como está posicionado o objeto desta pesquisa. No contexto histórico e recorte temporal em que esta investigação analisa o papel da Igreja Católica, esta instituição não está apenas ao lado das outras como mais um sujeito social a exercer o seu protagonismo; ela será articuladora dos demais protagonistas e lhes fornecerá uma discursividade singular, argumentativa e com apelo psicossocial. Esse protagonismo será exercido, dentre outras razões, devido ao vazio político decorrente do declínio das lideranças oligárquicas locais e, também, pela incipiente formação dos partidos políticos e suas respectivas ideologias naquele período da história do regime republicano brasileiro. Durante sete décadas houve diversas tentativas não exitosas pela transferência da capital federal; entretanto, na década de 1950, quando então a Igreja Católica participou deste empreendimento, sua liderança robusteceu a força política mudancista e isso possibilitou a transferência ao Planalto Central do Brasil.

A história da transferência da capital federal: Igreja e política no Planalto Central (1891 a 1960) pode ser estruturada tematicamente em quatro perspectivas, ou temas-geradores, que irão compor os quatro capítulos desta obra. O primeiro capítulo destaca "A Cristandade católica nos primórdios do Brasil República", almejando-se expor o modo como a Cristandade se desenvolveu ao longo dos séculos, os limites e as variáveis desta categoria conceitual e sua configuração específica em Goiás, protagonizada pela hierarquia eclesiástica católica, no início da Primeira República.

O segundo capítulo é sobre "O sonho de Dom Bosco: uma representação onírica do século XIX acerca da 'terra prometida' no Planalto Central brasileiro". A narrativa desse sonho, evocado atualmente com representação antropológica do mito fundante, acompanha os acontecimentos históricos sobre as origens de Brasília. Para uma aproximação hermenêutica a esse sonho de Dom Bosco, busca-se situar o lugar da narrativa onírica no conjunto do capital simbólico-religioso, a sua representação na psique do *homo religiosus* e a instrumentalização política empreendida pelos mudancistas goianos. Esses três aspectos, dentre outros, fizeram com que o sonho de Dom Bosco se transformasse em um mito das origens, com capacidade persuasiva e mobilizadora.

O terceiro capítulo faz uma abordagem acerca de "Constituições, territorialidades e protagonismos para a transferência da capital federal (1891 a 1959)". São mencionadas todas as constituições aprovadas durante o período republicano, com suas respectivas "disposições transitórias" (que determinavam a transferência da capital federal) e seu contexto histórico. Também são citadas todas as comissões técnicas designadas ao longo de sete décadas, bem como os respectivos estudos sobre as condições e a delimitação do território onde deveria ser a nova capital do Brasil. E, ainda, são resgatados os principais sujeitos históricos e, dentre eles, os sujeitos eclesiais que protagonizaram a mudança da capital.

O quarto capítulo discute "A participação da Cristandade católica militante na transferência e na construção da capital federal do Brasil (1923-1960)". Esse estudo detém-se na micro-história de Dom Emanuel Gomes de Oliveira (e seu bispo auxiliar Dom Abel Camelo Ribeiro), com sua militância pela criação de escolas e faculdades em Goiás e sua participação na mudança da capital goiana;

do cônego José Trindade da Fonseca e Silva, com sua atuação enquanto deputado federal pela mudança da capital federal ao Planalto Central brasileiro; e de Dom Fernando Gomes dos Santos, primeiro arcebispo de Goiânia, com seu movimento pela implantação da Igreja Católica na nova capital do Brasil e pela primeira estruturação da Arquidiocese de Brasília.

Brasília já comemorou o seu jubileu de diamante, no dia 21 de abril de 2020. Após mais de sessenta anos de sua inauguração, é possível que ainda haja várias lacunas em sua historiografia e, consequentemente, na compreensão da história do Brasil. Assim, esta obra deseja somar-se aos milhares de esforços intelectuais e científicos, para colaborar na construção de um amplo e pleno projeto soberano de nação, com memória histórica, inclusão, cidadania, justiça social, fraternidade, solidariedade e ecologia integral.

Introdução

Por razões geopolíticas, sobretudo no período histórico do Brasil Império, fortaleceu-se a convicção pela transferência da capital federal, da região litorânea ao Planalto Central brasileiro. Com a instauração do regime republicano, o que era expectativa de alguns se tornou disposição legal, prevista nas constituições brasileiras. Para isso, variadas comissões técnicas foram designadas por sucessivos governos a fim de estabelecer a localização geográfica do novo território no Distrito Federal.

Dentre as várias disputas políticas regionais para sediar a capital federal do Brasil, sobressaiu-se o protagonismo goiano e seus diversos sujeitos históricos. Foi nesse contexto que também a Igreja Católica, em Goiás, uniu-se às demais lideranças políticas para persuadir à transferência da capital federal. Para isso, tanto forneceu o seu discurso teológico-político quanto atuou por meio dos membros de sua hierarquia eclesiástica local. Sua concepção eclesiológica de Cristandade restauracionista e militante lhe fornecia a justificação para participar politicamente da disputa pela conquista da nova capital federal.

No Brasil, naquele tempo histórico, havia muitos aspectos do imaginário religioso que criavam condições de receptividade e expectativa pela transferência da capital federal; dentre eles, o sonho de Dom Bosco, o fenômeno religioso milenarista e as ocorrências miraculosas. Mas, eram tempos difíceis! O país tinha uma geografia humana circunstanciada pelo imenso interior sertanejo. Havia crescente onda migratória para o Oeste brasileiro, porém, ainda era baixa a densidade populacional e grande o atraso socioeconômico, embora com vastas extensões de terra.

Devido à intensa militância de alguns membros e setores da Igreja Católica pela transferência da capital federal ao Planalto Central, foi possível que ela se inserisse na concepção do plano-piloto de construção de Brasília, participasse no espaço urbano da nova cidade, assegurasse sua presença pública no centro dos poderes do país e ampliasse sua importância política no Estado laico-republicano.

Uma vez instalada na capital federal, nos anos seguintes à inauguração de Brasília, a Igreja Católica passou por profunda transformação conciliar, superou sua concepção de Cristandade restauracionista-militante e estabeleceu outro modo de relação com o Estado.

Essa história – tão viva, emocionante, conflitiva, complexa, densa e profunda – abre-se agora nesta obra e o convida a entrar! Ela quer transportá-lo a outros tempos e circunstâncias, de pessoas, comunidades e processos históricos, que aguardam serem revisitados, compreendidos e amados, porque para avançar ao futuro é preciso conhecer, revisar, assumir e amar a memória daqueles e daquelas que contribuíram com a construção do projeto de nação e do país que hoje temos!

1

A Cristandade católica nos primórdios do Brasil República

Como e onde era o território para o qual se almejava transferir a capital federal, do Rio de Janeiro ao Planalto Central goiano? Para começo de conversa, é preciso fazer uma viagem ao passado, ao contexto sociopolítico e eclesial de Goiás, na transição entre os séculos XIX e XX, em um período no qual já havia se encerrado o Ciclo do Ouro e um gigantesco território, com baixíssima densidade populacional, alcançava da fronteira com Minas Gerais ao Bico do Papagaio, na divisa com o Maranhão. O transporte era no lombo de animal, com longas viagens para trazer o sal vindo do litoral. A capital era a Cidade de Goiás[5], que no passado havia conhecido a riqueza do ouro e, naquele ciclo econômico, para essa imensa região do Brasil, era proibida a produção agrícola[6].

Após 1889, chegava a Goiás o distante eco de um tempo republicano, proveniente de Salvador e do Rio de Janeiro.

> Como Goiás ainda não tinha telégrafo, a notícia da Proclamação da República aqui chegou através de uma carta vinda de Franca, no dia 28 de novembro. A nova da Proclamação colheu de surpresa todos os políticos da Província. O povaréu não participava da vida política, portanto o 15 de novembro nada representou para ele. Depois de confirmada a notícia pelo *Correio Oficial* do dia 1º de dezembro, as diferentes facções políticas (liberal, conservadora e republicana) procuraram assumir atitudes que lhes assegurassem o poder na nova ordem constituída (Palacín; Moraes, 1986, p. 84).

---

5. Até 1818 era chamada de Vila Boa, quando foi, então, elevada à categoria de cidade com o nome Cidade de Goiás.

6. A lavoura canavieira foi proibida, em Goiás e nas demais regiões de garimpo, por Dom João V, em razão "do prejuízo que se seguia de se conservarem nas minas os engenhos de se fazer água ardente". Somente com o declínio das minas de ouro é que o sistema agrícola foi estimulado pelos capitães-generais mais esclarecidos, como Dom Marcos de Noronha e Dom José de Almeida Vasconcelos, o Barão de Mossâmedes (Salles, 1984, p. 64). Não sem razão, Saint-Hilaire, Pohl e os demais "viajantes" que percorreram Goiás relatam que os sítios eram formados por choças miseráveis e com situação precária de vida (Salles, 1984, p. 62).

A organização social goiana ainda era predominantemente colonial, com as marcas recentes da escravidão. A concepção liberal que precedeu a República era apenas mais uma palavra de jornal, vinda como eco remoto do antigo *Matutina Meiapontense*[7], do que uma convicção psicocultural ou uma ideologia de organização político-social.

É nessa condição circunstanciada que se revisita a *Autobiografia* de Dom Eduardo Duarte Silva (2007)[8], o bispo de *Goyaz*[9], de 1890 a 1907, em pleno período denominado de romanização da Igreja no Brasil. Esse bispo trazia consigo as origens e a cultura do sul do Brasil e a formação obtida em Roma. Com grande erudição, amplo conhecimento da Europa e domínio de diversas línguas, conhecia muito bem as controvérsias contemporâneas de então, travadas com o protestantismo, o espiritismo, a maçonaria e as ideias liberais. Mas a realidade do sertão do Brasil lhe impunha uma cultura distinta; percorrendo com destemor, por centenas de léguas, perdendo-se por caminhos desconhecidos. Andava de arraial em arraial, em visitas pastorais que mais pareciam remotas desobrigas de assistência religiosa.

Tempo e lugar também são decisivos para aprofundar os conceitos e rever hermenêuticas. Da categoria de tempo, como recorte existencial em que se plasma uma

---

7. O *Matutina Meiapontense*, considerado o jornal mais antigo do Centro-Oeste, editado na Vila Meia Ponte (Pirenópolis), circulou na província de Goiás entre 5 de março de 1830 e 24 de maio de 1834. No Instituto de Pesquisas e Estudos Históricos do Brasil Central (IPEHBC)/PUC-Goiás, as 526 edições desse jornal encontram-se digitalizadas e disponíveis à consulta. L. Palacín, ao analisar os *Quatro tempos da ideologia em Goiás*, constata e conclui que, desde o período pós-independência do Brasil, "a utopia liberal de crescimento humano na liberdade, que deveria ser o sonho de todo um povo, em Goiás não passava, na realidade, da ideologia do reduzido estamento dirigente, que substituíra a administração colonial" (Palacín, 1986b, p. 69).

8. O texto original manuscrito dessa *Autobiografia* está sob a guarda dos padres redentoristas, em Trindade. O IPEHBC/PUC-Goiás, no ano de 2007, fez a transcrição completa do original manuscrito, a tradução das passagens em latim, francês, espanhol e italiano e a publicação integral deste documento histórico. Foi usada aqui essa versão publicada da *Autobiografia*, que recebeu o título *Passagens: autobiografia de Dom Eduardo Duarte Silva*.

9. Será usada a grafia "*Goyaz*" sempre que se referir a esse período histórico do Brasil Colônia e da Primeira República (ou República Velha). Isso também visa distinguir a evolução dessa circunscrição eclesiástica: primeiro, prelazia de *Goyaz* (1745); depois, Diocese de *Goiaz* (1826); em seguida, por causa do vasto território e do aumento da população, é reconhecida como Arquidiocese de *Goyaz* (1933). Com as grandes mudanças ocorridas no Centro-Oeste, sobretudo em razão da criação de Goiânia, em 1956 a então Arquidiocese de *Goyaz* voltou a ser Diocese de Goiás e foi erigida a Arquidiocese de Goiânia (Amado, 1996, p. 24). Portanto, a mudança de grafia – Diocese de *Goyaz* ou Diocese de Goiás – corresponde também a diferentes condições históricas e jurídico-canônicas da Igreja no Estado de Goiás.

compreensão social, existe uma "consciência possível"[10], uma capacidade limitante e limitada para enxergar e apreender a própria realidade vivida. Da categoria de lugar, com sua respectiva geografia – humana e ambiental, econômica e ecológica –, emerge a ênfase para a regionalidade[11], com variáveis que a distinguem no conceito de nação ou nas aporias dos conceitos filosóficos de universalidade.

Sob as referências de tempo e lugar – ou dos primórdios do Brasil República em Goiás e da Igreja Católica situada neste Estado da Federação –, para não incorrer na aplicação indevida dos conceitos usados universalmente, proponho retomar, crítica e criativamente, o contexto eclesial goiano, a compreensão e as práticas regionais da Cristandade goiana, com suas respectivas variáveis, para daí compreender a "ordem discursiva" e os "bens simbólicos" que compunham a eclesiologia da hierarquia eclesiástica goiana, na transição entre os séculos XIX e XX.

1.1 Cristandade, uma categoria analítica com múltiplas variáveis

A Cristandade é uma das categorias mais usadas para demarcar distintas épocas[12] da historiografia acerca do cristianismo, da história da Igreja Católica, dos modelos eclesiológicos e das diversas teologias[13]. Richard (1982, p. 23-24) a define

---

10. O tema "consciência possível" é uma chave de leitura de Georg Lukács (*História e consciência de classe*) e de Lucien Goldmann (*Ciências humanas e filosofia: o que é a sociologia?*). É um conceito muito usado por Palacín (1986a), em sua obra *Vieira e a visão trágica do Barroco: quatro estudos sobre a consciência possível*. Entretanto, é preciso reconhecer que esse conceito pode ser problemático, sobretudo se subtender que situações como a escravidão humana podem ter atenuantes. Por essa razão, Mira (1983, p. 32-33) contrapõe o "*quantum* de consciência possível dentro de um período dado" ao conceito de "consciência impossível", afirmando que "a visão unilateral do conceito de consciência possível" claudica quando esquece que é impossível a desculpa, quando se conquista o outro e o reduz a coisa.

11. A história regional detém peculiaridades e características próprias; por essa razão, em uma análise mais ampla sobre a história nacional, é preciso dispor da devida cautela teórica para não subsumir a regionalidade. Essa é a ênfase de Campos (1983), quando analisa o coronelismo em Goiás. Ele verifica que o coronel goiano apresenta diferenças em relação ao coronel nordestino ou gaúcho, porque os "arranjos políticos regionais" configuravam uma diversidade de microconfigurações políticas. Neste estudo sobre a Cristandade – assegurada a especificidade do presente objeto de estudo – foi dada ênfase à história regional, devidamente articulada aos macrocontextos nacionais e mundiais.

12. Conforme os recortes temporais da historiografia, "época" designa um tempo de longa duração; "período ou ciclo", um tempo de média duração; e "fase", um tempo de curta duração. Os recortes temporais são geralmente uma intervenção técnica e arbitrária do historiador, mas requerem a explicitação de componentes constitutivos – sociais, político-econômicos, culturais, religiosos –, que demarcam e delineiam as escolhas temporais, posteriormente aceitas ou recusadas pela historiografia.

13. Subjacente à Cristandade e a quaisquer outras concepções eclesiológicas, há complexas e diversificadas possibilidades de relação entre religião e política. Sobre o tema, verificar o estudo de G. Tosi (2018, p. 382-421).

"pela relação entre os termos Igreja, Estado e sociedade civil. Na Cristandade, a relação Igreja-sociedade civil aparece mediada pela relação Igreja-Estado"[14]. Como o Estado rege, pelo poder coercitivo, toda a organização social, então, quando ocorre a ruptura constitucional entre Igreja e Estado, no início das repúblicas latino-americanas, as cristandades entram em crise nesse continente[15]. Mas isso não é linear, pois a Cristandade pode renovar-se sob novas referências, reorganizando-se internamente e impondo-se sob novos paradigmas. Analisa Richard (1982, p. 139):

> A Igreja brasileira, constitucionalmente separada do Estado, não abandona seu projeto de Cristandade. Pelo contrário, ela tenta reconstruir-se como instituição e recupera seu poder na sociedade civil, buscando, a todo momento, o reconhecimento e o apoio do Estado. Para se afirmar como poder perante o Estado, a Igreja brasileira procurará também, durante este período, o apoio de Roma[16].

O vínculo das igrejas locais à sede romana, no Ocidente, remonta aos primeiros séculos do cristianismo. Essa relação com Roma se fez em distintos modos, frequência e mediações. Naquele período de início da Primeira República, quando no Brasil ocorreu a separação formal entre Igreja e Estado, não se verificou apenas o fortalecimento do movimento ultramontano; a relação era recíproca, pois a sede romana também havia desencadeado um movimento rumo às igrejas locais do Brasil, a fim de implementar a doutrina e as normas disciplinares estabelecidas pelo Concílio de Trento[17]. Talvez a abordagem teórica de P. Richard come-

---

14. O método de P. Richard, bastante recorrente na América Latina nas décadas de 1970-1980, está baseado na teoria do marxismo estruturalista de L. Althusser, pela qual a totalidade social se organiza com uma base, uma infraestrutura, que é o modo econômico de produção; e sobre o alicerce econômico se constrói o edifício social, a superestrutura – nela, a sociedade civil, organizada no Estado, exerce o poder de coerção (ou de "domínio") e reproduz a ideologia, por meio da religião (estruturas eclesiais), da cultura (escola, meios de comunicação etc.) e das organizações sociais, como a família (Richard, 1982, p. 9-17).

15. Segundo O. W. Plata, a relação Igreja-Estado na América Latina foi estabelecida sob uma dinâmica complexa, "[...] *en algunos casos de complicidad, en otros de simulación, en los más agudos de aberta confrontación. Esto há llevado a tener una visión amorfa, ambígua, gelatinosa, oscura por la insuficiente claridad en las respectivas áreas de competência social. Esto en términos concretos es uno de los fenómenos históricos-sociales más complejos de analizar*" (Plata, 2014, p. 12).

16. A frase seguinte de P. Richard a esse seu texto não parece ser uma conclusão muito segura historicamente: "A Igreja romaniza-se e europeíza-se, alienando-se da realidade nacional e distanciando-se do catolicismo popular" (1982, p. 139).

17. O Concílio de Trento foi convocado por três vezes (em 1536, em 1542 e, finalmente, em 15 de março de 1545). A abertura ocorreu no dia 13 de dezembro de 1545, e o encerramento em 6 de dezembro de 1563. Os padres conciliares estabeleceram definições sobre a Escritura, a importância da fé e das obras, e os sacramentos. Afirmaram que: as duas fontes da fé católica são a Escritura e a tradição

ce, então, a se tornar problemática, ou pelo menos insuficiente, para interpretar a totalidade do fenômeno a que se convencionou denominar "Cristandade". Ao colocar o Estado como categoria dominante, também a transforma em determinante. Aqui, P. Bourdieu (2001, p. 28) pode fornecer outros aspectos alternativos para a pertinência da análise: a religião [e a Igreja Católica, nesse enfoque específico] pode ser "um veículo simbólico a um tempo estruturado [e, portanto, passível de uma análise estrutural] e estruturante [...]". Ora, essa parece ter sido a relação Igreja-Estado no Brasil e no mundo.

Por ser um sistema estruturado – com sua tradição, história, hierarquia, doutrina e ritos –, a Igreja não esteve a reboque do Estado; ao contrário, pela sua sistêmica coesão interna, chegou a influenciar as constituições, a configuração dos estados e suas respectivas decisões para o conjunto da sociedade.

Quanto à busca do apoio de Roma para a Igreja no Brasil, o movimento ultramontano[18] foi apenas um dos aspectos da Cristandade brasileira; o outro, tão ou mais relevante que esse, que torna patente a face do "sistema simbólico estruturado" em si mesmo, é a iniciativa de romanização do clero. O objetivo era fazer frente ao risco de fracionamento em igrejas nacionais e conferir mais eficácia às decisões do Concílio de Trento e Concílio Vaticano I[19], sobretudo no aspecto da disciplina eclesiástica, em todas as regiões do mundo. Assim, a impostação dos "discursos canônicos" mantém sua vigência própria – mesmo com a mudança da ideologia do Estado –, uma vez que são discursos legitimados, predominantes, narrados, repetidos e conservados. Isso porque

---

(não apenas a autoridade da Bíblia); os sacramentos não são apenas sinais ou alimento da fé, mas contêm a graça santificante; na Eucaristia ocorre a "transubstanciação" e o sacrifício atualizado de Cristo; a unção dos enfermos é declarada como sacramento; a confissão precisa ser oral e individual. Também foram definidos aspectos disciplinares, tais como: "a nomeação e os deveres dos cardeais, a organização dos sínodos e dos seminários diocesanos, a visita da diocese pelo bispo, a reforma dos capítulos e das ordens monásticas etc." (Pierrard, 1982, p. 187).

18. Para Azevedo (1988, p. 217): "A aceitação do Ultramontanismo no Brasil [Império] foi facilitada basicamente em dois aspectos: espiritual e intelectual [...]. No aspecto intelectual, o Papado, depois de ter sido, durante a Questão Religiosa, o aliado mais importante dos leigos ultramontanos contra o Império, confirmou-os no tocante à questão social no Brasil". No aspecto espiritual, o ultramontanismo vigorou devido à herança da piedade barroca, à religiosidade popular, à atuação da Companhia de Jesus (com seu voto de obediência ao papa), aos religiosos ultramontanos e às missões populares.

19. O Concílio Vaticano I (1869-1870) foi convocado "para buscar os remédios necessários aos males que afligem a Igreja", que se encontrava, pela primeira vez, "na presença de uma razão totalmente autônoma e do acontecimento histórico de uma descrença socialmente generalizada. Isso justificou, aos olhos dos Padres, um crescimento do magistério pontifício" (Pierrard, 1982, p. 230).

[...] em toda sociedade a produção do discurso é ao mesmo tempo controlada, selecionada, organizada e redistribuída por certo número de procedimentos que têm por função conjurar seus poderes e perigos, dominar seu acontecimento aleatório, esquivar sua pesada e temível materialidade (Foucault, 2001, p. 8-9).

Sistemas religiosos consolidados, portanto, são construídos e sustentados por grandes narrativas, formuladas em tempos de longa duração, que se tornaram tradição a ser guardada, protegida, discernida, interpretada, defendida, proclamada e celebrada.

1.2 A Cristandade na perspectiva histórica

Convencionou-se demarcar historicamente a origem da Cristandade com a conversão do Imperador Constantino, no ano 312. De adorador do deus sol, Constantino manda colocar um símbolo cristão nas insígnias de seus soldados. O Império Romano já dava sinais de exaustão e, por isso, Constantino tomava medidas para fortalecê-lo, como a reforma da burocracia civil e dos comandos militares e diversas deliberações econômicas e sociais. O monoteísmo também lhe parecia uma eficaz ideologia, enquanto princípio fundante da monarquia: um só rei no céu e um só monarca para o império. Assim, de religião perseguida e marginal, o cristianismo foi aceito como religião oficial, com decisões imperiais que lhe favoreciam. Dentre elas:

> [...] a concessão de imunidades ou isenção das obrigações pessoais para com o Estado (impostos etc.), tanto para com os sacerdotes pagãos como para o clero católico (313); reconhecimento jurídico das decisões episcopais; os bispos podem arbitrar causas também de pagãos (318); abolição da crucificação (315) e proibição das lutas de gladiadores (325), que continuam ainda por um século; permissão à Igreja de receber heranças e doações de grandes igrejas ou basílicas (Basílica do Latrão e de S. Pedro, em Roma; Santo Sepulcro, em Jerusalém; Natividade, em Belém...); reconhecimento do domingo como feriado (325) e progressiva redução das festas pagãs (Matos, 1987, p. 42).

A relação da Igreja da Cristandade com o Estado, desde essas origens, trouxe vantagens ao preço de sua instrumentalização para fins políticos e a perda de sua plena autonomia institucional. Com a aproximação oficial ao Império Romano, a intervenção dos imperadores passou a ocorrer até mesmo na doutrina e nos concílios. Por isso, algumas das ocasiões históricas em que ocorreram os conflitos e as rupturas da Igreja com o Estado, embora com prejuízos institucionais imediatos para a Igreja, foram razão para uma parcial retomada de sua autonomia eclesial.

No século IV, devido à dilaceração do Império Romano, inicia-se o regime feudal medieval, com sua respectiva fragmentação política. Visigodos, ostrogodos, vândalos, lombardos e francos rompem as fronteiras do império. Sob tal condição, restará à única instituição "estruturada" também a sua função "estruturante". Com o papado bem-constituído, o domínio do latim para o diálogo mundial, a emergência da vida monástica e a evangelização do mundo bárbaro, cresce o poderio da Cristandade católica em todo o Ocidente. E, assim, plasma-se uma Europa sob as raízes do cristianismo[20].

A Cristandade medieval empreendeu uma gigantesca expansão e consolidação, conquistou povos e territórios e experimentou, talvez, a maior contradição de sua história. Por um lado, sua evangelização alcançou amplas regiões territoriais, com seus diversos povos e culturas, forjou e teceu uma nova cultura europeia, estruturou-se em torno de mosteiros que lideravam a vida social e intelectual, suscitou universidades e grandes teólogos e filósofos, conheceu a patrística e a escolástica como grandes sínteses do pensamento greco-romano vinculado ao pensamento cristão e promoveu a gigantesca arquitetura das catedrais. Por outro lado, na Cristandade medieval emergiram os movimentos heréticos, o poder exterior que promovia a investidura leiga, a contestação da sua riqueza pelos movimentos mendicantes, os conflitos com o islamismo e as disputas pela Terra Santa (Cruzadas), o cisma do Oriente e a ruptura com a Igreja de Roma, o exílio do papado em Avinhão (1309-1377), a perda da liderança universal e o fechamento dos papas à visão da Itália e do Estado eclesiástico e, principalmente, resguardadas as exceções, a existência de papas despreparados para o seu tempo histórico[21]. Com essa profunda ambiguidade histórica, entra em declínio a Cristandade medieval, vi-

---

20. João Paulo II (2005, p. 105-131; 153-163) evocou as raízes cristãs da Europa para fundamentar a formação da comunidade europeia e conclamar à superação do secularismo.
21. Há vasta literatura sobre o papado na Idade Média. Duas sugestivas obras, com base histórica e narradas com a linguagem de romance, são as de Laveaga (2007) e de Chamberlin (2005).

gente por dez séculos. Evitando-se o risco de eliminar sua infinitude teleológica[22], pode-se dizer sociologicamente que a Cristandade medieval correspondeu a um "modelo eclesial de poder" (Oliveira, 2011). Entretanto, não há precisão quando se trata de situar a temporalidade desse modelo eclesial.

Situar o apogeu da Cristandade na Idade Média supõe considerar essa uma das épocas mais longas, complexas e controvertidas da historiografia. A própria expressão "Idade Média" é ambígua; pode insinuar um mero intervalo (de dez séculos) entre a Antiguidade Clássica e o Renascimento, ou uma época de "trevas" e obscurantismo, como queriam os intelectuais do "século das luzes". A delimitação cronológica também é problemática. Alguns – como se faz aqui em razão da análise sobre a Cristandade – destacam o início da Idade Média com a referência de acontecimentos religiosos, com suas respectivas consequências políticas, como o Edito de Milão, em 313, ou o batismo de Constantino, em 337. Outros, para a demarcação temporal, priorizam a razão política, especialmente a queda do Imperador Rômulo Augusto, destronado por Odoacro, rei dos hérulos, em 476. Quanto ao fim da Idade Média, o acontecimento histórico determinante foi a queda do Império do Oriente, quando os turcos otomanos, de religião islâmica, conquistaram Constantinopla, em 1453 (Aquino *et al.*, 1980, p. 185).

A compreensão acerca das fronteiras sociais e dos marcos temporais de cada época não são de relevância secundária; podem conferir mais precisão às categorias analíticas. Ora, na compreensão analítica acerca da Cristandade evoca-se o componente decisivo da relação (atrelada) entre Igreja e Estado, em geral com a Igreja em condição subordinada. Entretanto, o surgimento dos estados nacionais modernos ocorre a partir do século XV, com a teoria de Maquiavel e a emergência política do "príncipe moderno" (Gomes, 1989, p. 61-82). E culmina no Estado burocrático, constituído pela impessoalidade do poder, o funcionalismo público hierarquizado, meritocrático e estável, a máquina administrativa com funcionamento autônomo e, sobretudo, a alternância nos cargos eletivos (Weber, 1982, p. 229-305). Logo, para a época a que se denomina Idade Média, há certa impre-

---

22. Sobre esse alerta, Roberto Romano (1998, p. 20) – na apresentação à obra traduzida de Martinho Lutero, *Da liberdade do cristão,* publicada originalmente em 1520 – oportunamente enfatiza que "reduzir o cristianismo a um sistema político, ideológico, cultural é arrancar-lhe o infinito". Tal observação também é válida para os estudos sobre a Cristandade, enquanto categoria sociológica de análise.

cisão em caracterizar a Cristandade enquanto relação entre Igreja e Estado. Além de ser uma relação assimétrica com o poder político, fracionado pelos feudos, a própria instituição Igreja – sem a associação imediata com os poderes – torna-se "poder de Estado", com capacidade autônoma de domínio, coerção, integração e unidade social. Talvez, com risco de certa presunção, seja possível afirmar que os estados nacionais eclodem de dentro da Cristandade medieval; ou então que os estados nacionais trazem consigo os traços originários de uma macro-organização religiosa consolidada. O mesmo pode-se dizer do movimento renascentista.

O termo "renascimento" foi usado primeiramente na história da arte, indicando uma nova criação artística inspirada nos modelos da Antiguidade Clássica. Ocorreu, depois, um ressurgimento do humanismo, uma reforma católica renascentista, a Reforma Protestante, a contrarreforma católica e a eclosão de movimentos religiosos, que suscitaram nova orientação ao cristianismo (Nunes, 1980).

Para alguns historiadores, o Renascimento seria um tempo histórico apenas de transição entre a Idade Média e a Modernidade. Essa passagem era marcada por uma indefinição teórica acerca do humanismo (ainda não haviam surgido as ciências humanas, tendo o homem como objeto) e por grandes conflitos – intelectuais e políticos – entre platônicos e aristotélicos, cristãos e ateus, Igreja e Estado, academias laicas e universidades confessionais. Além disso, seria um tempo de crise de consciência, porque a descoberta do universo infinito deixava os homens sem referência; crise religiosa, com a doutrina da graça e da livre-interpretação das Escrituras provocando o abalo da Igreja Católica; e crise política, com o Sacro Império Romano-germânico destroçado pelo mercantilismo e pela emergência da vida urbana e da burguesia incipiente (Chauí, 1985).

Certamente o Renascimento foi um tempo de crise, porém, não de indefinição teórica. Essa é a exaustiva tese de M. Foucault, em sua obra *As palavras e as coisas*. Partindo do quadro de *Las Meninas*[23], em que o pintor concebe uma imagem tirada do espelho, revelando uma representação da representação, a imagem é semelhante às coisas. Representar a realidade também é um modo de explicitá-la e, consequentemente, de enxergá-la, com surpresa, espanto e, talvez, indignação!

---

23. *Las Meninas* é uma pintura de 1656, feita por Diogo Velázquez, que atualmente está exposta no Museu do Prado, em Madri.

> Até o fim do século XVI, a semelhança desempenhou um papel construtor no saber da cultura ocidental. Foi ela que, em grande parte, conduziu a exegese e a interpretação dos textos: foi ela que organizou o jogo dos símbolos, permitiu o conhecimento das coisas visíveis e invisíveis, guiou a arte de representá-las. [...] A pintura imitava o espaço. E a representação – fosse ela festa ou saber – se dava como repetição: teatro da vida ou espelho do mundo, tal era o título de toda linguagem, sua maneira de anunciar-se e de formular seu direito de falar (Foucault, 1985, p. 33).

Os afrescos da Capela Sistina, pintada pelos maiores artistas do Renascimento – dentre eles Michelangelo, Rafael, Perugino e Sandro Botticelii –, também parecem explicitar esteticamente o que Foucault formulou como critério de regulação do conhecimento: a semelhança na qual a imagem (artística ou de linguagem) deve reproduzir a realidade das coisas.

A Cristandade que chega ao Renascimento surpreendentemente parece aberta a assimilar esse tempo histórico; evidentemente, era um modo de reinventar-se pelas artes e pela ciência, em razão da manutenção de seu poder, sem a disposição de rever sua própria organização interna.

> Com Nicolau V, inicia-se o período dos pontífices renascentistas. São eles filhos da nova cultura e, em muitos casos, humanistas ativos, como Nicolau V e Pio II, que queriam que a Igreja assumisse a direção do Renascimento. Em certo sentido, tiveram êxito. Roma superou Florença como centro de arte e ciência. Os papas não poupavam dinheiro nem esforços para atrair artistas e cientistas (Matos, 1987, p. 105).

Esse modo próprio de Cristandade que, por assimilação, se autoconfigura ao Renascimento, pode ser compreendido, em análise que analogamente é feita por Bourdieu (2001, p. 46), à capacidade e ao poder da religião de "legitimação de todas as propriedades características de um estilo de vida singular", sobretudo mediante a "manipulação simbólica das aspirações". Assim, o humanismo renascentista, com suas aspirações próprias e situado no território simbólico do profano, impregna-se às paredes das catedrais e ressignifica-se estética e teologicamente. Vestígios dessa Cristandade renascentista ainda hoje alcançam admiração estético-contemplativa; mas, após aquela Cristandade, luminosa em exterioridades, a Modernidade estava por vir, com rupturas nunca vistas na história e da Igreja.

A Reforma Protestante já havia prenunciado o nascimento do sujeito moderno (Romano, 1998, p. 12), abrindo caminho para a subjetividade, distanciando-se da natureza e, consequentemente, estabelecendo que o itinerário para o divino se desenvolve na consciência, não no exterior. Dez séculos antes da Reforma, Agostinho havia apontado para a interioridade como *locus* da manifestação de Deus. Mas o viés platônico-agostiniano parece não ter encontrado terreno fértil durante a Idade Média. Entretanto, com a Modernidade, torna-se fundamento epistemológico cartesiano e alicerce para a ciência moderna. O conhecimento plausível só é possível no *ego cogito* cartesiano, na interioridade do sujeito pensante, que dá existência segura para o saber. O espaço topológico, da física aristotélica, constituído por lugares (*topoi*) exteriores, agora se torna espaço geométrico, matematizável (*mathesis universalis*), mensurável, calculável, sem hierarquias, valores ou qualidades. E a teodiceia moderna não parte mais de um princípio primeiro, de um "motor imóvel que moveu todos os moventes", de um *a priori* determinante. Deus não é retirado do discurso, mas colocado *a posteriori*; primeiro existe o sujeito cognoscente e, de sua própria reflexão racional, poderá chegar à conclusão sobre a existência de Deus.

Outra modificação na ciência da natureza moderna é o conceito de "cosmos". No lugar do mundo definido com ordem fixa e hierarquizada, dotado de um centro, com delimitação de espaço e ciclos de tempo, surge um novo conceito de "universo infinito", "aberto no tempo e no espaço, sem começo, sem fim, sem limite e que levará o filósofo Pascal à célebre fórmula da esfera cuja circunferência está em toda parte e o centro em nenhuma" (Chauí, 1985, p. 70).

Além da construção do sujeito e da mudança do conceito de cosmos, há diversos outros fatores que irão compor a Modernidade: na política, o poder hereditário (próprio das aristocracias) cede lugar à escolha dos cidadãos, principalmente cidadãos de burguesia, já bastante firmada como classe social; a invenção da imprensa intensifica a difusão das novas ideias modernas, amplificando uma nova proposição social; a descoberta do "novo mundo" suscita interrogações sobre as culturas europeias já consolidadas; a economia mercantil e, depois, capitalista, inaugura um modo de produção distinto, com a emergência do operário em substituição ao servo, e, nas colônias, incita ao tráfico humano e à escravidão;

o "século das luzes" produz o positivismo, o materialismo histórico, as ciências humanas, os "mestres da suspeita" (Marx, Freud e Nietzsche), o anticlericalismo, a Revolução Francesa, o ateísmo teórico e o liberalismo econômico.

Todos esses aspectos de Modernidade trouxeram grandes abalos à Cristandade; mas, certamente, o principal confronto a ela foi a razão demonstrativa. Sua imposição sobre o sagrado exigiu a racionalização da religião, sob o preço de sacrificar sua essência. Aquela filosofia antiga e medieval que expressava o sagrado cristão foi dissolvida na filosofia pós-cartesiana e, posteriormente, substituída pela filosofia da religião, estabelecendo um abismo entre a "religião pensada" e a "religião vivida" (Vaz, 1996, p. 147-165).

Esse abalo sísmico, pressentido desde a aurora da Modernidade, fez da Cristandade uma intrépida combatente antimoderna, com uma reconciliação que ocorreu somente no Concílio Ecumênico Vaticano II (1962-1965). Sobre isso, Zilles (1992, p. 172) comenta:

> O magistério da Igreja condenou o modernismo em sua globalidade. Pio X, no decreto "Lamentabili sane exitu" (1907) do Santo Ofício, reuniu 75 artigos, que chamou de novos erros. Foi solenemente condenado pela encíclica "Pascendi" e pelo Motu proprio Sacrorum Antistium (1910), no qual é publicada a fórmula do juramento antimodernista exigido obrigatoriamente de todo o clero católico até o Concílio Vaticano II. Na encíclica "Pascendi", o modernismo foi qualificado de "compêndio de todas as heresias". Segundo a crítica do Papa Pio X, os principais erros do modernismo são: contém o agnosticismo; segundo o princípio da imanência, vital, a fé se situa em certo sentimento íntimo o qual nasce da indigência do divino; a fé do crente tem a mesma origem que a fé religiosa comum; a revelação também vem de Deus e versa sobre Deus. A elaboração intelectual ajuda a clarear esse sentimento religioso, embora pré-racional, nascido da subconsciência; os dogmas constituem o conteúdo dessas representações mentais ou da elaboração intelectual da fé.

Leão XIII, grande precursor do magistério sobre a doutrina social da Igreja, também teve uma frontal recusa à Modernidade, opondo-se à separação Igreja-Estado, ao racionalismo e ao conceito de liberdade formulado pelo liberalismo.

> E, com efeito, os que são partidários do "Naturalismo" e do "Racionalismo" em filosofia, os fautores do "Liberalismo" o são na ordem moral e civil, pois que introduzem nos costumes e na prática da vida os princípios postos pe-

los partidários do "Naturalismo". Ora, o princípio de todo o racionalismo é a soberana autonomia da razão humana que, recusando a obediência devida à razão divina e eterna, e pretendendo não depender senão de si mesma, se arvora em princípio supremo, fonte e juiz da verdade. Tal é a pretensão dos sectários do liberalismo, de que nós temos falado; segundo eles não há, na vida prática, nenhum poder divino ao qual se tenha de obedecer, mas cada um dá a si mesmo a sua própria lei. [...] Outros vão um pouco mais longe, mas sem serem consequentes consigo mesmos. Segundo estes querem, as leis divinas devem regular a vida e o modo de proceder dos particulares, desviar-se das ordens de Deus e legislar sem as ter em conta alguma. Donde nasce esta perniciosa consequência da separação da Igreja e do Estado (Leão XIII, 1946, p. 15-20).

Após essa abordagem histórica, constata-se que a Cristandade é uma categoria-síntese, que tem em seu núcleo duas instituições de poder – a Igreja Católica e o Estado –, a se remeterem mutuamente, com dialética relação, constante disputa por hegemonia e conflitos geridos por diversas estratégias que se reelaboram e reinventam ao longo dos séculos. Por essa razão, a Cristandade não é uma categoria com significado unívoco, pois a cada disposição histórica corresponde-lhe uma determinada configuração. Na aliança entre Igreja e Império Romano, no século IV, a Cristandade apresenta-se como acordo com vantagens recíprocas, mediante uma relação em que o poder da Igreja se subordina ao poder do Império, com a contrapartida para o seu reconhecimento oficial, estabilidade e prestígio. Na Idade Média, com a dissolução do Império Romano, a Cristandade europeia figura como ascensão e soberania do poder absolutista da Igreja Católica, sem a associação com o Estado. Na Renascença, identifica-se uma Cristandade na qual a Igreja Católica apresenta ênfase estética e profunda crise ética e política, numa vinculação ainda hegemônica frente à ascensão do poder do príncipe. Enfim, com a aurora da modernidade europeia, o príncipe é sucedido pelo Estado Moderno, de matriz laica e, por isso, a Cristandade se configura como separação entre Igreja e Estado. Nesta nova condição, rompido seu vínculo formal com o Estado, a Igreja Católica europeia se torna antimoderna e enfrenta complexa crise de poder; desde então, os poderes civil e eclesiástico católico estabelecem uma relação de mútua suspeita, ora com sujeições e subordinações tácitas, ora com enfrentamentos e disputas pela hegemonia no espaço público. É assim que a Cristandade europeia, densa em matizes e configuração históricas, chega também ao *Brazil* e a *Goyaz*.

1.3 A Cristandade no período colonial brasileiro

Junto às caravelas de Cabral, no ano de 1500, não havia apenas homens e mantimentos; eram igualmente transportadas a fé e a cultura lusitanas, configuradas pela Cristandade medieval. Almejavam, segundo informações oficiais da Coroa portuguesa, alcançar as Índias, conquistar aquele território para a fé católica e corrigir os erros e desvios dos cristãos do Oriente. Portanto, aquela viagem, que rumava às terras distantes, por águas cheias de perigos, devia também ser uma viagem missionária – e nela não poderiam faltar os missionários.

> [...] Esses missionários foram devidamente escolhidos pela sua capacidade intelectual e pela dignidade de suas vidas. Eram 17 ao todo, sendo 8 franciscanos e 9 padres seculares. À testa dos franciscanos ia Frei Henrique de Coimbra, antigo desembargador, frade do convento de Alenquer, homem experimentado, que foi depois bispo de Ceuta. Seus companheiros eram Fr. Gaspar, Fr. Francisco da Cruz, Fr. Luís de Salvador e Fr. Simão de Guimarães, todos pregadores e letrados; mais Fr. Masseu, ou Mafeu, sacerdote, músico e organista; Fr. Pedro Neto, corista ainda não sacerdote; e Fr. João da Vitória, irmão leigo. Os padres seculares tinham à frente o vigário destinado a Calicute (Rubert, 1981, p. 32).

Assim avançava a Cristandade expansionista[24], numa perspectiva missionária. Entretanto, a cruz erguida para a primeira missa celebrada na terra de Santa Cruz estava circunstanciada por um empreendimento mercantil que, logo, transformou-se em projeto colonizador.

> A Igreja Católica implantou-se no Brasil nos três primeiros séculos dentro do contexto do projeto colonizador lusitano. A finalidade precípua das navegações, dos descobrimentos e da colonização lusitana a partir do século XV era o aspecto econômico: tratava-se de ampliar o comércio e criar novas bases para o mercado português. A organização política das novas colônias lusas surge em decorrência do interesse comercial. E é também dentro desses limites que se efetua a ação missionária e a implantação da fé católica (Azzi, 1981, p. 22).

---

24. E. Dussel (1995, p. 59), sob outra chave hermenêutica, prefere chamar esse período de "catolicismo oficial periférico da primeira Modernidade". E, analisando os países de língua espanhola, considera que "o catolicismo latino-americano não é a expansão do catolicismo espanhol, mas vai nascendo junto com ele, e é hegemônico em todo um âmbito cultural antes mesmo da própria Espanha".

No Brasil Colônia, a Cristandade que nele aportou era colonialista[25], porque estava contextualizada pela expansão do império lusitano e a formação de colônias; e continha um discurso universalista, uma vez que visava à "propagação" e "dilatação" da fé católica, e um discurso doutrinário e, sobretudo, guerreiro, porque, "como o sistema era estruturalmente agressivo diante de indígenas e africanos, o discurso evangelizador não conseguia escapar à agressividade, mesmo em condições favoráveis" (Hoornaert, 1979, p. 26).

A Cristandade no Brasil Colônia também estava marcada pelo direito de padroado. O papa havia entregado ao rei de Portugal o governo das missões de evangelização em todo o império português.

> Era o rei que escolhia e enviava os missionários para o Brasil, e era ele quem tomava as decisões mais importantes, que fazia as leis e regulamentos que os missionários deviam obedecer. Todos os padres e bispos para o Brasil eram escolhidos pelo rei. Havia em Portugal uma repartição do governo, chamada Mesa de Consciência e Ordens, que dirigia as coisas da Igreja e da religião nas colônias (Rezende, 1982, p. 41).

Dentre os missionários enviados ao Brasil pelo rei de Portugal, o primeiro a chegar a *Goyaz*, no ano de 1625, foi Frei Cristóvão Severin de Lisboa, junto de quinze confrades que o acompanhavam. Vindo do Maranhão, desceu o Rio Tocantins, para evangelizar os índios desse imenso território. Depois dos franciscanos, no século XVII, são os jesuítas que realizam a Missão do Rio Tocantins.

Na primeira Bandeira que saiu de São Paulo[26], em 1722, os capelães que a acompanharam foram dois beneditinos, Frei Antônio da Conceição e Frei Luiz

---

25. "Todo o ato de conquista no período colonial jamais abrirá mão do simbolismo da cruz... *sub signum crucis*" (Mira, 1983, p. 27).

26. "Em 13 de janeiro de 1720, um despacho trazia o requerimento assinado pelos "capitães Bartolomeu Bueno da Silva, João Leite da Silva Ortiz e Domingos Rodrigues do Prado". No documento, seus autores falavam em avançar "em toda parte do sertão da América", dando continuidade a "entradas que têm feito [...]". O Conselho Ultramarino de Portugal comunicou, em 14 de junho de 1720, que o rei havia dado a permissão pedida, estabelecendo que o governador da capitania de São Paulo deveria apoiar a expedição em busca de "pedras e tesouros que se ocultam da coroa de Vossa Majestade". Em troca, ganhavam o direito de explorar as passagens dos rios que descobrissem. Cf. a matéria jornalística especial de R. Borges (*O Popular*, 21 e 22 mar. 2020, p. 36-37), contendo uma síntese sobre as Bandeiras de Anhanguera, bem como os itinerários percorridos pelos bandeirantes.

de Sant'Ana, e um franciscano, Frei Cosme de Santo André[27] (Silva, 2006)[28]. Essa Bandeira de 1722 perdeu-se pelo sertão e depois de três anos retornou a São Paulo, em 1725.

Em 1726 saiu de São Paulo para *Goyaz* a segunda Bandeira, com o objetivo de iniciar o povoamento. Acompanhando a jornada de Anhanguera e dos demais bandeirantes, estava o Padre Antônio de Oliveira Gago, que pretendia residir em *Goyaz* (Silva, 2006, p. 39-70).

Por mais de dois séculos, *Goyaz* era apenas uma região vaga e desconhecida por aqueles que habitavam o litoral do Brasil. Para a Igreja, um vasto e difícil campo de missão com os índios. Somente em 9 de maio de 1748, simultaneamente à criação da capitania de Mato Grosso, foi criada a capitania de *Goyaz*, antes pertencente à capitania de São Paulo[29]. Apenas três anos antes de tornar-se capitania de *Goyaz*, em 1745 foi erigida a prelazia das Minas de *Goyaz*.

> A Diocese de São Sebastião do Rio de Janeiro compreendia, das minas dos "guayases", cabeceiras do Tocantins, e Cuiabá, às terras de São Pedro do Sul, das alterosas das Minas Gerais ao Guaíra do grande bandeirante. Governava este vasto território D. Fr. António de Guadalupe (1725-1740) [...]. As minas de Meia Ponte aparecem no cenário histórico já no ano de 1727, mas só em março de 1732 é que vamos encontrar o Padre José Frias de Vasconcelos, seu primeiro capelão, como atestam os livros de batizados e óbitos (Silva, 2006, p. 72)[30].

---

27. Os mais comumente citados são esses três nomes, embora haja divergência entre alguns autores acerca disso.

28. O nome do autor é José Trindade da Fonseca e Silva. Na atuação política, como deputado federal e secretário da Educação, autodenominava-se Deputado Fonseca; na Igreja, era identificado como Cônego Trindade.

29. Um fato interessante é que, quando foram criadas as capitanias de *Goyaz e Cuyabá* (Mato Grosso), o mesmo documento régio extinguiu a capitania de São Paulo. Então, por cerca de quinze anos, a capitania de São Paulo foi anexada à capitania do Rio de Janeiro.

30. O nome inicial desse arraial era Minas de Nossa Senhora do Rosário Meia Ponte. No final do século XIX, passou a ser chamado de Pirenópolis, em referência aos pireneus, cadeia de montanhas que separa a França da Espanha. Em Pirenópolis, o morro mais elevado, onde a Missão Cruls, no começo do Brasil República, iniciou a primeira demarcação para a região do Planalto Central, seria o território distrital da capital federal. Quanto a essa troca de nomes religiosos das cidades goianas, no final do século XIX, a tese doutoral de Miguel Archângelo Nogueira dos Santos apresenta a seguinte observação analítica: "[...] É sintomático em Goiás que cidades outrora designadas pelo nome de santos da Igreja Católica tiveram sua toponímia sistematicamente modificada, com raríssimas exceções, para nomes diversos, em especial indígenas. O fato parece contrastar com o usual no restante do país e é possível que possa ser enquadrado na repulsa contra as rígidas imposições tridentinas,

Depois da capela de Meia Ponte, após alvará régio do rei de Portugal (que tinha a responsabilidade de mantê-la financeiramente) e iniciativa do bispo do Rio de Janeiro, foram sendo criadas as demais capelas da capitania de *Goyaz*. Em 1768, João Manoel de Melo, o oitavo governador de *Goyaz*, recebeu uma provisão régia que lhe determinava apresentar uma relação das igrejas da capitania, bem como das paróquias existentes. Como o território de Goiás era de grande extensão, uma parte das capelas pertencia ao bispado do Pará, e outra, ao bispado do Rio de Janeiro.

> No que respeita às [igrejas] do Bispado do Rio de Janeiro há cinco coladas, que são Santa Cruz, Anta, Pilar, Chrixás e São José; as outras as apresenta o Reverendo Bispo que vem a ser a desta Vila, Meia Ponte, Trahyras, e Santa Luzia (mas são as de maior rendimento de toda a Capitania principalmente a desta Vila Trahyras e Meia Ponte, as quaes merecem ser coladas para a grandeza de Vossa Magestade ter com que fazer mercês a Eclesiásticos de destintas letras e merecimentos) (Inst. Hist. Bras., t. 84, p. 92 *apud* Silva, 2006, p. 75).

Como se pode observar, a Cristandade colonial acompanha o povoamento e a ocupação territorial, a formação dos arraiais, o movimento econômico da colônia e, sobretudo, a condução política e o interesse financeiro do império português. Simultaneamente, como "sistema estruturado", é uma Cristandade que não perde de vista sua organização interna; por isso, vai se estruturando e, ao mesmo tempo, organizando a vida sociocultural do Brasil Colônia.

---

em prejuízo do liberalismo da religiosidade popular, o combate sistemático da Igreja Católica contra influentes entidades — maçonaria, protestantismo e espiritismo" (Santos, 1984, p. 10). Dentre as cidades que tiveram seus nomes mudados, tem-se: Sant'Anna das Antas (Anápolis), Santa Maria do Araguaia (Araguacema), São Vicente do Araguaia (Araguatins), Santa Luzia do Mario Melo (Aurilândia), São José do Duro (Dianópolis), Santo Antônio das Grimpas (Hidrolândia), Santo Antônio de Alegrete (Edeia), Santo Antônio da Cachoeira (Itaguatins), Santo Antônio do Capoeirão (Damolândia), Santo Antônio Maria Claret (Hidrolina), Santo Antônio do Morro do Chapéu (Monte Alegre), Santa Rita do Pontal (Pontalina), Santa Luzia de Goiás (Luziânia), São José do Tocantins (Niquelândia), Capela do Correia (Orizona), São José do Turvo (Paraúna), Bom Jesus do Bonfim (Silvânia), Sant'Anna (Uruaçu), Santa Terezinha (Peixe), São Sebastião dos Cristais (Cristalina), São Sebastião do Alemão (Palmeiras de Goiás), São Sebastião do Atolador (Mairipotaba), São Sebastião das Bananeiras (Goiatuba), São Sebastião do Ribeirão (Guapó), São Sebastião do Salobro (Araçu), São Geraldo (Goianira), Santanópolis (Bom Jardim), Bom Jesus da Ponte Alta (Ponte Alta do Norte), Nossa Senhora do Monte do Carmo (Monte Carmo), Nossa Senhora do Coco (Babaçulândia), Nossa Senhora Aparecida de Goiânia (Aparecida de Goiânia), Santa Maria de Taguatinga (Taguatinga), Santa Leopoldina (Aruanã), Sant'Anna de Goiás (Vila Boa), São Bento (Palminópolis), São João (Aloândia), São João (Itajá), São João Batista da Meia Ponte (Brazabrantes), São João da Palma (Paranã), São Luiz (Natividade), São Pedro Afonso (Pedro Afonso), São Teodoro (Nova Roma), Serra de São Clemente (Araguaçu). Algumas raras exceções de nomes de cidades mantiveram o nome de santos da Igreja Católica: Santa Helena, São Francisco de Goiás e São Luiz de Montes Belos (Santos, 1984, p. 14-15).

O período que precede a independência do Brasil é marcado por grande crise econômica, política e social. Os altos impostos – com um quinto do ouro destinado exclusivamente para a Coroa portuguesa – inviabilizavam o principal fator de propulsão da economia nacional. Os portugueses que residiam no Brasil ainda mantinham o sotaque de seu país de origem, mas se identificavam sempre mais com esse novo país em formação. A escravidão ainda vigorava nas minas e nas fazendas, com uma tensa convivência entre a casa-grande e a senzala; mas o sonho de independência era associado aos afrodescendentes, com o sonho da liberdade ou do trabalho assalariado e livre[31]. As ideias liberais, trazidas principalmente pelos jovens brasileiros que haviam estudado em Portugal e na França, se espalhavam pelas igrejas, nas redações dos jornais, nas lojas maçônicas e nos grupos de inconfidentes.

A Cristandade colonial também estava em crise, sufocada pela total dependência e ingerência do governo português. Em 1759 ocorreu a expulsão dos jesuítas do Brasil, culminando na supressão da Companhia de Jesus, pelo Papa Clemente XIV, em 1773[32]. Aos poucos, foi surgindo no Brasil a ideia de uma Igreja com características mais nacionais, e as teologias da paixão e do desterro foram cedendo lugar às teologias do poder espiritual, do mérito e da reparação (Azzi, 1981, p. 22-35). Em razão desse contexto de independência, o clero liberal passou a assumir

> [...] parte ativa nos diversos movimentos em prol da Independência: na Inconfidência mineira de 1789 o líder intelectual é o Cônego Luís Vieira, professor do seminário de Mariana. Na conjuração baiana de 1798, são presos dois irmãos carmelitas, acusados de estarem traduzindo *O Contrato Social* de Rousseau. O líder da revolução pernambucana de 1817 é o Padre João Ribeiro, e em 1824 Frei Caneca torna-se o mártir da confederação do Equador (Azzi, 1981, p. 27).

---

31. Essa conquista da liberdade dos afrodescendentes somente foi possível após a Independência (1822), num processo gradual: Lei Eusébio de Queirós (1850), Lei do Ventre Livre (1871), Lei dos Sexagenários (1885) e, finalmente, a Lei Áurea, em 1888 (Pinsky, 1988).

32. O breve papal de supressão (1773-1814) da Companhia de Jesus é denominado *Dominus ac Redemptor* e atingiu somente os países católicos. Em países como Rússia e Prússia, onde a autoridade do papa não era reconhecida, a decisão papal foi ignorada. "Na manhã de 7 de agosto de 1814, Pio VII celebrou a missa no Altar de Santo Inácio. Após a cerimônia [...] o papa solicitou ao Monsenhor Cristaldi a leitura da bula *Sollicitudo Omnium Ecclesiarum* [...] que restaurava a Companhia de Jesus em todo o mundo" (MAGIS Brasil, [s.d.]).

Esse amplo movimento de independência do Brasil também alcançou eco na distante capitania de *Goyaz*. "O movimento de independência em Goiás foi quase todo ele articulado pelo clero. Foram os padres os maiores propulsores dessas ideias" (Silva, 2006, p. 158).

As consequências da Cristandade colonial, cerceada pelo direito de padroado, alcançavam também esses distantes rincões do sertão, no Centro-Oeste brasileiro. Enquanto a freguesia de *Goyaz* pertencia ao bispado do Rio de Janeiro, em razão da imensa distância com a sede da diocese, era acompanhada por visitadores diocesanos e por cartas pastorais.

> O último Visitador provisionado pelo Bispo do Rio de Janeiro é o grande goiano e filho de Meia Ponte Cónego Roque da Silva Moreira, presbítero secular, Cónego Prebendado da Santa Igreja do Rio de Janeiro, Visitador e Vigário Geral da Capitania de Goiás na Repartição deste Bispado (Rio de Janeiro) por provisão de Dom José Joaquim Justiniano de Mascarenhas Castelo Branco, em data de 13 de julho de 1803 (Silva, 2006, p. 91).

Em 6 de dezembro de 1745, o Papa Bento XIV promulgou a Bula *Candor lucis aeternae*, pela qual erige as dioceses de São Paulo e Mariana e as prelazias de *Goyaz* e Cuiabá.

> Candor da luz eterna e imagem da Bondade Divina […] iluminando todas as cousas desde as alturas de seu trono excelso de Nosso filho amantíssimo em Cristo Dom João V, rei de Portugal e Algarves […] pelo Nosso dileto filho Manoel Pereira de Sampaio, comendador da Milícia de Cristo e encarregado dos Negócios do reino de Portugal junto de Nós e desta Santa Sé, foi recentemente proposto a Nós que, se a vastíssima Diocese do Rio de Janeiro for dividida de tal modo que, permanecendo como tal o Bispado já existente, se constitua um segundo em São Paulo e um terceiro em Mariana, cada qual deles como em Cuiabá, com seus respectivos Prelados […] (Silva, 2006, p. 113).

A prelazia de *Goyaz* foi erigida, mas seus primeiros quatro bispos – eleitos pelo papa mas impedidos da sagração episcopal pela Mesa de Consciência e Ordens – residiam no Rio de Janeiro. O primeiro bispo residente foi Dom Francisco Ferreira de Azevedo, o famoso "bispo cego" desde 1821, que fazia cumprir suas ordens pelas cartas pastorais e, também, depois de chegar à sua prelazia, pelo seu vigário-geral Cônego Silva e Souza[33]. Como era "pregoeiro da Independência", Dom Francisco permaneceu na Corte e pôde assumir como residente da prelazia de Goiás em 21 de outubro de 1824, dia de sua entrada solene na catedral de Vila Boa. De suas muitas iniciativas pastorais, dividiu a prelazia em três partes, para as quais nomeou vigários-gerais (Silva, 2006, p. 130-144).

Dentre as cartas pastorais escritas por Dom Francisco, duas são dedicadas ao movimento de Independência do Brasil e uma carta pastoral trata sobre a abdicação de Dom Pedro I (7 de abril de 1831) em favor de seu filho Pedro de Alcântara. Assim se expressou Dom Francisco, em Goiás:

> O Deos Omnipotente [...] foi assás propicio a favor do Imperio do Brasil fazendo a nossa ventura pelos sucessos acontecidos na Corte no dia sete de Abril deste presente anno. A marcha política do nosso imperador esteve athe aquele dia em grande perigo porque a soberba, a rebelião e a perfídia empenhavão-se a que o Brasil no decimo anno da Sua Independencia retrogadasse ao antigo systema a que esteve sujeito a mais de 3 seculos suportando os duros ferros da escravidão, o que certamente obrigaria o mesmo Brasil a nadar em seu próprio sangue (Livro de Provisões, Portarias, Pastorais, Decretos etc. de 1782 a 1868 *apud* Silva, 2006, p. 160).

Durante o bispado de Dom Francisco, *Goyaz* foi elevada de prelazia a diocese em 15 de julho de 1826 pela Bula *Sollicita catholici gregis cura,* do Papa Leão XII. Dom Francisco ainda permaneceu à frente da diocese até o seu falecimento, ocorrido no dia 12 de agosto de 1854. Sucedem-lhe Dom Domingos Quirino de Souza (1860-1863), o "bispo sofredor" (Silva, 2006, p. 205)[34]; e, depois, Dom Joaquim Gonçalves de Azevedo (1867-1879), o bispo que criou o Seminário Santa Cruz, inaugurado em 1872, e que escreveu uma famosa carta ao Imperador Dom Pedro II, posicionando-se sobre a Questão Religiosa e a prisão de Dom Vital, bispo de Olinda, e Dom Macedo, bispo do Pará[35].

---

33. O Cônego Luiz Antônio da Silva e Souza é considerado um dos primeiros historiadores de Goiás. Nasceu em Diamantina/MG, em 1764, e faleceu em 1840, em Vila Boa de Goiás (está sepultado na Igreja do Carmo). Era funcionário público, político, professor, cavaleiro da Ordem de Cristo, poeta, orador, colaborador do periódico *Matutina Meiapontense*. Escreveu muito sobre catequese dos indígenas, navegação dos rios, colonização, comércio, agricultura, estatística e história de Goiás. José Mendonça Teles (1978) escreveu uma importante obra, contendo biografia completa da *Vida e obra de Silva e Souza*.

34. Dom Domingos tinha traços fisionômicos de afrodescendente, o que era bastante raro para um bispo brasileiro daquela época.

35. "A Questão Religiosa não foi um mero conflito entre dois bispos (Dom Macedo e Dom Vital) e a maçonaria no Brasil. O conflito, enquanto envolvia a doutrina da Igreja, se estendia a todo o

Representação do Exmo. e Revmo. Sr. Bispo de Goyas [sic] a S. Magestade, o Imperador. [...] Hoje os Bispos actuaes com o povo catholico das suas dioceses tem também as suas vistas levantadas para o throno imperial, e esperam do saber e da prudência, que regulam os actos de Vossa Magestade há de triunfar sempre a causa da religião de Jesus Christo, que é a religião do Estado, e que hoje mais do que nunca se vê atrozmente atacada. [...] O *Placeat* que faz a base do processo do venerando Bispo de Olinda não é admissível entre nós pelo systema constitucional que nos rege. [...] Permitem-se todas as religiões sem reservas; permite-se tudo quanto o homem quer, e não se permitte a Religião Catholica como ella é (*O Apóstolo,* 1874 *apud* Silva, 2006, p. 251-265).

O posicionamento de Dom Joaquim, em Goiás, aponta para o modo como a Cristandade no Brasil se colocava após a independência. Havia duas tendências da Igreja: uma era liberal nacionalista, que visava "constituir uma Igreja Nacional, dirigida por um Concílio Nacional, sem Congregações Religiosas; substituir o Padroado português por um Padroado nacional mais moderado; abolir o celibato, uma vez que não era mesmo observado". A outra tendência era pela "recentralização da Igreja do Brasil em torno do papa, de Roma". Supunha uma reforma que efetivasse no Brasil o Concílio de Trento e defendia o fim do padroado régio, com autonomia da Igreja frente ao governo (Casali, 1995, p. 59-60). Essa tendência à romanização universal da Igreja, assumida enfaticamente pelo episcopado brasileiro, "começa a manifestar seus movimentos decisivos no cenário brasileiro na década de 1870, o que coincide, inversamente, com a formação do novo Estado, liberal, republicano" (Casali, 1995, p. 63).

Em *Goyaz*, a história da Igreja, enquanto "sistema estruturado", segue seu curso. O bispo que sucedeu a Dom Joaquim foi Dom Cláudio José Gonçalves Ponce de Leão (1881-1890)[36]. Foi ele que realizou o primeiro Synodo Diocesano de

---

episcopado brasileiro". É, sobretudo, uma "grande luta entre a Igreja de então e o mundo liberal" no Brasil (Fragoso, 1980, p. 186).

36. Dom Cláudio, após nove anos na Diocese de Vila Boa de Goiás, em 1890 (Silva, 2006, p. 310-313) foi transferido para a Diocese de Porto Alegre/RS, onde permaneceu até seu falecimento. Está sepultado na catedral de Porto Alegre. Foi o bispo que conheceu a chegada da migração europeia ao Rio Grande do Sul, desembarcada no porto da capital daquele Estado no final do século XIX. É muito conhecido por ter trazido da Província de Saboia, na França, os frades capuchinhos à região da Serra Gaúcha, para a evangelização dos imigrantes. Para a Diocese de *Goyaz*, foi Dom Cláudio quem trouxe, da França, os dominicanos e as dominicanas. Comumente se diz que a Ordem Dominicana foi a primeira ordem religiosa a vir para a Diocese de *Goyaz*. Na época colonial, alguns jesuítas estiveram em *Goyaz*; e os capuchinhos atuaram na evangelização das populações ribeirinhas do Araguaia, a partir de meados do século XIX. Entretanto, nem jesuítas nem capuchinhos, nessa época, residiram em *Goyaz*. Quanto aos religiosos lazaristas, residiram na Diocese de *Goyaz* desde meados do século XIX, mais precisamente em Campo Belo, Minas Gerais (que fazia parte da Diocese de *Goyaz* até 1907).

Goyaz (Silva, 2006, p. 282-283)[37]. E, finalmente, chega-se a Dom Eduardo Duarte Silva, bispo de Goiás nos primórdios do Brasil República, quando a Cristandade no Brasil conheceu a separação Igreja-Estado.

1.4 O início do Brasil República e a separação Igreja-Estado

A controvérsia sobre a Questão Religiosa havia levado dois bispos à prisão; isso trouxe consequências, pois o governo viu erodido o apoio da Igreja ao Império, o que foi um fator importante para culminar no golpe militar de 1889. Com a proclamação da República, embora sabendo do profundo impacto para o futuro do país, os bispos brasileiros silenciaram. A Igreja, com 12 milhões de católicos, sentia certa segurança para aceitar pacificamente o regime republicano (Casali, 1995, p. 67).

O Decreto do Governo Republicano Provisório (Decreto 11-A), de 7 de janeiro de 1890, apresentou importantes decisões, com grande impacto para a Igreja, o que levaria a desencadear um novo período na história da Cristandade no Brasil. Pela sua relevância histórica, retoma-se os termos *ipsis litteris* desse decreto.

> (Prohibe a intervenção da autoridade federal e dos Estados federados em matéria religiosa, consagra a plena liberdade de cultos, extingue o padroado e estabelece outras providencias). O Marechal Manoel Deodoro da Fonseca, Chefe do Governo Provisório da República dos Estados Unidos do Brazil, constituído pelo Exército e Armada, em nome da nação, decreta:

---

37. Dom Cláudio teve grande destaque em *Goyaz*, sobretudo devido à fundação de seminários, às visitas pastorais, às cartas pastorais e à realização do 1º Sínodo Diocesano, que contou com a exclusiva participação do clero goiano. A 1ª Carta Pastoral, contendo 47 páginas, foi promulgada aos seus diocesanos aos 24 de julho de 1881, dia de sua sagração episcopal, no Rio de Janeiro. Nela, assim se expressa: "Atualmente nosso maior desejo, filhos caríssimos, é de nos achar no meio de vós, é de principiar nosso Apostolado, repartindo convosco os dons que o Senhor de Infinita Bondade e Misericórdia nos houver confiado" (Ponce de Leão, 1881, p. 46). A 2ª Carta Pastoral foi publicada em 1884, anunciando sua terceira visita pastoral na Diocese de *Goyaz*; a 3ª Carta Pastoral é do ano 1886, publicando sobre o ano jubilar concedido pelo Papa Leão XIII; e a 4ª Carta Pastoral foi publicada em 1887, anunciando e convocando o Synodo Diocesano. Nessa carta, Dom Cláudio explica que "dentre os meios empregados pelos bispos, desde os primeiros séculos do cristianismo, um dos mais poderosos, um dos mais eficazes para a correção dos costumes, a conservação e perfeição da disciplina clerical, é de certo o Synodo Diocesano [...]" (Ponce de Leão, 1887, p. 5). O Synodo, destacava Dom Cláudio, não era facultativo nem ao bispo, nem ao clero: "[...] A convocação do Synodo Diocesano não está entregue a nosso arbítrio; mas que é esse um rigoroso dever nosso, imposto pelos sagrados cânones, particularmente pelo Concílio Tridentino [...]" (Ponce de Leão, 1887, p. 6). Sob tal exigência, Dom Cláudio fez a convocação: "Pelas nossas presentes letras convocamos pois o Synodo Diocesano, e declaramos que, com os auxílios da divina graça, nós o congregaremos no dia doze de Agosto do presente ano de mil oitocentos e oitenta e sete [...]" (Ponce de Leão, 1887, p. 8).

Art. 1º É prohibido à autoridade federal, assim como à dos Estados federados, expedir leis, regulamentos, ou actos administrativos, estabelecendo alguma religião, ou vedando-a, e crear diferenças entre os habitantes do paiz, ou nos serviços sustentados à custa do orçamento, por motivo de crenças, ou opiniões philosophicas ou religiosas.

Art. 2º A todas as confissões religiosas pertence por igual a faculdade de exercerem o seu culto, regerem-se segundo a sua fé e não serem contrariadas nos actos particulares ou públicos, que interessem o exercício deste decreto.

Art. 3º A liberdade aqui instituída abrange não só os indivíduos nos actos individuais, senão também as igrejas, associações e institutos que se acharem agremiados; cabendo a todos o pleno direito de se constituírem e viverem collectivamente, segundo o seu credo e a sua disciplina, sem intervenção do poder público.

Art. 4º Fica extincto o padroado com todas as suas instituições, recursos e prerrogativas.

Art. 5º A todas as igrejas e confissões religiosas se reconhece a personalidade jurídica, para adquirirem bens e os administrarem, sob os limites postos pelas leis concernentes à propriedade de mão morta, mantendo-se a cada uma o domínio de seus haveres actuaes, bem como dos seus edifícios de culto.

Art. 6º O Governo Federal continua a prover à côngrua, sustentação dos atuaes serventuários do culto catholico e subvencionará por um anno as cadeiras dos seminários; ficando livre a cada Estado o arbítrio de manter os futuros ministros desse ou de outro culto, sem contravenção do disposto nos artigos antecedentes.

Art. 7º Revogam-se as disposições em contrário.

Sala das sessões do Governo Provisório, 7 de janeiro de 1890, 2º da República. – *Manoel Deodoro da Fonseca. – Aristides da Silveira Lobo. – Ruy Barbosa. – Benjamin Constant Botelho de Magalhães. – Eduardo Wandenkolk. – M. Ferras de Campos Salles. – Demetrio Nunes Ribeiro. – Q. Bocayuva*[38].

No ano seguinte a esse decreto, a Constituição Republicana de 1891 não foi declarada em nome de Deus, ratificou as decisões do Governo Provisório – sobretudo sobre a separação entre Igreja e Estado e o fim da subvenção à Igreja. Além disso, impediu que os membros das Ordens Religiosas tivessem direitos civis; definiu que somente seriam reconhecidos os casamentos civis; e determinou que os cemitérios seriam entregues às administrações municipais, a educação seria laica, o ensino religioso não poderia mais constar dos currículos e que estavam extintas as subvenções às escolas católicas (Casali, 1995, p. 67-68).

---

38. A publicação original está na *Coleção de Leis do Brasil – 1890*, v. 1, p. 10.

Dentre os nomes que se sobressaem nos documentos oficiais, nos inícios da Primeira República, um é o de Benjamin Constant, expoente do positivismo no Brasil. Na bandeira nacional foi colocado o lema de Augusto Comte, "ordem e progresso". É com o ideário positivista e liberal que se proclama a República brasileira (Azzi, 1981, p. 36). Esse ideário, todavia, não é exclusividade do Brasil; corresponde a uma ideologia política de época, uma concepção de Estado moderno. Richard constata que essa nova disposição do Estado em relação à Igreja é comum em todos os países da América Latina.

> O Estado não considera agora [1870-1930] a Igreja [na América Latina] como um poder colonial (primeira etapa) ou como um agente possível de legitimação do Estado (segunda etapa), mas como uma força social e política contrária aos interesses do Estado e da sociedade. Se nas etapas anteriores o Estado procurava *descolonizar* a Igreja ou submetê-la ao Estado, agora a tendência é rejeitá-la como instituição social. [...] O Estado não se interessa ainda pela reforma da Igreja, mas, antes, pela sua desagregação como instituição social (1982, p. 88).

Com a criação da República há dois aspectos, dentre outros, muito significativos para *Goyaz*. Um é a nomeação de Dom Eduardo Duarte Silva como bispo para a Diocese de *Goyaz*, no ano de 1891. Outro aspecto importante é a definição, estabelecida pela primeira Constituição do Brasil República, para que a capital federal fosse transferida do Rio de Janeiro para o Planalto Central do Brasil, exatamente no coração da diocese para a qual Dom Eduardo havia sido designado.

A deliberação constitucional foi assumida com determinação política pelo novo governo republicano do Brasil. Entre 1892 e 1893 ocorreu a primeira expedição com a finalidade de demarcar a nova capital da nascente República do Brasil. A Comissão Exploradora do Planalto Central para a sua primeira demarcação é conhecida como a Missão Cruls, por ter sido chefiada pelo engenheiro Louis Ferdinand Cruls, nascido na Bélgica e naturalizado brasileiro. Essa expedição percorreu 5.132 quilômetros, com aproximadamente 133 "animais de carga", transportando 206 caixas e fardos, que totalizavam quase 10 toneladas. Uma única luneta, à época, pesava 80 quilos. Vinda do Rio de Janeiro, a expedição chegou até Uberaba. Daí, em lombo de animal, foi até Catalão, Piracanjuba e, finalmente, Pirenópolis. Subdividida em quatro grupos, percorreram e demarcaram o quadrilátero da capital federal da República (Sautchuk, 2014, p. 105-146)[39]. O retorno dessa expedição foi pela cidade de *Goyaz*, a sede da diocese onde residia Dom Eduardo.

1.4.1 Dom Eduardo e a Cristandade romanizada em Goyaz

Dom Eduardo Duarte Silva é um daqueles personagens da história de cuja biografia pode-se fazer a leitura da síntese de um tempo. De baixa estatura, emotivo, com fino humor, poliglota, excelente escritor, irrequieto, articulador, apressado, conflituoso, intempestivo no falar. Essas são algumas características de sua marcante personalidade, que emergem nas entrelinhas de sua *Autobiografia*[40].

Nascido em Florianópolis (Vila Nossa Senhora do Desterro), no Estado de Santa Catarina, sempre foi brilhante nos estudos. Aos 15 anos de idade, em 1868, partiu para Roma e, na Universidade Gregoriana, cursou filosofia e teologia. Retornou ao Brasil já ordenado sacerdote, permaneceu três anos em Santa Catarina e, depois, mudou-se com seus pais e familiares para o Rio de Janeiro. Dentre as muitas responsabilidades, reconhecimentos e iniciativas no Rio, foi visitador apostólico da Ordem das Carmelitas Fluminenses, obteve de Dom Pedro II a comenda da Ordem de Cristo e outra comenda do Papa Bento XV. Um destaque especial foi sua designação, recebida do internúncio apostólico, para entregar a Rosa de Ouro para a Princesa Isabel, presente de Leão XIII, pela assinatura da Lei Áurea (Ferreira, 2007, p. 15-22).

---

39. O Governo do Distrito Federal, por ocasião do centenário da Missão Cruls, publicou, na íntegra, o *Relatório da Comissão Exploradora do Planalto Central do Brasil, segundo Cruls* (1992). Esse tema será abordado mais extensamente no próximo capítulo.

40. Essa *Autobiografia* é uma narrativa escrita por Dom Eduardo nos últimos anos de sua vida, quando já residia no Rio de Janeiro e, então, escrevia memórias sobre suas "passagens" pelo *Goyaz* do final do século XIX. Sua narrativa influenciou a produção da historiografia sobre a Igreja Católica em Goiás. Entretanto, é importante considerar que o sujeito histórico narrador apresenta um olhar sobre *Goyaz* sob uma condição ora de itinerante, ora de vocacionado a uma missão. Nessa narrativa autobiográfica, sujeito e realidade estão sob condições profundamente distintas. Para uma análise acerca dos "olhares estrangeiros sobre Goiás", cf. o interessante estudo realizado por R. R. Gomes Filho (2015, p. 66-83).

Figura 1 – Dom Eduardo Duarte Silva, bispo de *Goyaz*

Fonte: arquivo de Dom Eduardo Duarte Silva/IPEHBC.

Dom Eduardo Duarte, após receber a informação de sua designação para ser bispo de *Goyaz*, tentou apresentar resistências. Mas o próprio Papa Leão XIII foi taxativo: "*ecco uma Croce pecttorale ed il libro pontificale, che vi dono e partite*" [aqui está uma cruz peitoral e o livro pontifício, que te dou e parto] (Silva, 2007, p. 60). Essa viagem extemporânea de Padre Eduardo a Roma, onde fora designado e sagrado bispo, tem uma coincidente relação com a proclamação da República, no Brasil. Assim ele próprio narrou:

> Proclamada a República e publicados os decretos do governo provisório separando a Igreja do Estado, o casamento civil, a secularização dos cemitérios e outros atentatórios às crenças católicas, cogitaram imediatamente os bons católicos em se agruparem para formarem um partido político para elegerem senadores e deputados à constituinte a se reunir, a fim de na nova constituição serem defendidos os direitos e prerrogativas da Igreja. [...] Surgiram logo dois jornais católicos defendendo ambos o partido, mas divergindo na orientação dele [...]. Como era de prever-se começaram de parte a parte discussões pessoais e a luta entre os dois defensores da boa causa tornou-se encarniçadíssima e o resultado foi o esfacelamento do partido. Cansado e bastante comprometido, julgando-me todos autor de artigos virulentos da lavra do Dr. Reis, julguei de bom aviso retirar-me do campo e ir passar alguns meses em Roma; isto foi em setembro de 1890 (Silva, 2007, p. 55).

Após séculos sob o regime do padroado, pareciam realmente "atentatórias" à Cristandade as novas decisões do regime republicano. A rigor, nos primeiros anos da República, nem o clero nem o próprio governo haviam assimilado aquele novo período da história política do Brasil. É bastante curioso e elucidativo, pois, o seguinte fato, contado por Dom Eduardo:

> Não dispondo de meios para fazer face às grandes despesas de meu transporte e bagagem até *Goyaz*, fui visitar o então presidente provisório e ditador da República e pedir-lhe um auxílio. Recebeu-me o Marechal Deodoro, vestido à frescata em sua sala de jantar, e depois de ouvir-me disse: "Vou dar ordem ao Lucena para lhe mandar entregar para sua viagem vinte contos de réis", o que foi feito. Havendo eu recebido um telegrama do Cônego Inácio Xavier da Silva, reitor do seminário [da Diocese de *Goyaz*], pedindo para eu conseguir que aquele prédio não fosse convertido em hospital militar, como estava resolvido, aproveitei a oportunidade para obter do marechal a suspensão de tão iníqua ordem. Sua Excelência respondeu-me assim: "Sabe o que há de fazer? Vá para o mato com todos os padres e seminaristas"; surpreendido por tal resposta, perguntei: "Para que, Excelentíssimo?" "Sim, vá, continuou ele, porque o povo é católico, e vendo o bispo e os padres no mato, mete o pau naquele governador maluco, que para lá mandei, e é o que eu quero". O governador era o coronel hoje Marechal Gustavo da Paixão, positivista de papo amarelo, e que, quando devia falar de Deus, sempre dizia: a minha boa estrela (Silva, 2007, p. 74).

Desse relato, alguns aspectos de época sobressaem-se: nos estados (antes províncias) parece haver o entendimento equivocado de que os bens da Igreja seriam estatizados – como foi o caso, em Goiás, do seminário que o governador pretendia transformar em hospital militar; o positivismo e a maçonaria (Deus denominado de "boa estrela") são respectivamente a ideologia e a organização que dão suporte político-ideológico à Primeira República; e o governo provisório que instalou a República tem percepção da força da Igreja, "porque o povo é católico", não obstante a laicidade do Estado.

1.4.2 O componente subjetivo na romanização sertaneja

Nessa complexa transição do regime monárquico para o republicano, o movimento ultramontano e de romanização da Igreja no Brasil se sobrepôs ao movimento nacionalista do clero, certamente porque em todo campo religioso organiza-se um sistema de relações entre forças materiais e simbólicas (Bourdieu, 2001, p. 66). Se, porventura, as forças materiais – políticas, sociais, econômicas – chegarem a anular as forças simbólicas, arruína-se a organização sistêmica do sagrado. Por isso é compreensível a tácita discrição da Igreja no seu posicionamento sobre a emergência da República; nessa fase, seu foco principal era fazer uma revisão interna, recolocando a ortodoxia da doutrina e a disciplina no clero ("agentes religiosos") e no culto (gestão simbólica).

Há uma dimensão do fenômeno religioso – a subjetividade – muito singular no movimento de romanização da Igreja no sertão: o bispo designado para *Goyaz*, nessa fase da Primeira República, conhecia muito bem a Europa e havia recebido toda sua formação filosófico-teológica em Roma. Embora fosse brasileiro, assimilou uma cultura e um código de signos que se tornaram não apenas sua referência psicossocial predominante, como também exclusiva. Goiás lhe era estranho e estava sendo conhecido pela primeira vez na vida.

> Pensava eu [confessava Dom Eduardo] viajando nas estradas de Goyas [sic], ter de atravessar espessas matas, caudalosos rios, de encontrar animais ferozes, em suma, o centro do Brasil em toda a sua pujança primitiva, e preparava-me para grandes surpresas. Que decepção!! Campos em que mal vegetam árvores raquíticas e tortas com raros galhos, tais como as lixeiras, mangabeiras, paus-santos, corrioleiras, vinháticos, marmeladas, pequizeiros, caraíbas paus d'óleo, muricis, paus-terra, araticuns, laranjeiras do campo, araçás, canelas-de-ema, árvores da quina, cagaiteiras, cajuís e outras; nos brejos, e nas lezírias as belas palmeiras buritis e nos terrenos de poucos humos as pindaíbas, cuja madeira é toda imprestável (Silva, 2007, p. 85).

Reconhecido muito recentemente como bioma cerrado[41], essa imensa Região Centro-Oeste foi, durante séculos, apenas chamada de interior do sertão. Não era, pois, de estranhar que Dom Eduardo fizesse objeção ao Papa Leão XIII de que Goiás era "muito distante do Rio de Janeiro" (Silva, 2007, p. 60); e que desabafasse, em francês, ao frade dominicano: *"Me voilá arrivé a mon Calvaire"* [Eis-me chegado ao meu calvário], ao qual foi replicado: *"Monseigneur, personne ici ne vous tuera pas!"* [Senhor bispo, ninguém aqui vai matá-lo] (Silva, 2007, p. 76). Essa inquietação e desconforto chegaram ao ápice na posse de Dom Eduardo em sua Diocese de *Goyaz*:

> Quando entrei na igreja, apoderou-se de mim um pavor inexplicável, e senti tanto sobre os meus ombros o peso da tremenda responsabilidade do episcopado que desatei a chorar e disse: "Não, não entro e não me assentarei naquela cadeira episcopal". Ouvi, então, atrás de mim, a voz do dominicano Frei Joaquim Mestellan, que dizia em alta voz: *"En avant, Monseigneur, nous sommes ici pour vous aider"* [Senhor bispo, coragem! Estamos aqui para ajudá-lo] (Silva, 2007, p. 92).

Essa narrativa comovedora revela o desespero de um homem diante de uma missão religiosa, num universo cultural estranho. Em nenhuma situação anterior Dom Eduardo declara que se sentiu desestabilizado: nem mesmo quando de seus estudos na Universidade Gregoriana, nem diante de um colóquio em que apresentou suas objeções ao Papa Leão XIII, ou mesmo diante da Princesa Isabel, ou na audiência com o Marechal Deodoro da Fonseca. Foi a imensa região sertaneja do Centro-Oeste do Brasil que lhe imprimiu medo e inquietação. Depois de muitas décadas, quando já aposentado e residindo no Rio de Janeiro, descobriu o quanto amou o povo das dioceses de Goiás e de Uberaba: "Que saudades estou sentindo do meu bom clero e do meu bom povo […] Tudo passou e só restam as pungentes reminiscências desse passado de tantos encantos!" (Silva, 2007, p. 261).

---

41. Foi apenas em 2004 que o Ministério do Meio Ambiente (MMA) instituiu o Núcleo dos Biomas Cerrado e Pantanal (NPC) (ver Ganen, 2011). A Constituição Federal (art. 225, § 4º) havia considerado como patrimônio nacional a Floresta Amazônica, a Mata Atlântica, a Serra do Mar, o Pantanal Mato-grossense e a Zona Costeira. Um projeto de emenda constitucional tramita na Câmara Federal, a fim de incorporar o bioma cerrado entre os biomas brasileiros. "Infelizmente, considerado um bioma feio, de árvores retorcidas, destituídas de valores naturais e sem importância econômica, dada a deficiência de nutrientes minerais do solo e sua acidez, o cerrado ocupou no cenário dos biomas brasileiros um plano secundário" (Mascarenhas, 2010, p. 20).

Para melhor entendimento dessa fase da história da Igreja recorre-se a Foucault (1996), ao referir-se à ordem discursiva. O autor afirma que a verdade – enquanto objeto de desejo e vontade – estrutura-se num sistema de exclusão, que distingue e determina o que são o verdadeiro e o falso. A verdade institucionalizada impõe seu discurso sobre os demais, consolidando-se como "discurso canônico"; também estabelece os procedimentos a fim de exercer o autocontrole discursivo, a censura disciplinar dos discursos e a autoridade do magistério para excluir ou controlar os sujeitos que participam do discurso. Para a sujeição discursiva há distinções e correlações entre "[...] os rituais da palavra, as sociedades do discurso, os grupos doutrinários e as apropriações sociais" (Foucault, 1996, p. 44)[42]. No caso dos grupos doutrinários:

> A doutrina liga os indivíduos a certos tipos de enunciação e lhes proíbe, consequentemente, todos os outros; mas ela se serve, em contrapartida, de certos tipos de enunciação para ligar indivíduos entre si e diferenciá-los, por isso mesmo, de todos os outros. A doutrina realiza uma dupla sujeição: dos sujeitos que falam aos discursos e dos discursos ao grupo, ao menos virtual, dos indivíduos que falam (Foucault, 1996, p. 43).

Em *Goyaz*, o catolicismo popular e o catolicismo institucional – que ainda não haviam assimilado *in totum* as definições tridentinas – entram em rota de colisão com Dom Eduardo. Como se verá a seguir, não se tratava apenas de um contraste geográfico e cultural entre Roma e *Goyaz*, mas de diferentes ordens discursivas e regimes de verdade (com seu respectivo *modus operandi* e *modus vivendi*).

> A autobiografia de Dom Eduardo descreve com clareza que a romanização da Igreja no Brasil [sobretudo em *Goyaz*] não ocorreu sem embates. A própria descrição crítica que Dom Eduardo faz dos habitantes do sertão e de sua religiosidade popular é indicativa dos conflitos que viriam. Conflitos não só com o povo, mas também com os sacerdotes seculares da diocese, com os políticos da capital de Goiás, com os coronéis arvorados em orientadores das romarias e dirigentes das irmandades (Pinheiro, 2007, p. 14).

---

42. Para sociedades discursivas, "o louco é aquele cujo discurso não pode circular como o dos outros". Como o discurso da loucura, diferentemente de todos os demais, não pode sofrer interdições ou correções nem pelo regime disciplinar da verdade, nem pela disciplina corporal (anatomia política), então, na compreensão do século XVIII, deve ser um discurso anulado, isolado, destituído de escuta social. A essa dimensão foi necessário a Foucault (1989) dedicar um estudo específico, sobre *História da loucura na Idade Clássica*. Haveria, aqui, uma indicação teórica para análise de patologias em algumas concepções ou práticas eclesiológicas?

Em Uberaba[43], enquanto esperava a condução que o levaria a *Goyaz*, Dom Eduardo visitou uma igreja, "órfã de seu vigário, o Cônego José dos Santos, que fora sepultado no mesmo dia [da chegada de Dom Eduardo]" e essa visita o fez "cair a alma aos pés" com aquilo que havia enxergado:

> [Era uma igreja] sem assoalho, sem forro, com um altar-mor tosco e sujo de plastas de cera, com placas de folhas de Flandres, pregadas pelos degraus do arcaico trono e servindo de castiçais, sem batistério, sem confessionário e com dois púlpitos em seguimento dos corredores superiores das célebres coxias, parte essencial e indispensável em todas as igrejas do sertão. Nos gavetões do arcaz da sacristia, nem paramentos, nem missais, nem cálices, nem livros de assentamentos. [...] Num dos gavetões encontrei um gigantesco boneco de pano, o qual, como explicou-me o sacristão, servia para, no sábado da aleluia, representar a figura de Judas, e uma grande quantidade de brochuras de dramas e comédias, porque ali também funcionava a sociedade dramática!!! [...] Que atraso! Que descaso da Casa de Deus! Que incúria e que desmazelo da atalaia do campo de Israel! É que o pescador de almas cuidava só em pescar jaús do Rio Grande. Comecei a pensar no muito que tinha eu a fazer, e no dia seguinte ao daquela visita dei as primeiras providências (Silva, 2006, p. 77).

Essas condições para a liturgia sagrada não eram uma exclusividade da região sul da Diocese de *Goyaz*. Em visitas pastorais, quanto mais avançava para o norte, mais se confrontava e se indispunha com essa situação dos templos e das circunstâncias de culto na Cristandade rural, sertaneja, interiorana. Semelhantes eram os cenários do clero secular diocesano.

1.4.3 Disciplina eclesiástica na Cristandade sertaneja

Dom Francisco, o "bispo cego", durante seu ministério episcopal, ordenou 142 padres em *Goyaz* (Silva, 2006, p. 183-197)[44]. Embora alguns não tenham exer-

---

43. Essa região de Uberaba também pertencia à Diocese de *Goyaz*.

44. Cônego Trindade considerou esse aspecto do ministério de Dom Francisco tão relevante que dedicou um capítulo exclusivo da obra *Lugares e pessoas* para fazer a listagem de cada um dos padres ordenados, com sua respectiva biografia. No *Livro de matrícula de ordenandos do bispado de Goiás 1833-1853* (Diocese de Goiás) – em estado bastante deteriorado, quase uma renda, mas com alto desempenho técnico de restauração –, há diversos nomes de padres ordenados por Dom Francisco que não constam da lista elaborada pelo Cônego Trindade. Portanto, na história da Igreja em Goiás, talvez esse seja o bispo que mais tenha ordenado padres incardinados em sua diocese.

cido o ministério sacerdotal na Diocese de *Goyaz*, surpreende essa grande quantidade de padres. Acaso essa pujança numérica seria em razão, também, de uma disciplina mais frouxa e de formação intelectual mais "facilitada"?

Foi mérito de Dom Francisco, como já se mencionou, a fundação do Seminário Santa Cruz. "Entre as dioceses existentes [até o tempo de Dom Francisco] estaria sem o seu seminário a igreja episcopal de Sant'Ana de Goiás, a mais longínqua e a mais pobre encravada no centro do Brasil" (Silva, 2006, p. 213).

Esse aspecto acerca da formação e ordenação de padres, nesse período e contexto, põe a Igreja num dos lugares mais nevrálgicos e sensíveis da eclesiologia. O Concílio de Trento, no "capítulo sobre o Sacramento da Ordem foi terminado com muita pressa sob a pressão de circunstâncias políticas. Os cânones são, como sabemos, antíteses contra a Reforma" (Schillebeeckx, 1989, p. 277). Aquele concílio buscou formatar uma nova identidade de Igreja, frente aos tempos da Reforma e da Modernidade. Por isso a Igreja pós-tridentina assentou "sua identidade sobre três pilares: criação de novo imaginário social; enquadramento do agente ministerial [...]; enquadramento do fiel" (Libânio, 1983, p. 40).

> O clero da identidade tridentina teve que sofrer transformações. Processou-se verdadeiro enquadramento, começando pelo alto clero. Uma reforma profunda se põe em movimento [...]. A originalidade de Trento manifestou-se na preparação do novo clero. Distante, mais bem-formado intelectual, moral e espiritualmente, assumindo seriamente o celibato, ele podia impactar mais fortemente os fiéis na sua missão de evangelizar e doutrinar (Libânio, 1983, p. 76).

A ênfase para a disciplina como componente formador de uma identidade católica tridentina apresenta, agora, uma nova variável importante; não se trata apenas de um regime disciplinar na ordem discursiva, mas sobretudo na "anatomia política", em que o corpo é "docilizado" para que o adestramento exterior também exerça o domínio sobre os impulsos interiores da vontade. Assim, a partir do século XVII, das entranhas da disciplina corporal emerge uma nova forma de obediência e um novo exercício do poder (Foucault, 1983, p. 125-152).

> Houve, durante a época clássica, uma descoberta do corpo como objeto e alvo de poder. Encontraríamos facilmente sinais dessa grande atenção dedicada ao corpo – ao corpo que se manipula, se modela, se treina, que obedece, responde, se torna hábil ou cujas forças se multiplicam (Foucault, 1983, p. 125).

No Brasil Colônia, o governo da Igreja estava sob a tutela do rei; portanto, um clero que obedecia à disciplina significava, sobretudo, um clero subordinado à realeza. Entretanto, a identidade católica tridentina parece não ter atingido a Igreja do período colonial brasileiro, principalmente no aspecto disciplinar da formação seminarística[45] e do celibato do clero. Ora, se isso não alcançava sequer a região litorânea brasileira, muito menos o distante sertão do interior do país, com presença institucional ainda mais diluída. Este, pois, foi um dos embates de Dom Eduardo, ao constatar o ministério sacerdotal em *Goyaz*, conforme sua narrativa à época:

> Eis-nos com as terras de *Goyaz* à vista. Ninguém no barranco do lado oposto. O vigário Padre Petraglia [...] fora prevenido da minha chegada pelo tio, e, no entanto, nenhum movimento e nem viva alma no porto! É que o tal vigário era tudo, menos sacerdote! Atravessamos o rio, ali bem largo, no que chamam barcas. [...] Foi só então que ouvimos o espoucar de um único rojão, e logo após vimos o padre trajado quase à paisana, porque sobre a calça, colete e paletó, trazia o capote todo desabotoado. [...] Um dos padres de minha comitiva, durante uma pequena ausência do vigário, percorreu todos os cômodos da casa e só encontrou espingardas, saias e vestidos de mulher; é que o vigário era de rito grego e caçador, não de almas, e sim de perdizes (Silva, 2007, p. 84).

Em uma das visitas pastorais a Jaraguá, Dom Eduardo conta que o vigário o havia "tentado por todos os modos":

> Pela gula, com iguarias delicadas e vinhos capitosos, pela ambição, oferecendo-me dinheiro, pela vaidade, fazendo-me elogios, e o que é ainda mais abominável, pela luxúria, peitando uma meretriz para ir ao meu aposento estando eu só em casa (Silva, 2007, p. 168).

---

45. Entre o século XVIII e meados do século XIX, principalmente nas dioceses litorâneas ou das maiores cidades do Brasil, houve grande esforço pela criação de seminários e formação do clero. "No Rio o seminário de São José, fundado em 1735; Mariana por D. Fr. Manoel da Cruz, fundado em 1750. No Pará, o Seminário de Santo Alexandre, fundado pelo Padre Gabriel Malagrida, em 1751; em Pernambuco, o de Olinda, por D. José Joaquim da Cunha de Azevedo Coutinho, em 1799. O da Bahia somente em 1811, Maranhão em 1838, São Paulo em 1856 e Cuiabá (com pouca duração) em 1836, por D. José Antonio dos Reis" (Silva, 2006, p. 213). Os seminários também poderiam ser mais suficientemente abordados sob o prisma da história da educação no Brasil, pelo importante papel que desempenharam na capacitação e formação intelectual de lideranças sociais, com incidências na vida nacional.

Sob muitos artifícios, vários padres em *Goyaz* tentavam sobreviver em seu ministério, frente à tardia chegada da disciplina eclesiástica pós-tridentina, no final do século XIX – representavam um período histórico de Cristandade que findava para ceder lugar à Cristandade da restauração, nas décadas seguintes.

1.4.4 A República e as dificuldades financeiras na Igreja em Goyaz

A separação entre Igreja e Estado foi brutalmente sentida no aspecto da sustentação financeira da Igreja em *Goyaz*. Tornou-se uma Cristandade que perdeu muito de seu triunfo e do brilho de seus símbolos, porque a penúria financeira alcançou essa Igreja despreparada para o seu próprio sustento. Esta era a constatação de Dom Eduardo:

> Separada a Igreja do Estado, por falta de recursos as matrizes [os templos principais das paróquias] não podiam reformar suas alfaias, nem sequer podiam os vigários fazer nelas os consertos necessários, negando-se o povo a concorrer sob o pretexto de que ganhando os padres os poucos vinténs de festas, missas de espórtula de dois mil réis e batizados, a eles competia fazer tais despesas (Silva, 2007, p. 94).

Para enfrentar a grave crise financeira que se abateu após a falta de subsídio do Estado à Igreja, Dom Eduardo empreendeu quatro importantes iniciativas. A primeira foi a venda de patrimônio. Esses patrimônios de Igreja, aqui referidos, eram terras originalmente "doadas a um santo", para nelas ser construída uma capela. Essa doação ocorria, com frequência, como desejo em vida de doar parte do patrimônio *post mortem,* ou como promessa que se cumpria após graça recebida. A partir da edificação do templo, moradores das fazendas adjacentes e adventícios iam construindo no entorno da capela as suas casas, vendas ou armazéns. Com o tempo, aquela capelinha era elevada canonicamente a capela curada e, mais tarde, era erigida como sede de freguesia (paróquia)[46]. Ora, como a terra era legalmente registrada em nome da Igreja, então, tudo o que nela fosse edificado lhe pertencia (não existia a lei de usucapião) e, por isso, a diocese poderia aforar o terreno ou, então, cobrar laudêmio dos "fregueses"[47]. Foi isso o que ocorreu na mente de Dom Eduardo (Amado, 2023, p. 83-90).

---

46. A Fazenda Conceição, em Corumbá de Goiás, na qual a Arquidiocese de Goiânia empreendeu um projeto-piloto de reforma agrária, foi uma propriedade da Igreja recebida em razão de "doação feita a Nossa Senhora da Conceição" (cf. Amado, 1996, p. 156-170).

47. Isso, evidentemente, era impraticável por razões diversas e são raros os casos, portanto, em que essa cobrança ou venda tenha ocorrido. Mas é interessante que aproximadamente 80% das cidades goianas que não nasceram da mineração tiveram origem nos patrimônios que eram legalmente da

Publiquei então uma instrução [narra Dom Eduardo] para o aforamento [a alienação] dos patrimônios, ordenando que os vigários para tal fim pesquisassem diligentemente arquivos e cartórios a fim de encontrarem os títulos de doações e que não podendo achá-los promovessem justificações judiciais (Silva, 2007, p. 94).

A segunda iniciativa de Dom Eduardo para levantar recurso financeiro foi viajar para a Europa e solicitar ajuda, principalmente para o sustento do seminário, antes totalmente amparado pelo Estado.

Com esmolas obtidas na Europa levei avante a minha empresa, e realizou-se o meu sonho dourado [construir uma casa de campo, para não perder os seminaristas que iam de férias e não mais retornavam ao seminário], não sem no primeiro ano encontrar oposição e resistência de algumas famílias, especialmente da capital (Silva, 2007, p. 94).

A terceira iniciativa, para o sustento na formação das vocações sacerdotais, foi a criação do óbulo diocesano, pelo qual as maiores freguesias (paróquias) deviam responsabilizar-se pela manutenção de um seminarista (Silva, 2006, p. 332).

A quarta iniciativa de Dom Eduardo foi a mais conflitiva e dramática: assumir o controle financeiro das irmandades[48], principalmente nos santuários de Barro Preto (Trindade), Água Suja e Muquém.

Igreja. A constituição de patrimônios era uma exigência das *Constituições primeiras do arcebispado da Bahia* [1709?], documento esse que regeu a Igreja em *Goyaz* até meados do século XIX (Pinheiro, 2010, p. 170-172). Por isso, na visão de Dom Eduardo, se o Estado republicano se desobrigava a sustentar financeiramente a Igreja, então, para enfrentar a situação de penúria, restava à Igreja regularizar e vender o seu próprio patrimônio. Duas cidades no Brasil, Uberaba e Campininhas, tiveram litígios judiciais que ficaram célebres, devido à resolução diocesana ou paroquial de cobrar aforamentos. L. Palacín fez a essa história um recorte temporal, denominando-o "segundo ciclo de povoamento de Goiás" (Pinheiro, 2010, p. 59-60).

48. No final do século XIX, as irmandades já se encontravam bastante estruturadas no Brasil e, particularmente, em *Goyaz*. Reproduziam a segregação social de seu entorno, com irmandades de pretos, de brancos e de pretos dirigidas por brancos. Dispunham do templo já edificado e joias em ouro para ornamentar os santos, como coroas, terço etc. Entretanto, por razões diversas, várias das irmandades tinham dificuldades financeiras e, por isso, precisavam contar com os empréstimos de seus membros para cobrir as despesas e, em situações excepcionais, chegavam a suspender a festa de seu santo padroeiro. Cf., por exemplo, o estudo de S. F. da Silva (2012, p. 109-120) sobre a Irmandade de Rosário dos Pretos em Areia, na Paraíba. Não obstante às dificuldades financeiras, as irmandades eram bem-estruturadas do ponto de vista sociorreligioso e continham, inclusive, seus próprios estatutos, atas das reuniões realizadas, eleições para escolha de quem as governava. Portanto, a postura de confronto de Dom Eduardo com os dirigentes das irmandades não era apenas financeira, mas uma clara disputa de poder pela retomada do governo dessas comunidades católicas já estruturadas e consolidadas há décadas.

[...] Seguimos todos para a capela [conta Dom Eduardo], cantando os padres o hino da Senhora da Abadia. Ali chegando, tomei o meu lugar no presbitério, lugar sempre ocupado pelo Coronel José Joaquim, ficando este assentado em um dos degraus.

Depois de uma breve introdução declarei qual era o meu objetivo indo ao Muquém, inteiramente igual ao que me fizera ir ao santuário do Barro Preto [Trindade]. Expliquei em seguida que só e exclusivamente pertencia à autoridade eclesiástica o governo das igrejas, sua administração e aplicação de suas rendas. Finda a minha prédica, fui para a casa, pertencente ao santuário, que fora designada para minha hospedagem, onde pouco depois apareceu o Coronel José Joaquim, que vinha declarar-me que estava resolvido a resistir às minhas resoluções.

"Pois resista", respondi. "E que fará V. Excia.?"

"Nada mais do que o seguinte: volto hoje para Goiás e comigo o vigário de São José e fica extinta a romaria do Muquém, e interditada esta capela".

"Mas isto é matar São José!", "Matar São José?", perguntei. "Mas como é isto?"

"Sim, porque São José do Tocantins ainda tem um pouco de vida por causa da romaria de Muquém". "Neste caso", disse-lhe, "é V. Sa. quem o mata".

"Pois bem", respondeu-me, "sujeito-me e amanhã procederemos à eleição da nova mesa, para a qual convido V. Excia.".

"Não há dúvida alguma", retorqui, "mas preciso antes do mais examinar o compromisso da Irmandade e verificar se está canonicamente aprovado" (Silva, 2007, p. 99).

Para o santuário de Barro Preto a situação foi ainda mais conflitiva, uma vez que os irmãos da irmandade quiseram matar Dom Eduardo. Isso o levou à decisão de instalar no santuário uma congregação religiosa (Santos, 1976). Para isso, viajou à Europa e, da Alemanha, trouxe os padres da Congregação do Santíssimo Redentor, os redentoristas (Silva, 2007).

Considerações

A Cristandade é uma categoria plural e polissêmica, como procurou-se expor neste estudo; é uma categoria teórica que contém muitas variáveis e que não se permite às generalizações em sua aplicação sócio-histórica. Para a conceituação da categoria "Cristandade", há o predomínio nos enfoques sobre a relação Igreja-Estado, a qual, porém, está sujeita: ao modo econômico de produção (em que a organização política recebe seu contorno específico); à identidade singular da organização eclesial (estruturada e, ocasional e/ou simultaneamente, estruturante); ao domínio da ordem discursiva sob um regime de verdade; e à anatomia política que impõe uma disciplina corporal para obter o comando e a obediência coletiva. Portanto, tempos e lugares definem conceitualmente suas respectivas cristandades.

Para a Cristandade medieval não é possível usar aleatoriamente a relação Igreja-Estado, considerando-se, nesse macrocontexto, que os estados nacionais não são próprios dessa época. Embora seja uma idade de complexa delimitação cronológica, na Idade Média pode-se considerar que a Cristandade exerce um papel histórico de organização estruturante – no sentido simbólico e político – da sociedade.

Como resposta às suas contradições internas, a Cristandade europeia renascentista é construída sob uma base estética. Sua linguagem predominante é aquela da representação, como forma de dizer a realidade. Seu repertório artístico-iconográfico manteve-se ao longo dos séculos e fez chegar até a atualidade alguns dos traços da Cristandade renascentista.

A Cristandade europeia do século XVII assume uma identidade antimoderna, confronta-se com as classes sociais emergentes, os estados nacionais e os novos pressupostos epistemológicos da ciência e da ética. É, pois, uma Cristandade apologética, eclesiocêntrica, defensiva, que formulou um discurso de disputa pela verdade, sob o método da polêmica.

No caso da Cristandade colonial brasileira, esta é subordinada ao Estado expansionista português e sua evangelização é condicionada pelo direito de padroado. Em Goiás, é uma Cristandade missioneira, seja na catequização dos índios, seja no acompanhamento das expedições de garimpo (as Entradas e Bandeiras). Depois, com a formação dos arraiais, torna-se uma Cristandade rural, sertaneja, onde eclodem as irmandades e confrarias leigas. Também é uma Cristandade que convive com a casa-grande e a senzala, com a escravidão do negro e com as reduções indígenas.

A Cristandade do Brasil Império ganha ênfase de nacionalismo libertário, mas enfrenta a Questão Religiosa, com a consequente prisão de bispos e o conflito com a maçonaria e o governo imperial. Para *Goyaz*, são sagrados sucessivos bispos, mas não se tornam residentes, também devido à falta de autorização régia.

Enfim, pode-se identificar a Cristandade dos inícios do Brasil República, que tem ênfase na sua reorganização interna, em vista da sustentação financeira e para a impostação de uma eclesiologia disciplinar tridentina. Após seu fortalecimento interno, numa perspectiva romanizada, disciplinar e restauracionista, vê-se então emergir uma Cristandade militante – *Bonus miles Christi* [Bom soldado de Cristo] –, que irá disputar seu espaço social com o Estado e, em Goiás, participará decisivamente na transferência da capital estadual (de Goiás para Goiânia) e da federal (do Rio de Janeiro para Brasília).

Essa Cristandade católica, com suas variáveis, nuanças e configurações históricas, indica que o sistema religioso sempre é "estruturado"; mas sua estrutura não é estática, possui um dinamismo que lhe é intrínseco, permitindo sua renovação e adaptação aos contextos diversos, e assegurando-lhe perpetuamente a produção e reprodução de seu capital simbólico (Bourdieu, 2001, p. 59). Essa estrutura dinâmica e móvel dos sistemas religiosos não é apenas exterior aos indivíduos; os membros que a compõem lhe internalizam, performando seu estilo e sua subjetividade. Por isso, o imaginário religioso de uma estrutura também atinge as camadas mais profundas da psique humana, reveladas inclusive pela linguagem onírica. Essa será a reflexão do próximo capítulo, ao aprofundar-se no estudo sobre um dos sonhos de Dom Bosco, ocorrido no final do século XIX, ao qual os mudancistas goianos recorreram para subsidiá-los na argumentação política pela transferência da capital federal ao Planalto Central do Brasil.

2

O sonho de Dom Bosco

Uma representação onírica do século XIX acerca da "terra prometida" no Planalto Central brasileiro

No capítulo anterior, analisou-se a estrutura do sistema religioso católico, servindo-se da categoria "Cristandade", com sua dinâmica e suas configurações, variáveis e relações, nas diversas épocas e períodos históricos. Dentro da disposição religiosa, as representações simbólicas são cotidiana e perenemente assimiladas e praticadas; isso se torna *habitus* religioso, formatador da subjetividade, do modo de agir e sentir, da conduta e do perfil em cada indivíduo. A internalização do capital simbólico da estrutura religiosa atinge também, e principalmente, as profundezas da psique humana. Assim, acordado ou dormindo, o indivíduo projeta-se segundo aquilo que "in-corporou" à totalidade de seu *self.*

Neste segundo capítulo a proposta é retomar e analisar um dos sonhos de Dom Bosco, revisitando analiticamente essa construção onírica de sua psique. Há duas razões principais para trazer a narrativa de um sonho ao conjunto desta obra: primeiro, o sonho de Dom Bosco é uma exemplificação emblemática, em linguagem onírica, acerca da subjetivação do capital simbólico, proveniente da estrutura religiosa denominada, na perspectiva sócio-histórica, como Cristandade católica; a segunda razão é que, dentre as quarenta redações de sonhos de Dom Bosco, uma em particular foi usada, politicamente, como fonte subsidiária dos mudancistas goianos, sequiosos de uma "profecia" que lhes mobilizasse e persuadisse pela transferência da capital federal ao Planalto Central brasileiro.

O pensamento, a percepção e a ação religiosa entranharam-se em Brasília, desde a edificação de suas primeiras obras. Embora a nova capital federal tenha sido construída com bases modernistas, seu projeto originário contou com forte apelo místico-religioso.

Desde que o sonho considerado profético do padre italiano Dom Bosco a respeito da terra prometida que mana leite e mel tornou-se conhecido entre os estadistas brasileiros, passou a ser atribuído à construção da nova capital. Assim, ocorreu uma mistificação da interiorização e da construção da nova capital que foi utilizada como artifício para corroborar os interesses de seus empreendedores. Uma cidade alcançada pela bênção divina acarretaria uma maior aceitação da sociedade e demais classes dirigentes, já que o Brasil sempre apresentou uma identidade extremamente religiosa (Afiune, 2018, p. 12).

Entre tapumes e barracões improvisados para abrigar os operários na edificação da capital federal, despontou a primeira obra de alvenaria. Não era a construção de um dos palácios dos poderes da República, nem os prédios dos ministérios; era uma capela, em forma de pirâmide – a Ermida Dom Bosco, localizada às margens do Lago Paranoá. Foi construída em 1957, em homenagem ao santo católico que seria declarado padroeiro de Brasília. E a congregação dos salesianos, fundada por Dom Bosco, desde 1956 já se misturava aos operários que erguiam a nova capital federal do Brasil. Foi a primeira congregação religiosa a chegar ao Distrito Federal[49].

Esse fato de começar a construção de uma capital federal por uma capela dedicada a um santo é um fenômeno sociocultural intrigante e emblemático às ciências da religião. E é isto o que faremos neste capítulo: recuperar uma representação onírica (o sonho de Dom Bosco, ocorrido no século XIX, 77 anos antes da inauguração de Brasília); analisar a hierofania pelo material simbólico dos sonhos; e retomar a linguagem do sonho, sob os paradigmas do desejo e do tempo (memória do passado, reorganização psíquica do presente ou previsão de futuro).

Supõe-se que o uso do "capital simbólico religioso" foi um dos fatores políticos mais importantes para a formação de certo consenso nacional pela transferência da capital federal ao interior do Brasil. Afinal, isso já era uma expectativa bastante antiga, remontando ao final do século XVIII. Todavia, enquanto não foi inserido o componente religioso no discurso mudancista, nada persuadia à decisão de mudar a capital federal: nem as constituições da República, nem as avaliações técnicas, nem a militância jornalística, nem a atuação no Congresso Nacional. Vinha

---

49. Os poderes da república, ao narrarem o sonho de Dom Bosco em seus órgãos oficiais de comunicação, assumem como legítimo esse fato simbólico-religioso, como razão emblemática e fundante, para a construção de Brasília no Planalto Central brasileiro.

de longe a história de transferir, sem êxito, a capital federal. Tiradentes – o alferes Joaquim José da Silva Xavier – e os demais inconfidentes mineiros, conforme os *Autos da devassa*, em 1788 almejavam que, após a independência, a capital do Brasil fosse transferida para São João del-Rei (Vasconcelos, 1978, p. 13-18).

O ideal precursor dos inconfidentes foi, nos inícios do século XIX, assumido com tenacidade por Hipólito da Costa. Escrevia que a nova capital deveria ser no interior do Brasil, no Planalto Central, o "paraíso terreal". Por isso foi encarcerado em Portugal, mas conseguiu fugir da prisão e refugiou-se em Londres. Nesse país de língua inglesa, em 1808 criou o jornal *Correio Braziliense* e, na clandestinidade, até 1822 editou o total de 175 publicações, influenciando, pela difusão de suas ideias, tanto o Brasil quanto Portugal.

José Bonifácio, enquanto vice-presidente de São Paulo e ministro de Estado, fez com que a ideia de transferência da capital federal fosse assumida como decisão nacional[50]. Nas *Instruções aos deputados à corte de Lisboa* recomendava que seria "muito útil que se levante uma cidade central no interior do Brasil para assento da Corte ou da Regência", que "poderá ser na latitude pouco mais ou menos de 15 graus" (Vasconcelos, 1978, p. 31).

Francisco Adolfo de Varnhagen dedicou sua vida – sobretudo em suas obras *Memorial orgânico* (1849) e *História geral do Brasil* (1857) – a defender a transferência da capital federal para o Planalto Central brasileiro. Em 1877, com 61 anos de idade e viajando em lombo de animal, visitou a região do Planalto Central e, depois, já em Viena, escreveu uma carta ao ministro da Agricultura do Brasil, propondo a mudança para o

---

50. Com sua agenda reformista e perspectiva de superação da situação colonial, Bonifácio propunha a transferência da capital federal. "Para proteger a Corte, por que não construir uma cidade no interior do Brasil, onde seria instalado o governo? Inexpugnável, longe do mar e das garras de inimigos, a capital – em latitude em torno de 15 graus onde, depois, se plantou Brasília – teria um Tribunal Supremo da Justiça, um Conselho da Fazenda e uma Direção Geral da Economia Pública a quem caberia supervisionar e dirigir obras públicas, a agricultura e a indústria. Seria a 'Nova Jerusalém', como foi alcunhada, ou a 'Washington tropical', no sonho de Hipólito José da Costa, que conheceu a capital americana. Sua centralidade ensejaria as comunicações num reino tão grande e permitiria o controle mais cerrado das diversas regiões. A capital ainda teria a vantagem de atrair para terras desocupadas 'o excesso de povoação vadia das cidades marítimas e mercantis'. Tais propostas foram rigorosamente ignoradas pelas Cortes, já ressentidas com a primazia da antiga colônia. [...] Se antes Bonifácio via o Império com seu centro em Lisboa, agora procurava garantir a autonomia de parte deste mesmo Império, com o governo no Rio. Nada de transferir o poder junto com Dom João. Embora ciente da necessária partida do rei de Portugal, percebia-a como uma forma de pacificar os radicalismos que, de outra forma, eclodiriam, resultando na perda do Brasil" (Del Priore, 2019, p. 165).

[...] triângulo formado pelas três lagoas de Formosa, Feia e Mestre d'Armas; apontou o paralelo 15 e 16 graus, como a latitude mais vantajosa; condicionou uma altitude de 3.000 pés (cerca de 1.000 metros) para garantir melhor clima; acrescentou a conveniência de a cidade ficar numa chapada pouco elevada e sem muitas irregularidades; posicionou a sua localização geral a uma distância igual a cinco pontos: Rio, Oeiras (Piauí), Bahia, Cuiabá e Curitiba; anteviu que "algum dia, os mineiros" iriam "chamar a si a capital por conquista"; quis uma cidade-capital com uma lagoa e uma península; desejou que, nas suas cercanias, existissem mananciais para abastecer d'água a cidade; previu até um nome, Imperatória, que justifica sua missão; e, em tudo, argumentou a imperiosidade da transferência da capital para o interior, alegando razões de segurança, produção, comunicação, clima, assistência e ação civilizadoras (Vasconcelos, 1978, p. 48).

Durante quase um século, esse sonho político de diversas lideranças no Brasil, pela mudança da capital federal ao interior do país, também se fez sonho no imaginário religioso. É o famoso "sonho de Dom Bosco".

2.1 Os sonhos como fenômeno religioso e suas hermenêuticas

Para a interpretação do sonho de Dom Bosco acerca da construção de Brasília, ocorrido no final do século XIX, faz-se previamente uma aproximação teórica aos estudos de C. G. Jung, G. Bachelard e M. Eliade, a fim de dispor-se de categorias e ferramentas analíticas plausíveis[51].

Duas importantes categorias sugeridas pelos estudos psicanalíticos de C. G. Jung são os arquétipos e o inconsciente coletivo. Na camada mais profunda da psique humana residem materiais psíquicos que são paradigmas universais, ou símbolos evocativos, atemporais, que perpassam todas as culturas. Diferentemente de Freud, portanto, os resíduos arcaicos estudados por C. G. Jung não se limitam ao indivíduo e às reminiscências intrauterinas e da infância que povoam seu inconsciente pessoal; antes, são códigos universais, que habitam em todos e em cada um dos indivíduos porque subjazem a todas as culturas, ou num inconsciente coletivo universal. Essa posição de C. G. Jung ocorreu após seu rompimento teórico com Freud. E ele confessa, no balanço final de sua vida, que essa ruptura havia insta-

---

51. Aqui foi feito apenas um recorte teórico com foco nas categorias necessárias para a análise do presente objeto de estudo, sempre em consonância com o pensamento global de cada um desses autores.

lado nele "um período de incerteza interior e, mais que isso, de desorientação" (Jung, 2016, p. 177). Mas um sonho, ocorrido na véspera do Natal, em 1912, o teria levado a se repropor com uma nova formulação teórica.

> Esse sonho ocupou-me durante muito tempo. Naturalmente, no início, eu compartilhara da opinião de Freud, segundo o qual o inconsciente encerra vestígios de experiências antigas. Mas sonhos como esse e a experiência real do inconsciente levaram-me à compreensão de que tais vestígios não são apenas conteúdos mortos, nem formas gastas da vida, mas pertencem à psique viva. Minhas pesquisas posteriores confirmaram a hipótese, que no decorrer dos anos resultou na minha teoria dos arquétipos (Jung, 2016, p. 179).

M. Eliade, na história comparada que faz acerca das várias experiências religiosas, conclui que há universalmente um território sagrado, disruptivo, descontínuo, diferente daquele espaço cotidiano que controla as ocorrências existenciais. Na territorialidade profana, o espaço é homogêneo, geométrico, apreensível. É no ambiente sagrado que ocorrem as hierofanias, as revelações, as manifestações do *mysterium tremendum et fascinans*[52]. A linguagem das revelações religiosas, também para M. Eliade, fala por símbolos universais e perenes, provenientes de territórios sagrados (Eliade, 1995, p. 99-132). Ora, os sonhos emergem de um território descontínuo, inacessível pela consciência e com uma linguagem simbólica. Por isso, textos sagrados, inclusive os bíblicos, têm profusão de narrativas sobre sonhos como linguagem nascida do sono, no qual a consciência não tem controle e a vontade divina se manifesta.

G. Bachelard, em sua obra *O ar e os sonhos*[53], propõe formular uma "contribuição positiva" à análise psicológica acerca dos sonhos e do imaginário. E considera que é preciso acessar o imaginário do psiquismo humano, a "mobilidade das imagens", não apenas as imagens estáticas. "[...] Uma imagem estável e acabada *corta as asas* à imaginação" (Bachelard, 1990, p. 2).

---

52. As expressões são de Rudolf Otto, também usadas por M. Eliade (1995, p. 25-26).

53. A obra serve-se de romances, contos e poemas literários para compreender a dinâmica narrativa do imaginário dos sonhos. O tema apresenta uma intersecção com o "êxtase religioso", que "contém uma psicologia ascensional completa", e com a pneumatologia, "que, através dos tempos, tem desempenhado tão grande papel". Bachelard, entretanto, não avança nesses temas por não se considerar "qualificado para tratá-los" e porque são "experiências demasiado raras" (Bachelard, 1990, p. 14).

O voo onírico tem necessidade, como todos os símbolos psicológicos, de uma interpretação múltipla: interpretação passional, interpretação estetizante, interpretação racional e objetiva (Bachelard, 1990, p. 21).

Na análise acerca do "voo onírico" não se pode fixar em imagens, mas na dinâmica da narrativa, em seu caráter ascensional, sua "viagem imaginária". O mundo dos sonhos é uma "aviação dos sonhos", uma viagem do modo como "sonha a razão" em seus "sonhos narrados".

> [...] No mundo do sonho não se voa porque se tem asas, mas acredita-se ter asas porque se voa. As asas são consequências. O princípio do voo onírico é mais profundo. É esse princípio que a imaginação aérea dinâmica deve reencontrar (Bachelard, 1990, p. 28).

O sonho também é uma realidade, "realidade onírica", "imagem dinâmica vivida", numa "dinâmica espantosamente unitária" (Bachelard, 1990, p. 30-32). Textos sagrados das mais diversas tradições religiosas revelam uma profusão de sonhos. O imaginário onírico igualmente se impregnou na linguagem religiosa da tradição judaico-cristã e os livros bíblicos apresentam ricas narrativas histórico-literárias sobre os sonhos.

2.2 As narrativas oníricas da tradição judaico-cristã: a comunhão com o sobrenatural

Na Bíblia, há a narrativa de muitos sonhos[54]. "Os povos que são anteriores a Israel e seus vizinhos veem no sonho uma revelação divina" (Léon-Dufour, 1972, p. 993). A quantidade de sonhos era tão grande que os reis do Egito e da Mesopotâmia tinham intérpretes de sonhos a seu serviço. Um dos sonhos muito conhecidos foi aquele do faraó do Egito sobre os sete anos de vacas gordas e, depois, sete anos de vacas magras. Quem interpretou acertadamente esse sonho do faraó foi José. Graças a essa interpretação, Egito e Canaã superaram os anos de fome e penúria.

---

54. No corpo principal do texto, focaram-se algumas narrativas sobre os sonhos, visando tão somente acentuar como também o povo hebreu (com respectiva incidência em algumas das comunidades cristãs de origem judaica) tinha nos sonhos um modo psicocultural de compreensão e interpretação da realidade – pessoal e social – que vivia. Todavia, tais transcrições supõem exaustiva exegese bíblica. Por isso, em rodapé, para não se reforçar, ainda que implicitamente, as transposições fundamentalistas, remete-se, em caráter complementar, para algumas das possibilidades hermenêuticas sobre tais citações bíblicas.

Passados dois anos, o faraó teve um sonho: achava-se às margens do Rio Nilo e viu subir dele sete vacas bonitas e gordas para pastar na várzea. Mas atrás delas subiam do rio outras sete vacas feias e magras, que se colocaram junto às sete que já estavam à margem do rio. As vacas feias e magras devoraram as sete vacas bonitas e gordas. Nisso o faraó acordou. Depois adormeceu e sonhou pela segunda vez: viu sete espigas bem graúdas e belas saindo do mesmo caule. Mas atrás delas brotaram sete espigas chochas, ressequidas pelo vento leste. As sete espigas chochas engoliram as sete espigas graúdas e cheias. Então o faraó acordou e viu que era um sonho. Pela manhã, com o espírito perturbado, mandou chamar todos os adivinhos e sábios do Egito. Contou-lhes os sonhos, mas não houve quem os interpretasse ao faraó (Gn 41,1-8).

"Quando Javé envia sonhos aos reis pagãos, são servos do verdadeiro Deus que explicam os respectivos mistérios que ficam inacessíveis aos intérpretes não judeus" (Léon-Dufour, 1972, p. 993-994). Pela interpretação acertada de José, ele foi feito vice-rei do Egito, e Egito e Canaã tiveram alimento armazenado para os sete anos de penúria (Gn 41,53-57; 42–44).

Também Israel teve revelações de Deus por sonhos, palavras e visões noturnas. Um desses sonhos foi aquele que forneceu orientação para todo o tempo de reinado de Salomão[55], quando ele pediu a Deus "sabedoria para praticar a justiça" (1Rs 3,11).

Em Gabaon, o Senhor apareceu a Salomão, num sonho noturno, e lhe disse: Pede o que desejas e eu to darei. Salomão respondeu: "Tu mostraste grande benevolência para com teu servo Davi, meu pai, porque ele andou na tua presença com fidelidade, justiça e retidão de coração para contigo. Tu lhe con-

---

55. A exegese bíblica é crítica em relação ao fim da organização tribal e à formação de reinos, com a constituição de reis para o governo de Israel. Salomão é famoso por sua sabedoria e tornou-se o patrono das expressões de sabedoria que foram surgindo na história de Israel. Os livros sapienciais (Provérbios, Eclesiastes, Sabedoria etc.) foram associados a ele. Por tudo isso, Salomão passou para a história como um rei sábio. E vinha gente de longe apreciar sua sabedoria (1Rs 10). Entretanto, o início de seu reinado esteve sob a marca de chantagens, desterros, mortes, violência e suspeita de ilegitimidade. O grupo de Salomão usou de todos os meios para alcançar o poder. Ele próprio, no poder, decide mediante escolhas que impliquem o autoritarismo e a morte, como o caso do julgamento envolvendo duas mulheres e seus respectivos filhos (1Rs 3,16-28). Seu reinado transpira ostentação, com altos gastos no palácio e milhares de pessoas submetidas ao trabalho forçado (1Rs 5); excessos na construção e decoração do palácio (1Rs 6,7.10); e seu modo de se relacionar com as mulheres: "Teve setecentas esposas, no grau de rainhas, e trezentas concubinas; e elas desviaram seu coração" (1Rs 11,3). Seu sucesso estava sustentado "numa bem-feita organização dos tributos (de que o território de Judá parece ter ficado livre!) e das funções administrativas [...] Não é difícil imaginar as Rei Roboão, filho de Salomão: 'Teu pai tornou pesado o nosso jugo' (1Rs 12,4)" (Vasconcelos; Silva, 2003, p. 103).

servaste esta grande benevolência e lhe deste um filho para se sentar no seu trono, como é o caso hoje. Agora, Senhor, meu Deus, fizeste reinar o teu servo em lugar de Davi, meu pai. Mas eu não passo de um adolescente, que não sabe ainda governar. Teu servo está no meio do teu povo eleito, povo tão numeroso que não se pode contar ou calcular. Dá, pois, a teu servo, um coração obediente, capaz de governar o teu povo e de discernir entre o bem e o mal. Do contrário, quem poderá governar este povo tão numeroso?" (1Rs 3,5-9).

Essa bela narrativa onírica acerca da eleição e missão de Salomão é densa em sabedoria e apresenta uma mensagem universal ao governo dos povos. Entretanto, mensagens divinas transmitidas por sonhos não foram aceitas pelos profetas. Seria uma oposição à linguagem dos sonhos ou à realeza e suas práticas despóticas?

2.2.1 Profetas em confronto com os sonhos

As revelações em sonhos, aos filhos de Israel, não precisam de adivinhos ou mediadores. Aos que estavam em comunhão com o Deus de Israel, as narrativas dos sonhos sempre colocam uma relação direta de diálogo, sem mediações.

Nos séculos entre Salomão e Zacarias, época do profetismo[56], os sonhos são questionados ou considerados com importância secundária de revelação. A palavra profética torna-se o modo principal da revelação de Deus ao povo.

No início do governo do Sedecias, rei de Judá, o Profeta Jeremias alertou sobre os falsos profetas e adivinhos:

---

56. "No Antigo Testamento há dezesseis livros atribuídos aos profetas. Deles, quatro são chamados 'maiores': Isaías, Jeremias (junto com as Lamentações e Baruque), Ezequiel e Daniel. Os outros doze são 'menores': Oseias, Joel, Amós, Abdias, Jonas, Miqueias, Naum, Habacuc, Sofonias, Ageu, Zacarias e Malaquias. A divisão entre maior e menor é devido à quantidade dos escritos a ele atribuídos. Há outros profetas na Bíblia, dos quais não conservamos nenhum escrito, por exemplo, Elias e Eliseu" (Mesters, 1987, p. 68). O profetismo bíblico não é exercício de adivinhação, mas de discernimento da realidade, de crítica aos comportamentos e às estruturas injustas, de convocação para uma mudança de vida. Dentre as principais críticas dos profetas, destacam-se: ao bezerro de ouro (1Rs 12,31; 13,2); aos "lugares altos", sob árvores frondosas, para adorar a Deus, tirando sua amizade cotidiana e confundindo-o com a adoração que se fazia a outros deuses (Jr 3,1-2.7; Is 1,29-31; Os 2,6-7); ao rei e à monarquia (1Rs 9,11; Am 9,11; Jr 22,30; Os 10,15); ao templo (Jr 7,1-15); ao culto, prestado com falsidade (Is 1,11.15); a Jerusalém (Ez 11,22-25); à terra (Jr 13,15-19); ao dia de Javé (Am 5,18-20); ao povo eleito (Am 9,7); aos filhos de Abraão (Lc 3,8); à lei de Deus (Jr 8,8; Rm 3,20) (Mesters, 1987, p. 68-82). Mircea Eliade, após expor longamente a visão e a prática religiosa cananeia (centrada sobretudo no deus Baal) – com seus altares, imagens de deuses, sacrifícios cruentos, danças e gestos orgiásticos –, verifica sua forte capacidade de influenciar a todos os povos (filisteus, hurritas etc.), inclusive aos israelitas quando entraram em Canaã. Daí a ira profética, que estabelecia uma luta feroz entre Javé e Baal. Dessa intensa atuação profética, embora com muitas infidelidades à aliança, parece que a luta tenha terminado com a vitória do javismo (Eliade, 1983, p. 169-192).

E vós, não deis ouvido aos vossos profetas, aos adivinhos, aos intérpretes de sonhos, aos feiticeiros ou mágicos que vos dizem: "Nunca sereis subjugados pelo rei da Babilônia. É mentira o que eles profetizam!" (Jr 27,9-10).

Embora sejam aparentemente parecidos, o que distingue a autenticidade ou o plágio profético é o conteúdo intrínseco à sua linguagem, proclamada e vivida. Os profetas autênticos são "[...] inventores de futuro escatológico e, por esta via, da história como movimento para o futuro" (Bourdieu, 2001, p. 76).

2.2.2 Os sonhos de José

No Novo Testamento não há nenhum relato sobre sonhos de Jesus. Sua relação direta com o Pai não requer mediações, pois estabelece um diálogo direto. Entretanto, há vários outros personagens bíblicos instruídos pelos sonhos. São bastante conhecidos, por exemplo, os sonhos de José, nos relatos da infância de Jesus[57]. E são narrados por Mateus, que escreve o Evangelho para a catequese às comunidades cristãs de origem judaica[58], que estavam habituadas à linguagem dos sonhos, muito frequente no Antigo Testamento[59].

---

57. Os relatos da infância de Jesus, como já sobejamente estudado pelos exegetas, foram escritos por último. Primeiro, mais marcante e significativo para os cristãos, foi o evento da paixão, morte e ressurreição; por último, a curiosidade sobre como Ele nasceu e como foi sua infância. Na comparação dos relatos da infância, as narrativas de Lucas e Mateus apresentam grande diferença quanto às circunstâncias do nascimento de Jesus. "A estória dos magos bem como a fuga para o Egito tem pouca probabilidade de ter acontecido; e, se acontecida, certamente não foi da maneira que está narrada. A narrativa, do jeito que se encontra está em função de interesse teológico, isto é, para dizer que Jesus é o Senhor do mundo todo" (Casagrande, 2005, p. 26-27).

58. Comentário ao Evangelho Segundo Mateus, na Bíblia Sagrada, tradução da Conferência Nacional dos Bispos do Brasil (CNBB). J. Pikaza, no estudo sobre *A teologia de Mateus,* analisa que "[...] ao aceitar o Antigo Testamento, São Mateus realizou um ato de fé, uma conquista teológica. A palavra de Israel perde o contexto em que até então se entendia e o seu caminho recebe outro sentido. Mateus, evangelista do Antigo Testamento, anuncia, ao mesmo tempo, o juízo de Israel e a condenação de toda fixação judaica da lei e da promessa" (Pikaza, 1978, p. 12). Mateus é o evangelista que mais usa referências veterotestamentárias sobre as profecias messiânicas para demonstrar que Jesus é o Messias prometido pelo Antigo Testamento. As quantidades de citações veterotestamentárias são: 70 em Mateus; 18 em Marcos; 19 em Lucas; 12 em João (Läpple, 1980, p. 118). A genealogia de Jesus, construída por Mateus no início de seu Evangelho, também parece querer realçar a hereditariedade judaica, buscando conciliar a ênfase que a comunidade judaica dava aos israelitas de origem pura (Jeremias, 1983, p. 368-396).

59. "Para o Antigo Testamento encontram-se duas grandes classificações: a bíblia hebraica continha três partes: a Lei (os cinco livros do Pentateuco), os Profetas, subdivididos em profetas anteriores (os livros que costumamos chamar de "históricos") e profetas posteriores (Isaías, Jeremias...) e finalmente os Escritos. As bíblias atuais seguem geralmente a classificação adotada pela tradução grega, que distingue quatro partes: o Pentateuco, os Livros Históricos, os Livros Proféticos e Sapienciais"

Ora, a origem de Jesus Cristo foi assim: Maria, sua mãe, estava prometida em casamento a José e, antes de passarem a conviver, ela encontrou-se grávida pela ação do Espírito Santo. José, seu esposo, sendo justo e não querendo denunciá-la publicamente, pensou em despedi-la secretamente. Mas, no que lhe veio esse pensamento, apareceu-lhe em sonho um anjo do Senhor, que lhe disse: "José, filho de Davi, não tenhas receio de receber Maria, tua esposa; o que nela foi gerado vem do Espírito Santo. [...] Quando acordou, José fez conforme o anjo do Senhor tinha mandado e acolheu sua esposa (Mt 1,18-21.24).

Outra orientação que José recebe em sonho – ao estilo dos relatos de sonhos do Antigo Testamento – é quanto à fuga para o Egito, a fim de proteger o recém-nascido da fúria de Herodes.

Depois que os magos se retiraram, o anjo do Senhor apareceu em sonho a José e lhe disse: "Levanta-te, toma o menino e sua mãe e foge para o Egito. Fica lá até que eu te avise, porque Herodes vai procurar o menino para matá-lo (Mt 2,13).

Outro sonho, o terceiro, orientou José a voltar do Egito para Nazaré:

Quando Herodes morreu, o anjo do Senhor apareceu em sonho a José, no Egito, e lhe disse: "Levanta-te, toma o menino e sua mãe, e volta para a terra de Israel; pois já morreram aqueles que queriam matar o menino" (Mt 2,19-20).

O quarto sonho de José, relatado pelo Evangelista Mateus, ocorreu durante a viagem de regresso do Egito:

Quando, porém, soube que na Judeia reinava Arquelau em lugar de seu pai Herodes, [José] teve medo de ir para lá. Depois de receber em sonho um aviso, retirou-se para a região da Galileia e foi morar numa cidade chamada Nazaré (Mt 2,22-23).

(Charpentier, 1982, p. 8). Bruno Forte, dentre outros, analisa com acuidade o recurso de retomar o Antigo Testamento para iluminar o evento de Jesus Cristo, anunciado pela comunidade do Novo Testamento. As razões para essa correlação de Jesus às Escrituras são muitas. Dentre elas: (a) o fato evidente de que Jesus é um hebreu, que o Deus que Ele anuncia é o Deus de Israel e, por isso, a comunidade cristã das origens se esforça por compreender a história do Nazareno "segundo as Escrituras", isto é, "na tradição da fé e da esperança de Israel"; (b) entretanto, a relação de Jesus ao Antigo Testamento foi desenvolvida sob diferentes interpretações: ora por uma abordagem tipológica, o Antigo prefigura o Novo; ora no enfoque da "plenitude dos tempos", na qual o Novo manifesta plenamente o que o Antigo havia dito apenas implicitamente; ora, ainda, "de acordo com a relação de correspondência/realização, inerente à estrutura de promessa. Na tradição cristã a tendência dominante foi a tipológico-alegórica; entre os dois testamentos se estabelece um paralelismo, mediante o qual já está presente o Antigo, sob forma de tipo e de alegoria, aquilo que é narrado no Novo" (Forte, 1985, p. 65-66).

A Carta Apostólica *Patris corde* [Com coração de Pai], promulgada pelo Papa Francisco[60], retoma esses quatro sonhos de José e vê neles um modo de Deus manifestar o seu plano de salvação e revelar seus desígnios. Enquanto para Maria as mensagens ocorreram mediante o anúncio trazido por anjos-mensageiros, com os quais ela estabelece diálogo, para José as comunicações foram pelos sonhos. A mensagem de Deus, mediada pelos sonhos, é respondida por José com três atitudes: a escuta obediente, o sim da acolhida e a decisão consequente. Portanto, "em todas as circunstâncias de sua vida, José soube pronunciar o seu *fiat*', assim como Maria na Anunciação e Jesus no Getsêmani" (Papa Francisco, 2020, p. 14).

Mateus destaca que também aos pagãos havia mensagens de Deus por sonhos: "Avisados [os magos do Oriente] em sonho para não voltarem a Herodes, retornaram para a sua terra, passando por outro caminho" (Mt 2,12)[61].

No interrogatório de Pilatos a Jesus, durante o julgamento, o alerta sobre um sonho lhe chegou aos ouvidos: "Enquanto estava sentado no tribunal, sua mulher mandou dizer a ele: 'Não te envolvas com esse justo, pois esta noite, em sonho, sofri muito por causa dele'" (Mt 27,19).

Essas narrativas acerca dos sonhos, marcantes em personagens bíblicos, em santos católicos e em lideranças da Igreja, requerem sua respectiva interpretação, a partir daqueles que pesquisaram e analisaram o assunto.

2.3 O lugar dos sonhos na vida de santos e de protagonistas da Igreja Católica

No campo religioso judaico-cristão, os sonhos também compõem o seu milenar capital simbólico, resultante e "produto do trabalho religioso acumulado" (Bourdieu, 2001, p. 59). Nas Sagradas Escrituras e na história de santos e místicos

---

60. A Carta Apostólica *Patris corde* foi promulgada pelo Papa Francisco por ocasião do 150º aniversário da declaração de São José como padroeiro universal da Igreja, e também do decreto referente à instituição do Ano de São José.

61. "Certamente os magos não foram a Jerusalém para adorar Jesus. Pode ser que alguns magos do Oriente estivessem em Jerusalém e ouvindo falar do nascimento desse menino fossem à procura dele. Mas o fato pode não ter acontecido. Por que Mateus escreveu isso? (a) Para mostrar que Jesus é rei e Senhor de todos os povos, de todo mundo, por isso coloca representantes dos povos do Oriente adorando a Jesus; (b) Os magos vêm do Oriente, porque é do Oriente que vem o sol que traz o dia e faz enxergar as coisas como elas são" (Casagrande, 2005, p. 28).

católicos, o sonho trouxe consigo uma mensagem de futuro e suscitou grandes decisões existenciais. O jovem Francisco de Assis, por exemplo, em pleno século XII, teve um sonho determinante para sua mudança radical de estilo de vida. Conta Tomás de Celano que,

> Numa noite, tendo-se entregue totalmente a essas realizações e desejando ardorosamente partir, aquele que o tinha tocado com a vara da justiça visitou-o em sonhos, com a doçura de sua graça. E porque era ambicioso de glória, pelo fastígio da glória venceu-o e o exaltou (1Cl, 5 *apud* Surian, 1982, p. 137).

Uma consistente e exaustiva tese sobre a dinâmica psicanalítica do desejo considera que "[...] depois do sonho, Francisco comunica a sua renúncia à glória das armas, mas não à glória em si mesma" (Surian, 1982, p. 137).

Sonhos franciscanos, e outros similares na história da Cristandade católica, contribuíram para a "subversão da ordem simbólica vigente (isto é, sacerdotal) e para a reordenação simbólica da subversão desta ordem [...]" (Bourdieu, 2001, p. 60). Assim, ininterruptamente, ao longo dos séculos, reformas e contrarreformas impactaram e redefiniram o campo religioso-cristão.

2.3.1 Os sonhos de Dom Hélder Câmara

Durante o Concílio Ecumênico Vaticano II, Dom Hélder Câmara teve dois impressionantes sonhos com o Papa João XXIII, já falecido. Esses sonhos foram narrados na obra *As noites de um profeta*, que descreve o intenso trabalho de Dom Hélder durante a noite, após ter atuado o dia inteiro nas sessões conciliares. Em março de 1964, Dom Hélder conta que João XXIII, em sonho, lhe disse: "Conquiste Dom Eugênio: ele sofre da mesma solidão espiritual da qual você quer, com a graça de Deus, salvar Paulo VI" (Broucker, 2008, p. 90).

O segundo sonho de Dom Hélder com João XXIII também ocorreu para um pedido feito pelo papa, que já era falecido. Esse sonho levou Dom Hélder a escrever, em novembro de 1964, uma carta ao Padre Arrupe, então superior geral dos jesuítas, na qual dizia:

> Hesitei em contar-lhe um sonho que tive na Suíça [em Genebra, onde havia estado nos dias anteriores para uma conferência] sobre o Papa João. Alguns dentre os senhores conhecem minha teoria sobre os sonhos da sobrecons-

ciência. Eu não contesto Freud: o subconsciente existe, principal alimento de nossos sonhos. Quando, porém, após a Vigília, temo não ouvir o despertador soar de novo, às 5 horas, em razão do cansaço, eu durmo o resto da noite na cadeira... É uma grande astúcia. Tenho o costume, então, de ter os mais belos sonhos de minha vida. Tudo aquilo que carrego dentro de mim de mais bonito e mais puro vem à superfície em sonhos cujas características são a perfeita lógica e a extrema beleza [...] Retornei a casa, à meia-noite, na ponta dos pés para não acordar a velha governanta da Academia dos jesuítas, que me oferecia a hospitalidade [...]. Sonhei, então, que o Papa João entrava no quarto onde eu me encontrava e chegava até a mesa em que eu estava sentado [...]. Ele me ditou, então, a carta que lhe devo enviar num envelope endereçado ao futuro Geral da Companhia de Jesus. [...] E Joãozinho me sussurrou no sonho não um, mas três apelos:

> • O primeiro solicitava ao Geral [dos jesuítas] enviar a seus amigos protestantes, imediatamente após sua eleição, uma carta, na qual diria que é tempo de repensar a Companhia conforme o Vaticano II e o espírito ecumênico... E pedindo perdão pelos excessos, e pelos erros cometidos no combate contra aquilo que parecia, então, uma pseudo-Reforma.
> • O segundo apelo visava a que a Companhia [de Jesus] desse um exemplo de reformulação dos votos religiosos de pobreza, de castidade, e sobretudo de obediência, em termos de cristianismo adulto. Considerada a influência da Companhia sobre as inumeráveis congregações, sobretudo femininas, esse exemplo dos jesuítas poderia ter um alcance enorme...
> • O terceiro apelo seria na linha daquilo que eu imaginava a respeito de Teilhard de Chardin.

> Obedecerei ao pé da letra [disse Dom Hélder a João XXIII]. Escreverei se Deus quiser, em francês, conforme essa missiva me foi ditada [por João XXIII], depois eu a remeterei ao Padre Tucci [então diretor da revista *Civiltà Cattolica*, da Companhia de Jesus], encarregando-o de fazê-la chegar às mãos do Geral [ao Padre Arrupe] quando ele for eleito (Broucker, 2008, p. 91-93).

Não é fortuito o encontro onírico entre João XXIII e Dom Hélder; talvez seja a imagem projetada de uma psique ou, então, o encontro de duas psiques imersas nas profundezas do inconsciente – ambas situadas num terreno religioso, participando de um mesmo poder simbólico, conservado pelo monopólio da estrutura, mas ameaçado por intuições proféticas contestatórias. Isso punha "[...] em questão não apenas a aptidão do corpo sacerdotal para cumprir sua função declarada (em nome da recusa da 'graça institucional'), mas também a razão de ser do sacerdócio (em nome do princípio do 'sacerdócio universal')" (Bourdieu, 2001, p. 62). Daí os apelos oníricos à reconciliação com os cristãos da Reforma e a revisão da vida religiosa consagrada.

2.3.2 O sonho de Dom Fernando Gomes dos Santos

Outro sonho bastante emblemático foi de Dom Fernando Gomes dos Santos, primeiro arcebispo de Goiânia. Ocorreu em setembro de 1972, quando sonhou que havia morrido e experimentou a vida além da morte. Ficou tão impressionado que, ao amanhecer, narrou o sonho ao estilo de poema:

> Tudo foi tão rápido! De repente,
> o espaço sumiu,
> o tempo acabou.
>
> – Não sei como foi.
> Entrei com a vida no infinito.
> – Não sei como foi. O corpo sumiu,
> para onde não sei [...]
> – Descrever não se pode. Não há frio, nem calor... Nada se sente, é diferente! [...]
> No infinito não há aventura ou calúnia, conivência, omissão, injustiça, opressão. Morrer é tão bom!
> – Tudo isso foi sonho? Será profecia?
> Ficou na lembrança...
> – Um sonho, talvez, que me trouxe alegria, me alimenta a Esperança![62]

O sonho de Dom Fernando, em narrativa bastante diversa daquelas de Dom Hélder, contempla aspectos que lhe são coincidentes: ambos apresentam um diálogo e uma experiência com o além-morte, rompendo com os limites temporais e estruturais; ambos são gerados pela psique sob pressão: a crise e os impasses conciliares, para Dom Hélder; o auge da repressão política no Brasil, para Dom Fernando. Assim, pela linguagem onírica e pela linguagem poética, parte do corpo hierárquico de uma estrutura religiosa encontra uma alternativa profética a fim de

---

62. Dom Fernando faleceu treze anos após ter composto esse poema, em 1º de junho de 1985 (cf. Rev. da Arquidiocese, 1985).

"[...] contribuir para realizar a coincidência da revolução consigo própria e a revolução simbólica que a revolução política requer" (Bourdieu, 2001, p. 78). Eles, portanto, também em suas narrativas oníricas, expõem suas convicções proféticas. "[...] Profeta [nesta perspectiva] não é tanto o homem 'extraordinário' de que falava Weber, mas o homem das situações extraordinárias [...]" (Bourdieu, 2001, p. 75), a ser exorcizado pela ordem estabelecida das estruturas, inclusive as religiosas.

2.3.3 Entre a escuta e a suspeita

Toda hermenêutica sabe que, quaisquer que sejam as formas de linguagem, nelas o ser se revela e se oculta. Há sempre algo mais, subjacente, que não é dito naquilo que diz. Por isso, ensinava P. Ricouer, para interpretar é preciso "ler lentamente, com penetração, respeito e precaução, com segundas intenções e portas abertas, 'com dedos e olhos delicados', enfrentando com coerência, intensidade e honestidade intelectual a 'vontade de escutar' e a 'vontade de suspeitar'" (Leclerc, 1977, p. 15).

No sonho-poema de Dom Fernando, no sonho de Dom Hélder ou no de Francisco há projeções do desejo profundo da psique humana (eros freudiano), que os colocam com uma nova disposição diante da vida. São sonhos estruturantes que condensam um projeto e reposicionam o sonhador diante de uma decisão e um futuro. O desejo onírico que preside tais sonhos, portanto, parece ter passado pelo crisol da depuração existencial e se apresenta como encerramento de um ciclo que se esgotou e inauguração de outro, mais amplo, mais pleno e superior. Nele habita um pressentimento, que faz arriscar e inaugurar o futuro.

Eros e Tânatos (ambos, divindades da mitologia grega) presidem o mundo dos vivos e, segundo Freud, integram a vida psíquica, inserindo-se, tensamente, à cultura e à civilização. Quando tais instintos alcançam sua sublimação, tem-se então personalidades que se elevaram pelo esforço de autossuperação, com abertura para algo além de si. O Eros, portanto, é capaz de superar seu vigor demoníaco (*daimon*), sua ebulição caótica dispersadora de energia em todas as direções e, com isso, humaniza-se, transformando-se em ternura e cuidado[63].

---

63. "Herbert Marcuse deixou claro, discutindo com Freud, que a força originária que origina a cultura não é tanto a sublimação repressiva, mas o livre-autodesenvolvimento do *Eros* que se serve do *Logos* para normar-se, sem, entretanto, deixar-se soterrar por sua dinâmica dominadora" (Boff, 1981, p. 27).

2.4 O sonho de Dom Bosco e o imaginário onírico-religioso católico: aproximações hermenêuticas

São João Bosco – o santo que, no século XIX, narrou ter sonhado com as coordenadas geográficas de Brasília no coração geográfico do Brasil – levava muito a sério os seus sonhos, escrevia-os com detalhes, buscava interpretá-los e por eles orientava muitas de suas decisões. Dentre seus biógrafos, Padre J. Bachiarello, SDB, narra os *Quarenta sonhos de São João Bosco*, os quais não foram considerados devaneios do inconsciente, mas mensagens espirituais "premonitórias", transmitidas em linguagem onírica. Inicialmente, parece que Dom Bosco não teria dado importância aos seus próprios sonhos. Entretanto, José Cafasso, seu diretor espiritual, aconselhou-o a prestar mais atenção àquilo com que sonhava. Finalmente, na fase madura da vida, o Papa Pio IX teria ordenado que Dom Bosco escrevesse pormenorizadamente sobre seus sonhos.

Figura 2 – Dom Bosco

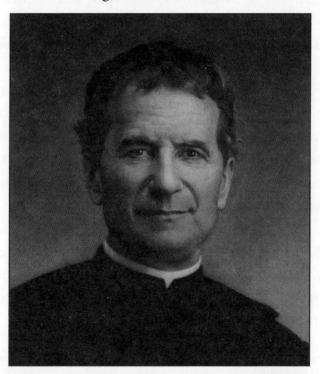

Fonte: Instituições Salesianas de Ensino Superior [2024].

O primeiro sonho emblemático narrado por Dom Bosco teria ocorrido aos 9 anos de idade e lhe ficou "profundamente gravado na mente para toda a vida". Viu-se aos gritos, para repreender uma multidão de rapazes em algazarra. Foi quando lhe surgiu um "homem venerando", que disse: "Não é com murros, mas sim com a mansidão e a caridade que deverá ganhar estes teus amigos. Coloca-te no meio deles [...]. Eis o teu campo; é aqui que deverás trabalhar [...]. De manhã, contei o sonho [...]. A avó deu a sentença definitiva: 'Não se deve fazer caso dos sonhos'. Eu era do parecer da minha avó [concluiu Dom Bosco], mas nunca mais pude esquecer aquele sonho"[64].

João Bosco nasceu a 16 de agosto de 1815, em Castelnuovo d'Asti, no Piemonte, na Itália. E faleceu no dia 31 de janeiro de 1888, em seu pobre quarto de Valdocco, aos 73 anos[65].

Quatro anos antes de sua morte, aos 69 anos de idade, Dom Bosco teve um sonho no qual havia presenciado o surgimento de uma nova civilização entre os paralelos 15 e 20, "numa enseada bastante extensa, que partia de um ponto onde se formava um lago". Foi um sonho que lhe pareceu ter se prolongado durante toda a noite. Esse sonho foi contado por Dom Bosco durante o capítulo geral da Congregação Salesiana, ocorrido em setembro de 1883. Padre Lemoyne transcreveu o sonho, e o próprio Dom Bosco corrigiu aquela redação, fazendo de próprio punho algumas modificações e acréscimos ao texto.

Essa referência ao contexto histórico sobre o sonho de Dom Bosco é relevante componente hermenêutico. Entre a escuta e a cautela acerca de um fenômeno, verificam-se a condição psíquica do sujeito, as condições objetivas de veracidade de uma ocorrência e as razões imediatas para sua receptividade ou rejeição. Desse fenômeno onírico pode-se observar que: (a) Dom Bosco teve a experiência de dezenas de sonhos devidamente narrados e redigidos, entretanto, não era dado a de-

---

64. "Para nós, Família Salesiana, ele [o sonho de Dom Bosco aos 9 anos de idade] é um ícone inspirador. Estamos no "prado" do mundo, especialmente no meio dos jovens [...]" (Missão Salesiana, 2017). É da inspiração desse sonho que teria surgido a pedagogia salesiana da *benevolenza*, que visa educar com "mansidão e caridade".

65. Ainda criança, João Bosco ficou órfão de pai. Quis aprender a ser saltimbanco, cantor, malabarista. Aos 20 anos entrou para o seminário de Chieri e, em 1841, foi ordenado sacerdote com 26 anos. Começou a trabalhar com a instrução de meninos pobres e, depois, com Maria Domingas Mazzarello, também estendeu a ação educacional às meninas. Assim formaram-se as congregações dos salesianos e das Filhas de Maria Auxiliadora, que se espalharam pelo mundo, com escolas de todos os tipos e graus, hospitais, paróquias e oratórios (Canção Nova, [2009]).

vaneios ou delírios, e seus contemporâneos o consideravam um testemunho crível, digno não apenas de escuta, mas também de inspiração a todos; (b) seus sonhos – inclusive aquele atribuído à construção de Brasília – compreendem uma construção de racionalidade lógica e, ao serem redigidos, passam pelo crivo do discernimento da consciência (não apenas no sentido psicológico, como também moral e racional, sujeita à verdade e ao valor). O sujeito que narra tem autoridade moral e intelectual. E está consciente de que tudo aquilo que fala ou escreve tem consequências para seu projeto de vida pessoal, comunitária e social; (c) aqueles que o escutam são pessoas que o admiram, mas que têm o devido preparo intelectual e moral para avaliar as condições do narrador e da narrativa; (d) a narrativa é feita de modo sóbrio, sincero, espontâneo e discreto, compartilhando uma experiência interior que é colocada em comum numa comunidade de irmãos, vinculados por votos religiosos, pelo carisma e pela missão. Não foi feita para auditórios, visando admiração e aplausos; (e) os contemporâneos daquela ocorrência de narrativa onírica a redigiram como memória de um testemunho, guardando-o por décadas em manuscrito de acesso restrito. O sonho de Dom Bosco sobre Brasília ficou guardado nos arquivos da Congregação Salesiana, junto dos demais papéis legados pelo seu fundador. Somente em 1935, quando foi publicada a *Memorie biografiche* de Dom Bosco, esse e outros sonhos foram conhecidos. Mas, ainda assim, ficaram restritos à Congregação porque nenhum dos exemplares foi posto à venda.

O sonho de Dom Bosco sobre Brasília foi incluído em dez páginas do volume XVI da publicação *Memorie biografiche*.

> Com o início das obras de Brasília, o Dr. Israel Pinheiro[66], a quem estava confiada a grande tarefa, teve informações de um sonho profético de Dom Bosco, prevendo o grande desenvolvimento das áreas centrais da

---

66. Israel Pinheiro, "o presidente da Novacap, era mineiro nascido em Caeté, em 1896. Formou-se em engenharia pela Escola de Minas de Ouro Preto. [...] Foi um dos pioneiros da metalurgia e da siderurgia no país. Em 1933, foi nomeado secretário dos Negócios e da Agricultura, Indústria, Viação e Obras Públicas de Minas Gerais pelo interventor Benedito Valadares. Em 1941, integrou a Comissão de Acordos de Washington, que visava assegurar a viabilidade de uma política de cooperação entre o Departamento de Estado norte-americano e o Itamarati. No ano seguinte, liderou a constituição da Companhia Vale do Rio Doce, da qual se tornou o primeiro presidente. Elegeu-se também deputado federal nos anos 1945, 1950 e 1954. [...] No período da construção de Brasília, trabalhava das seis da manhã às oito da noite. Ficava no escritório da Novacap ou dentro de uma Rural Willys, percorrendo as obras. [...] Foi o primeiro prefeito de Brasília, permanecendo no cargo até 31 de janeiro de 1961, momento da posse de Jânio Quadros. Israel Pinheiro faleceu em Belo Horizonte, devido a uma fulminante *angina pectoris*, no dia 06 de julho de 1973, aos 76 anos" (Brasil).

América do Sul e dando ênfase singular ao Brasil. Germano Roriz[67] e Sigismundo Melo[68] logo deram-se à pesquisa por intermédio do padre salesiano Cleto Caliman[69], que vasculhando a "Memória Biográfica" foi encontrá-lo no volume XVI. E por iniciativa de Sigismundo Melo, o "Sonho – Visão de

---

67. Germano Roriz, pioneiro da nova capital de Goiás, foi quem iniciou em 1935 a indústria gráfica em Goiânia. Nasceu em Santa Luzia, atual Luziânia/GO, no dia 28 de maio de 1899. Em 1918 foi diretor do Colégio Ordem e Progresso, de Santa Luzia. Em 1922, inaugurou o primeiro cinema naquela localidade. Desde 1917 e durante toda sua vida trabalhou pela Sociedade São Vicente de Paulo. Em 1927, tornou-se secretário da Intendência de Planaltina. Em 1931, foi mestre da banda municipal de Anápolis. Em 1934, atuou como professor de Música no Lyceu de Goiás. No final de 1934, foi nomeado pelo interventor Pedro Ludovico como delegado de vendas de lotes de Goiânia, cargo vinculado ao Departamento de Propaganda e Expansão Econômica do Estado de Goiás. Em 1935, foi um dos sete primeiros conselheiros (vereadores) municipais de Goiânia. De 1947 a 1951 exerceu o cargo eletivo de vereador. Presidiu a Sociedade São Vicente de Paulo e, junto da primeira-dama Gercina Borges Teixeira, fundou a Santa Casa de Misericórdia de Goiânia. Foi cofundador da Escola de Enfermagem, Escola de Serviço Social e Faculdade de Odontologia. Em sociedade, construiu o Hospital São Lucas de Goiânia e foi um dos fundadores do Automóvel Club de Goiás (depois, Jóquei Clube) e o Country Clube. Em 1967, no papado de João XXIII, recebeu do Vaticano a Comenda da Ordem de São Gregório. Faleceu no dia 10 de setembro de 1968. A Praça do Cruzeiro (Setor Sul) leva seu nome (Frota Filho; Galli, 2020, p. 90-93).

68. Segismundo de Araújo Mello nasceu em Luziânia, no dia 24 de abril de 1915, e faleceu no Rio de Janeiro, em 5 de novembro de 2003. No artigo de Jarbas da Silva, "A morte de um pioneiro", publicado em Brasília, no *Jornal da Comunidade*, de 8 a 14 de novembro de 2002, e lido no Senado Federal em 20 de novembro de 2003 pelo senador Walmir Amaral, narra-se que "Segismundo foi o primeiro secretário de Governo do Distrito Federal e presidente do Tribunal de Contas do Distrito Federal. Além disso, desempenhou um papel da maior relevância, tanto na mudança da capital para o Planalto Central quanto na consolidação de Brasília como a grande metrópole em que se transformou. [...] Mudancista histórico em relação a Goiânia e Brasília, Segismundo foi um dos maiores atores sociais, silente e operoso, no campo jurídico e na articulação política para a transferência e a construção de Brasília como capital da República. [...] Foi também [...] um dos principais responsáveis, em 1946, pela reinserção do artigo 3° da primeira Constituição Republicana – que havia sido retirada da Carta Magna na vigência do Estado Novo, por determinação de Getúlio Vargas. Esse artigo determinava a demarcação e transferência da capital da República para o Planalto Central. Para completar a obra, foi também ele, Segismundo, quem redigiu o decreto assinado pelo então Governador de Goiás, Pedro Ludovico de Almeida, criando a Comissão de Cooperação para a Mudança da Capital Federal. Essa medida possibilitaria, segundo Jarbas Marques, 'romper o impasse criado pelo Presidente da República Café Filho, que não quis desapropriar os terrenos para a construção de Brasília'. Como consultor jurídico da Comissão, Segismundo promoveu as negociações e as desapropriações necessárias à mudança, facilitando o cumprimento dos compromissos de Juscelino Kubitschek de Oliveira de inaugurar a capital ainda no seu governo. Homem culto, jurista respeitado, Segismundo escreveu, em 1957, quando Juscelino se preparava para dar início ao projeto de construir Brasília, uma pequena obra que teria muita repercussão. Nessa obra, revelava detalhes da profecia de Dom Bosco, segundo a qual haveria um grande desenvolvimento das áreas centrais da América do Sul e o surgimento de uma nova civilização entre os paralelos 15 e 20, localização que coincide com as coordenadas geográficas de Brasília. [...] Brasília e toda a Região Centro-Oeste devem muito a Segismundo de Araújo Mello" (Brasil, 2003).

69. Padre Cleto Caliman nasceu em 14 de outubro de 1914. Fez seus estudos seminarísticos nos seminários salesianos de Jaciguá, Lavrinhas e Campinas/SP. Foi ordenado sacerdote no ano de 1943. "[...] Trabalhou como diretor escolar e professor de Português, Matemática, História Geral, Geografia e Canto Orfeônico. Atuou em diversas instituições educacionais nos estados de São Paulo, Rio de Janeiro, Santa Catarina, Goiás e Espírito Santo. [...] Ele faleceu em 6 de fevereiro de 2005" (Venda Nova do Imigrante, 2014).

Dom Bosco" foi divulgado na cidade de Goiânia e logo dele se ocupou toda a imprensa nacional (Vasconcelos, 1978, p. 72).

Pela importância analítica e histórica, veja-se parte da narrativa[70] contada pelo próprio Dom Bosco sobre o seu sonho, ocorrido no dia 4 de setembro de 1883.

> Na noite que precedia a Festa de Santa Rosa de Lima, tive um sonho. Percebi que estava dormindo e parecia-me, ao mesmo tempo, correr a toda velocidade, a ponto de me sentir cansado de correr, de falar, de escrever e de esforçar-me no desempenho das ocupações costumeiras. Enquanto hesitava se se tratava de sonho ou de realidade pareceu-me entrar em um salão, onde se achavam muitas pessoas, falando de assuntos vários.
>
> [...] Nesse ínterim, aproximou-se de mim um jovem de seus 16 anos, amável e de beleza sobre-humana, todo radiante de viva luz, mais clara que o Sol [...]. Havia no meio daquele salão uma mesa sobre a qual estava enrolada uma corda. Vi que esta corda estava marcada com linhas e números, como se fora uma fita métrica. Percebi, mais tarde, que aquele salão estava situado na América do Sul, exatamente por sobre a linha do Equador, correspondendo os números impressos na corda aos graus geográficos de latitude [...]. Observo que então via tudo de conjunto, como que em miniatura. Depois, como direi, vi tudo em sua real grandeza e extensão. Foram os graus marcados na corda, correspondendo exatamente aos graus geográficos de latitude, que me permitiram gravar na memória os sucessivos pontos que visitei, viajando na segunda parte do sonho.
>
> Meu jovem amigo continuava: – Pois bem, estas montanhas são como balizas; são um limite. Entre elas e o mar está a messe oferecida aos salesianos. São milhares, são milhões de habitantes que esperam o seu auxílio, aguardam a fé. Aquelas montanhas eram as Cordilheiras da América do Sul e aquele mar, o Oceano Atlântico [...]. Note bem! Observe! Viajaremos ao longo da Cordilheira. O Senhor tem estrada franqueada também para o Leste, até o mar. É outro dom do Senhor. Assim dizendo, tirou do bolso um mapa, que mostrava assinalada a Diocese de Cartagena. Era o ponto de partida. Enquanto olhava o mapa, a máquina apitou e o trem se pôs em movimento. Viajando, meu amigo falava muito, mas nem tudo eu podia entender bem, por causa do barulho do comboio. Aprendi, no entanto, coisas belíssimas e inteiramente novas sobre astronomia, náutica, meteorologia, sobre a fauna, a flora e a topografia daqueles lugares, que ele me explicava com maravilhosa precisão. [...] Meus olhos tinham uma potência visual maravilhosa, não

---

70. Para essa transcrição foram omitidos os comentários intermediários do autor. As demais divulgações sobre esse sonho, feitas nos sites oficiais do governo federal e das instituições de Brasília, seguem essa mesma tradução de Vasconcelos.

encontrando obstáculos que os detivessem de estender-se por aquelas regiões. Ia olhando através das janelas do vagão e descortinava variadas e estupendas regiões. Bosques, montanhas, planícies, rios tão grandes e majestosos que não era capaz de os acreditar assim tão caudalosos, longe que estavam da foz. Por mais de mil milhas, costeamos uma floresta virgem, inexplorada ainda hoje. Enxergava nas vísceras das montanhas e no subsolo das planícies. Tinha debaixo dos olhos as riquezas incomparáveis daqueles países, riquezas que um dia serão descobertas. Via numerosos filões de metais preciosos, minas inexauríveis de carvão, depósito de petróleo tão abundantes como nunca se encontraram até então em outros lugares. Mas, não era tudo. Entre o grau 15 e 20 havia uma enseada bastante extensa, que partia de um ponto onde se formava um lago. Disse então uma voz repentinamente: – Quando se vierem cavar as minas escondidas em meio a estes montes, aparecerá aqui a terra prometida, que jorra leite e mel. Será uma riqueza inconcebível.

– Isto acontecerá antes que passe a segunda geração (Vasconcelos, 1978, p. 71-76).

Essa narrativa onírica, como mencionou-se, ocorreu em 1883 na Itália. Toda ocorrência fenomenológica se apresenta numa determinada circunstância, geográfica e temporal, que fornece elementos de análise. Dom Bosco nunca visitou a América, mas certamente experimentava o mesmo sentimento coletivo da Europa e de seus conterrâneos italianos, no final do século XIX. A estimativa é que milhões de italianos tenham migrado para a América, principalmente nas últimas três décadas do século XIX[71]. Eram muitas as lágrimas e a dor da separação. Com a migração, famílias partiam-se ao meio; os pais, mais idosos, com frequência ficaram "para trás" enquanto seus filhos, muitos recém-casados e com filhos pequenos, migravam para a América.

Tendo a Revolução Industrial como um dos principais fatores, o continente europeu enfrentava o desemprego, as condições insalubres e inóspitas de trabalho, a fome e a penúria grassando em toda parte. Enquanto isso, no outro lado

---

71. Favero e Tasselo mostram que entre os anos de 1876 e 1976 saíram da Itália 25,8 milhões de pessoas, sendo que 54% delas até 1915. Desse total, 44% foram para a América, e os Estados Unidos foram o primeiro destino, com 6 milhões de imigrantes. Para o Brasil vieram cerca de 1,5 milhão. Até 1900, Brasil e Argentina eram os destinos preferenciais. O Vêneto foi a região com o maior número de emigrados. No Brasil, imigrantes originários dessa região compõem a maior parte do contingente de trabalhadores com destino para as regiões cafeicultoras paulistas. Mas em torno de dois quintos dos italianos partiram do sul da Itália, sendo aproximadamente 2 milhões da Calábria e 2,7 milhões da Campânia. Os autores informam que, ao longo do período, cerca de 8,5 milhões (33%) dos imigrantes retornaram para a Itália. Esses dados indicam uma importante característica da imigração transoceânica, o permanente movimento de ir e vir, revelando a permanência de laços e vínculos com as regiões de origem (Lanna, 2012, p. 875-876).

do Atlântico, a América se apresentava com imensos vazios geográficos, com o colapso da economia escravocrata[72] e a pressão internacional pelo trabalho livre (Spindel, 1979, p. 89-124)[73], com a criação de repúblicas e seus hinos nacionais de exaltação da natureza e das riquezas da terra. A intensa propaganda do governo brasileiro e dos demais países da América chamava os europeus para tornarem-se habitantes do "novo mundo"[74].

Atraídos pelo convite, pelas promessas governamentais e pela pressão da fome e miséria que grassavam na Europa, possivelmente também os que circunstanciavam Dom Bosco recolhiam suas pequenas economias, compravam suas passagens e embarcavam em grandes navios, cantando: *"Dalla Italia noi siamo partiti... cossa saràlo'sta Merica?"* [Da Itália nós partimos... o que será esta América?] Um mapa imaginário da América (e aos que eram escolarizados, um mapa estudado e com viagem de destino certo) habitava suas mentes, na travessia do oceano. O desconhecido os aguardava, com promessas da fantasia

---

72. Entretanto, o amplo e profundo estudo de C. F. Cardoso conclui que "[...] em Cuba e no Brasil a abolição foi um processo muito lento, vinculado tanto às pressões britânicas contra o tráfico quanto à perda gradual de importância do sistema escravista (e da fração da classe dominante que parecia depender da sua continuação) devido a mudanças ocorridas nas regiões ou nos setores econômicos mais dinâmicos: os grupos mais 'modernos' (como os cafeicultores de São Paulo, por exemplo) utilizavam também o trabalho escravo, mas percebiam a perda crescente de viabilidade da escravidão, e não tiveram grandes problemas para converter-se à tese abolicionista e buscar soluções mais factíveis para o mercado de trabalho" (Cardoso, 1982, p. 167).

73. Segundo C. Spindel, em 1884 uma lei foi proposta na Assembleia de São Paulo com o objetivo de responsabilizar o Estado pela viabilização do transporte dos imigrantes europeus, a fim de "(1) substituir os escravizados por trabalhadores livres e preparar o caminho para a emancipação próxima; (2) permitir aos imigrantes chegar sem dívidas; (3) permitir aos fazendeiros empregar trabalhadores livres sem ter que financiá-los" (Spindel, 1979, p. 89). "A adoção do trabalho livre apresentava três vantagens econômicas: o rebaixamento dos custos de produção; a transferência para a força de trabalho do encargo de cobrir seu custo de reprodução; e a garantia de manter o baixo custo da mão de obra" (Spindel, 1979).

74. C. Furtado aponta para dois grandes fenômenos migratórios, na segunda metade do século XIX: uma migração interna, da região nordestina para a amazônica; e a migração europeia, para a região cafeeira (mas também ao sul do Brasil e aos países do Cone Sul). Acerca da força de trabalho, a partir da metade do século XIX verificava-se no Brasil a alta taxa de mortalidade dos escravizados (o censo demográfico de 1872 indicava no Brasil a existência de 1,5 milhão de escravizados) e, simultaneamente, foi sendo eliminada gradualmente a única fonte importante de imigração coagida, que era a africana. Isso levou ao tráfico interno, em prejuízo de algumas regiões de plantações açucareiras e algodoeiras. "A chave de todo o problema econômico estava, portanto, na oferta de mão de obra. Caberia, entretanto, indagar: não existia uma oferta potencial de mão de obra no amplo setor de subsistência, em permanente expansão?" (Furtado, 1987, p. 120). Com abundância de terra, a solução foi importar a mão de obra livre, com imigrantes provenientes da Europa (Furtado, 1987, p. 117-154).

do eldorado e com novos e inimagináveis sofrimentos, que recairiam sobre a vida de pelo menos duas de suas gerações[75].

Simultaneamente ao contexto sociopolítico e econômico, também é relevante remeter-se ao âmbito eclesial em que Dom Bosco estava inserido. Vivia-se na América Latina um tempo histórico-eclesial de Cristandade ultramontana, com grande empenho pela romanização e implementação das orientações do Concílio de Trento. Todavia, esse expressivo movimento não podia contar suficientemente com o clero secular, que tendia para o pensamento maçônico e a expectativa de formar uma Igreja nacional, autônoma de Roma e com autogoverno. Por isso, tais "bispos romanizados" partiam à Europa, em busca de congregações religiosas que viessem em missão ao Brasil e à América – dentre essas, também viria a Congregação Salesiana, fundada por Dom Bosco. Portanto, toda essa conjuntura social de migração para a América – que povoava o imaginário coletivo da Itália e o contexto eclesial de interpelação da Igreja latino-americana para assumir um novo e vasto campo de missão – ressoava no pensamento, nas emoções, nas expectativas e nas incertezas que habitavam a psique de Dom Bosco. Seu sonho é uma narrativa que condensa gigantesca psique coletiva, borbulhando num imenso caldo psicocultural de expectativas e incertezas existenciais.

---

75. J. de S. Martins comenta que durante séculos a terra não tinha valor econômico, não era capital; capital era a propriedade sobre a mão de obra escrava. Quanto mais escravizados, maior a riqueza. Com a imigração europeia, rapidamente isso mudou. Foram criadas a Lei de Terras (1850) e toda a legislação subsequente que asseguraram aos fazendeiros e comerciantes a propriedade das terras. Aos imigrantes, particularmente na região cafeeira, restava trabalhar compulsoriamente na grande lavoura – contudo, como nem eram contratados nem tinham a propriedade da terra, trabalhavam por arrendamento. Os fazendeiros arrendavam uma porção de terra e, em troca, recebiam um cafezal formado. Nesse regime de colonato ocorria a "aparência de que o trabalhador trabalhava para si mesmo, quando estava trabalhando para o fazendeiro, para se reproduzir como força de trabalho do fazendeiro. [...] A colheita era o momento em que se efetivava a conversão do trabalho em mercadoria" (Martins, 1986, p. 89). M. E. Carneiro apresenta um enfoque diferente. Considera que a Lei de Terras, após 1850, deu preço à terra e a transformou em mercadoria. Entretanto, "a organização da produção agrícola esteve mais centrada na apropriação do lucro do que na apropriação da renda da terra pelos proprietários rurais, uma vez que na sua grande maioria a renda da terra é apropriada por setores externos à agricultura, como os setores financeiro, comercial e industrial" (Carneiro, 1988, p. 25). A essas análises é necessário que se considere seu respectivo contexto socioeconômico e geográfico. Há destinações imigratórias bastante diversas daquela da região cafeeira paulista; no sul do Brasil, por exemplo, o imigrante recebeu do Estado a posse de uma pequena propriedade, na qual se desenvolveu a agricultura familiar. O território foi dividido em "linhas", nominadas ou numeradas, onde cada família poderia residir e trabalhar. Como as famílias tinham muitos filhos, a terra (minifúndios) já não seria mais suficiente e isso resultaria numa grande migração, sobretudo nas décadas de 1960 a 1990, para a costa oeste do Brasil (do Paraná até Rondônia e, por fim, também ao Acre, Amazonas, Roraima e Pará).

O sonho de Dom Bosco sobre a América do Sul ocorreu "na noite que precedia a Festa de Santa Rosa de Lima". Não era o dia do calendário litúrgico com a memória de Santo Antônio, São Francisco, Santo Tomás ou outro "santo popular" na Itália. Era Santa Rosa de Lima, a primeira santa nativa da América do Sul canonizada pela Igreja e padroeira do Peru e da América Latina[76]. Certamente, como homem de oração e observante das horas litúrgicas, na sua oração das *Completas*[77], já havia a evocação ou o prenúncio da festa do dia seguinte, dedicado à memória de Santa Rosa de Lima. Para P. Bourdieu, todo sistema religioso protege e perpetua seu capital simbólico mediante a fixação de normas, escritos canônicos, signos distintivos, doutrinas identitárias, fórmulas e rotinas que impeçam a improvisação. "Neste contexto, o breviário, o livro de sermões ou o catecismo desempenham, ao mesmo tempo, o papel de um receituário e de um resguardo" (Bourdieu, 2001, p. 69). É na conjunção de um sistema religioso católico com tais características que estão inseridos Dom Bosco e sua narrativa onírica. A sua psique, portanto, colocou-se numa disposição interior de atenção, abertura e meditação sobre aquela santa nativa da América do Sul, para onde migravam milhões de italianos e também seus confrades salesianos, os quais haviam partido em missão.

---

76. Rosa de Lima "[…] tinha pais considerados muito ricos na época, porém, com problemas causados em uma empresa de mineração, acabaram ficando pobres e, assim, Santa Rosa cresceu ajudando em casa como era possível. Ela trabalhava arando a terra, costurando e bordando até de noite; além disso, tinha o costume de cultivar suas próprias rosas no seu jardim. […] Tocava viola e harpa, sendo considerada uma das moças mais virtuosas, prendadas e lindas de toda a cidade de Lima. […] Quando atingiu 21 anos, fez o voto de castidade e adquiriu o hábito da Ordem Terceira Dominicana […]. Era muito gentil e caridosa com todos, principalmente com os índios e negros da época; ela costumava prestar serviços a eles quando estavam doentes. Segundo se conta, ela possuía o dom dos milagres, isso porque era constantemente visitada pela Virgem Maria e por Jesus. Uma vez, o Menino Jesus quis dormir em seus braços, coroando-a assim com uma grinalda de rosas, que posteriormente virou seu símbolo. Ela também conversava constantemente com seu Anjo da Guarda. Ela possuía o dom da cura, de conversões, da chuva e até mesmo impediu a invasão da cidade de Lima pelos piratas de origem holandesa, no ano de 1615". Rosa de Lima faleceu em 24 de agosto de 1617, aos 31 anos de idade. Foi canonizada pelo Papa Clemente, no dia 12 de abril de 1671. No Brasil, vários municípios têm Santa Rosa de Lima como sua padroeira: Iretama/PR, Nova Santa Rosa/PR, Santa Rosa de Lima/SC, Santa Rosa da Serra/MG, Iturama/MG, Engenho do Ribeiro/MG, Bom Despacho/MG, Cabeceira/GO. Disponível em: https://bibliavirtual.com.br/historia-de-santa rosa-de-lima

77. A Liturgia Diária das Horas (também denominada "Ofício divino" ou "Oração do Breviário") está dividida em Laudes (manhã), Hora média (ou meridiana, em geral ao meio-dia), Vésperas (no final da tarde ou começo imediato da noite) e Completas (um pouco antes de dormir). A Liturgia das Horas é uma oração comunitária, destinada a todo o corpo da Igreja Católica, sendo obrigatória para os ministros ordenados e os religiosos consagrados, e facultativa aos leigos.

Havia um mês antes daquele sonho de Dom Bosco que os salesianos haviam chegado ao Brasil[78]. Certamente, nas orações que precederam ao sonho, meditava em oração sobre o futuro de sua Congregação Salesiana na América do Sul. E evocava ou confiava também a Santa Rosa de Lima, a padroeira da América Latina, os seus confrades que haviam partido para o "novo mundo" sul-americano. Tem-se, aqui, portanto, um amplo "material psíquico" e um "gatilho imagético" disparador de um sonho, com as características que configuraram e compuseram o sonho de Dom Bosco.

Naquele dia, as condições físicas de Dom Bosco, o sujeito do sonho, eram de um homem assoberbado e cansado pelo intenso trabalho. Ele sabia que estava dormindo, mas parecia-lhe sentir-se "cansado de correr, de falar, de escrever e de esforçar-[se] no desempenho das ocupações costumeiras". Tinha consciência de sua vida agitada e das muitas responsabilidades, para quem somente dispunha das energias de um idoso. É com essa dinâmica cotidiana de vida que ele se insere no sonho, como que entra num "salão, onde se achavam muitas pessoas, falando de assuntos vários". Esses eram o cenário e o palco de sua vida, intensos, movimentados, com temas simultâneos tratados por muitos de uma imensa comunidade.

Do interior do sonho de Dom Bosco emergiram três importantes arquétipos[79]: o anjo mensageiro que vem lhe apresentar um grande campo de missão; a

---

78. "A 'família de Dom Bosco' tem cerca de 400.000 integrantes. Ela consiste em 30 grupos diferentes, que vêm surgindo ao longo dos anos, e que têm a inspiração do sistema e do carisma de Dom Bosco. Os primeiros, que foram criados nos dias de Dom Bosco, as Filhas de Maria Auxiliadora, os Salesianos Cooperadores e Ex-Alunos de Dom Bosco. Além disso, são 77 instituições de ensino superior em 19 países. São milhões de jovens atendidos todos os dias em obras sociais, escolas, universidades, missões e paróquias". No dia 14 de julho de 1883 aportaram os primeiros salesianos no Rio de Janeiro, vindos em missão para o Brasil (cf. *Revista Especial Salesiana*, 2015). Na Patagônia, os salesianos chegaram em 1887 (Associação Devotos de Fátima, c2020).

79. Arquétipo (derivado do grego *arché*, princípio, origem; e *tipós*, modelo) é uma categoria com diversas conceituações; N. Abbagnano menciona seu significado para a filosofia: "modelo ou exemplar originário ou original de uma série qualquer". As ideias de Platão foram consideradas arquétipos enquanto modelos das coisas sensíveis e, mais frequentemente, as ideias existentes na mente de Deus, como modelos das coisas criadas (*Rep.*, II, 296); contudo Locke (*Ensaio*, II, 31, § 1) empregou a palavra "arquétipo" para dizer somente modelo (Abbagnano, 2000, p. 80). Para a interpretação acerca do sonho de Dom Bosco, será usado o referencial teórico que C. G. Jung atribuiu à palavra arquétipo. "[...] A visão de Jung da dinâmica da personalidade representa uma tentativa de interpretar o comportamento humano a partir de pontos de vista filosóficos, religiosos e místicos, bem como científicos. Muitos de seus conceitos relacionam-se com disciplinas e fenômenos fora do campo da psicologia. Entre esses conceitos, encontra-se a noção de um 'inconsciente coletivo', que se diz que permeia cada psique 'inconsciente pessoal' e penetra na consciência somente de forma

dinâmica do *homo viator*, simbolizada pelo trem e pela viagem na América do Sul; e a "terra prometida, onde jorra leite e mel", há milênios impregnada no imaginário judaico-cristão.

Os seres espirituais e invisíveis – que atuam e intervêm no mundo material – constituem o imaginário[80] religioso e, para o cristianismo católico, são parte da doutrina e das verdades da fé. "[...] O Símbolo niceno-constantinopolitano explicita: [Deus é o criador] do universo visível e invisível". E "a profissão de fé do IV Concílio de Latrão afirma que Deus criou conjuntamente, do nada, desde o início do tempo, ambas as criaturas, a espiritual e a corporal, isto é, os anjos e o mundo terrestre [...]". Portanto, "a existência dos seres espirituais, não corporais, que a Sagrada Escritura chama habitualmente de anjos, é uma verdade de fé" (CNBB, 1999).

> Anjo (mensageiro) é designação de encargo, não de natureza. Se perguntares pela designação da natureza, é um espírito; se perguntares pelo encargo, é um anjo: é espírito por aquilo que é, é anjo por aquilo que faz. Por todo o seu ser, os anjos são *servidores* e mensageiros de Deus. [...] Como criaturas puramente *espirituais,* são dotados de inteligência e de vontade: são criaturas pessoais e imortais. Superam em perfeição todas as criaturas visíveis. Disto dá testemunho o fulgor de sua glória (CNBB, 1999).

---

simbólica, para influenciar diretamente o pensamento e o comportamento. [...] O inconsciente coletivo é o mais influente dos sistemas psíquicos. Ele é distinguido do inconsciente pessoal através de imagens e símbolos que não se originam nas aquisições pessoais da vida de um indivíduo. [...] O inconsciente coletivo é a parte da psique que retém e transmite a experiência acumulada de todas as gerações anteriores. Os componentes estruturais do inconsciente coletivo são os arquétipos, padrões comportamentais universais, tendências herdadas que predispõem um indivíduo a experimentar e se comportar em situações sempre recorrentes (nascimento, morte, casamento, guerra, costumes religiosos, iniciações etc.), tal como seus ancestrais experimentaram e se comportaram nelas. Os arquétipos encontram-se exibidos em padrões e imagens que constituem o material temático de sonhos e visões e também da mitologia, lendas, religião, contos de fadas e arte" (Miller, 2003, p. 692). Segundo A. Vieira, para Jung o sujeito psicológico é moldado por um universo simbólico com características histórico-culturais. Por isso, nele há comportamentos, figuras, situações e símbolos que contêm repetições de "motivos" intergeracionais e "atemporais", para os quais C. G.Jung dá o nome de arquétipos (Vieira, 2006, p. 93). Em síntese, C. G. Jung entende que arquétipos podem significar as imagens ou os símbolos primitivos que existem no inconsciente coletivo, desde o princípio da existência humana; são tipos de comportamentos e percepções que ocorrem de modo similar, entre pessoas de diferentes culturas e tempos históricos; ou, ainda, uma herança que reside no sujeito psicológico, mas é proveniente de um passado remoto e transmitida às sucessivas gerações.

80. O imaginário corresponde à dinâmica de uma modalidade de consciência, na fenomenologia da estrutura da imagem. E a imagem, segundo J. P. Sartre, "*é um certo tipo de consciência.* A imagem é um ato e não uma coisa. A imagem é consciência de alguma coisa" (Sartre, 1973, p. 113). Nessa perspectiva filosófica, então, poderíamos considerar que imagens sonhadas por Dom Bosco – terra prometida onde jorra leite e mel, anjos etc. – são uma forma de consciência dinâmica e em movimento, situada e perpassada pelo contexto religioso interno e externo.

Sob a perspectiva sociológica, os anjos são indicativos da construção humana de um "mundo encantado", onde a imanência é permeada pela transcendência. Com o secularismo, ocorreu o fechamento à realidade empírica e se desencadeou o "desencantamento do mundo", restando um vago, difuso, distante e opaco "rumor de anjos"[81].

> "Tudo está cheio de deuses", exclamou Tales de Mileto. O monoteísmo bíblico varreu os deuses na glorificação da terrível majestade do Único, mas a plenitude que dominou Tales continuou a viver por muito tempo nas figuras dos anjos [...] mensageiros (*angeloi*) deste Deus, sinalizando sua transcendência, bem como sua presença no mundo dos homens. Foi somente com o começo da secularização que a plenitude divina começou a recuar, até que atingiu o ponto em que a esfera empírica se tornou abarcadora de tudo e perfeitamente fechada em si mesma (Berger, 1997, p. 224-225).

O universo cultural de Dom Bosco, na Itália do final do século XIX, é aquele com a profunda marca do sagrado, das aparições marianas, dos corpos incorruptíveis, da iconografia angelical com traços renascentistas, da pregação sobre o combate diário aos "anjos decaídos" (demônios)[82], da oração cotidiana de invocação à proteção do "Santo Anjo, do Senhor..."[83]. Esse mundo respira transcendência e dialoga permanentemente com os seres espirituais invisíveis.

Segundo Dom Bosco, o jovem que lhe apareceu em sonho compreende características muito frequentes nas descrições e iconografias sobre os anjos: apresentava-se com os traços da jovialidade (aproximadamente 16 anos de idade),

---

81. Há um modo diverso dessa compreensão, que entende a secularização não como "perda da religião no mundo moderno. É [a secularização] o conjunto dos processos de reconfiguração das crenças que se produzem em uma sociedade onde o motor é a não satisfação das expectativas que ela suscita, e onde a condição cotidiana é a incerteza ligada à busca interminável de meios de satisfazê-las" (Hervieu-Léger, 2015, p. 41).

82. Há uma interessante abordagem, dentre outras, sobre a "origem do mal e da crença no demônio e nos espíritos maus, segundo a Bíblia" (Schiavo; Silva, 2000, p. 53-65), com respectiva incidência histórica ao contexto de Dom Bosco.

83. A oração "Santo Anjo do Senhor" remonta a uma tradição de quase mil anos; foi composta no século XI, provavelmente por Reginaldo da Cantuária, monge beneditino. Originalmente, em latim, a oração do monge Reginaldo era: *Angele, qui meus es custos pietat superna, me tibi commissum serva, tueare, guberna; terge meam mentem vitiis et labe veterna assiduusque comes mihis sis vitaque lucerna.* A forma atual é: *Angele Dei, qui custos es mei, Me tibi commissum pietate superna; (hodie, hac nocte) ilumina, custodi, rege et guberna.* [Santo Anjo do Senhor/meu zeloso guardador/ se a ti me confiou a piedade divina,/ sempre me rege,/ me guarda,/ me governa/ e me ilumina./ Amém.] (Kosloski, 2020).

tinha amabilidade e beleza, era cheio de luz, era amigo, "vinha em nome de Deus" (era um mensageiro) e trazia-lhe uma mensagem de missão, aquela de colocar--se em viagem para vislumbrar o vasto campo de atuação a que se destinava sua congregação religiosa. Esse anjo não apareceu "dos céus"; veio do meio do "salão" (situado na América Latina, sobre a linha do Equador) e do burburinho de tantos, misturado aos assuntos de muitos. E convidou Dom Bosco não a afastar-se dos demais, mas a fazer uma imersão a fim de conhecer uma vasta e complexa realidade, completamente nova para ele. E o colocava, como superior-geral de sua Congregação Salesiana, numa posição para ter "uma visão de conjunto", primeiro "em miniatura" e, depois, "em sua real grandeza e extensão". Os salesianos eram chamados a trabalhar nesta imensa "messe do Senhor". Eram milhares, milhões de habitantes, que esperavam seu auxílio.

O sonho de Dom Bosco não é construído com um cenário estático, ou uma participação passiva como aquele que assiste a um filme projetado numa tela. Ao contrário, envolve intenso movimento e participação, diálogos e exposições, ruídos, pontos de partida, viagem[84], observação, conhecimento, informação, aprendizagem. Não obstante sua idade, a psique de Dom Bosco – que se revela em seu sonho – apresenta-se com uma disposição de abertura, de querer aprender e conhecer uma nova realidade que emergia, de escutar uma nova voz que lhe ensinava um novo mundo, para o qual era importante pôr-se em viagem. Ele não vacilou em momento algum, mesmo não conhecendo seu novo "amigo de viagem" (o anjo) nem o itinerário que lhe era exposto. Na realidade, primeiro embarcaram seus confrades, por ele autorizados, rumo a essa terra além-mar; junto, embarcou sua psique, a totalidade de seu espírito, para um universo desconhecido.

Esse movimento exterior (da congregação religiosa que viaja para além-mar) e interior (da alma do fundador) aponta também para uma condição antropoló-

---

84. "João Gilberto P. Couto [...] procurou reconstruir a ferrovia imaginária, percorrida por Dom Bosco a partir das minúcias de seus relatos. Ela teria cerca de 10.777km de percurso, tendo seu início na cidade de Cartagena (Colômbia), seguiria em direção a Caracas (Venezuela), adentrando ao Brasil, onde passaria por Roraima, Manaus, Rondônia, Mato Grosso e Mato Grosso do Sul. A partir deste último ponto, partiria para Assunção (Paraguai), Buenos Aires (Argentina) e seguiria até Punta Arenas (Chile). Em outro momento, o jovem que guia Dom Bosco lhe aponta um caminho para percorrer este território rumo ao Leste. Couto acredita que o ponto de partida seria Porto Velho (RO), que seguiria até Pernambuco" (Afiune, 2018, p. 5-6).

gica constitutiva da vida humana; expressa o *homo viator*, em viagem e de passagem nesse mundo. Planta seus pés no chão, mas não fixa raízes porque tem consciência do tempo (*tempus fugit*) e sabe que "o caminho se faz caminhando". É um ser que carrega consigo o que G. Marcel considerava o "mistério da encarnação", marcado pela historicidade e finitude. A transcendência não é uma essência externa, como queriam os essencialistas; emerge do centro de sua condição humana, quando na concretude descobre-se como um ser-de-projeto ou vir-a-ser. Desde seu corpo – como ser encarnado, participativo e engajado –, faz a experiência metafísica de "pensar em" e "agir para", num movimento de transcendência (Azevedo, 2010, p. 106-113). Nas situações-limite, na inquietação com "o que é" e na angústia porque quer "ser-mais", é capaz de romper o tempo do "aqui" e se constitui ontologicamente um "para-ser", um ser de transcendência, um peregrino que faz história porque busca incessantemente ir além das fronteiras de si (Mondin, 1980, p. 251-256).

É sob esse referencial que G. Bachelard repropôs a leitura analítica dos sonhos. No sonho, as imagens ou os arquétipos têm correlação entre si; é preciso sempre verificar o que os une entre si e qual a sua dinâmica. O sonho de Dom Bosco é tão bem-elaborado que traz um dispositivo para compreender o movimento imagético: o símbolo do trem e a imagem da viagem; e esse movimento não é solitário, mas participado e participativo, supondo a relação dialógica com o outro (o jovem radiante de luz), a relação com o mundo (a América do Sul) e a relação consigo mesmo (autoavaliando permanentemente sua capacidade de compreender, enxergar e resistir em viagem tão longa).

No sonho de Dom Bosco, aquela viagem onírica misteriosa tinha um objetivo: enxergar, com os olhos da alma, "a terra prometida, que jorra leite e mel". "Meus olhos [afirmava Dom Bosco] tinham uma potência visual maravilhosa, não encontrando obstáculos que os detivessem de estender-se por aquelas regiões."

A passagem bíblica sobre a conquista da "terra prometida" e a chegada a esse lugar (Ex 3,8) impregnou todo o imaginário judaico-cristão e, no século XX, encheu as telas de cinema com filmes apoteóticos. Foi narrada e comentada por todas as teologias da história do cristianismo; pregada nos mais famosos sermões que saíram da boca dos grandes pregadores cristãos; pintada pelos maiores artistas da civilização ocidental; celebrada em todos os ritos pascais católicos, de todos os tempos da Igreja Católica. Foi ainda interpretada por todas as exegeses bíblicas e tornou-se "chave hermenêutica" fundamental para compreender a aliança, a consciência progressiva do povo de Deus, a eleição de um povo – não porque foi melhor do que os outros, mas porque era oprimido e precisava se libertar – e a afirmação definitiva do monoteísmo e do culto a ser prestado ao único e verdadeiro Deus. Essa imagem sobre "a terra prometida, onde jorra leite e mel", portanto, também estava impregnada no imaginário de Dom Bosco.

Quando, em sonho, Dom Bosco enxerga "bosques, montanhas, planícies, rios", "floresta virgem", "filões de metais preciosos, minas inexauríveis de carvão, depósitos de petróleo", então sua psique faz uma livre-associação com a "terra prometida" do povo hebreu. E, tal qual Moisés – que buscou, sonhou, imaginou e caminhou durante décadas para alcançar uma "terra prometida", sem nela entrar porque morreu antes que isso pudesse acontecer –, analogamente parecia ocorrer com Dom Bosco. Ele via, já idoso, seus confrades viajarem e chegarem à América do Sul, um lugar sonhado como "terra prometida"; mas nunca chegou a conhecer, entrar, morar nessa terra além-mar. Em sua psique habitava o "desejo ardente", similar à disposição de Jesus ao "desejar ardentemente" (*desiderio desideravi*) cear com seus discípulos (Lc 22,15). Dom Bosco ansiava, em seu íntimo, estar junto naquela grandiosa odisseia, que prometia grandes realizações no "novo mundo". Mas um oceano de limitações não o permitia participar daquela primeira viagem para a América do Sul. Sua psique, no entanto, embarcou num trem, acompanhada de um anjo; e conheceu, por antecipação, tudo aquilo que almejava ver! Com maturidade interior, sublimou seu desejo e, por isso, se fez digno de admiração!

Aquela "floresta virgem" vista em sonho era, possivelmente, a gigantesca Amazônia, quase intocável no século XIX, que abrange territórios geográficos do Brasil, Guiana Francesa, Suriname, Guiana, Venezuela, Colômbia, Equador, Peru e Bolívia. Como era uma floresta mundialmente conhecida pelos mapas mundiais (mapa-múndi), certamente Dom Bosco já a havia admirado, pela sua extensão e pujança. Quanto aos "rios grandes, majestosos e caudalosos", o Rio Amazonas está entre os maiores do mundo, com extensão oficial de 6.570 quilômetros[85], e sua

---

85. As extensões georreferenciadas sobre os grandes rios do mundo estão sendo georretificadas e fotointerpretadas (com o uso de imagens de satélites). Discute-se qual o maior rio do mundo, Amazonas ou Nilo (MundoGeo, [2020]).

magnitude também era facilmente identificável nos mapas hidrográficos, provavelmente conhecidos por Dom Bosco. Sobre as reservas petrolíferas, mencionadas no sonho do sacerdote, talvez se refiram às da Venezuela. Nesse país,

> [...] a primeira concessão para a exploração do petróleo foi outorgada em 24 de agosto de 1865 [...] ao cidadão norte-americano Camilo Ferrand [...]. A atividade petrolífera venezuelana inicia-se a partir da criação, em 1878, da Compañia Nacional Menera Petrolia del Táchira[86] (PDV, c2015).

Como o sonho de Dom Bosco e a chegada dos salesianos ao Brasil ocorreram em 1883, possivelmente na Itália já haviam estudado as potencialidades da América do Sul e, nesse caso, tiveram conhecimento sobre as jazidas petrolíferas descobertas no continente. Isso, portanto, também era uma informação adensada no inconsciente de Dom Bosco, que emergiria como um dos elementos de seu sonho. Quanto aos demais "metais preciosos" da América do Sul, esses eram conhecidos há séculos pela Europa. Quando a expedição de Cristóvão Colombo, em 1492, chegou à América, foi escrito nos *Diários da descoberta da América*:

> Esta ilha é imensa e muito plana, de árvores verdíssimas e muitas águas, com uma vasta lagoa no meio, sem muitas montanhas, e tão verde que dá prazer só em olhá-la; e os habitantes são tão sossegados [...] E aqui também nasce o ouro que trazem pendurado no nariz [...] Agora, como já é noite, todos voltaram para a terra em suas canoas (Colombo, 1991, p. 55).

A exploração do ouro de Tenochtitlán, no século XVI, da prata em Potosí, no século XVII e, novamente, do ouro no Brasil, nos séculos XVII-XVIII, escorreu das veias abertas da América Latina para a Europa, a fim de ornar os altares e enriquecer os impérios do "velho mundo". Portanto, no final do século XIX, embora já tivesse se encerrado o ciclo econômico do ouro no Brasil, a fama de abundância dos minérios da América do Sul preenchia o imaginário europeu, inclusive de Dom Bosco. Tem-se, pois, todas as informações que iriam compor o material onírico, articulado numa "visão de conjunto", pela psique de Dom Bosco.

Dom Bosco cita, na narrativa onírica de 1883, que "entre o grau 15 e 20 [onde foi construída a nova capital brasileira], havia uma enseada bastante extensa, que partia de um ponto onde se formava um lago [...]. Aparecerá aqui a terra prometida. Isto acontecerá antes que passe a segunda geração".

---

86. Para um histórico sobre a história da exploração do petróleo na Venezuela, cf. PDV (c2015).

A citação dos paralelos 15 a 20 como local para a transferência da capital federal do Brasil já havia sido mencionada sessenta anos antes do sonho de Dom Bosco.

> Hipólito José da Costa, de 1813 a 1822, sustentou, no seu "Correio Brazi-liense" [que publicava na Inglaterra], a sugestão de transferência da capital para o interior central (15 a 20 graus), de "onde seriam lançados os funda-mentos do mais extenso, ligado, bem defendido e poderoso império, que é possível exista na superfície do globo". À região que propunha, Hipólito chamou-a de "paraíso terreal". José Bonifácio, em 1823, propunha a criação de "uma cidade central no interior do Brasil", localizando-a "em 15 graus de latitude" [...] "para assento da Regência". Francisco Adolfo de Varnhagen, no seu "Memorial Orgânico", e na "História Geral do Brasil" (1849 e 1857) defendeu a construção da nova capital do Brasil, no Planalto Central, no paralelo 15, ou seja, "no triângulo formado pelas três lagoas, Formosa, Feia e Mestre d'Armas, donde se interligam os três grandes vales, do Amazonas, do Prata e do São Francisco (Vasconcelos, 1978, p. 76).

A defesa de transferência da capital federal, portanto, já existia desde o tempo do Brasil Império; junto, discutia-se o novo local geográfico em que devia ser instalada. Teriam os salesianos italianos – uma congregação com homens cultos e dedicados à educação – acessado essas notícias sobre mudança de capital no Brasil? Interessava-lhes inteirar-se da conjuntura política brasileira, seu futuro campo de missão? Se a resposta for afirmativa, então talvez Dom Bosco, na Itália, no final do século XIX, teria se demorado a olhar o mapa da América, concentrando-se nas coordenadas geográficas e identificando aspectos do relevo, da hidrografia, das cidades e dos vazios populacionais[87].

---

87. Contavam alguns bispos brasileiros que o Papa João Paulo II, com frequência, quando os rece-bia em visita *ad limina,* tinha sobre a mesa um mapa-múndi para localizar geograficamente com precisão o lugar e as dioceses que se faziam presentes. Esse interesse pastoral pela geografia foi muito marcante na história da Igreja, seja pela definição territorial das paróquias e dioceses, seja pelo conhecimento prévio dos campos de ação missionária. Silva e Souza, por exemplo, que era vigário-geral da prelazia de Goiás, publicou sua principal obra *Memória estatística da província de Goiás,* no ano de 1832, apresentando "uma radiografia geral do panorama geográfico, histórico e econômico da província, mostrando, com dados eloquentes, a realidade da época. Escreve sobre os julgados, os arraiais, as freguesias, as serras, os rios, os lagos, as grutas, as roças e suas produções, as fazendas de criação de gado, as minas de ouro, os impostos, os meios de transportes, as minas de ferro, os engenhos, as importações e exportações, as lojas de vendas, o clima, as igrejas, as terras, a topografia, as artes liberais, o *quantum* de profissionais para cada Termo, as estradas, as principais riquezas minerais, o trabalho escravo. Detêm-se, em minúcia, na análise dos principais julgados, como o da cidade de Goiás, que ele descreve desde os principais produtos agrícolas até as artes liberais" (Teles, 1978, p. 35).

Quando se olha o mapa de um lugar distante, para qualquer expectativa de mudança se faz uma projeção temporal, fixada por tempos geracionais. Quanto maior o desafio, mais gerações se fixam para que ele seja superado. Nesse aspecto, o sonho de Dom Bosco apresenta um grande "*insight* onírico". Contrariando todas as demais previsões estabelecidas pelo Brasil Império e pela primeira Constituição da República, Dom Bosco projetou que aquele território entre os paralelos 15 e 20 estaria plenamente desenvolvido no prazo de duas gerações. O tempo de uma geração, na época de Dom Bosco, era medido pela expectativa de vida[88]. Ora, considerando o período entre 1883 (quando ocorreu o sonho) e 1955 (quando ocorria ampla mobilização política no Brasil pela transferência da capital federal), poderia supor-se, aproximadamente, uma expectativa de vida entre 40 e 45 anos de idade para os brasileiros. Portanto, antes que passasse "a segunda geração", desde a ocorrência daquele sonho, a capital federal do Brasil foi transferida do Rio de Janeiro e construída no Planalto Central.

Nesse tempo de duas gerações seguiram-se grandes e inusitados acontecimentos na história: a Primeira Guerra Mundial (1914-1918), a Revolução Russa (1917), as aparições de Fátima (1917), a crise do café (1929), a Grande Depressão econômica (1929-1930), o Estado Novo, ou a Terceira República no Brasil (1937-1946), a expansão das cidades, o êxodo rural, o crescimento da classe operária e a criação da Consolidação das Leis do Trabalho (CLT) (1943), a Segunda Guerra Mundial (1939-1945), a Marcha para o Oeste, promovida pelo Governo Vargas durante o Estado Novo. Esses e tantos outros episódios ocorreram na duração de apenas duas gerações. Considerando tão grandiosas e profundas mudanças nesse período, surpreende-se que o Brasil, em condição de país subdesenvolvido, tenha se colocado em disposição política para construir Brasília e transferir para esse território do Planalto Central a capital federal do Brasil.

---

88. Atualmente, os tempos geracionais são mensurados pelas mudanças psicoculturais e tecnológicas. Gerações Y, X e Z têm uma média de dez anos cada uma (Krampe; Brambilla; Angnes, 2018). Entretanto, se considerarmos o tempo de uma geração pela sua expectativa de vida, no Brasil, em 1900, era de 33,7 anos. Essa constatação faz parte do livro *Brasil: uma visão geográfica e ambiental do início do século XXI* (Oliveira, 2016). Segundo estudo da Organização para a Cooperação e Desenvolvimento Econômico (Ocde), nas primeiras décadas do século XIX a expectativa na Europa Ocidental era próxima aos 33 anos de idade (Sanches *et al.*, c2024). Essa poderia ser a base para entender o que significava a Dom Bosco o prazo de duas gerações.

A análise aqui delineada sobre o sonho de Dom Bosco não exclui nem limita a interseção de outras abordagens hermenêuticas. O fato de se fazer uma "arqueologia do material psíquico", que subjazia à psique de Dom Bosco, fornece elementos para compreender como se processou sua composição onírica, com respectiva narrativa. Entretanto, em todo fenômeno religioso, ainda que configurado por uma construção onírica, sempre haverá o horizonte do imponderável, para o qual as ferramentas teóricas, mesmo que plausíveis, podem ser insuficientes.

Um estudo sobre sonhos, na ótica da pneumatologia, pode suscitar outra interpretação. Conceitos como "inspiração" também podem ser muito relevantes, desde que estabelecidos os critérios de discernimento acerca da narrativa inspirada. O mesmo pode-se dizer das experiências místicas, das vidências e das aparições. Conferir autenticidade a tais fenômenos requer exaustiva e demorada análise, sempre considerando os diversos métodos hermenêuticos.

C. G. Jung teve uma experiência similar ao sonho de Dom Bosco, mas a considera ora como sonho, ora como visão, ora como êxtase. Narrou essa vivência apenas no final de sua vida[89], quando possivelmente se sentia com mais liberdade em relação às formulações teóricas que havia construído durante toda sua trajetória profissional. Um dos principais aspectos coincidentes entre ambas as narrativas é que Jung e Dom Bosco conseguiam ver amplos cenários "de cima", o que os permitia ter uma visão de conjunto. Veja-se parte da narrativa de Jung:

> No início de 1944 fraturei um pé e logo depois tive um enfarte cardíaco. Durante a inconsciência tive delírios e visões que provavelmente começaram quando, em perigo de morte, administraram-me oxigênio e cânfora. As imagens eram tão violentas que eu próprio concluí que estava prestes a morrer. [...] Eu tinha atingido o limite extremo e não sei se era sonho ou êxtase. Seja o que for, aconteceram coisas muito estranhas. Parecia-me estar muito alto no espaço cósmico. Muito ao longe, abaixo de mim, eu via o globo terrestre banhado por uma maravilhosa luz azul. Via também o mar de um azul intenso e os continentes. Justamente sob os meus pés estava o

---

89. Segundo Aniela Jaffé, responsável pela organização e edição da obra *Memórias, sonhos, reflexões*, o começo da redação dessa obra ocorreu na primavera de 1957; em 1958 Jung terminou os três capítulos sobre a infância, a época do colégio e os anos de estudo; em 1959, o capítulo "Sobre a vida depois da morte". Em 6 de junho de 1961, morreu C. G. Jung (Jung, 2016).

Ceilão e na minha frente estendia-se o subcontinente indiano. Meu campo visual não abarcava toda a Terra, mas sua forma esférica era nitidamente perceptível e seus contornos brilhavam como prata através de maravilhosa luz azul. [...] Bem longe, à esquerda, uma larga extensão – o deserto vermelho-alaranjado da Arábia. [...] Adiante o Mar Vermelho e mais além, como no ângulo superior esquerdo de um mapa, pude ainda perceber uma nesga do Mediterrâneo. [...] Evidentemente via também os cumes nevados do Himalaia, mas cercados de brumas e nuvens. [...] É impossível ter uma ideia da beleza e da intensidade do sentimento durante as visões. Foi o que vivi de mais prodigioso. [...] Nunca pensei que se pudesse viver uma tal experiência, e que uma beatitude contínua fosse possível. Essas visões e acontecimentos eram perfeitamente reais. Nada havia de artificialmente forçado; pelo contrário, tudo era de extrema objetividade. [...] Depois dessa doença começou um período de grande produtividade. Muitas de minhas obras principais surgiram então. O conhecimento ou a intuição do fim de todas as coisas deram-me a coragem de procurar novas formas de expressão. Não tentei mais impor meu próprio ponto de vista, mas submetia-me ao fluir dos pensamentos. Os problemas apoderavam-se de mim, amadureciam e tomavam forma (Jung, 2016, p. 289-296).

Dom Bosco passava por uma experiência na qual "hesitava se se tratava de sonho ou de realidade"; Jung não sabia identificar se sua experiência era "sonho ou êxtase". Dom Bosco sentia-se num salão "situado na América do Sul, exatamente por sobre a linha do Equador"; Jung calculou que devia estar a "cerca de mil e quinhentos quilômetros" da Terra, o que lhe permitia "abarcar tal amplidão". Dom Bosco, ainda em vida, viu o início da expansão de sua obra na América do Sul; Jung viu suas "principais obras" surgirem depois da doença, com sua respectiva experiência de sonho ou êxtase.

O fenômeno ocorrido com Dom Bosco e com Jung é denominado por alguns – não aceito pacificamente por psicólogos e psicanalistas ou, então, por outras razões diversas, sem prestígio na academia – como "projeção da consciência", ou seja,

[...] a capacidade que todo ser humano tem de projetar a sua consciência para fora do corpo físico. Essa experiência tem recebido diversas nomenclaturas, dependendo de doutrinas ou correntes de pensamentos que a mencionem: viagem astral (Esoterismo), projeção astral (Teosofia), experiência fora do corpo (Parapsicologia), desdobramento, desprendimento espiritual ou emancipação da alma (Espiritismo), viagem da alma (Eckancar)[90], projeção do corpo psíquico ou emocional (Rosa-cruz), projeção da consciência (Projeciologia) etc. (Martins, 2012, p. 27)[91].

Para fenômenos complexos são requeridas análises complexas e abertas às diversas possibilidades hermenêuticas. Deixa-se, pois, em aberto outras perspectivas teóricas para análise sobre o sonho de Dom Bosco, as quais poderão nos complementar ou, eventualmente, contradizer. Faz-se, agora, um passo adiante a fim de verificar o contexto político em que o sonho de Dom Bosco foi oportuno para corroborar a transferência da capital federal ao Planalto Central.

2.5 O sonho de Dom Bosco: de narrativa onírica a narrativa política

Para J. Marques (2006)[92], o sonho de Dom Bosco foi instrumentalizado pelos mudancistas goianos Germano Roriz e Segismundo de Araújo Mello e pelo então

---

90. Mircea Eliade, na obra *O conhecimento sagrado de todas as eras,* dedica um sugestivo capítulo sobre a origem e o destino da alma. Na análise da história comparada das religiões destaca algumas expressões religiosas e culturais em que os sonhos são considerados "viagens da alma fora do corpo". Para nativos da Groenlândia, "a alma deixa o corpo à noite e sai para caçar, pescar, dançar e fazer visitas. [...] Os indígenas da América do Norte acreditam que a alma de quem sonha deixa seu corpo e vagueia à procura de coisas que lhe sejam atraentes. Os tagalos de Luçon opõem-se a que se desperte a pessoa que está dormindo, devido à ausência de sua alma. Os karens [...] explicam que os sonhos são o que o *Ia* vê e sente em suas viagens quando deixa o corpo adormecido. Justificam até com muita perspicácia o fato de que temos probabilidades de sonhar com pessoas e lugares que já conhecíamos. [...] Um zulu pode ser visitado em sonho pela sombra de um ancestral, o itongo, que vem preveni-lo de um perigo, ou ele mesmo pode ser levado pelo itongo a visitar seus parentes distantes e verificar que eles estão em dificuldades; quanto ao homem que está passando ao estado mórbido do vidente profissional, recebe ele constantemente a visita de fantasmas que vêm lhe falar enquanto dorme, até que ele se transforme, na sugestiva expressão nativa, em 'uma casa de sonhos'. [Para os negros da África Ocidental] todos os sonhos deles são interpretados como sendo visitas dos espíritos de amigos mortos" (Eliade, 1995b, p. 116). Esse competente e exaustivo esforço intelectual de M. Eliade, todavia, também pode ser questionado, sob o ponto de vista metodológico, em razão de uma descrição extensíssima de mitos sem sua respectiva análise. É a consideração crítica de R. Azzi: "[...] Parece-me que Eliade, um dos mais importantes estudiosos modernos da história das religiões, mergulha de tal forma na consciência mítica que não consegue ter o necessário distanciamento dela para elaborar suas reflexões filosóficas numa forma mais crítica. Na análise desse confronto entre o horizonte intelectual e a crença religiosa, Gusdorf constitui um guia importante [...] na indicação dos limites subjacentes, tanto à consciência mítica como à própria consciência intelectual" (1987, p. 9).

91. Diferentemente da clássica teoria freudiana – do id, ego e superego, em que sonhos e projeções emergem das profundezas do inconsciente –, aqui, nesta perspectiva, o fenômeno da projeção da consciência ou experiência fora do corpo ocorre porque o psicossoma (também conhecido como corpo espiritual, corpo emocional ou dos desejos, corpo sutil, duplo astral, perispírito) entra numa frequência vibratória diferente durante o sono ou, também, no transe, na síncope, no desmaio ou sob a influência de um anestésico (Martins, 2012). Talvez por essa razão, P. de S. Afiune denomina Dom Bosco como "padre médium" (Afiune, 2018, p. 3).

92. Esse artigo de J. Marques tem como fonte de informação a obra *Brasília: memória da construção,* de Lourenço Fernando Tamanini.

governador de Goiás, José Ludovico de Almeida. Eles visavam assegurar a construção da capital federal no Planalto Central brasileiro, como já havia sido estabelecido desde a primeira Constituição da República, em 1891. Assim, adaptaram o sonho de Dom Bosco, considerando-o um "sonho profético" sobre a construção de Brasília. Esta não seria, porém, a primeira vez que isto teria ocorrido na história.

Em contextos e épocas diversas, observa-se que "a estrutura de relações entre o campo religioso e o campo do poder" mantém vínculos necessários à legitimação simbólica da ordem política. "[...] A subversão simbólica da ordem simbólica só consegue afetar a ordem política quando se faz acompanhar por uma subversão política desta ordem" (Bourdieu, 2001, p. 69). Em geral, a Igreja contribui para a manutenção de uma ordem simbólica "pela imposição e inculcação dos esquemas de percepção, pensamento e ação objetivamente conferidos às estruturas políticas", mediante a naturalização de ocorrências, a determinação de esquemas de pensamento comuns, a reafirmação solene desses pensamentos e o uso da autoridade eclesiástica na difusão do capital simbólico (Bourdieu, 2001, p. 70). Nessa ocasião, no entanto, seriam os leigos, e não a hierarquia, a fazer uso de um capital simbólico-religioso para legitimar "a subversão política de uma ordem nacional constituída", pela qual se pretendia a mudança geopolítica ao interior do país.

Dom Bosco, observa J. Marques, jamais falou sobre a construção de uma nova capital no Planalto Central brasileiro e, sim, que "quando se vierem escavar as minas escondidas em meio a estes montes, aparecerá aqui a terra prometida, onde correrá leite e mel. Será uma riqueza inconcebível". Entretanto, "[...] o governo do Distrito Federal, as academias literárias, as instituições históricas, o comércio, a indústria e a imprensa mantêm como verdadeira uma predição que Dom Bosco não fez" (Marques, 2006, p. 68).

Há nessa observação, porém, ao modo de ver do pesquisador, duas insuficiências analíticas. A primeira, por não considerar que a narrativa onírica de Dom Bosco – assim como a linguagem literária, as narrativas bíblicas, a construção dos mitos[93] – é figurada, com metáforas e analogias. Mesmo se fosse premo-

---

93. "O mito conta uma história sagrada, quer dizer, um acontecimento primordial que teve lugar no começo do tempo, *ab initio*. Mas contar uma história sagrada equivale a revelar um mistério, pois as personagens do mito não são seres humanos: são deuses ou heróis civilizadores. Por esta razão suas *gesta* constituem mistérios: o homem não poderia conhecê-los se não lhe fossem revelados. O mito

nição, seria em linguagem figurada[94]. Portanto, não se pode pedir de um texto onírico do final do século XIX uma narrativa jornalística ou histórica. Por isso, evidentemente, o sonho mencionava uma "terra prometida", não "a construção de Brasília". Consequentemente, sua interpretação não tem significado unívoco, mas análogo. Por apresentar-se como um objeto com "fronteiras flácidas", será polissêmico e genérico.

A segunda insuficiência analítica é devido à incompreensão sobre por que o povo de Brasília continua a evocar "como verdadeira uma predição que Dom Bosco não fez". Ora, todo povo busca compreender como e por que se formou, seja do ponto de vista histórico, político e econômico, seja do filosófico, teológico, mítico ou espiritual. Essa é a razão da construção e confirmação contínua do mito da eleição:

> O mito da "eleição" é fundamental, tanto para a realização pessoal do ser humano, como para o desenvolvimento social de um povo. O mito da "eleição" é fundamentalmente o mito do sentido, do significado da vida e da sociedade. Mediante o mito da eleição pessoal, o ser humano conhece a própria vida como "significante". [...] Esse mito tira o homem da anomia e do temor do caos, estabelecendo uma ordenação na sua existência [...]. É também o mito da "eleição" que faz com que um povo se constitua como tal:

é, pois, a história do que se passou *in illo tempore,* a narração daquilo que os deuses ou os seres divinos fizeram no começo do tempo" (Eliade, 1982, p. 84). Para Kolakowski, o mito é o "resultado da tentativa humana de decifrar o enigma do universo, rompendo assim o silêncio e a falta de respostas da natureza muda. [...] É necessário ter presente que o mistério do universo não é uma invenção do ser humano; pelo contrário, é do universo misterioso que o homem emerge para a vida. O mistério é, portanto, o seu 'habitat' primitivo. Assim sendo, negar a sua existência significa, de certo modo, operar o desenraizamento do ser humano" (Azzi, 1987, p. 10). G. Gusdorf, na obra *Mito e metafísica,* apresenta a consciência sob três dimensões articuladas: mítica, intelectual (filosófica e científica) e existencial. O mito, para Gusdorf, define o habitat humano e promove um equilíbrio vital; depois, torna-se narrativa e enuncia uma ontologia espontânea, prévia a toda a dissociação intelectual. A experiência mítica se realiza pela liturgia da repetição; não é alegoria, mas tautegoria, ontologia representada, princípio a presidir toda conduta humana. O mito, portanto, é um princípio de conservação do gênero de vida (Gusdorf, 1980). Para uma interessante abordagem de historiografia regional sobre os mitos construídos acerca das origens e tradições de algumas das cidades goianas, cf. o estudo de A. C. Pinheiro (2010).

94. Casos emblemáticos são as premonições de acidentes aéreos. Os sonhos premonitórios que, para alguns, ocorrem dias antes do fato, trazem imagens de queda de aviões, e nunca a descrição exata da hora e do número do voo e da aeronave. Somente depois de transcorrido o fato é feita então a associação do sonho à realidade do acidente. A interpretação é um *a posteriori*, quando um fenômeno complementar confirma – por analogia – a afirmação *a priori*, com seu respectivo sentido originário. Por isso, o fenômeno é portador de memória e de sentido primário.

> sua existência como sociedade passa a ter um sentido histórico no mundo. O nascimento do mesmo território, a língua comum e a profissão da mesma crença constituem instrumentos importantes para a formação da identidade cultural. É exatamente a consciência coletiva dessa identidade cultural que faz com que um grupo humano se reconheça como "povo", e esteja disposto não apenas a lutar pela sua sobrevivência, mas também pela consolidação e expansão do seu projeto histórico (Azzi, 1987, p. 44).

A narrativa onírica de Dom Bosco, contada e recontada em Brasília durante mais de seis décadas[95], também cumpre essa finalidade mítica da "eleição de um povo". Para aquele povo retirante, em formação, com pessoas migradas de todas as regiões do país, que buscavam emprego, esperança e dias melhores, que haviam experimentado a ruptura e o distanciamento dos laços familiares, que alimentavam a forte esperança de nascer nesse novo chão um futuro às suas vidas, era-lhes necessária não apenas uma narrativa política. Precisavam ademais de uma explicação religiosa ou espiritual que lhes possibilitasse compreender que suas vidas não ocorreram ao acaso e que aquele novo povo em formação tinha um alicerce sagrado e duradouro. Por isso, acolheram o sonho de Dom Bosco e dele se apropriaram, conferindo-lhe legitimidade e identificação. Ainda mais que isso, escolheram Dom Bosco como padroeiro de Brasília[96], o santo mediador para ser o intercessor junto a Deus a proteger e abençoar o povo brasiliense. Assim, aquela narrativa onírica ingressou no cânone da comunidade brasiliense[97] como docu-

---

95. O sonho de Dom Bosco também é recorrente nas publicações da Arquidiocese de Brasília, conforme, por exemplo, a edição comemorativa dos 50 anos da instituição (Arquidiocese de Brasília, 2010).

96. "A palavra padroeiro evoluiu do *patronariu*, *patronus*, 'patrono', aquele que protege, que defende [...]. Patrono, orago ou padroeiro é um santo ou anjo a quem é dedicada uma localidade, povoado ou templo, arquidiocese ou diocese, capela, igreja etc. Existem diversas passagens bíblicas que mostram a existência de anjos protetores que velam pelo destino de um povo, lugar ou igreja [...]". Aquino menciona como exemplo os versículos Dn 10,13.20; 12,1 e segue: "Com o cristianismo, temos o conceito de que os anjos e santos continuam intercedendo pelos vivos, isto já era algo comum entre os primeiros cristãos, segundo os registros dos séculos II e III", conforme pode ser visto em 1Jo 3,2; 1Cor 2,9-10; 1Cor 6,2. "Os santos, por serem invocados por muitos cristãos de um determinado local, passaram a ser tidos como protetores desses lugares, tornando-se assim padroeiros ou oragos. [...] A data que marca a escolha do padroeiro para as catedrais, igrejas ou localidades é o século VII. A partir desse século quase todas as igrejas começaram a organizar-se no sentido de elegerem os seus padroeiros [...]" (Aquino, 2024).

97. Evidentemente, faz-se aqui uma analogia à composição da Bíblia, quando os textos mais usados pelas comunidades foram aqueles que entraram na lista (cânone) dos livros inspirados; outros, não validados, foram considerados apócrifos, mesmo com algumas partes comprovadamente autênticas. Se um povo rechaça uma narrativa, ela permanece fora das estruturas articuladoras de sentido; se acolhe uma narrativa, ainda que onírica, ela se incorpora definitivamente naquela cultura.

mento válido para explicar o desígnio que mora no coração de sua própria história. Esse sonho, à revelia daqueles que – numa leitura literal – não o aceitam como narrativa plausível para as origens de Brasília, continua a ser contado e validado porque evoca a dimensão do sagrado que habita em cada morador brasiliense e porque ainda é fornecedor de sentido, para o presente e ao desejo de futuro.

E quanto aos paralelos 15 e 20, mencionados pelo sonho de Dom Bosco? Para J. Marques, a "terra prometida" ficava exatamente nessas coordenadas, "onde os mapas seiscentistas do colonialismo português e espanhol situavam a Lagoa Dourada e o Eldorado, procurados pelos bandeirantes e outros soldados da fortuna por mais de dois séculos" (Marques, 2006, p. 68).

Talvez, nessa análise cartográfica, haja uma generalização apressada. Os mapas seiscentistas eram do século XVII, elaborados em pleno ciclo do ouro, enquanto o "mapa onírico" de Dom Bosco é do final do século XIX, quando o ciclo do ouro já estava esgotado e as cidades de garimpo se encontravam em plena decadência. Além disso, os mapas do Brasil e da América foram sendo reformulados diversas vezes e sob diferentes paradigmas ao longo dos séculos. As cartografias apresentavam, no século XIX, "duas espécies distintas de cartas gerais: aquelas que inscrevem e organizam um espaço da América portuguesa e as que estão inseridas no esforço de constituição do Estado nacional" (Peixoto, 2005, p. 70)[98].

---

98. Na cartografia do Brasil, "o primeiro marco geográfico [...], denominado marco central, surgiria ainda no século XVI, sendo pouco representado nas outras cartas gerais até pelo menos a primeira década do século XVII. [...] A transformação deste marco resultaria da conexão das notícias da existência de grandes riquezas em ouro e prata no interior da América Meridional, propaladas pelos aventureiros portugueses e espanhóis [...], tanto que, nesse sentido, o marco receberia, no final do século, a toponímia de 'Laguna del Dorado' ou 'Dorado' [...]. O segundo marco geográfico [...], denominado marco periférico, surgiria no início do século XVII [...], teria a função de ordenar e preencher a área entre a Bacia Amazônica e o entorno costeiro do Caribe, subordinando esses acidentes geográficos [...]. O Mapa Geográfico de América Meridional, composto em 1790, permite a compreensão do todo uma vez que o território é representado através da visão do ultramar: um olhar a partir do exterior que se insere no interior do espaço [... com] exagerado dimensionamento no mapa da rede hidrográfica [...]. A partir do século XIX, a organização e a centralização do Estado fariam com que, progressivamente, o Rio de Janeiro se tornasse o centro das projeções e passasse a referenciar o enquadramento das cartas gerais" (Peixoto, 2005, p. 73-85). Parece, pois, que Dom Bosco e os salesianos, no final do século XIX, tiveram acesso às cartas gerais referentes a esse quarto marco geográfico da cartografia brasileira. Por que haveriam de acessar mapas do século XVII se dispunham dos atualizados do século XIX? Além da cartografia do Brasil, dentre outros estudos, há uma interessante pesquisa (*Preexistências de Brasília: reconstruir o território para construir a memória*) que faz a análise da cartografia acerca de Goiás nos séculos XVIII e XIX (Barbo, 2010, p. 25-92).

Por fim, J. Marques, por via crítica, afirma que graças à narrativa do sonho de Dom Bosco, a capital federal do Brasil não se transferiu para Minas Gerais, mas para Goiás. Ela foi usada pelo movimento mudancista goiano, numa engenhosa manobra política.

> [...] Mesmo tendo Juscelino Kubitschek enviado a Mensagem de Anápolis, em 19 de abril de 1956, criando a Novacap e deslanchando o processo de construção de Brasília, os goianos agitaram-se, preocupados. Sabiam que o projeto de lei criando a Novacap definia, no planalto de Goiás, o local da nova capital. Mas conheciam, por outro lado, o poder de fogo dos mineiros e temiam que, à última hora, conseguissem aprovar, na Câmara, uma emenda ao projeto, mandando construir Brasília em Minas Gerais, às margens do Paranaíba, na região de Tupaciguara, como sempre quisera Israel Pinheiro. [...] Os goianos, sabedores de que Juscelino e Israel Pinheiro iriam à Exposição de Gado de Uberaba, reuniram-se com prefeitos e lideranças políticas, "armaram uma pequena operação de guerra": havia em Uberaba, naquele tempo, um único jornal, *Lavoura e Comércio*, e uma única emissora de rádio. Ambos pertenciam a Quintiliano Jardim, amigo de Juca Ludovico, governador de Goiás. Juca comunicou-se com Quintiliano e comprou todo o espaço do jornal e todo o tempo da emissora para o dia 29 de maio de 1956, data em que Juscelino estaria na cidade. Os meios de comunicação foram assim neutralizados. Ao mesmo tempo, Venerando de Freitas Borges (primeiro prefeito de Goiânia) encarregou-se de curiosa missão, como adiante se verá. Seguiu cedo, no dia 3 de maio, para Uberaba na comitiva do Governador Ludovico. Na cidade mineira, Israel se hospeda no Grande Hotel, mas Juscelino aceitara ficar na residência do prefeito, que se chamava João e era por todos conhecido como João Prefeito. [...] Nesse meio-tempo, Venerando Borges se dirigira ao Grande Hotel e ali aguardava, no *hall* da entrada, que Israel Pinheiro aparecesse. Trazia consigo um livrinho, uma brochura, cujo título era *A nova capital do Brasil – estudos e conclusões*. Esse livro fora preparado, algum tempo antes, por determinação do Governador Ludovico, e reunia os pronunciamentos das mais diversas personalidades brasileiras, acordes, todas, em que a localização da futura capital só poderia ser no Planalto Goiano. Encarregado de reunir, de compilar todo esse material e com ele produzir o livro, Segismundo de Araújo Mello lembrou-se de incluir na coletânea, como peça de abertura, o sonho-visão de Dom Bosco (Marques, 2006).

Então, agora, o peso da tradição religiosa sobre as devoções aos santos exercerá grande influência para dar a decisão definitiva sobre o local da nova capital do Brasil.

Era do conhecimento de todos a devoção de Israel a Dom Bosco, o que se confirmaria mais tarde, quando determinou que a primeira edificação de Brasília fosse uma capelinha (a Ermida) dedicada àquele santo[99]. Tinha-se por isso a certeza de que, assim que Israel viesse a saber que Dom Bosco antevira o surgimento de Brasília no Planalto Goiano e não em Minas, deixaria de lado a teimosia e passaria a apoiar a solução goiana. Como fazer chegar, entretanto, às mãos de Israel, sem o carimbo de endereço certo, o providencial livrinho? Atento, o prefeito de Goiânia, quando Israel apareceu no hotel, entrou com ele no elevador, como se fosse um outro hóspede qualquer, segurando o livrinho junto ao peito de tal modo que Israel pudesse ler o título, *A nova capital do Brasil*. Quando Israel viu o livro, não se conteve e pediu: – Ô, moço, você podia me emprestar esse livro?

Venerando Borges ofereceu o livro a Israel:

– Doutor Israel, eu tenho outro exemplar, pode ficar com este.

Selava-se, naquele momento, com a entrega do livro, a rendição do último baluarte de resistência, e os goianos puderam respirar aliviados (Marques, 2006, p. 73-75).

Essa ocorrência, cheia de ardileza e perspicácia em seus protagonistas, apresenta um roteiro bastante frequente nos itinerários da história. Também as mais piedosas memórias religiosas e as narrativas bíblicas revelam as habilidades e sutilezas dos protagonistas humanos. A grande questão é que o uso de uma sutileza política pode dar certo ou errado. Para esse caso do elevador, bastaria que uma distração ou discrição de Israel Pinheiro o dispersasse de olhar aquele livrete. E, então, toda aquela artimanha da manobra política, com altas despesas e empenho, daria em nada. Era preciso confiar no desconhecido e invisível: na sorte? Em Dom Bosco? Em Deus? Uma causa muito grande estava em jogo, com consequências para uma imensa região periférica do país. Para ser vitoriosa, todos os fatores precisavam conspirar favoravelmente. Se algo desse errado, a luta do movimento mudancista, que desde o início da Primeira República vinha se empenhando pela transferência da capital federal ao Planalto Central, poderia sofrer uma derrota definitiva.

Mas, por que os mudancistas goianos apostaram "todas as fichas" nesse livrete? O que ele tinha de tão especial que os demais densos relatórios sobre o Planalto Central (como o relatório Cruls) não tinham? Veja-se:

---

99. "[…] Israel Pinheiro perdeu o pai ainda na mocidade, e a família, em sérias dificuldades financeiras, não conseguiria manter o menino na escola sem ajuda da Ordem Salesiana, que bancou-lhe os estudos. Nascia uma devoção pelo fundador da congregação, Dom Bosco, que motivou Pinheiro a edificar no casarão onde nasceu, em Caeté/MG, uma enorme estátua do santo" (David Neto; Mendonça, 2020).

[...] Quando Juca Ludovico deu a incumbência a Segismundo de Mello para preparar o livrinho entregue a Israel Pinheiro por Venerando de Freitas Borges, ele procurou Alfredo Nasser para se inteirar de um artigo que ele fizera em defesa da transferência da capital, citando o sonho de Dom Bosco. O ex-senador Alfredo Nasser não se lembrou do artigo e nem da fonte. [...] Recorreu Segismundo ao seu cunhado Germano Roriz, grande amigo dos salesianos, e por intermédio dele obteve do Padre Cleto Caliman, daquela congregação e diretor do Ginásio Anchieta, de Silvânia, uma cópia do sonho, com sua tradução para o português. Ao ler a tradução, Segismundo se decepcionou um pouco. O que havia no sonho, que talvez dissesse respeito à construção da capital do Planalto, resumia-se a um trecho não muito explícito: "Entre os graus 15 e 20, aí havia uma enseada bastante extensa e bastante larga, que partia de um ponto onde se formava um lago. Nesse momento disse uma voz repetidamente: 'Quando se vierem a escavar as minas escondidas em meio a estes montes, aparecerá aqui a terra prometida, onde correrá leite e mel. Será uma riqueza inconcebível'". Conta Padre Cleto Caliman – entrevistado por Tamanini em 1982 [no qual J. Martins fundamenta seu artigo] – que Segismundo Melo, depois de ler, lhe perguntou: "Padre Cleto, aqui não está bem sintetizado o problema da futura capital. Dom Bosco se refere a riquezas incalculáveis e à formação de um lago. O senhor poderia dar um jeito para que a visão tivesse mais um sentido de cidade, de civilização?" Segundo o sacerdote, sua resposta foi a de que talvez pudesse fazer alguma coisa, mas correriam por conta e risco de Segismundo as consequências (Marques, 2006, p. 75-76).

Alterar o texto original poderia implicar uma fraude irreparável. Então, a solução seria encontrada na produção do livro, fazendo livre-associação entre texto e imagem. Ficaria por conta do leitor, e não do autor, fazer a conexão e tirar sua própria conclusão. A composição do material deveria induzir, pelo recurso à linguagem subliminar, mas não poderia afirmar. Assim foi feito:

Antes da impressão do livro, Segismundo teve tempo de refletir e decidiu que o texto seria reproduzido de acordo com o original, a fim de resistir a qualquer confronto; mas o livrinho publicaria uma foto de Dom Bosco e, na legenda, então se diria algo mais. E assim foi feito. Na legenda se escreveu, conforme ficou dito: "São João Bosco, que profetizou uma civilização, no interior do Brasil, de impressionar o mundo, à altura do paralelo 15°, onde se localizará a nova capital federal". [...] Essa expressão, "uma civilização de impressionar o mundo", que não consta do sonho nem foi usada por Dom Bosco hora nenhuma, acabou por se transformar na síntese oficial do sonho-visão, a ela se reportando, expressamente, com pequenas variações, todos quanto ao sonho já se referiram, ligando-o à construção de Brasília (Marques, 2006, p. 76).

Contribuem à compreensão do jogo político essas histórias de artimanhas do movimento mudancista goiano para convencer Israel Pinheiro pela construção da capital federal no Planalto Central. Todavia, parecem ser casos muito pontuais e localizados para explicar um movimento mais amplo e complexo que estava em curso. Essa ação política goiana em relação ao poder executivo do governo federal foi simultânea e, em parte, articulada a outra longa ação da Igreja Católica em Goiás e do deputado federal goiano Cônego Trindade junto ao Congresso Nacional, na tentativa de influenciar o voto dos demais parlamentares. Entretanto, embora com interpretações parciais, é uma abordagem que explicita como o sonho de Dom Bosco se transformou em narrativa política; e como, a partir daí, essa mesma narrativa foi apropriada pelo povo e fez seu próprio percurso, entrelaçada à política, mas concomitantemente distinta dela. Há recorrentes análises que apontam para a sacralização da política, no passado e no presente, com evidente apropriação – imagética, simbólica e discursiva – do sagrado. Porém, na narrativa onírica de Dom Bosco observa-se uma linguagem religiosa simultaneamente estruturada e estruturante. No século XIX, estruturada pela cosmovisão da Cristandade e, em meados do século XX, pelo contexto político mudancista, empenhado na transferência da capital federal; e uma linguagem religiosa estruturante, porque resultou num novo consentimento de sentido para os signos e ao mundo que se desejava construir.

Considerações

É bastante emblemático e intrigante que, numa análise sociológica e histórica sobre os múltiplos fatores que possibilitaram a construção da capital federal – principal sede do poder de um país –, tenha se colocado o "imperativo do sonho"; e um sonho situado no território religioso (ou sagrado, como prefere M. Eliade) que emergiu de um capital simbólico judaico-cristão (P. Bourdieu). Outras abordagens sobre a transferência da capital federal – em sua grande maioria, e são muitas –, ou ignoraram e preferiram não citar essa narrativa onírica, ou nem a haviam percebido como interesse teórico, ou a colocaram como consideração secundária, ou dela se apropriaram e a reduziram à sua instrumentalização política.

Para a análise de um fenômeno, teve-se uma ocorrência "de fato". Seu dado objetivo é uma narrativa histórica, datada no ano de 1883, emergida de um "campo religioso". Naquele final de século XIX, de um lado do Oceano Atlântico, na distante Itália, ocorria aquela que seria uma das maiores migrações modernas e, simultaneamente, numa comunidade religiosa nascente, acontecia um sonho que, depois de meio século, seria fator importante para transferir a capital federal ao Planalto Central brasileiro e a se transformar numa narrativa simbólica sobre as origens e a formação do povo brasiliense. Do outro lado do Atlântico, no chamado "novo mundo", no longínquo sertão de *Goyaz*, também no final do século XIX, seguindo uma disposição constitucional da recém-declarada República do Brasil, a Missão Cruls fazia a demarcação do território que se tornaria a nova capital federal do Brasil.

O sonho de Dom Bosco ocorreu nas profundezas de sua psique, com uma linguagem simbólica proveniente de um capital simbólico-religioso acumulado – e desse sonho somente dispõe-se do dado testemunhal. Os sonhos também ocorreram na vida de muitos santos católicos canonizados e de protagonistas da Igreja; são frequentes nos livros bíblicos, sobretudo os veterotestamentários; e ocorrem a cada um dos humanos. Pode-se dar a importância que quiser a eles e interpretá-los ou não. O que não se pode é negá-los porque, embora sejam "verificados" apenas pela via da narrativa testemunhal, são recorrentes na consciência humana em todos os tempos civilizatórios e nas diversas culturas. Por isso, os sonhos ora ganham prestígio, "vontade de escuta" e força mobilizadora, capaz de desencadear decisões, providências e precauções; ora se apagam no sono dos tempos, pela "vontade de suspeita" e pela irrelevância ao seu contexto.

A interpretação dos sonhos ganhou prestígio com a psicanálise freudiana. Descobriu-se que neles habitavam símbolos e imagens, vindos das profundezas do inconsciente. Essa hermenêutica foi precedida pela concepção cultural judaico-cristã, mas a principal fonte para sua formulação foi a antiga mitologia grega. Entretanto, para o esforço de interpretação da narrativa onírica de Dom Bosco, sem ignorar Freud, foram revisitados: C. G. Jung e sua teoria sobre o inconsciente coletivo e os arquétipos universais; as pesquisas de M. Eliade sobre as religiões comparadas, com seus mitos e seus símbolos oníricos; e a contribuição de G. Bachelard à psicanálise, ao propor a verificação acerca do movimento e da dinâmica das imagens oníricas.

Dom Bosco era um santo sonhador, no sentido literal do verbo "sonhar". Então, busca-se compreendê-lo naquilo que ele era como sujeito, em sua psique e na estrutura de sua personalidade. Também aproxima-se de seu contexto social e eclesial, datado e circunstanciado, e recuperam-se, na dinâmica de sua narrativa onírica, as imagens e os símbolos que daí emergem, com toda sua força e os gatilhos que os dispararam.

Por fim, não sem um confronto crítico com outras abordagens, procura-se compreender os múltiplos fatores que, para o sonho de Dom Bosco, transformaram a narrativa onírica em narrativa política. E, ainda, as razões psicoculturais que motivam ao brasiliense que o sonho lhe pertença e que, por isso, seja contado e recontado ao longo das gerações, como marca indelével da identidade de um povo. Para uma cidade construída há mais de seis décadas com o objetivo de ser a capital federal do Brasil, é relevante que se compreendam sempre mais, também, o seu próprio imaginário e os alicerces que o ergueram. Brasília não é apenas uma bela edificação arquitetônica, uma sede-referência da nação brasileira, uma epopeia dos candangos; é, ademais, uma composição simbólica e a edificação de um imaginário fornecedor de sentido e fundamento de uma construção civilizatória.

Para a narrativa onírica de Dom Bosco, ainda restam frestas em janelas a serem abertas. Nessa casa onírica, onde mora também o imaginário religioso e social, a porta permanece entreaberta para que outras possibilidades hermenêuticas a visitem. Brasília foi concebida com grandes dimensões em seu projeto original; nela, portanto, todas as ciências e espiritualidades têm lugar de habitação!

3

Constituições, territorialidades e protagonismos para a transferência da capital federal (1891-1959)

Desde as entranhas da história, a emergência do cristianismo mergulhou nas culturas e nos sistemas sociais, sob múltiplas configurações. A conformação estruturada que predominou no Ocidente – de modo mais longevo, articulado, complexo e impactante – foi a Cristandade católica, sob suas variáveis históricas. No final do século XIX e nos primórdios do período republicano, em Goiás, essa Cristandade, contextualizada pelos dilemas iniciais de separação entre Igreja e Estado, lançou base para um novo modo de exercer o seu protagonismo (capítulo 1). No século XX, tal Cristandade assumiu uma posição militante (*bonus miles Christi*) e atuou como "sujeito histórico", tanto na transferência da capital da cidade de *Goyaz* a Goiânia quanto na transferência da capital federal do Rio de Janeiro ao Planalto Central brasileiro.

No território do sagrado, estruturado no campo religioso católico, uma imagem onírica do imaginário cristão – o sonho de Dom Bosco (capítulo 2) –, ocorrida no final do século XIX, trouxe coordenadas geográficas aplicadas ao "surgimento de uma grande civilização", uma "terra prometida" ressituada no coração geográfico do Brasil. Proveniente de um campo religioso-católico, esse sonho – premonitório, mediúnico ou psicanalítico? – dormiu num sono de vários anos, mas acordou e sacudiu a geração da década de 1950 e foi uma amálgama que aglutinou motivações e potencializou mobilizações mudancistas, pela construção de Brasília na região do Planalto Central brasileiro.

Neste terceiro capítulo, a abordagem compreende três aspectos distintos e mutuamente correlacionáveis: (a) as Constituições do Brasil República, seu contexto político e histórico e suas prescrições legais que determinavam a transferência da capital federal ao Planalto Central goiano; (b) as comissões técnicas, criadas pelo governo federal desde o final do século XIX, e seus respectivos estudos técnico-científicos elaborados com a finalidade de subsidiar e/ou implementar as decisões pela mudança e construção da nova capital do Brasil; e (c) os sujeitos históricos mudancistas que suscitavam e promoviam movimentos pela mudança da capital federal ao "interior do país".

Subjacentemente aos aspectos da legalidade constitucional, dos estudos técnico-científicos e das mobilizações científicas pela mudança da capital federal, duas categorias hermenêuticas, dentre outras, conduzem a correlação do fato histórico (campo social) ao fato religioso. A primeira é acerca do "espaço", com sua homogeneidade original, suas rupturas e rasgos para "fundar o mundo", sua organização e transformação de caos em cosmos, suas sinalizações e suas defesas mágicas para tornar os lugares inóspitos e amedrontadores em habitáveis e seguros. A segunda abordagem hermenêutica é aquela do "capital simbólico-religioso", com capacidade, excepcionalmente, para estruturar e desenhar novos lugares para a geografia humana, suscitando movimentos de mudança, inclusive em relação à capital de um país.

Durante sete longas décadas, com decisões favoráveis e desfavoráveis, foram diversas as tratativas políticas e técnico-científicas para a localização, a demarcação e a fixação de um povo, num território da geografia brasileira que se tornaria o novo centro político-administrativo do Brasil. Exceto a Constituição Brasileira do Estado Novo (1937-1945), todas as demais decidiram e determinaram pela transferência e respectiva demarcação do local onde deveria ser construída a nova capital federal do Brasil. Elas foram então revisitadas, identificando seu respectivo contexto político, social e econômico. Um tema transversal, decorrente da Revolução de 1930, foi abordado: sob seu marco político ocorreu a ascensão do interventor Pedro Ludovico e a construção de Goiânia; e sob a indução político-estratégica regional, em sintonia com a orientação nacional do Governo Vargas, desencadeou-se a Marcha para o Oeste.

Ao longo de cinco décadas, cinco comissões técnicas foram constituídas pelo Estado brasileiro, para dar base científica ao local que deveria ser escolhido como a nova capital federal. Conhecer os estudos e pareceres dessas comissões técnicas subsidiará uma compreensão mais ampla acerca dos avanços e reveses de um longo período histórico, bem como a complexidade, os riscos, os desafios e os desfechos nas escolhas feitas pela política republicana da nação brasileira. Entretanto, quaisquer que fossem as razões de plausibilidade dos estudos técnico-científicos, apenas por si próprios não eram politicamente convincentes. Então, gerações do passado, no Brasil, também se serviram de símbolos e ritos, porque estes são constituídos por densa linguagem mobilizadora; devido a isso, uma pedra fundamental foi fixada em Goiás, durante as comemorações nacionais do centenário da independência do Brasil, no ano de 1922.

Constituições, comissões e pedra fundamental supõem o protagonismo de sujeitos históricos, ou de "tipos sociais" atuantes. Estes, em Goiás, na década de 1950, foram denominados de "mudancistas": uns, sonhadores; outros, civilizadores, interessados, fascinados ou instrumentalizados. Todos tiveram sua influência para a transferência da capital federal ao Planalto Central brasileiro. Contudo, a estes podem-se acrescentar os "mudancistas religiosos", seja em razão de uma eclosão fenomenológico-religiosa decorrente de um clima de transformação abrupta numa determinada região geográfico-territorial, seja pela pertença à Igreja Católica sob o paradigma da Cristandade no período republicano brasileiro. E, ainda, pode-se identificar, na periferia das narrativas historiográficas, o protagonismo das mulheres e dos estudantes universitários mudancistas, no amplo movimento político pela consolidação política da transferência da capital federal do Brasil; e, também, perscrutar a difusa expectativa popular goiana, que confluiu para a demanda apresentada, durante um comício, a um dos candidatos à presidência da República. Neste comício, ocorreu a decisão pública e definitiva de Juscelino Kubitschek pela construção da nova capital federal do Brasil.

Fundar uma cidade não é apenas somar tijolos, argamassa e traçados urbanísticos – supõe instaurar uma nova ordem: nas palavras e nas coisas, no ser e no agir, no situar e no relacionar. M. Eliade sempre foi incisivo em constatar e afirmar que "[...] nenhum mundo pode nascer no 'caos' da homogeneidade e da relatividade do espaço profano" (Eliade, 1995 [1957], p. 26). O habitat humano guarda consigo uma marca, com fronteiras, identidade e história. E quando se parte para uma nova morada – imanente ou transcendente, conhecida ou desconhecida, terráquea ou sideral –, também ela precisa ser habitada por signos e significados[100].

---

100. Quando a nave Apollo 11 pousou na Lua, em 20 de julho de 1969, o primeiro gesto foi deixar a marca humana do calçado no chão do satélite e, imediatamente, fixar uma bandeira, como sinal de conquista, demarcação simbólica e posse daquele espaço. Fundava-se, assim, para os habitantes terráqueos, um "novo mundo" – embora tão antigo quanto a Terra –, conquistado no "pequeno passo para um homem, mas um salto gigantesco para a humanidade", segundo a emblemática frase de Armstrong.

A demarcação dos espaços – siderais, sacros ou geopolíticos – parece inerente à condição antropológica e à percepção psicocultural das civilizações. Adentra-se, pois, para a singular história brasileira, com a duração temporal de mais de meio século, que localizou, demarcou, transferiu e construiu uma nova capital federal para o Brasil. E identificam-se alguns dos principais sujeitos históricos que lideraram a mobilização pela transferência da capital federal ao Planalto Central brasileiro.

3.1 A Constituição brasileira da Primeira República (1891), a Comissão Cruls (1892-1893) e a primeira demarcação do Distrito Federal

Uma vasta legislação foi aprovada na história política do Brasil, prevendo a mudança da capital federal e definindo sua nova localização. Não era possível que o país, sob um novo regime republicano, fosse uma geografia homogênea, sem definições geopolíticas[101] que estabelecessem a nova configuração da República e a nova identidade política da nação. Para um novo regime político, uma nova delimitação do espaço e uma nova demarcação do poder. Na Constituição Provisória da República, de 23 de outubro de 1890, assim determinava o dispositivo constitucional:

> Art. 2º Cada uma das antigas Províncias formará um Estado e o antigo Município Neutro constituirá o Distrito Federal, continuando a ser a Capital da União, enquanto outra coisa não deliberar o Congresso. Se o Congresso resolver a mudança da Capital, escolhido para este fim o território mediante o consenso do Estado ou Estados de que tiver de desmembrar-se, passará o atual Distrito Federal de *per si* a constituir um Estado (Silveira, 1957, p. 189).

---

101. "A geopolítica estuda a relação entre a geografia e os estados, sua história, seu destino, suas rivalidades, suas lutas. Difere de geografia política no sentido de que procura nos dados geográficos orientações para uma política; através dela, os estados procuram em sua geografia os sinais de seu destino. Ela visa o futuro. É a ciência do projeto nacional. É o fundamento racional dos projetos políticos" (Comblin, 1980, p. 24-25). O sueco Rudolf Kjellen (1864-1922) foi o primeiro a apontar a geopolítica como ciência distinta da geografia; empregou o termo "geopolítica", pela primeira vez, em seu livro *L'Etat comme forme de Vie* [O Estado como forma de vida], publicado em 1916. "Na América Latina, foi principalmente no Brasil que se desenvolveu uma geopolítica nacional: ela é a formulação explícita dos projetos de expansão que sempre fizeram parte da história do Brasil" (Comblin, 1980, p. 27). Nesta pesquisa, usa-se a expressão "geopolítica" para explicitar que a transferência da capital federal, na década de 1950, não significava apenas uma mudança geográfica; antes, fundava um projeto republicano de afirmação da nação, que supunha a plena ocupação territorial via expansão da fronteira agrícola (Marcha para o Oeste), a afirmação de grupos políticos em ascensão nacional, a consolidação da ideologia desenvolvimentista e o controle mais próximo do poder central sobre todas as unidades da República Federativa.

Quase um ano antes desta Constituição provisória, o Decreto n. 1, de 15 de novembro de 1889, ao instaurar a República Federativa do Brasil, estabeleceu o Rio de Janeiro como sede provisória para o país. "Art. 10 – O território do Município Neutro fica provisoriamente sob a administração imediata do Governo Provisório da República, e a cidade do Rio de Janeiro constituída, também provisoriamente, sede do poder federal" (Silveira, 1957, p. 289).

A Constituição, promulgada no dia 24 de fevereiro de 1891, fixou o novo espaço, a quilometragem e a condição jurídica daquela que seria a futura capital federal.

> Art. 3º Fica pertencendo à União, no planalto central da República, uma zona de 14.400 quilômetros quadrados, que será oportunamente demarcada, para nela estabelecer-se a futura capital federal. Parágrafo único – Efetivada a mudança da Capital, o atual Distrito Federal passará a constituir um Estado[102] (Silveira, 1957, p. 289).

Esta definição constitucional resultaria na emblemática Missão Cruls. Cumprindo o dispositivo da Constituição, o Presidente Floriano Peixoto criou a comissão que deveria estabelecer o quadrilátero da futura capital federal, no Planalto Central brasileiro, e Cruls chefiaria essa comissão e sua respectiva missão demarcatória, o que ocorreu entre 1892 e 1893.

No final do século XIX, o Planalto Central era desconhecido pelo Brasil e, também, pelo governo federal. No gigantesco território do cerrado brasileiro há bastante tempo os povos indígenas habitavam e, no século XVIII, pequenos lugarejos se formaram em torno de garimpos. Viajantes estrangeiros deram notícias sobre essa região, porém, eram observações daquilo que iam enxergando pelo caminho. A Igreja também detinha muita informação sobre o Centro-Oeste, inclusive com uma obra específica acerca da geografia e da história de Goiás escrita

---

102. Quando isso ocorreu, entre 1960 e 1975, então, de fato, o Distrito Federal do Rio de Janeiro tornou-se um Estado da Federação, denominado Estado da Guanabara (nome de origem tupi – *guaná-pará* –, seio-mar); e o território de Brasília passou a ser Distrito Federal (DF). Entretanto, essa condição distrital atualmente é questionada nos debates políticos locais. O último censo indicava uma população de 2.817.381 pessoas no Distrito Federal (IBGE, 2022). Todavia, apenas aproximadamente 30% dessa população habita na cidade de Brasília. Por isso, dentre outros, um polêmico projeto de lei, entregue ao Senado Federal em 2002, sugeria a criação do Estado do Planalto Central, constituído por 42 cidades: 13 cidades-satélites do DF, 26 cidades pertencentes ao atual Estado de Goiás e 3 pertencentes ao atual Estado de Minas Gerais. Taguatinga seria a nova capital do Estado do Planalto Central e Brasília retornaria à condição de capital administrativa da União. Esse projeto, de 2002, intitulado *Criação do Estado do Planalto Central* (opúsculo), é de autoria do Senador Francisco Escórcio. Embora seja um projeto controverso, revela que ainda persiste certa inconformidade local pela condição distrital e pela "con-fusão", no imaginário nacional, entre a Brasília do governo federal (situada no plano-piloto) e a Brasília dos brasilienses, residentes e/ou nascidos no território do Distrito Federal.

por Silva e Souza, no início do século XIX[103]. Mas tudo isso era insuficiente para fundamentar a implementação de uma decisão constitucional, como aquela de transferir a sede do governo federal do Rio de Janeiro ao Planalto Central. Por essa razão, foi constituída uma comissão que, na sua primeira grande missão, de 1892 a 1893, conheceu as condições do território e demarcou a área do Distrito Federal, fixando-a com uma abrangência de 14.400 quilômetros quadrados. Na segunda missão, de 1894 a 1895, escolheu, dentro da área demarcada, um sítio específico para construir a nova capital brasileira. A fim de presidir essa comissão, foi designado Luiz Cruls; daí a denominação de Comissão Cruls.

Figura 3 – Documento atestando a passagem da Comissão Cruls pelo Planalto Central

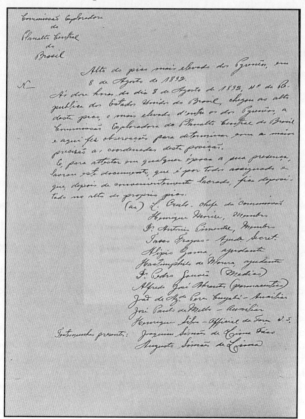

Fonte: (IPEHBC/PUC-Goiás).

---

103. Cônego Luís Antônio da Silva e Souza escreveu, dentre outras, a obra *Memória sobre o descobrimento, população e causas notáveis da Capitania de Goyas* (Teles, 1978).

Louis Ferdinand Cruls nasceu em Diest, na Bélgica, em 21 de janeiro de 1848. Cursou engenharia civil na Universidade de Gant, de 1863 a 1868. Em setembro de 1874, veio ao Brasil, em viagem de navio. Nessa viagem, conheceu Joaquim Nabuco que o aproximou do Imperador Dom Pedro II; este, então, lhe conferiu nacionalidade brasileira.

Logo tornou-se diretor adjunto do Observatório Imperial. Casou-se em 1876 e teve cinco filhos. Com a Proclamação da República, o Presidente Floriano Peixoto, em cumprimento à Constituição Federal, instituiu a Comissão Exploradora do Planalto Central e Cruls foi designado para presidi-la[104] (Sautchuk, 2014, p. 13-19). Cruls estava consciente da grandeza de sua missão. Na introdução do relatório que continha quase quatrocentas páginas impressas sobre os resultados conclusivos da viagem realizada ao Planalto Central, assim se expressou:

> Quando, em Maio de 1892, o Governo mandou nos chamar, a fim de nos confiar a missão de explorar o Planalto Central do Brazil e n'elle demarcar a área que, segundo o que prescreve a Constituição, deve ser reservada ao futuro Districto Federal, e ahi ser oportunamente mudada a nova Capital da União, não nos iludimos a respeito da magnitude do assumpto, e ao mesmo tempo da responsabilidade que ia pesar sobre nós perante o paiz inteiro, aceitando tão honrosa quão espinhosa tarefa (Cruls, 1992 [1894], p. 19).

Durante sete meses de trabalho, a Comissão Cruls percorreu mais de 4 mil quilômetros, com a finalidade de delimitar as terras do novo Distrito Federal, que foram estabelecidas em forma de quadrilátero, formado por dois arcos de paralelo e dois de meridiano, com respectivas coordenadas geográficas de latitude e longitude. O equipamento utilizado para essa demarcação territorial continha teodolitos, sextantes, cronômetros, barômetros, aneroides, podômetros, instrumentos meteorológicos e material fotográfico (Cruls, 1992 [1894]). Para se ter uma ideia do alcance desse empreendimento, J. Sautchuk apresenta o cálculo do peso deste equipamento e a quantidade de animais para transportá-lo.

> A comissão saiu do Rio de Janeiro de trem, pela ferrovia Mogiana, que à época só ia até Uberaba, no Triângulo Mineiro[105]. Quando ali chegou, transportava 206 caixas e fardos, totalizando 9.640 quilos, quase dez toneladas, portanto. Para se ter uma ideia, uma única luneta, tida como portátil à época, pesava oitenta quilos. [...] Levando-se em conta que uma mula carrega uma média

---

104. "Luiz Cruls faleceu em 1908, vítima de malária e vários outros males contraídos em suas andanças por Goiás, pelo Acre e por outras partes do Brasil. Morreu na França, onde havia ido se tratar, mas fez questão de ser sepultado no Brasil, desejo cumprido pela família" (Sautchuk, 2014, p. 19).

105. Foi o mesmo itinerário feito por Dom Eduardo Duarte Silva, bispo de *Goyaz*, contemporâneo de Cruls.

de 72 quilos, segundo estudos de especialistas, para o transporte da carga da missão teriam sido necessários 133 animais. Adicionando os cavalos para a montaria e considerando a necessidade de animais soltos (sem carga) para o revezamento, estima-se que esse plantel, em trechos da viagem, pode ter chegado perto de trezentas cabeças (Sautchuk, 2014, p. 108-109).

Esse conjunto de recursos, somado à alta qualificação da equipe de especialistas, possibilitou, além da demarcação das terras, um levantamento minucioso de topografia, clima, hidrologia, geologia, fauna, flora, pedologia, recursos minerais e materiais de construção que existiam no Planalto Central.

Com esse consistente estudo – utilizado por todas as demais comissões constituídas com a mesma finalidade da Comissão Cruls, que se sucederam até meados do século XX –, os brasileiros do século XIX deixaram um precioso legado: tornaram conhecidas as potencialidades do território do Planalto Central goiano ao Brasil e forneceram base científica para as discussões e decisões políticas acerca da transferência da capital federal.

Esse primeiro périplo de busca, incessante e exaustiva, da Comissão Cruls para localizar e demarcar um espaço que fosse o centro da nação remete aos estudos de M. Eliade sobre as grandes cosmogonias. Em diferentes civilizações, seus mitos e crenças fixavam um "sistema do mundo", com seu respectivo centro, o "umbigo da terra", para o qual tudo se remeteria. E esse centro também correspondia às cidades, como "a capital do soberano chinês perfeito", ou Jerusalém e seu templo, ou a *Shiz* dos iranianos, "reputada como o lugar original do poder real e, ao mesmo tempo, a cidade onde Zaratustra nascera" (Eliade, 1995 [1957], p. 38-42).

> Verifica-se, pois, que a *imago mundi,* assim como o "Centro", se repete no interior do mundo habitado. A Palestina, Jerusalém e o Templo de Jerusalém representam cada um e ao mesmo tempo a imagem do Universo e o Centro do Mundo. Essa multiplicidade de "Centros" e essa reiteração da imagem do mundo a escalas cada vez mais modestas constituem uma das notas específicas das sociedades tradicionais (Eliade, 1995 [1957], p. 42-43).

Encontrar um centro para o Brasil, ainda que ao preço de abandonar as melhores condições litorâneas e avançar rumo ao interior sertanejo, era um objetivo estratégico-político para algumas das regiões e classes sociais do país. Porém, subjacente à intencionalidade política e aos estudos técnico-científicos, havia possivelmente uma estrutura psicocultural cosmogônica, predominante em sociedades tradicionais, que busca organizar o mundo em que se habita e nele situar um centro de referência. Quase trinta anos após aquela demarcação do "quadrilátero Cruls", seria lançada naquele local central a pedra fundamental, que prometia a construção da nova capital federal do Brasil.

3.2 A pedra fundamental da futura capital federal no Planalto Central (1922)

A exigência para transferir a capital federal ao Planalto Central persistiu ao longo das décadas, como disposição constitucional da Primeira República. E as duas missões de Cruls, no século XIX, haviam demarcado o território daquele que seria um futuro Distrito Federal. Entretanto, "durante o governo de Prudente de Morais, por falta de verba, foi dissolvida a Missão Cruls e o assunto da 'mudança da capital' só era tratado esporadicamente por um número reduzido de 'crentes'" (Kubitschek, 1975, p. 22).

Figura 4 – Marco da futura capital federal

Fonte: Arquivo de Altamiro Moura Pacheco/IPEHBC.

Em 1919, o Senador Chermont obteve a aprovação de um projeto de lei que autorizava o governo a lançar a pedra fundamental no local onde seria construída a futura capital federal do Brasil, por ocasião do centenário da independência. Assim, no dia 18 de janeiro de 1922, o então Presidente Epitácio Pessoa assinou um decreto autorizativo para que a pedra fundamental da futura capital federal fosse assentada no dia 7 de setembro de 1922, situada no quadrilátero geográfico do Planalto Central, demarcado pela Comissão Cruls.

Encomendou-se ao Liceu de Artes e Ofícios de São Paulo a fundição de uma placa de bronze, para fixá-la junto à pedra fundamental. No dia 6 de setembro de 1922, o engenheiro Ernesto Balduíno de Almeida, diretor da Estrada de Ferro de Goiás, presidiu esta solenidade em nome do presidente da República. A placa continha os seguintes dizeres:

> Sendo Presidente da República o Senhor Doutor Epitácio da Silva Pessoa, em cumprimento ao dispositivo do Decreto n. 4.494, de 18 de janeiro de 1922, foi aqui colocada, em 7 de setembro de 1922, ao meio-dia, a pedra fundamental da futura capital federal dos Estados Unidos do Brasil (Kubitschek, 1975, p. 23).

Essa pedra fundamental está situada próxima da cidade de Planaltina, dentro do Distrito Federal e do quadrilátero Cruls. A solenidade para sua colocação teve a presença de autoridades, discursos e hasteamento da bandeira nacional (depois doada ao Museu do Ipiranga, em São Paulo). O discurso do então deputado goiano Evangelino Meireles, que se autodenominava "filho desta Canaã radiosa, onde cantam primaveras sem fim" (assim referia-se a Goiás), transmitia uma oratória de expectativa, em 1922, sobre a transferência da capital federal ao Planalto Central.

> Ultimamente, temos visto pontificar na imprensa, batendo-se pela nobre causa [da transferência da capital federal], entre outros, os escritores Gomes Carmo, Henrique Silva, Azevedo Pimentel; e a 7 de setembro de 1921, os deputados Americano do Brazil e Rodrigues Machado [...], apresentaram à consideração da Câmara Federal o projeto que tomou o n. 680, mandando lançar a pedra basilar da capital da União no Planalto, no meio-dia de 7 de setembro de 1922. [...] É esta, senhores, a determinação legislativa que hoje estamos cumprindo. [...] E é hoje também que estamos dando começo à edificação da futura capital do país, no coração de Goiás, que, por sua vez, constitui as entranhas do Brasil! [...] Veremos aproveitando todo o interior gigantesco da Pátria, sendo a cerimônia deste momento [1922] o primeiro passo para a completa integração da unidade nacional! (Meireles, 1960, p. 16-18).

Esse obelisco (pedra fundamental) que, a partir de 1922, passou a materializar o anúncio onde seria localizada a nova capital federal, passou a ser visitado e prestigiado em Goiás. A Igreja Católica, desde a instalação desse marco histórico, esteve atenta aos acontecimentos políticos que iriam, doravante, desencadear-se no Brasil pela transferência da capital federal ao Planalto Central goiano. Não ao acaso, Dom Emanuel Gomes de Oliveira, arcebispo de *Goyaz*, esteve presente na instalação deste obelisco sinalizador da nova capital federal (Anexo 1).

Marcos simbólicos como o lançamento da pedra fundamental de uma obra expressam a firme disposição coletiva para que sobre ela se faça a edificação[106]. São referências mobilizadoras que catalisam esforços e suscitam expectativas. Prenunciam o futuro e antecipam aquilo que há de vir. Entretanto, entre um anúncio e sua efetiva realização sempre há um árduo caminho a percorrer. Guerras mundiais, pandemia (gripe espanhola, 1918-1920), quebra na bolsa de valores e declínio abrupto da economia cafeeira, revoluções e golpes políticos, tudo isso pode acontecer pelo caminho. Foi o que ocorreu, até ser possível, apenas no final da década de 1950, dar início à construção daquela capital federal que se chamaria Brasília, situada no Planalto Central brasileiro.

A política brasileira, até 1930, teve a vigência do coronelismo. Após a ascensão de Vargas, no Brasil – e do interventor Pedro Ludovico Teixeira, em Goiás –, ocorreram a mudança da política tradicional e o rearranjo das forças e dos interesses políticos. "O significado da Revolução de 1930 não é tanto seu impacto no declínio, ou mesmo na destruição do coronelismo, mas seu papel de transformar o coronelismo oligárquico e integrá-lo na política nacional" (Pang, 1979, p. 232). Desde então, o personalismo do coronel precisou subordinar-se ao partido e por ele ser disciplinado.

De 1930 até 1937 emergiu a "política desenvolvimentista", de massa e populista, mesclada ou vinculada à política tradicional. O Brasil, nesse período, tinha duas orientações, simultaneamente conflitivas, em seu processo de desenvolvimento:

---

106. Padre Francisco Wand, missionário redentorista, em relato escrito no dia 8 de junho de 1924 (portanto, dois anos após o lançamento da pedra fundamental), teve impressão diferente sobre a repercussão daquela solenidade. Afirma que "[...] na ocasião das comemorações do 1º Centenário da Independência, foi lembrada aquela resolução [sobre a construção da capital federal no centro geográfico do país] e, de fato, o Presidente Bernardes mandou fazer um ato simbólico, o lançamento da primeira pedra da futura capital dentro do novo distrito no planalto [...]. *Ficou naquela cerimônia, porque por enquanto existe pouco entusiasmo pela transferência da capital para aquele sertão goiano*, onde – como dizem – só há onças e índios selvagens [...]" (Wand, 2023 [1924], p. 205, 208, grifo nosso).

[...] uma gerada pelo setor mais dinâmico da economia, ligada ao mercado internacional e baseada principalmente no Estado de São Paulo, e outra gerada pelo centro do poder político, baseada no Rio de Janeiro, e apoiada nos estados de Minas Gerais, Rio Grande do Sul, Bahia e outros. A Revolução de 1930 começou exatamente quando São Paulo tenta quebrar a aliança republicana com Minas Gerais e assumir a liderança permanente. Frustrado, faz uma nova e mais vigorosa tentativa em 1932, que teve como resultado o fracasso e o isolamento político do Estado, por mais de 30 anos (Schwartzman, 1970, p. 21)[107].

Além desse conflito político interno entre o coronelismo e o populismo, o período de 1930 a 1945 foi mundialmente conturbado, política e economicamente, e a crise mundial teve imediato impacto na economia cafeeira do Brasil.

No dia 29 de outubro de 1929 ocorreu a drástica queda da Bolsa de Nova York, com a perda imediata de 4 bilhões de dólares e a venda de 14 milhões de títulos. Pouco antes, a economia mundial fervilhava em consumo. Entretanto, a recessão, aparentemente abrupta, foi provocada por uma gradual, silenciosa e artificial valorização das ações do sistema habitacional, o que levou à inadimplência de milhares de mutuários e à falência das mais importantes instituições financeiras. De repente, fortunas evaporaram, indústria e comércio foram à bancarrota e milhares de corretoras tentavam se desfazer das ações. Essa gigantesca depressão econômica paralisou a economia do Ocidente.

Predominava, sobretudo na Região Sudeste do Brasil, a economia cafeeira, carro-chefe daquele ciclo econômico. O país possuía 60% do mercado internacional do café. Devido à crise, ficou sem a perspectiva de exportar. Logo vieram as consequências: grandes estoques sem ter a quem vender e desemprego geral.

---

107. "Só em 1960, com a eleição de Jânio Quadros, pôde São Paulo fazer um presidente – porém um presidente de pouca duração, que inaugurou um período de instabilidade e levou ao regime militar de 1964" (Schwartzman, 1970, p. 21-22). Antônio O. Cintra diverge, parcialmente, da opinião de Simon Schwartzman quanto ao conflito de interesses paulistas e os do centro político brasileiro. "A nosso ver [afirma Cintra] a máquina da República Velha não era tão alheia à oligarquia paulista. Foi, sim, em grande parte, fruto de sua atuação. O federalismo da República Velha dava a essa oligarquia [paulista] mão livre na defesa de seus interesses e, quando necessário, o aval e proteção do governo federal, mesmo que isso se fizesse, às vezes, com relutância. [...] A política de valorização do café, crucial na República Velha, encontrou não raro lado a lado as oligarquias dos dois estados, pressionando o mesmo poder federal que não queria dar-lhes sua aquiescência muitas vezes por considerações de interesse do próprio Estado central, pois era este quem deveria responsabilizar-se diante dos credores estrangeiros enquanto avalista ou, então, recorrer à política de emissões" (Cintra, 1974, p. 96-97).

A solução interna do Governo Vargas foi comprar 18 milhões de sacas de café estocadas e queimá-las (Giraud, 2008). Diante da redução na capacidade financeira do Estado, provocada pelo dispêndio dos recursos para a recuperação dos preços do café, cresceu a inflação e criou-se um impasse econômico. Então, estrategicamente, o interior do Brasil foi "redescoberto" e obteve tácita importância. O governo brasileiro viu na Marcha para o Oeste a possibilidade de vastíssima fronteira agrícola, capaz de suscitar uma nova produção de exportação e de deslocar a população desempregada ou com inviabilidade econômica. Isso "mudou a fisionomia econômica do Brasil e o Centro-Oeste passou a ser visto como uma região economicamente promissora" (Tubino, 2015, p. 22). Segundo O. Ianni, essa indução ou intervenção do Estado brasileiro nas questões da sociedade agrária ou urbana não apenas modificaram essas sociedades; o Estado também foi por elas reconfigurado, com novos arranjos políticos e novas correlações de forças sociais.

> No Brasil, a questão agrária é um elemento importante para explicar tanto as diversas formas adquiridas pelo Estado como as principais rupturas ocorridas na história deste. No Império e na República, os problemas da sociedade agrária marcam bastante, e às vezes de modo decisivo, a fisionomia do Estado brasileiro. O poder moderador, a política dos governadores, o Estado Novo, o populismo e o militarismo têm muito a ver com as forças sociais do campo; naturalmente sempre em combinação com as da cidade. Da mesma maneira, a abolição da escravatura, a proclamação da República, a Revolução de 1930, o golpe de Estado de 1945 e o golpe de Estado de 1964 revelam a presença e influência das controvérsias e interesses que se desenvolvem no campo (Ianni, 1984, p. 241).

Junto ao aspecto econômico, portanto, uma nova conjuntura política se configurou na Segunda República. Em 1930, a força política liderada por Getúlio Vargas derrubou o governo do Presidente Washington Luís com um golpe militar. Entretanto, essa "revolução" não era apenas uma disputa de tendências políticas; nela estava inscrita uma coexistência conflitiva entre interesses agrários e industriais.

> A Revolução de 1930 põe fim à hegemonia do café, desenlace inscrito na própria forma de inserção do Brasil, no sistema capitalista internacional. [...] A burguesia cafeeira se constitui ao longo da Primeira República como única classe nacional, no sentido de que só ela reúne condições para articular formas de ajustamento e integrar assim o país, na medida de seus interesses. [...] Na década de vinte, o tenentismo é o centro mais importante de ataque ao predomínio da burguesia cafeeira (Fausto, 1987, p. 112).

Sob o governo provisório de Getúlio Vargas, duas forças políticas abalavam o seu poder: a elite política "Café com Leite" (São Paulo e Minas Gerais), que visava recuperar o poder; e o descontentamento popular contra um governo não constitucional, que governava por decretos. Essas forças suscitaram a Revolução Constitucionalista de 1932, que era um movimento contra a Revolução de 1930.

> É heterogênea a composição política que dá suporte ao movimento de 30. O grupo "nacionalista semiautoritário", contrário às eleições, é mais influente no início do Governo Provisório; outro grupo, dos "constitucionalistas", pede eleições e o retorno do processo legislativo. Os problemas das interventorias em São Paulo e a demora na reconstitucionalização levam à Revolução Constitucionalista de julho de 1932, na qual as tropas federais impõem uma derrota às tropas paulistas, pondo fim ao movimento sedicioso. Apesar de vitorioso, o Governo Federal vê-se obrigado a convocar eleições. [...] A 3 de maio de 1933 realizam-se as eleições para a Assembleia Constituinte, que elabora uma nova Carta Constitucional para o País, a Constituição de 1934 (Campos; Duarte, 1996, p. 17).

Vargas, embora relutante, autorizou a elaboração de uma nova Constituição. Assim, em 16 de julho de 1934, a Assembleia Nacional Constituinte promulgou a terceira Constituição do Brasil, ou a segunda do período republicano[108].

3.3 A Constituição da Segunda República (1934)

A Constituição da Segunda República vigorou apenas durante três anos, até 1937, quando foi decretado o Estado Novo. Dentre as principais características dessa Constituição de 1934, destacaram-se: a afirmação dos três poderes da República, o legislativo, o executivo e o judiciário; o sistema eleitoral com voto secreto e direto, incluindo às mulheres o direito de votar; a criação das leis trabalhistas, a Justiça do Trabalho e a liberdade sindical; a proibição do trabalho infantil; a jornada de trabalho de oito horas diárias; o repouso semanal obrigatório; a licença remunerada para gestantes; a manutenção dos princípios federativos; e a nacionalização dos recursos minerais.

---

108. "Os trinta primeiros anos do século XX são um período de fortalecimento de setores sociais e políticos que foram determinantes para o enfraquecimento da Primeira República no Brasil. Assim, o sistema político vigente foi sendo, aos poucos, corroído em suas bases de apoio. Dessa forma, em 1930, quando uma grande revolta explodiu, ele não conseguiu oferecer resistência e caiu. Esse episódio, conhecido como Revolução de 1930, transformou os rumos do Brasil, que passou da condição de país agrário-exportador para a de urbano-industrial" (Rezende, [2017]).

Com os direitos sociais no país, o Estado brasileiro assume um novo desempenho na Segunda República. É um Estado que passa a intervir decisivamente na economia e no campo social, com características paternalistas e conciliatórias, evitando a participação popular na vida público-estatal. Desde o governo provisório, pôs-se a criar uma legislação trabalhista e previdenciária e a estruturar a centralização de poderes – antes mais difusos nos órgãos da Federação –, por meio de órgãos do Estado para a intervenção econômica (Instituto do Cacau, em 1931; Departamento Nacional do Café, em 1933; Instituto do Açúcar e do Álcool, também em 1933; Instituto Nacional do Mate, em 1938; e o Instituto Nacional do Sal, em 1940). Nessa fase da Segunda República, desde o seu início com o governo provisório, introduzem-se a política de industrialização, a substituição das importações, a implantação de uma política tributária protecionista e as iniciativas no campo energético, tais como: a criação do Conselho Nacional do Petróleo, em 1938; o Conselho Nacional de Águas e Energia, em 1939; e a Companhia Siderúrgica Nacional, em 1940.

A Constituição de 1934 é resultante da complexidade do macrocontexto político, social e econômico brasileiro, com o país atravessando profundas mudanças em sua configuração. Essa nova Constituição, em suas disposições transitórias, novamente previu a transferência da capital federal para o centro geográfico do Brasil.

> Art. 4º Será transferida a Capital da União para um ponto central do Brasil. O Presidente da República, logo que esta Constituição entrar em vigor, nomeará uma comissão que, sob instruções do Governo, procederá a estudos das várias localidades adequadas à instalação da Capital. Concluídos tais estudos, serão apresentados à Câmara dos Deputados, que escolherá o local e tomará, sem perda de tempo, as providências necessárias à mudança (Silveira, 1957, p. 290).

Essa comissão, no entanto, somente foi criada após a Constituição de 1946, nomeada pelo então Presidente Eurico Gaspar Dutra. Denominada Comissão Polli Coelho, em 21 de agosto de 1948 veio a apresentar seu relatório final dos estudos sobre a localização da futura capital federal. Antes disso, porém, ocorreu o golpe de 1937 e a formação do Estado Novo; e, em 1939, eclodiu a Segunda Guerra Mundial. Sob tais circunstâncias, não havia nenhuma condição política, social e econômica para empreender a transferência e a construção de uma nova cidade que sediasse a capital federal do Brasil.

A Revolução de 1930 e a Segunda República, portanto, embora com reiteradas disposições constitucionais, não desencadearam nenhum movimento político-administrativo para a transferência da capital federal ao Planalto Central brasileiro. Entretanto, a Revolução de 1930 teve profundas consequências para Goiás. A mudança "revolucionária" nacional criou as condições políticas favoráveis à mudança da capital goiana, da Cidade de *Goyaz* para Goiânia. Aqueles grupos da classe dominante no Sul e Sudeste do Brasil não se identificavam com a realidade agrária do *Goyaz*. No Centro-Oeste, o ciclo do ouro havia se encerrado definitivamente e a região não participava efetivamente dos mesmos interesses dos proprietários paulistas de cafezais ou de estancieiros gaúchos. No Estado de Goiás, a vida urbana era quase inexistente, a classe média era minoritária e a falta de comunicação impedia o surgimento de uma oposição organizada. O coronelismo ainda predominava, com todas as características da Primeira República, onde se digladiavam as oligarquias dos Bulhões e dos Caiado. Então, o que faria com que Goiás fosse uma das unidades da Federação com tão grande impacto da Revolução de 1930? Foi Pedro Ludovico Teixeira, o interventor em Goiás, nomeado pelo governo "revolucionário" de Getúlio Vargas.

Pedro Ludovico lutava politicamente há sete anos na oposição, no município de Rio Verde. Estava articulado ao movimento revolucionário, mantendo contato com os centros revolucionários de Minas Gerais. Quando desencadeada a revolução, no dia 4 de outubro de 1930, ele reuniu 120 voluntários no Triângulo Mineiro e tentou invadir a região do sudoeste goiano. Acabou preso e o grupo foi dispersado. Entretanto, quando a revolução liderada por Vargas ficou vitoriosa, o governo provisório do Brasil também nomeou governos provisórios em todos os estados da Federação. Assim, Pedro Ludovico foi nomeado interventor de Goiás; e governaria o Estado por quinze anos.

A Revolução de 1930 não alternou os grupos econômicos dominantes, como parece ter ocorrido na Região Sudeste; mas trouxe para Goiás uma renovação nos quadros da política, com muitos jovens que assumiram cargos no governo. Passaram a dar destaque ao desenvolvimento do Estado, priorizando o transporte, a educação, a saúde pública e a exportação. Estabilizado o governo após a Revolução, foi dado impulso ao ideal mudancista e à construção de Goiânia; e as razões para isso eram várias: mudar de capital – da cidade de Goiás para Goiânia – significava romper politicamente com o local onde estava instalado o poder das oligarquias; o governo revolucionário não estava vinculado a uma plataforma eleitoral; e, para criar uma nova era, nada melhor do que fundar uma nova capital. Assim sintetizou Pedro Ludovico, em 1933, esse ideário de mudança:

> Pondo-nos em contato, permanente, diário e intensivo, com as necessidades de Goiás, estudando-as nas suas fontes, perquirindo, observando, analisando detidamente as causas que têm impossibilitado o desenvolvimento de um Estado rico de reservas naturais como este, chegamos à convicção já agora cimentada por mais de 30 meses de governo e investigações, de que a mudança da capital não é apenas um problema na vida de Goiás. É também a chave, o começo de solução de todos os demais problemas. Mudando a sede do governo para um local que reúna os requisitos de cuja ausência absoluta se ressente a cidade de Goiás, teremos andado meio-caminho na direção da grandeza desta maravilhosa unidade central (Palacín; Moraes, 1986, p. 108).

Tanto esse movimento de transferência da capital de Goiás quanto a Marcha (nacional) para o Oeste (conforme apontado adiante) revelam as relações e as implicações assimétricas entre a política nacional e a regional – isso ocorreu na relação política de Goiás com a Revolução de 1930 e com a ditadura do Estado Novo.

3.4 A ditadura do Estado Novo e a Constituição de 1937

Justamente quando Goiás estava politicamente alheio aos ideais revolucionários do Sul e Sudeste do Brasil, a Revolução de 1930 trouxe um dos maiores impactos em sua história: a ascensão de Pedro Ludovico e de uma nova força política local. Mas um movimento político inverso ocorreu durante o Estado Novo. Enquanto, em Goiás – pelo Decreto n. 1.816, de 23 de março de 1937 – se oficializava definitivamente Goiânia como a nova capital, no Brasil, Getúlio Vargas retirava a proposta constitucional de transferênscia da capital federal ao Planalto Central (Silva, 1997). Sobre essa decisão constitucional, assim ficou o texto da Constituição Federal de 10 de novembro de 1937: "Art. 7º O atual Distrito Federal, enquanto sede do Governo da República, será administrado pela União" (Silveira, 1957, p. 290)[109].

---

109. Silveira (1957) quis ver nessa conjunção "enquanto" uma disposição temporária para a sede do governo no Rio de Janeiro. Entretanto, a história do Governo Vargas indica outra disposição: a de não tomar nenhuma iniciativa pela transferência da capital federal.

A Constituição de 1937 é a quarta do Brasil e a terceira da República. Era chamada de polaca, por inspirar-se no modelo semifascista polonês. A Constituição da Polônia, em seu artigo 2º, realçava a proeminência do poder executivo: "A autoridade única e individual do Estado é concentrada na pessoa do Presidente da República". Essa ênfase era similar ao artigo 73 da Constituição brasileira de 1937:

> O Presidente da República, autoridade suprema do Estado, coordena a atividade dos órgãos representativos, de grau superior, dirige a política interna e externa, promove ou orienta a política legislativa de interesse nacional e superintende a administração do país (Porto, 2012, p. 19)[110].

Essa Constituição de 1937 foi redigida pelo jurista Francisco Campos, então ministro da Justiça, e tinha a anuência de Vargas e do ministro da Guerra, general Eurico Gaspar Dutra. Era uma Constituição que atendia aos grupos políticos que almejavam um "governo forte", com a concentração de poderes no chefe do Executivo. Assim, o presidente da República passou a nomear os interventores estaduais e estes nomeavam as autoridades municipais. Além do fechamento do legislativo, essa ditadura do Estado Novo restringiu a organização partidária, cancelou as eleições presidenciais (previstas para o ano de 1938) e criou o "estado de emergência". Paradoxalmente, a mesma Constituição que centralizava poderes também criava o Conselho de Economia e introduzia as práticas plebiscitárias.

O Conselho de Economia buscava conciliar tanto os interesses das oligarquias rurais quanto da burguesia industrial. No que se refere às práticas plebiscitárias, F. Comparato as situa entre as iniciativas do populismo getulista. Dentre tais iniciativas havia a política trabalhista paternal, para impedir um sindicalismo livre; o uso dos meios de comunicação de massa, sobretudo o rádio; a valorização às massas urbanas e ao industrialismo nacionalista; e a forma plebiscitária de governo, contando com o apoio das massas à pessoa que está no governo, não à política de governo[111].

---

110. Para W. C. Porto (2012), também havia aproximação entre a Constituição Federal de 1937 e a Constituição Estadual do Rio Grande do Sul, de 14 de julho de 1891.

111. Foi essa prática que obrigou, na doutrina francesa do direito público, a distinguir plebiscito de referendo. "O plebiscito, de fato, se dirige ao homem: é uma aprovação à pessoa do governante; já o referendo é a aprovação popular de uma política, de uma lei, de uma norma, e portanto tem caráter impessoal. O referendo nunca pode ser tomado como a aprovação de um governante, embora indiretamente ele possa servir como apoio a um governante" (Comparato, 1987, p. 61).

Com o fechamento do Congresso Nacional, a Constituição previa que o legislativo fosse exercido pelo Parlamento Nacional – porém, esse parlamento nunca foi instituído. Goiânia, portanto, foi criada sob esse marco regulatório e nessa concepção política da ditadura Vargas.

> O Decreto-Lei n. 1202, de 8 de abril de 1939, [...] determina que [nos estados da Federação] ao Conselho Consultivo compete exercer as funções legislativas, aprovar as propostas orçamentárias, fiscalizar a execução do orçamento, fiscalizar os atos do Executivo, além de outras atribuições. Em Goiás, o Conselho Consultivo, composto por 4 membros, foi sempre formado por aliados do interventor federal, Pedro Ludovico Teixeira. Ele continuou em funcionamento mesmo após a queda do Estado Novo, até que o Legislativo fosse constituído (Campos; Duarte, 1996, p. 18).

Foi com as constituições de 1934 e de 1937, com as práticas populistas, com a comunicação às massas e com a centralização dos poderes que Getúlio Vargas conseguiu consolidar sua liderança desde 1930 até o final da Segunda Guerra Mundial. Tempos autoritários, no entanto, não vicejam apenas por isso; ditaduras geralmente coincidem com crises abrangentes e conflitos conjunturalmente irreconciliáveis. O contexto de crise internacional que sustentou o Estado Novo e a política de exceção foi a Segunda Guerra Mundial, ocorrida de 1939 a 1945.

A Segunda Guerra Mundial trazia consigo os irreconciliáveis conflitos decorrentes do Tratado de Versalhes (1919), a disseminação dos nacionalismos, a expansão dos totalitarismos na Europa e o expansionismo germânico, sobretudo para recuperar a economia alemã. Eixos, pactos e alianças internacionais – com alinhamento de interesses econômicos e ideológicos, abrangendo dezenas de nações, com diferentes formas de envolvimento bélico – produziram um cenário literalmente de terra arrasada ou, na expressão dos historiadores, de "guerra total".

> A Segunda Guerra Mundial deixou um saldo devastador: um custo material superior a um bilhão e trezentos milhões de dólares, mais de trinta milhões de feridos, mais de cinquenta milhões de mortos e outras perdas incalculáveis. A União Soviética perdeu mais de vinte milhões de habitantes, a Polônia seis milhões, a Alemanha cinco milhões e meio, o Japão um milhão e meio. Morreram, ainda, cerca de cinco milhões de judeus, grande parte nos campos de concentração nazista (Vicentino, 2002, p. 392).

O Governo Vargas também colocou o Brasil para participar da Segunda Guerra Mundial. Nos desfiles comemorativos de 7 de setembro, durante décadas, nas grandes cidades, era presença obrigatória a passagem do pelotão de senhores idosos, ex-combatentes da Segunda Guerra Mundial, movidos pela energia interior que lhes restou no tempo, marchando com suas antigas fardas e condecorações. Eles representavam os 25 mil soldados da Força Expedicionária Brasileira, criada em 13 de novembro de 1943 para compor o *front* de batalha, como aliado dos Estados Unidos, da Inglaterra e da União Soviética. Lutaram na Itália, em regiões como Monte Castelo. O número de soldados brasileiros mortos[112] chegou a 443.

O fim da Segunda Guerra Mundial não significava o término dos conflitos. A humanidade, ainda sob seus próprios destroços, via-se dividida entre capitalistas e socialistas, com novas ameaças de um confronto nuclear e as incertezas da Guerra Fria. Uma onda socialista, no futuro da América Latina, alcançaria os regimes políticos de Cuba e, depois, da Nicarágua. Também o marxismo cultural influenciaria a comunidade acadêmica mundial e a teologia latino-americana. E, no seu contrário, o anticomunismo suscitaria a aliança para o progresso e os regimes militares, na década de 1960. Sob esse macrocontexto foram construídas Goiânia, a nova capital de Goiás, e Brasília, a nova capital do Brasil.

3.4.1 O Estado Novo e a Marcha para o Oeste

Durante o Estado Novo (1937-1945), o governo de Getúlio Vargas engendrou uma política de indução da população brasileira a migrar para o Oeste do Brasil. Na geografia brasileira, essa gigantesca parte do território nacional tinha baixa densidade populacional. Os aproximadamente 40 milhões de brasileiros daquele tempo histórico habitavam predominantemente na região litorânea. O "interior" lhes parecia um sertão imenso, exótico e inóspito. Era preciso, pois, conhecer e ocupar esse "vazio territorial", integrando a Região Centro-Oeste e o Norte do Brasil ao conjunto da nação. Somente assim, na visão militar macroestratégica, seria possível assegurar as fronteiras desse país continental. Para isso, a fim de conhecer bem todo o território nacional, a primeira iniciativa governamental foi a de criar o Conselho Nacional de Geografia, o Conselho Nacional de Cartografia,

---

112. Bem maior, provavelmente, é o número daqueles ex-combatentes que chegaram doentes da guerra e morreram no Brasil. Na cidade natal deste pesquisador, Paim Filho/RS, há uma rua dedicada ao expedicionário Andreguetti, cujo túmulo foi muitas vezes visitado pelo pesquisador. A mãe de Andreguetti, até o final de sua vida, lembrava-se com emoção daquele jovem forte e saudável que havia sido recrutado pelo Governo Vargas para ir à guerra. Recordava-se também, entre lágrimas, do modo como ele retornou, frágil, com saúde física abalada e distúrbios psiquiátricos, talvez pelas drogas que lhe injetaram. Em poucos meses após o seu retorno da guerra, veio a falecer na casa dos pais.

o Conselho Nacional de Estatística e o Instituto Brasileiro de Geografia e Estatística. Outra medida foi viabilizar o transporte terrestre e, para isso, em 1937, foi criado o Departamento Nacional de Estradas de Rodagem (DNER). Finalmente, Vargas lançou o projeto Marcha para o Oeste durante os festejos de inauguração de Goiânia. Essas linhas mestras – deslocamento populacional, transportes e comunicação – posteriormente foram retomadas por Juscelino Kubitschek, com a construção de Brasília e a migração nordestina (candangos) à nova capital federal.

A elaboração discursiva do projeto político Marcha para o Oeste apresentava uma linguagem com forte componente religioso. Continha dispositivos discursivos de propaganda, com densidade emotiva e sensorial, visando gerar aceitação, contentamento e satisfação. E produzia imagens oriundas do imaginário cristão, como a associação da nação a um corpo uno, indivisível e harmonioso (teologia paulina sobre o corpo), ao qual os corpos deveriam ser oferecidos em oblação litúrgica, derramando o próprio sangue pela salvação da nação. A pátria era exibida com a imagem da família; os meios de comunicação, particularmente o rádio, eram difundidos como um "sacerdócio cívico" para manter os diversos estados e seus cidadãos sintonizados à unidade federativa; a imagem do sol, que caminha do Leste (Oriente) ao Oeste (Ocidente), para indicar o novo caminho iluminado rumo ao progresso do país; a marcha, para expressar a mesma cadência dos passos numa mesma direção.

Esse tratamento religioso e seu aparato litúrgico, veiculados pela propaganda do Estado Novo, no discurso da Marcha para o Oeste, eram usados exatamente num momento em que o Estado laico se consolidava no país. Entretanto, embora com a separação entre Igreja e Estado, a República ainda era perpassada pelo imaginário cristão e, por isso, servia-se de sua linguagem para sacralizar a política. Além disso, naquele período – ainda sob o forte acento agrário do coronelismo, que havia presidido a política da Primeira República –, a burguesia e os operários não eram classes plenamente constituídas; não eram portadoras de projetos políticos em condições de universalizar um discurso próprio, tornando-o hegemônico. Por tais razões, o Estado ainda fazia ressoar uma linguagem religiosa em seu discurso político, particularmente na construção discursiva da Marcha para o Oeste.

Durante os festejos de inauguração da cidade de Goiânia, em 1940, o Presidente Getúlio Vargas lançou o projeto nacional de Marcha para o Oeste. Essa escolha de lançamento não era aleatória; a capital de Goiás estava situada no território para o qual destinava-se a marcha nacional. Ainda mais do que isso, Goiânia era uma importante base política de apoio ao Governo Vargas.

No dia 24 de outubro de 1933, Pedro Ludovico lançou a pedra fundamental de Goiânia – data escolhida para comemorar os três anos da Revolução de 1930. A política de Pedro Ludovico, desde que assumiu o Estado como interventor, mantinha estreito vínculo com o Governo Vargas. Por isso, quando o Estado Novo foi instaurado por Getúlio Vargas, por meio de um golpe de Estado, ocorrido no dia 10 de novembro de 1937, o interventor Pedro Ludovico fez incisiva defesa ao golpe.

> Hoje mais do que nunca se evidencia a necessidade de orientar a democracia para novos rumos, dando-lhe uma diretriz de acordo com os imperativos do momento e que obedecerão às exigências de cada povo. [...] Após o movimento revolucionário de 1930, surgiu para a terra goiana uma nova vida. [...] Mas, para que o nosso país não voltasse ao que era dantes, ou melhor, para que se implantasse um regime mais consentâneo com as nossas necessidades e mais apto a defender as conquistas conseguidas a custo de ingentes lutas, quer nos prédios cívicos, quer nos embates armados, foi preciso que o Chefe da Nação desse o golpe de 10 de novembro de 1937. Esse ato foi a resolução mais acertada de seu governo. Foi um enorme bem para a nossa terra, no que pese às cassandras do parlamentarismo corrompido, ineficiente e dispendioso, em que valiam mais as aspirações pessoais, de grupos e do facciosismo partidário (Ludovico, 1943, p. 61).

Esse discurso, proferido por Pedro Ludovico, foi publicado pela *Revista Oeste*, uma publicação que se tornara a voz e a escrita da nova capital de Goiás, do Estado Novo e da Marcha para o Oeste. Foram publicados 23 fascículos do periódico, de julho de 1942 a dezembro de 1944. Na sua primeira edição, seu objetivo era o de ser apenas um veículo de divulgação literária e intelectual, na jovem capital goiana. Logo no segundo número, começou a conciliar literatura e divulgação sobre o Estado Novo e a propaganda acerca da nova capital de Goiás. Por fim, tornou-se exclusivamente um instrumento político-ideológico de propaganda do interventor Pedro Ludovico e do Estado Novo.

3.4.2 Missionário católico na causa pelo Oeste brasileiro

A Marcha para o Oeste e seu avanço para os "vazios" territoriais brasileiros não se restringiram ao discurso oficial dos governos Vargas, Pedro Ludovico e, depois, Juscelino Kubitschek. Este projeto estratégico de indução governamental rumo ao Oeste também foi assimilado, assumido e proclamado pela Igreja Católica, particularmente pelas equipes missionárias itinerantes formadas por membros de congregações religiosas. Provenientes – vários deles – das regiões Sul e Sudeste do Brasil, esses missionários pregadores percorriam as imensidões do sertão, chegando às distantes fazendas, currutelas, comunidades indígenas. Enfrentavam o clima e as doenças tropicais e alguns afogavam-se em rios caudalosos, morriam pelas picadas de animais peçonhentos ou pela ingestão inadvertida de ervas venenosas. Percorriam milhares de quilômetros em lombo de animal, nas viagens que duravam meses! Quando retornavam aos seus lugares de origem, sobretudo ao Sul do país, contavam e escreviam sobre suas peripécias. Não precisavam nem usavam uma linguagem religiosa para convencer à migração para o Oeste brasileiro; eram, eles próprios, uma representação religiosa crível. O que diziam e contavam inspirava confiança! E foi assim, também, que milhares de sulistas, descendentes de imigrantes europeus vindos ao Brasil no final do século XIX, confiantes na palavra e na escrita do missionário, realizavam sua segunda ou terceira desterritorialização, rompendo outra vez com suas raízes culturais e embrenhando-se para as fronteiras agrícolas do Oeste brasileiro. Um exemplo emblemático da atuação católica pela Marcha para o Oeste foi o de Frei Luís Maria Liberali, denominado "missionário e sertanista".

Figura 5 – Frei Luís Maria Liberali

Fonte: Mazzarollo; Dall'Agnol, 1983.

Frei Luís Maria teve uma trajetória pouco comum aos que passam pela vida religiosa-consagrada. Nasceu em Veranópolis (que, então, chamava-se Alfredo Chaves), Rio Grande do Sul, no ano de 1903. Estudou no seminário diocesano de São Leopoldo, ordenou-se padre, cura da catedral de Uruguaiana, vigário de São Vicente do Sul, monsenhor e, aos 30 anos de idade, foi nomeado administrador diocesano devido à vacância diocesana, por motivo de doença do seu bispo que, depois, veio a falecer. Após dezoito anos como padre diocesano, ingressou na Ordem dos Frades Menores Capuchinhos porque desejava ser missionário no Norte e no Centro-Oeste do Brasil. Depois do noviciado, em 1947 vestiu o hábito franciscano e, como era costume aos religiosos antes do Concílio Vaticano II, trocou seu nome. Chamava-se Padre Ricardo Domingos Liberali; recebeu o "nome religioso" de Frei Luís Maria de Tomás Flores. Como frade capuchinho, ainda atuou um tempo no Rio Grande do Sul. Pelo seu destaque como exímio escritor e jornalista, integrou-se na equipe de redação do jornal *Correio Riograndense*, atuou na militância jornalística em vários outros periódicos e publicou diversos livros: *Horas de combate* (polemizando com a maçonaria e o protestantismo), *Togno Brusafrati* (em dialeto vêneto, Antônio queima-frades) e *Naneto Pipetta* (também escrito em dialeto vêneto).

Entre 1954 e 1960 foi o primeiro frade capuchinho gaúcho a trabalhar como missionário no Mato Grosso. De 1961 a 1964 residiu em Corumbaíba, Goiás. Depois, atuou em Taboado, no então Mato Grosso, e em Anápolis, Goiás[113]. Finalmente partiu para missão pelo Araguaia, junto aos índios bororós. Pela sua intensa atuação, tornou-se conhecido em todos os ministérios do governo federal. Por isso, obteve do Ministério da Aeronáutica o passe livre em qualquer avião da Força Aérea Brasileira (FAB) e, assim, conheceu ainda mais o Centro-Oeste e Norte do Brasil. "Nestas viagens, procurava identificar as terras e as culturas mais indicadas para cada espaço geográfico, com intenção de convidar gaúchos e catarinenses a ocuparem a Amazônia" (Mazzarollo; Dall'Agnol, 1983, p. 65). E deste modo narrava Frei Luís Maria acerca dos territórios por onde passava:

> A Amazônia tem uma mata enxuta de três milhões de quilômetros quadrados, sem contar com outros dois milhões de terrenos alagadiços e campinas. Nela caberiam descansadamente 500 milhões de pessoas. Se for povoada agora, precisaria despovoar o resto do Brasil, sem, contudo, alcançar uma povoação ideal. Nosso dever, por ora, é conservar o domínio e preservar

---

113. Frei Luís Maria faleceu no dia 10 de fevereiro de 1978 e está sepultado em Hidrolândia, Goiás.

suas riquezas naturais. Os melhores caminhos para a povoação ordenada são através de missões religiosas e através da doação de terras aos nordestinos e aos gaúchos para que comecem desenvolver a produção com a policultura. Recebendo terras, produzirão mantimentos para o Brasil e para o mundo. Terras roxas para café e fumo encontram-se nos 300 quilômetros de mata na Belém-Brasília, dentro do Pará, e na BR 319, Porto Velho-Vilhena, na BR 364, Porto Velho-Abunã e na 326, para o Acre. [...] As cabeceiras de todos os rios amazônicos que nascem em Mato Grosso possuem campos gerais ainda devolutos. A Chapada dos Parecis ainda está virgem. Atravessei-a de caminhão, levando, para isso, um dia inteiro. Não vi um só animal bovino. O restante do Mato Grosso é sobejamente conhecido, como apto para a criação de gado (Mazzarollo; Dall'Agnol, 1983, p. 116).

Esse estilo de narrativa, contada por um missionário, ressoava com grande impacto e apelo sedutor aos agricultores que residiam em pequenas colônias do Sul do país, trabalhando em minifúndios na modalidade de agricultura familiar, com pequena quantidade de terras, geralmente íngremes e exauridas para a produção.

[...] Como profundo conhecedor de terras e culturas [Frei Luís Maria], podia indicar, como fez com brilhantismo, quais as terras que mais se prestariam para cada variedade de cultura agrícola ou pecuária. Isto aparece fartamente em jornais de muitos estados do País. Ele mesmo afirma, num artigo de jornal, na capital gaúcha, que em três anos conseguiu atrair para o Mato Grosso e Goiás cerca de 600 famílias (Mazzarollo; Dall'Agnol, 1983, p. 146).

O protagonismo emblemático de Frei Luís Maria interpela os pesquisadores à revisão – ou pelo menos à complementação – do que já se investigou e publicou pela historiografia acerca da Marcha para o Oeste. Com igual ou maior impacto que a propaganda dos governos Vargas e JK pela migração ao Centro-Oeste, talvez tenha sido a eficaz propaganda de missionários religiosos que induziu à desterritorialização e ao persuasivo movimento migratório para essa região. Faziam isso cheios de convicção, no desejo de contribuírem com a melhoria nas condições socioeconômicas das famílias de agricultores do Sul do país. Cooperaram, paradoxalmente, também "[...] para a manipulação simbólica das aspirações que tende a assegurar o ajustamento das esperanças vividas às oportunidades objetivas" (Bourdieu, 2001, p. 46). Mas, dentre os estados da Federação, foi Goiás, possivelmente, aquele que mais divulgou a Marcha para o Oeste, em razão da aliança política com o Governo Vargas e pelo interesse com a sua plena ocupação territorial, em vistas ao desenvolvimento econômico. Não foi, pois, ocasional que tivesse sido em Goiânia o lançamento deste projeto político-econômico, denominado Marcha para o Oeste.

Nas décadas de 1940 e 1950, o surto migratório a Goiás foi somente ultrapassado pela migração ao Paraná. Aquele estado tinha proximidade com São Paulo e suas terras eram apropriadas para o plantio do café. Por isso, no Paraná, o movimento migratório foi coordenado e financiado pelo setor privado.

Em Goiás, foi o setor público a promover a fronteira agrícola, mediante incentivos governamentais. Em 1940, 45% dos migrados a Goiás eram provenientes de Minas Gerais e aproximadamente 48% eram oriundos do Norte do país. Na década de 1950, Goiás recebeu 53% de migrantes mineiros e 38% de nordestinos. Na década de 1960, também chegam migrantes vindos do Sul do país, sobretudo ao sudoeste goiano.

Em 1940 apenas 19,2% da população não havia nascido em Goiás; com a intensificação do fluxo migratório, em 1950 esse percentual de migrantes compondo a população goiana cresceu para 23,6% e, em 1960, elevou-se para 26,6% – mais de um quarto da população[114]. Assim, de modo gradual e crescente, foram se oportunizando as condições sociais para que a futura capital federal não fosse instalada num território com pouquíssimos habitantes[115]. Com o advento da Terceira República, novas condições políticas estavam por chegar.

---

114. Particularmente neste período histórico, o fenômeno imigratório também se intensificou e foi cada vez mais crescente em todo o mundo. "A partir da década de setenta o número de imigrantes no planeta foi multiplicado por dois. Se em 1965 eram 75 milhões, neste novo século [XXI] mais de 200 milhões vivem fora do seu país de origem. Ou seja, uma de cada 35 pessoas no mundo é imigrante. A intensificação do fluxo migratório dos anos noventa resultou na imigração de 20 milhões de latino-americanos. Destes, uns 15 milhões vivem nos Estados Unidos. São cifras que incluem trabalhadores temporais, imigrantes permanentes, refugiados, e, também, suas famílias. A população imigrante legal nos Estados Unidos passou de 4,8% da população total em 1970, e atualmente situa-se próximo dos 10%. Na Alemanha, França, Itália e Reino Unido o crescimento foi semelhante. Também a Espanha vem-se caracterizando como um país receptor" (Gasda, 2009, p. 193-194). Por isso, uma das principais características da globalização, no século XXI, é o fenômeno das migrações humanas. Elas pedem uma urgente revisão do conceito de cidadania, revelam a insuficiência dos estados nacionais e interpelam profundamente a ética e a fé cristã (Gasda, 2009). A transferência da capital federal do Brasil e a construção de Brasília estão intrinsecamente correlacionadas às migrações internas do país e ao contexto imigratório no mundo.

115. O movimento migratório a Goiás continua sendo, atualmente, um dos maiores do país. Em 2017, segundo o IBGE, Goiás tinha 6,779 milhões de habitantes. E, segundo o censo de 2022, não obstante a trágica pandemia da covid-19, a atual população de Goiás é de 7,056 milhões de habitantes. "Entre 2010 e 2017, a taxa média anual de crescimento foi de 1,75%, maior que a nacional (1,22%) e igual à do Centro-Oeste (1,75%). Goiás cresce à taxa de 1,8% ao ano. Um dos principais

3.5 A transferência da capital federal na Terceira República do Brasil (1945-1964)

A Terceira República é um período que tem início em 1945 e vai até dia 31 de março de 1964, quando um golpe de Estado instaura o regime militar. Em 1945, após a ditadura do Estado Novo, a política partidária se rearticulou e a redemocratização se viu forçada a levar em conta as massas populares; daí a emergência do populismo, ora tradicional, ora liberal. O populismo estava associado, sobretudo, à "política de massas urbanas", devido ao fenômeno de migração rural e crescimento das cidades. Eram massas manipuláveis, porque a organização política da sociedade brasileira ainda era incipiente; entretanto, tais massas já não podiam ser ignoradas politicamente.

Após 1945, a política do coronelismo passou por mudanças ainda mais drásticas e entrou em franco declínio. O voto secreto possibilitou uma opção mais livre dos eleitores, sem o controle absoluto dos coronéis; a industrialização e a urbanização afrouxaram os laços tradicionais de submissa lealdade do povo às famílias que detinham o poder e a riqueza; ocorreu a proliferação dos partidos, com vínculos e ideologias diversos; o Estado foi gradualmente substituindo os coronéis; e, também, fatalmente, os coronéis da Primeira República haviam envelhecido, morrido ou se retirado da política.

Foi nesse contexto de redemocratização do Brasil que, em 2 de dezembro de 1945, se elegeu o novo presidente da República, General Eurico Gaspar Dutra. Também foi eleito o Congresso Constituinte que, em 18 de setembro de 1946, promulgou a nova Constituição Federal. Nessa nova Carta Magna foram incorporadas as inovações da Constituição de 1934, como as disposições de proteção aos trabalhadores, à ordem econômica, à educação e à família. Incorporou ainda as reformas essenciais do Código Eleitoral de 1932, como o regime dos partidos, o voto secreto, a representação proporcional, a instituição das suplências e a criação da Justiça Eleitoral.

---

fatores que explicam o crescimento maior da população é o número de imigrantes que Goiás recebe, principalmente nas últimas décadas. O Censo Demográfico de 2010 revelou que aproximadamente 28% das pessoas residentes em Goiás são oriundas de outros estados. Em termos relativos, Goiás é o sétimo no *ranking* dos estados brasileiros por residentes não naturais do próprio estado, e o quarto, em números absolutos. Ainda, cerca de 54% da população goiana teve nascimento em, na ordem, Minas Gerais, Bahia, Maranhão e Distrito Federal" (Instituto Mauro Borges, 2017, p. 15).

Além de confirmar os avanços da democracia – particularmente na separação dos três poderes da República –, a Constituição Brasileira de 1946 também deu ênfase aos direitos civis, ou às liberdades individuais do cidadão. Destacam-se entre tais direitos: a igualdade de todos perante a lei; a liberdade de manifestação de pensamento; a inviolabilidade da correspondência; a liberdade de consciência e de crença; a liberdade de associação para fins lícitos; a inviolabilidade da residência do indivíduo; a prisão somente mediante flagrante ou ordem judicial, com direito à ampla defesa do acusado; a extinção da pena de morte.

"A Constituição de 1946 possuía 218 artigos além das 'Disposições Transitórias' com mais 36 artigos. Dividia-se em nove títulos, que se subdividiam em capítulos e estes em seções" (Baleeiro; Sobrinho, 2012, p. 11). Dentre as disposições transitórias, outra vez, e agora definitivamente, reafirmou-se a determinação constitucional de transferência da capital federal.

> Art. 4º A capital da União será transferida para o planalto central do país.
> § 1º Promulgado este Ato, o Presidente da República, dentro de sessenta dias, nomeará uma comissão de técnicos de reconhecido valor para proceder ao estudo da localização da nova capital.
> § 2º O estudo previsto no parágrafo antecedente será encaminhado ao Congresso Nacional, que deliberará a respeito, em lei especial, e estabelecerá o prazo para o início da delimitação da área a ser incorporada ao Domínio da União.
> § 3º Findos os trabalhos demarcatórios, o Congresso Nacional resolverá sobre a data da mudança da Capital.
> § 4º Efetuada a transferência, o atual Distrito Federal passará a constituir o Estado da Guanabara (Silveira, 1957, p. 290).

Nessas disposições constitucionais há importantes e decisivos aspectos sobre a transferência da capital federal. Ficou assegurado, como já constava na Constituição de 1891, que o Planalto Central, pertencente à União, seria o local para a capital. Antes dessa posição pelo Planalto Central havia três posições, entre os parlamentares constituintes, acerca do local: Triângulo Mineiro, Goiânia e Quadrilátero Cruls. Juscelino Kubitschek e Israel Pinheiro, quando parlamentares, estavam entre aqueles que eram propensos ao Triângulo Mineiro e isso dividia as opiniões no Congresso, pois eles eram muito influentes. Mas os defensores do Quadrilátero Cruls foram persuasivos e vencedores, com a decisão favorável ao Planalto Central. Entretanto, o território que havia sido demarcado pela Comissão Cruls (1892-1893), já estava bastante habitado na década de 1950 e as propriedades devidamente escrituradas; havia, pela frente, então, o urgente desafio de nova e definitiva demarcação territorial e de sua respectiva desapropriação legal para fins de criação do novo Distrito Federal.

O importante na Constituição de 1946 é que se tratava de "proceder ao estudo da localização da nova capital", ou seja, de uma cidade a ser construída. Não significava, portanto, apenas construir no Planalto Central uma sede administrativa para o governo federal, mas "constituir" um povo que habitasse em sua respectiva cidade. Cabia, pois, ao presidente da República que nomeasse essa "comissão de técnicos de reconhecido valor", para a demarcação territorial da nova capital federal.

3.5.1 A Comissão Polli Coelho (1946-1948)

Em 31 de janeiro de 1946, Eurico Gaspar Dutra tomou posse como presidente eleito do Brasil. Imediatamente nomeou a comissão técnica que faria os estudos sobre a localização da nova capital federal. Essa comissão foi formada por representantes de vários órgãos do governo, dentre eles: Francisco Xavier Rodrigues, Luiz Vieira, Jerônymo Coimbra Bueno, Odorico Rodrigues Albuquerque, Geraldo de Paula e Souza, Cristóvam Leite de Castro e, como presidente, General Djalma Polli Coelho. Por isso, essa comissão, relatório e missão são denominados Polli Coelho.

A Comissão Polli Coelho trabalhou por 21 meses, fez 23 reuniões de trabalho no Rio de Janeiro e realizou visitas ao Planalto Central. Havia uma divisão que persistia entre os membros da comissão, mesmo após a definição constitucional: uma tendência, liderada por Jerônymo Coimbra Bueno, defendia a localização do Quadrilátero Cruls; outra, liderada por Lucas Lopes, defendia a circunscrição de Minas Gerais.

Em 14 de abril de 1947 foram concluídos os trabalhos da Comissão Polli Coelho e apresentado o seu respectivo relatório, denominado *Aspectos fundamentais do problema da mudança da capital para o Planalto Central*[116]. Por causa da persistente discordância interna à comissão, o relatório somente foi entregue ao Presidente Dutra em 6 de agosto de 1948. E o presidente o encaminhou ao Congresso em 21 de agosto de 1948.

---

116. A íntegra deste relatório pode ser encontrada na obra de N. Tubino (2015, p. 60-74).

Na Câmara Federal, os debates eram acirrados acerca do relatório de Polli Coelho. Emendas da Câmara incluíam terras de Minas Gerais e propunha-se que o território do Distrito Federal também avançasse até Anápolis e Goiânia. O tempo passava e as polêmicas continuavam. Assim, Gaspar Dutra encerrou o seu governo, em 31 de janeiro de 1951, sem uma decisão definitiva quanto à nova capital federal do Brasil (Tubino, 2015). Juscelino Kubitschek, recordando-se do intenso trabalho da Comissão Polli Coelho, lamentou que tanto empenho e discussão tivessem resultado em nada. "Após um quinquênio de debates no Congresso, o problema voltava quase à sua fase inicial: novos estudos da questão da localização, embora se determinasse que esses tivessem início dentro de 60 dias" (Kubitschek, 1975, p. 25). Assim, com o presidente da República sucessor de Gaspar Dutra, tudo deveria ser reiniciado.

3.5.2 A Comissão Caiado de Castro (1953)

Em 31 de janeiro de 1951, Getúlio Vargas reassumiu o poder como presidente da República.

> [...] Alicerçado no grande prestígio popular que construiu durante a ditadura é que Getúlio Vargas tem uma das alavancas para sobrepor-se ao ostracismo a que fora lançado em 1945, de modo a influir na eleição de Eurico Dutra e, depois, voltar à presidência em 1950 (Weffort, 1978, p. 18).

Para chefiar o Gabinete Militar, o Presidente Getúlio Vargas nomeou o General Agnaldo Caiado de Castro, um goiano mudancista que repropôs ao presidente para que criasse uma Comissão de Localização da Nova Capital Federal. Na política goiana, nessa fase, a transferência da capital federal era a principal causa. O clima era de grande expectativa. A prefeitura de Goiânia, por exemplo, no dia 31 de julho de 1952, havia aprovado a criação de um novo bairro da capital, denominado Vila Brasília[117].

Sob a influência de Caiado de Castro, o Presidente Getúlio Vargas sancionou a Lei n. 1.803, de 5 de janeiro de 1953, que autorizava o Poder Executivo a "realizar estudos definitivos sobre a localização da nova Capital da República" (Tubino, 2015, p. 75). Essa lei estabelecia o seguinte:

---

117. Vila Brasília é, atualmente, um bairro populoso do lado sul de Goiânia, próximo ao Setor Pedro Ludovico (antiga Fazenda Macambira) e na divisa com o município de Aparecida de Goiânia.

Art. 1º É o Poder Executivo autorizado a mandar proceder, como achar conveniente, na região do Planalto Central, compreendido entre os paralelos sul 15º 30' e 17º e os meridianos a WGr. 46º 30' e 49º 30', aos estudos definitivos para a escolha da Nova capital federal, que deverão ficar concluídos dentro de três anos.

§ 1º Os estudos mencionados neste artigo deverão satisfazer às seguintes condições: a) clima e salubridade favoráveis; b) facilidade de abastecimento de água e energia elétrica; c) facilidade de acesso às vias de transporte terrestres e aéreos; d) topografia adequada; e) solo favorável às edificações e existência de materiais de construção; f) proximidade de terras para cultura; paisagem atraente.

§ 2º Os estudos serão feitos na base de uma cidade para 500.000 habitantes (Silveira, 1957, p. 291).

Para o início da década de 1950, quando o Brasil tinha uma população que era um quarto da atual – de quase 52 milhões de habitantes –, e a Região Centro-Oeste tinha baixa densidade populacional, projetar uma capital federal com meio milhão de pessoas significava prever, naquele tempo, uma população dez vezes maior que a população de Goiânia e o equivalente a todos os habitantes do Estado do Mato Grosso (incluso, à época, o atual território de Mato Grosso do Sul)[118].

Nessa fase da história sobre a localização da nova capital federal, quando os ânimos estavam ainda mais exaltados pelas disputas da referida localização, essa Lei n. 1.803/1953, sancionada por Getúlio Vargas, elenca condições que já pareciam "sob encomenda" ou, pelo menos, majoritariamente consensuadas no governo federal. A configuração do Planalto Central preencheria facilmente tais condições, algumas delas evidentemente necessitando de futura implementação, com edificações de infraestrutura e vias de transporte.

A Lei n. 1.803/1953 dava um prazo de sessenta dias para que esse estudo fosse iniciado; previa a demarcação de um terreno de aproximadamente 5 mil quilômetros quadrados; apontava para estudos complementares contendo previsão de abastecimento de água e energia e um plano rodoferroviário correlacionado ao Plano Geral de Viação Nacional; evocava um plano de desapropriação e outro plano ur-

---

118. Segundo o censo demográfico do IBGE, realizado em 1950, Goiânia tinha 53.389 habitantes; Goiás (inclusos os atuais territórios do Tocantins e do Distrito Federal) tinha 1.214.921 habitantes; Mato Grosso (incluso o atual território de Mato Grosso do Sul) tinha 522.044 habitantes; e o Brasil tinha precisamente 51.944.397 habitantes (Brasil, Censo Demográfico, 1956).

banístico; orientava para que todos os ministérios estudassem como fariam a mudança de seus órgãos e departamentos, com seus respectivos funcionários públicos federais; mandava estudar como seria a transferência dos poderes Legislativo e Judiciário, também supondo a transferência de seus funcionários e suas instalações.

Além dos "planos parciais", ou subprojetos, a Lei n. 1.803/1953 previa que fosse feito o estudo das consequências para o Estado do Rio de Janeiro com a mudança do governo federal ao Planalto Central. E, ainda, autorizava o Poder Executivo a abrir crédito especial de 20 milhões de cruzeiros[119], para executar todas as exigências impostas pela referida lei.

O prazo de dois meses para iniciar esses estudos, conforme previa a Lei n. 1.803/1953, não foi cumprido. Limitação financeira? Burocracia do Estado e lentidão nos empreendimentos públicos? Impasses políticos? Talvez a soma de todos esses fatores. O fato é que, seis meses depois, o Decreto Presidencial n. 32.976, de 8 de junho de 1953, criava a Comissão de Localização da Nova Capital Federal (assim denominada no art. 3º do referido decreto), para a qual denomina-se de Comissão Caiado de Castro, a fim de distingui-la das demais comissões que lhe precederam historicamente e porque foi presidida pelo goiano, o General Agnaldo Caiado de Castro. Essa comissão era constituída por um representante de cada ministério, do Conselho de Segurança Nacional, do Departamento Administrativo de Serviço Público, do Estado de Goiás, do Instituto Brasileiro de Geografia e Estatística e da Fundação Brasil Central (art. 3º). A comissão estava autorizada, se necessário, a criar subcomissões técnicas (art. 6º) e deveria dispor de um regimento interno (art. 10º). Estava obrigada a enviar ao presidente da República um relatório trimestral de suas atividades. E, "ao final, o trabalho definitivo [deveria] ser apresentado ao Presidente da República até 31-12-1955" (art. 8º) (Silveira, 1957, p. 294).

Um dos primeiros atos do General Caiado de Castro, presidente da Comissão, foi contratar a empresa Cruzeiro do Sul Aerofotogrametria para o levantamento de todo o, assim chamado, Retângulo do Congresso, que abrangia 52 mil quilôme-

---

119. Em valores de 2020, equivale a R$ 19.887.778,71 (data inicial em janeiro/1953 e data final abril/2020), em tabela de correção monetária pelo Índice Geral de Preços/Disponibilidade Interna (IGP-DI), calculado pela Fundação Getúlio Vargas (FGV). Essa mesma atualização monetária, pelo mesmo índice financeiro, em outro sistema de cálculo, porém com um mês a mais do que o anterior (5 de janeiro de 1953 a 31 de maio de 2020, pelo IGP-DI), o valor atual é equivalente a R$ 19.883.113,13.

tros quadrados, onde estavam incluídas também as cidades de Anápolis, Goiânia e o centro mineiro de Unaí. "A Cruzeiro completou seu trabalho em alguns meses, pois, já em 1954, toda a área estava aerofotografada" (Kubitscheck, 1975, p. 25). Nesse complexo trabalho de aerofotogrametria, estava a liderança de Coimbra Bueno[120] – aliás, na prática, era ele quem presidia a Comissão, pois o General Caiado de Castro, seu amigo de infância, dispunha de pouco tempo em razão do trabalho no Gabinete Militar da Presidência. Dessa maneira, conforme combinado entre ambos, "Coimbra Bueno acordou que faria todo o trabalho e Caiado apenas assinaria os relatórios e assim foi feito" (Tubino, 2015, p. 75, nota 13).

> Completada essa primeira tarefa, o General Caiado de Castro, ciente de que a firma norte-americana Donald J. Belcher and Associates Incorporated, com sede em Ithaca, Nova Iorque, realizava estudos de pesquisas, baseados na interpretação de fotografias aéreas, assinou um contrato entre essa empresa e a Comissão do Vale do São Francisco, por delegação da Comissão de Localização da Nova capital federal. De acordo com o contrato, a firma norte-americana se comprometeu a apresentar, além dos mapas básicos, *overlays* e relatórios especiais sobre cada uma das áreas selecionadas, um Relatório Geral, com todos os dados básicos pertinentes aos vários sítios e acompanhado de modelos em relevo e fotografias oblíquas, de forma a permitir um confronto dos atributos de cada sítio e proceder, por fim, com o necessário rigor, à escolha daquela que apresentasse melhores condições para a implantação da nova capital (Kubitschek, 1975, p. 26).

Em fevereiro de 1955 foi concluído e entregue ao governo o trabalho da empresa Belcher, contendo "41 fotos-mosaicos e 217 mapas temáticos que classificaram o solo para agricultura, engenharia, drenagem e geologia" (Tubino, 2015, p. 77). Mas, então, já se estava sob o governo de Café Filho, pois, em 1954, Getúlio Vargas havia se suicidado com um tiro no peito.

Getúlio Dorneles Vargas estava no poder há muitos anos. Sua popularidade foi ampliada devido à criação da legislação trabalhista e ao uso do rádio, que o possibilitava falar diretamente ao povo, com sua voz alcançando todos os rincões do país. O regime democrático republicano se implementava gradualmente, en-

---

120. Coimbra Bueno, com o seu irmão Abelardo, ambos engenheiros, dirigiram as obras para a construção de Goiânia (1934-1939); e foi também governador de Goiás (Tubino, 2015). Em Goiânia há dois bairros – Setor Coimbra e Setor Bueno –, resultantes de loteamento promovido por Coimbra Bueno, proprietário daquelas glebas de terra, que circundavam o centro da capital de Goiás.

143

quanto o Brasil passava por grandes transformações econômicas e sociais. Entretanto, na década de 1950, a Era Vargas chegara à sua exaustão política. Devido ao desgaste natural por causa dos sucessivos mandatos, às medidas sociais e às decisões estatais do governo, Getúlio enfrentava forte rejeição da classe empresarial e da combativa oposição no Congresso Nacional, que contava com o apoio militar. Mas faltava algo que provocasse a culminância e o desfecho final à crise do governo – e esse fato foi o atentado contra o jornalista Carlos Lacerda, principal opositor de Getúlio. O presidente foi acusado de ser o mandante do atentado e, por isso, a oposição exigiu sua renúncia. Então, após ser informado que o Alto Comando Militar exigia seu licenciamento do cargo, Vargas escreveu uma carta-testamento à nação e, na madrugada de 24 de agosto de 1954, atirou em seu próprio coração. Seu suicídio é considerado, sobretudo, um ato político. Tirando sua própria vida, Getúlio deu sobrevida à democracia brasileira, até 1964. A carta-testamento de Getúlio apresenta ao Brasil as razões para a sua morte.

> Mais uma vez, as forças e os interesses contra o povo coordenaram-se e novamente se desencadeiam sobre mim. Sigo o destino que me é imposto. Depois de decênios de domínio e espoliação dos grupos econômicos e financeiros internacionais, fiz-me chefe de uma revolução e venci. Iniciei o trabalho de libertação e instaurei o regime de liberdade social. Tive de renunciar. Voltei ao governo nos braços do povo. A campanha subterrânea dos grupos internacionais aliou-se à dos grupos nacionais revoltados contra o regime de garantia do trabalho. A lei de lucros extraordinários foi detida no Congresso. Contra a justiça da revisão do salário-mínimo se desencadearam os ódios. Quis criar a liberdade nacional na potencialização das nossas riquezas através da Petrobrás e, mal começa esta a funcionar, a onda de agitação se avoluma. A Eletrobrás foi obstaculada até o desespero. Não querem que o trabalhador seja livre. Não querem que o povo seja independente (Brasil, [2001]).

Até aqui, a carta-testamento denuncia o conflito de interesses e, então, Getúlio apresenta, subliminarmente, o nome e endereço de seus oponentes: a frente golpista formada pelo partido da União Democrática Nacional (UDN), os militares e o capital externo. Uma vez expostos, precisaram refluir politicamente até que nova oportunidade lhes surgisse. Na segunda parte da carta-testamento de Getúlio Vargas há importantes aspectos que remetem ao "campo simbólico-religioso", tais como: sacrifício, sangue, holocausto, resgate, vida eterna, vitória, escravo e liberto.

Nada mais vos posso dar, a não ser meu sangue. Se as aves de rapina querem o sangue de alguém, querem continuar sugando o povo brasileiro, eu ofereço em holocausto a minha vida. Escolho este meio de estar sempre convosco. E aos que pensam que me derrotaram respondo com a minha vitória. Era escravo do povo e hoje me liberto para a vida eterna. Mas esse povo de quem fui escravo não mais será escravo de ninguém. Meu sacrifício ficará para sempre em sua alma e meu sangue será o preço de seu resgate. Lutei contra a espoliação do Brasil. Lutei contra a espoliação do povo. Tenho lutado de peito aberto. O ódio, as infâmias, a calúnia não abateram meu ânimo. Eu vos dei a minha vida. Agora vos ofereço a minha morte. Nada receio. Serenamente dou o primeiro passo no caminho da eternidade e saio da vida para entrar na história (Brasil, [2001]).

O Governo Vargas influenciou profundamente a história política do país. Getúlio Vargas foi inscrito no *Livro dos heróis da pátria*, em 15 de setembro de 2010, pela Lei n. 12.326. Essa carta-testamento de Getúlio, no Sul do país, foi gravada em placas de bronze e fixada nas praças principais das cidades – inclusive há cidades que levam o seu nome. Seus seguidores eram denominados de "getulistas" e sua doutrina política, "varguismo". Dois partidos atuais[121], no Brasil, apresentam-se com a plataforma de continuidade ao seu pensamento político.

Devido ao conturbado e trágico final do Governo Vargas, dissolveu-se a Comissão Caiado de Castro, que havia sido constituída e nomeada com a finalidade de elaborar os estudos e as providências para a transferência da capital federal ao Planalto Central goiano. O novo presidente da República, sucessor de Getúlio Vargas, nomeou outra comissão para essa mesma finalidade, presidida pelo Marechal José Pessoa.

3.5.3 A Comissão Marechal Pessoa (1954-1955)

Com o suicídio do Presidente Getúlio Vargas, assumiu o governo o seu então vice-presidente Café Filho, em 24 de agosto de 1954. Imediatamente afastou Caiado de Castro da presidência da Comissão de Localização da Nova Capital Federal e extinguiu o cargo de diretor técnico, ocupado por Coimbra Bueno. Com a mudança na composição da comissão, houve interrupção e atraso parcial nos trabalhos – mas isso foi provisório.

---

121. O Partido Trabalhista Brasileiro (PTB) e o Partido Democrático Trabalhista (PDT).

No final daquele ano de 1954, mais precisamente no dia 11 de dezembro, o presidente da República assinou o Decreto n. 36.598, pelo qual reeditou quase na íntegra o conteúdo do Decreto n. 32.976, de 8 de junho de 1953, que havia sido assinado pelo seu antecessor Getúlio Vargas. Apenas criou dentro da comissão os cargos de representante do Serviço Geográfico do Exército e do Departamento Administrativo do Serviço Público (DASP) e nomeou, como presidente da comissão, o Marechal José Pessoa. Para melhor identificar, portanto, as diversas comissões – com seus distintos marcos temporais e políticos, formadas nos vários governos que se sucederam no Brasil –, denomina-se Comissão Marechal Pessoa a essa nova equipe de trabalho para a demarcação da localização da nova capital federal[122].

A Comissão Marechal Pessoa recebeu, em fevereiro de 1955, os estudos apresentados pela empresa de consultoria norte-americana Donald J. Belcher, de Nova York, os quais apontaram, dentro do então chamado Retângulo do Congresso, os cinco melhores locais para construção da capital federal. Competia, pois, à nova Comissão, fazer a escolha definitiva. Para isso, Marechal Pessoa decidiu conhecer o Planalto Central a fim de discernir melhor sobre essa deliberação. Juscelino Kubitschek assim comenta sobre essa viagem de Marechal Pessoa.

> A iniciativa da viagem do marechal ao Planalto não deixava de ser sensata. Além de conhecer *de visu* o local, teria uma impressão global da região, analisando o curso dos rios, observando a orografia, examinando a flora, enfim, tendo um conhecimento exato, pessoal, objetivo de toda a zona planaltina. A excursão – como seria de esperar, dada a ausência de vias de comunicação – foi a mais penosa possível. O marechal viajou de aviação, do Rio até Pirapora; desta cidade seguiu para Formosa, já em Goiás, onde pernoitou. Ali, teve a oportunidade de visitar o local, de onde todas as águas caídas se distribuem indistintamente para os três grandes sistemas fluviais do Brasil: o do Amazonas, o do São Francisco e o do Paraná-Paraguai. No dia seguinte, decolou para Planaltina e, ali, tomando um jipe, rumou para o local em que, segundo todas as indicações, seria construída a nova capital.

---

122. A atuação dos militares, sobretudo do Exército Brasileiro, foi intensa na história política do Brasil, tanto no período imperial quanto na República. Observe-se que isso também ocorreu na história da nova capital federal. E isso, talvez, os tenha fortalecido politicamente para protagonizarem, em 1964, a derrubada do Governo Goulart e a instauração do regime militar.

Depois de realizar várias incursões através do chamado cerrado – vegetação mirrada, retorcida, característica da região –, fez o jipe dirigir-se para o ponto mais elevado da região, denominado Sítio do Castanho, com 1.172 metros de altitude (Kubitschek, 1975, p. 27-28).

O sítio do Castanho é próximo ao Cruzeiro, em Brasília, onde foi rezada a primeira missa e também aberto o Eixo Monumental (que finaliza onde foi construída a Rodoferroviária)[123]. Este Sítio do Castanho foi assim denominado porque "no mapa, apresentado pela firma norte-americana, cada um dos cinco sítios havia sido pintado numa cor diferente – verde, vermelho, azul, amarelo e castanho" (Kubitschek, 1975, p. 27).

3.5.4 A comissão goiana de cooperação e a desapropriação das terras de Goiás para o Distrito Federal (1955)

O Sítio do Castanho foi escolhido como localização da futura capital federal, em 15 de abril de 1955. Em seguida, no dia 27 de abril, Marechal Pessoa apresentou ao presidente da República qual havia sido a decisão técnica formulada pela comissão que ele presidia, e propôs a imediata desapropriação das terras demarcadas. Todavia, o Presidente Café Filho ficou indeciso, aconselhou-se com seu assessor Temístocles Cavalcanti e, no dia seguinte, comunicou ao marechal que não faria a desapropriação das terras.

Desapontado, Marechal Pessoa também se aconselhou com o jurista Segismundo de Araújo Mello, que lhe sugeriu ir até Goiânia solicitar ao Governador José Ludovico que procedesse à desapropriação estadual daquele território que seria o Distrito Federal. Isso, de fato, veio a ocorrer, pelo Decreto n. 480, de 30 de abril de 1955. Assim, com a decisão do governo de Goiás, determinou-se a desapropriação das terras para a construção da nova capital federal, sendo organizada uma comissão goiana de cooperação, com o intuito de implementar tais providências.

---

123. Atualmente, em Brasília, naquele local permanece somente a Ferroviária, pois a rodoviária foi deslocada para outra localização.

Figura 6 – Presidente da Comissão Goiana de Cooperação, Altamiro de Moura Pacheco, discursa na apresentação dos resultados da referida comissão

Fonte: Arquivo de Altamiro de Moura Pacheco/IPHEBC.

O decreto estadual n. 1.258, de 5 de outubro de 1955, instituiu a Comissão de Cooperação para a Mudança da Capital Federal, que ficou assim constituída: Altamiro de Moura Pacheco (presidente); Dom Abel Ribeiro Camelo (vice-presidente)[124]; José Peixoto da Silva (secretário da Fazenda); Jayme Câmara (secretário de Viação e Obras Públicas); Aníbal Jajah (procurador-geral da Justiça); José Bernardo F. de Souza (consultor geral do Estado); Múcio J. Nascimento (diretor do Departamento de Estradas de Rodagem de Goiás – Dergo); José Fernandes Peixoto (diretor da divisão de Terras e Colonização); Joaquim Câmara Filho (presidente da Federação das Associações Rurais do Estado de Goiás – Fareg); Domingos Francisco Póvoa (presidente da Federação do Comércio de Goiás); Antônio Ferreira Pacheco (presidente da Federação das Indústrias do Estado de Goiás – Fieg); José Monteiro

---

124. Pela segunda vez consecutiva, a Igreja Católica, em Goiás, coparticipava politicamente nas transferências de capitais. Primeiro, a partir de 20 de dezembro de 1932, Dom Emanuel, arcebispo de *Goyaz*, presidiu a comissão para a escolha da nova capital do Estado de Goiás. Agora, em 5 de outubro de 1955, como Dom Emanuel havia falecido há poucos meses (12 de maio de 1955), então seu bispo auxiliar (e administrador diocesano até à chegada de Dom Fernando), em nome da Igreja Católica, compôs a comissão goiana de cooperação para a transferência da capital federal.

do Espírito Santo (presidente da Associação Comercial); Geraldo Vale (presidente da Associação Goiana de Imprensa). Com essa composição, compacta e abrangente, da Comissão de Cooperação, o governo estadual evitava qualquer dissidência política e social para a transferência da capital federal a Goiás.

Nove meses depois da assinatura do decreto estadual para a desapropriação[125], em setembro de 1956, o governo de Goiás entregou ao presidente da República as terras legalizadas e escrituradas, para o Plano Piloto e adjacências. Juscelino Kubitschek, contemporâneo de tais acontecimentos, formulou sua própria interpretação e construiu sua narrativa acerca desse intenso interesse e iniciativas político-administrativas de Goiás para a transferência da capital federal ao Planalto Central brasileiro.

> [...] Goiás seria o melhor beneficiário daquela transferência da sede da administração [do governo federal]. Ao invés de permanecer no isolamento, em que sempre vivera, distanciado de tudo e de todos – já que antes da construção de Brasília levavam-se três meses para se chegar ao Rio –, Goiás passaria a ser quase como que o centro administrativo do país, ligado aos demais Estados por um extenso sistema aéreo e rodoviário. Alguns senadores goianos, que foram meus colegas na Câmara Alta, contaram-me que, quando estudantes, nem as férias podiam passar em casa. As viagens eram feitas em grupos – verdadeiras caravanas, no estilo do oeste norte-americano – passando-se por Uberlândia e Uberaba, no Triângulo Mineiro, Ribeirão Preto, no Estado de São Paulo e só dali, então, é que se viajava com conforto, até o Rio [...]. Em 1955 – época em que ocorreram os fatos aos quais estamos nos referindo – a situação evoluíra sensivelmente para melhor, com o advento da era aeroviária. Mesmo assim, ainda continuava sendo muito precária a situação de Goiás, no que dizia respeito às vias de comunicação. Era compreensível, pois, que os goianos tudo fizessem para promover a transferência da capital e, nesse sentido, chegassem mesmo a antecipar o Governo Federal em providências administrativas, que se encontrassem na esfera das atribuições estaduais (Kubitschek, 1975, p. 29-30).

Após mais de seis décadas da construção e inauguração de Brasília, tornou-se bastante discutível essa análise política de Juscelino Kubitschek, ao considerar Goiás como o "melhor beneficiário" pela transferência da capital federal ao Planalto Central.

---

125. No dia 6 de dezembro de 1955 foi votada a Lei Orçamentária da União, para o exercício de 1956, prevendo a verba de cento e vinte milhões de cruzeiros para as "Despesas com a desapropriação da totalidade das áreas do novo Distrito Federal, inclusive indenização ao Governo de Goiás" (Silveira, 1957, p. 273).

Nas considerações de J. Kubitschek há certa imprecisão quanto à duração de tempo para o transporte entre Goiás e Rio de Janeiro; sua menção até parece se referir mais ao século XIX. Em 1913, a cidade goiana de Ipameri já havia inaugurado sua primeira estação ferroviária, o que trouxe grande desenvolvimento econômico local, com as primeiras fábricas, agências bancárias e energia elétrica. Essa antiga linha férrea[126] passava por quatorze cidades goianas. Em Goiânia, o Setor Aeroporto é um bairro que leva esse nome porque nele estava situado o primeiro aeroporto da capital de Goiás, entre as décadas de 1930 e 1950. Quanto ao norte de Goiás (atual Estado do Tocantins), desde o século XVI era acessado por caudalosos rios navegáveis. Portanto, o Centro-Oeste, no século XX, era bastante diferente do oeste americano, sobretudo daquela visão que povoava o imaginário ocidental, devido à intensa difusão cinematográfica norte-americana, com seus enredos sobre o "velho oeste". A capital federal localizada no Planalto Central trouxe novas vias de transporte; mas tais "corredores", em especial de rodovias, tiveram mais impacto econômico no âmbito federal do que no estadual. Entretanto, a alegação de ligar o "sertão isolado" ao litoral desenvolvido com melhores vias de acesso foi um dos argumentos políticos mais recorrentes, na década de 1950, para persuadir à transferência da capital federal.

Outro aspecto muito decisivo para a política goiana, na década de 1950, era considerar o que Juscelino Kubitschek mencionou: "Goiás seria quase como que o centro administrativo do Brasil" e o "melhor beneficiário" da transferência da

---

126. O século XIX – devido à industrialização e, sobretudo, para o escoamento da produção – pode ser denominado "século do caminho de ferro", por causa da implantação e expansão das ferrovias. "A história da expansão das ferrovias é uma parte da própria história da evolução do capitalismo como modo de produção dominante. As estradas de ferro, além de resolverem o problema do transporte, principalmente do carvão, impulsionaram a indústria de bens de capital, acelerando, assim, a transformação na indústria metalúrgica" (Borges, 1990, p. 22). No Brasil, o primeiro plano ferroviário surgiu no período regencial (regente Antônio Diogo Feijó), visando à integração nacional e à centralização administrativa (Borges, 1990). A construção da estrada de ferro de Goiás teve início em 1909, com a edificação das obras da estação de Araguari, situada no norte do Triângulo Mineiro. Houve trechos da obra cujo andamento foi rápido e outros que levaram vários anos para serem construídos em razão das condições técnicas, topográficas, financeiras e de gestão. Depois, as linhas ferroviárias goianas enfrentaram dificuldades quanto à manutenção, além da baixa rentabilidade e do alto custo da estrada. Não obstante as muitas dificuldades, a partir de 1922, "[...] a Estrada de Ferro de Goiás, com seus 233km, passou a ser a principal porta de comunicação de Goiás com o resto do Brasil" (Borges, 1990, p. 77). Elaborado pelo IBGE, o *Anuário estatístico do Brasil* (1950) contém o censo das seis mais importantes ferrovias do Brasil, nos anos de 1947 a 1949, com respectivos fretes das principais mercadorias transportadas (dentre outras, farinha de trigo, feijão, ferro em barra, chapa ou vergalhão e madeira serrada, não aplainada) em percursos de até mil quilômetros. A extensão da rede ferroviária em Goiás, em 1949, era de 409 quilômetros (Borges, 1990).

150

capital federal ao Planalto Central. Fazia-se, então, uma analogia à capital federal situada no Rio de Janeiro, quando havia uma vinculação visceral entre aquele estado e o governo federal. Mas isso não ocorreu com a capital federal no Planalto Central, onde o Distrito Federal logo assumiu vida própria, econômica, social e politicamente. Quanto à oportunidade de crescimento de empregos aos goianos, após a construção da nova capital federal, isso se modificou. Os funcionários públicos do governo federal foram transferidos do Rio a Brasília; os demais, eram oriundos de todo o país, via concursos federais.

Aquela originária convicção goiana de que abrigaria em seu próprio estado a capital federal parece ter sido uma certa vertigem mudancista da década de 1950. Com recursos estaduais – para um estado, então, com um dos menores indicadores de Produto Interno Bruto (PIB) no Brasil[127] –, foram desapropriadas as terras à capital federal (embora, posteriormente, Goiás tenha sido indenizado pelas desapropriações de terras goianas). Desapropriando terras e renunciando a um grande território estadual, sem futura previsão legal de contrapartida vinculante, o Estado de Goiás enfrenta, até os dias atuais, os complexos problemas sociais dos municípios goianos situados no entorno de Brasília. E a excessiva proximidade entre duas grandes capitais (Goiânia e Brasília) suscitou iniciativas que colocaram Brasília em prioritária evidência[128].

Assim, essa grande, importante e necessária cidade se configurou como uma "ilha" econômica no Centro-Oeste, contrastando com a região em que foi inserida. Essa gritante contradição histórica talvez não tenha sido prospectada dentro da "consciência possível" daqueles mudancistas goianos da década de 1950. Desse modo, a mudança da capital federal obteve seus passos seguintes após a desapropriação das terras goianas. Para demarcar essa nova etapa de avanços, foi trocado o nome da comissão que daria continuidade aos trabalhos.

---

127. Das vinte unidades federativas do Brasil existentes em 1950, Goiás ocupava a 12ª posição, à frente apenas do Pará, Maranhão, Alagoas, Rio Grande do Norte, Mato Grosso, Piauí, Amazonas e Sergipe (cf. IBGE/IPEA Data, *PIB Estadual e preços constantes,* 1950).

128. O aeroporto internacional foi priorizado a Brasília e, atualmente, a maior quantidade de viagens aéreas nacionais diárias são deslocadas para a capital federal, dificultando o transporte mais rápido a Goiânia. Brasília também sempre foi preferida na escolha para sediar os campeonatos mundiais, os congressos internacionais e até as viagens papais ao Brasil. Além disso, sob o argumento de que Brasília recebe diariamente moradores e visitantes de todo o país, a capital é subsidiada pelo governo federal. Esses e outros fatores a tornam uma cidade próspera, sob todos os aspectos, distinguindo-a do Centro-Oeste pela disparidade socioeconômica e pela falta de identificação com seu entorno regional.

3.5.5 Comissão de Planejamento da Construção e Mudança da Capital Federal (1955-1956)

Em 9 de dezembro de 1955, o Decreto n. 38.251 trocou o nome da Comissão de Localização – pois já havia ocorrido a localização, a demarcação e a desapropriação do território para o futuro Distrito Federal – para Comissão de Planejamento da Construção e Mudança da Capital Federal. Entretanto, não alterou a composição de seus membros, inclusive mantendo-se a presidência do Marechal Pessoa. Contudo, algo inusitado ocorreu: quem assinou esse decreto foi Nereu Ramos, vice-presidente do Senado Federal. Isso se deveu à renúncia do Presidente Café Filho. Mas qual era o contexto desta fase da história política brasileira?

O pai de João Fernandes Campos Café Filho era presbítero da Igreja presbiteriana; e Café Filho foi o primeiro evangélico a tornar-se presidente da República. Isto ocorreu também devido às mudanças históricas no Brasil, quando o regime republicano já estava implantado há mais de sessenta anos, não impunha uma religião oficial e permitia a liberdade de culto[129]; e a Cristandade, ainda hegemônica, havia assumido uma nova configuração. Agora, no Brasil da década de 1950, com sua disposição "militante"[130], a Igreja Católica precisava disputar democraticamente seu próprio espaço público e seus representantes políticos. Então, pela primeira vez na história do Brasil, a presidência da "nação católica" foi ocupada por um evangélico.

Café Filho era natural do Rio Grande do Norte e já havia sido deputado federal. Seu nome para compor a chapa da candidatura à presidência da República foi imposto a Getúlio Vargas pelo Governador Ademar de Barros, do Partido Social Progressista (PSP), e somente aceito pelo Partido Trabalhista Brasileiro (PTB) na data-limite do registro eleitoral. Na qualidade de vice-presidente da República, Café Filho também assumiu a função de presidente do Senado Federal.

Nas eleições presidenciais de 1955, Juscelino Kubitschek, do Partido Social Democrático (PSD), e seu candidato a vice, João Goulart (PTB), derrotaram o General Juarez Távora, apoiado por Café Filho. A "indiferença" de Café Filho frente

---

129. Conforme já abordado no capítulo 1 desta obra.

130. Cf., no próximo capítulo, como se formou e atuou a "Cristandade militante", na primeira metade do século XX.

às ameaças de golpe levaram o General Henrique Lott, seu ministro da Guerra, a desferir um "golpe preventivo" para garantir a posse de Juscelino. Por isso, Café Filho alegou razões de saúde e licenciou-se do cargo antes da posse do novo presidente eleito. Assumiu, então, interinamente, Carlos Luz, presidente da Câmara. Por questões jurídicas e pressão do General Lott, Carlos Luz permaneceu três dias como presidente e, em seguida, foi deposto. Foi assim que Nereu Ramos[131], vice-presidente do Senado, assumiu a interinidade da presidência da República. Depois, Café Filho quis retornar ao cargo, porém foi impedido pelo Supremo Tribunal Federal (STF). E, além da declaração de impedimento a Café Filho, foi aprovado estado de sítio para garantir a posse de Juscelino Kubitschek e João Goulart.

O Decreto n. 38.251, de 9 de dezembro de 1955, assinado por Nereu Ramos[132] – vice-presidente do Senado e na interinidade da presidência da República –, foi o que transformou aquela que era Comissão de Localização da Nova Capital Federal em Comissão de Planejamento da Construção e Mudança da Capital Federal. Mesmo sob crise profunda do Poder Executivo, que levou ao suicídio de Vargas e às controvérsias de Café Filho; mesmo com a mudança geral nos componentes da comissão de localização, sob a presidência do Marechal Pessoa; mesmo sob a recusa do presidente da República para assumir sua responsabilidade de desapropriação das terras no Planalto Central, ainda assim davam-se os passos legais para as providências de construção da nova capital federal.

Pelo Decreto n. 38.251/1955, a nova comissão tinha o prazo de cinco anos para a construção da nova capital (art. 2º, § único) e o seu presidente deveria apresentar um relatório anual das atividades ao presidente da República (art. 10º). Essa comissão tinha os poderes, com a respectiva previsão de recursos de crédito financeiro especial (art. 9º), para "mandar realizar":

---

131. Nereu Ramos nasceu em Santa Catarina, em 3 de setembro de 1888. Foi jornalista e professor de Direito. Estava entre os deputados que aprovaram a Constituição de 1934. Foi governador do Estado de Santa Catarina, de 1935 a 1945. Em 1951, tornou-se presidente da Câmara Federal. Em 1955, ocupou a vice-presidência do Senado. Com a deposição de Carlos Luz, por estar na linha sucessória ao cargo, assumiu a presidência da República de 11 de novembro de 1955 a 31 de janeiro de 1956.

132. Assinam conjuntamente F. de Menezes Pimentel, Antônio Alves Câmara, Henrique Lott, José Carlos de Macedo Soares, Mário da Câmara, Lucas Lopes, Eduardo Catalão, Abgar Renault, Nelson Omegna, Vasco Alves Seco, Maurício de Medeiros (Silveira, 1957).

a) estudos definitivos sobre as condições de abastecimento de água, energia elétrica, esgoto e telefone;

b) planejamento das vias de transportes e comunicações, que deverão ligar a futura capital federal a todos os Estados e Territórios, com sua adaptação, no que couber, ao plano geral de Viação Nacional;

c) plano de utilização da área escolhida para o provimento de recursos de construção da Nova Capital e plano urbanístico, inclusive o anteprojeto e projeto da Capital e de edifícios que constituirão a sede do novo Governo;

d) estudos concretos sobre o estabelecimento de uma corrente emigratória para o novo Distrito Federal, assim como o planejamento agropecuário;

e) levantamento e estudos exigidos para a mudança do Governo e para a transferência e instalação do funcionalismo federal e autárquico na futura capital federal;

f) elaboração de anteprojeto da legislação necessária ao novo Distrito Federal (Silveira, 1957, p. 300).

Eram essas, talvez, atribuições e poderes desproporcionais para uma comissão. Era necessário que o próprio Poder Executivo federal se incumbisse de liderar essa obra gigantesca. Por isso, Juscelino Kubitschek disse que, quando havia assumido a presidência da República, em 31 de janeiro de 1956, verificara que essa comissão havia trocado de designação, "mas nenhuma obra era realizada, enquanto a própria capital, de que tanto se falava, nem ao menos nome tinha" (Kubitschek, 1975, p. 30). Faltava, porém, um motivo imediato para mudar o presidente da comissão e, por fim, extinguir o referido grupo e criar uma Companhia Urbanizadora da Nova Capital. O motivo para a mudança do presidente da comissão surgiu logo: Marechal Pessoa projetava construir a capital federal por etapas e o novo presidente da República queria que ela fosse erguida "de uma só vez", simultânea e integralmente.

> Há uma frase no Relatório Belcher que deve ser ressaltada. Declarava esse documento, na sua Introdução: "O corpo do planejamento da firma reconheceu, através do trabalho, que o crescimento da cidade se processará em estágios". Em vista disso, não seria prático nem exequível planejar prematuras facilidades para a capital que viessem a satisfazer suas demandas finais. "O crescimento da cidade se processará em estágios..." eis a sugestão que não deverá ser esquecida. Foi por causa dessa recomendação, adotada integralmente pelo Marechal José Pessoa, que surgiu a primeira e última divergência entre nós dois – eu, sendo o presidente da República, e ele, ocupando o cargo de chefe da Comissão de Localização da Nova Capital –, da qual resultou seu afastamento do cargo em fins de maio de 1956 (Kubitschek, 1975, p. 28).

Três meses e vinte dias depois da exoneração do Marechal Pessoa, o Presidente Juscelino Kubitschek sancionou a Lei n. 2.874[133], aprovada pelo Congresso Nacional, pela qual foi extinta a Comissão de Planejamento da Construção da Nova Capital Federal e constituída "na forma desta lei, uma sociedade que se denominará Companhia Urbanizadora da Nova Capital do Brasil" (art. 2º, alínea "a"), que posteriormente ficou conhecida pela sigla Novacap. Com a instituição da Novacap, inicia-se a fase da construção da nova capital federal, narrativa do próximo capítulo.

A mobilização política e administrativa pela mudança da capital federal, até chegar a essa fase de definição pela construção, deveu-se, sobretudo, à principal força mobilizadora do Brasil com essa finalidade: os autodenominados "mudancistas goianos" e, em seu apoio, a posição mudancista da Igreja Católica em Goiás.

3.6 Mudancistas goianos: "mudança territorial para mudança social"

Os protagonistas goianos mudancistas, por interesses diversos, dedicaram décadas de suas vidas pela transferência da capital federal ao Planalto Central. Para eles, todos os esforços políticos de Goiás deveriam convergir, na disputa nacional, para que a demarcação do território do novo Distrito Federal fosse no Planalto Central brasileiro. Luiz Sérgio Duarte da Silva (1997) elenca cinco "tipos puros"[134] (ou, talvez, perfis sociais) de mudancistas goianos que se empenharam

---

133. Assinam conjuntamente esse importante documento histórico, com o então Presidente Juscelino Kubitschek: Nereu Ramos, Antônio Alves Câmara, Henrique Teixeira Lott, José Carlos de Macedo Soares, S. Pais de Almeida, Lúcio Meira, Ernesto Dornelles, Clóvis Salgado, Parsifal Barroso, Henrique Fleuiss e Maurício de Medeiros (Silveira, 1957).

134. Weber identifica três tipos puros de dominação legítima, para os quais fundam-se os motivos de submissão: o tipo burocrático, que preenche o cargo de comando da organização e que é obedecido em razão das normas estatuídas, da posição hierárquica e do regime disciplinar; o tipo tradicional, com o poder personificado e senhorial, fundamentado na tradição ou no direito hereditário; e o tipo carismático, dotado de qualidades excepcionais de liderança e que é obedecido pelo seu carisma pessoal (Weber, 1979). Esses "tipos puros", quando conferidos na realidade social e em cada sujeito histórico, com frequência apresentam-se com características múltiplas e entrelaçadas. Também, "as formas de dominação que ocorrem na História constituem [...] 'combinações, misturas, adaptações ou modificações' do tipo carismático, do tradicional e do legal" e "[...] na visão de Weber, a análise da mistura desses elementos em uma circunstância determinada constitui tarefa diferente e adicional" (Bendix, 1986, p. 259). Portanto, tais modelos sociológicos são válidos apenas metodologicamente, para identificar ênfases ou características que se sobressaiam na identidade do sujeito ou para a determinação de uma circunstância social. Silva (1997) utiliza essa perspectiva sociológica weberiana, devidamente redimensionada e ampliada, para designar os perfis dos mudancistas que pleiteavam pela mudança da capital federal ao Planalto Central. São categorias teóricas válidas e necessárias, como apresentação sintética, embora insuficientes por não fazerem a apreensão – ampla, abrangente e complexa – de suas respectivas biografias históricas e respectivos contextos.

na mudança da capital federal: o sonhador, o civilizador, o interessado, o fascinado e o instrumentalizado. A esses, adiante, acrescentam-se outros, geralmente omitidos ou desconhecidos pelas pesquisas realizadas acerca de tal transferência.

Mudancismo, na década de 1950, era uma categoria social cunhada por uma narrativa mobilizadora, que evocava a mobilidade espacial como possibilidade para a mudança social. Essa concepção se vinculava aos conceitos então vigentes de modernização, desenvolvimento e progresso.

A concepção mudancista brasileira se formou e consolidou mediante um longo processo histórico: o regime republicano havia sido implantado para possibilitar uma unidade federativa nacional; o Estado Novo difundiu e promoveu a colonização da Amazônia e do Centro-Oeste para integrar tais regiões ao Brasil; o nacionalismo intensificou o senso de brasilidade e de desenvolvimento interno de todo o país, considerando todas as potencialidades regionais. Para alcançar tais expectativas suscitadas durante décadas, era preciso avançar na fronteira agrícola, desbravando o sertão e explorando suas potencialidades naturais.

> Era necessário informar sobre as riquezas do Oeste, propagandeá-las para atrair os desbravadores: "Com superfície superior a qualquer país da Europa, exceto a Rússia, desdobra-se ali, um mundo inteiramente novo, de riquezas incalculáveis e cujo futuro progresso se aproxima rapidamente" (Boletim Geográfico *apud* Silva, 1997, p. 68).

Dentre os mudancistas que influenciaram a transferência da capital federal para o Planalto Central brasileiro, destaca-se o tipo social "sonhador", fundamentado por uma "ética da convicção", como eram os irmãos Jerônimo e Abelardo Coimbra Bueno. Atuaram decisivamente na construção de Goiânia e proferiam palestras pelo Brasil, narrando que a transferência da capital goiana havia superado a vida parasitária da velha capital e "mudado a mentalidade dos goianos". Eram os teóricos da "civilização sertaneja". O nacionalismo, para esses "sonhadores sociais", transformaria o Brasil em potência mundial e isso se faria pelo centro do país, que resolveria a dicotomia norte-sul.

O "civilizador" era outro tipo mudancista, como foi o major do Exército Henrique Silva. No Rio de Janeiro era conhecido como "o último bandeirante" porque havia participado da Comissão Cruls. Fundou a revista *Informação Goyana*, que circulou de 1917 a 1935, com o objetivo de divulgar "as possibilidades econômicas do Brasil central". Essa região central do país, para os civilizadores que escreviam nessa revista, era um paraíso à espera da chegada da civilização. E a criação da capital federal no Planalto Central significaria fazer chegar a civilização ao interior do Brasil.

Outro tipo social de mudancista foi o "interessado", como José Ludovico de Almeida, governador de Goiás de 1955 a 1959. Aproximou-se da oposição porque considerava que Goiás estava "na ordem do dia" e era preciso "aproveitar as oportunidades". Também o legislativo goiano aproveitava a perspectiva da transferência da capital federal para requerer estradas, pistas de aeroportos, eletrificação, telecomunicações, facilidades para aquisição de lotes aos funcionários públicos estaduais, incorporação da Faculdade de Direito de Goiás à futura Universidade de Brasília etc.

O "fascinado" era o tipo empolgado com a eventual transição social e econômica e passou a investir nessa probabilidade de futuro promissor. Foi o caso de loteamentos feitos às margens da rodovia Brasília-Anápolis, a mudança da cidade de Abadiânia para as margens da rodovia e a criação de um povoamento na Serra do Ouro (povoado próximo a Alexânia) em torno de um restaurante, de uma "zona" e de um centro espírita (construído por tia Neiva, uma ex-caminhoneira que se tornou vidente). A expectativa pelo surgimento de Brasília fascinava e atraía esses segmentos populacionais[135].

Havia o tipo social "instrumentalizado", como foram as populações das cidades de Corumbá de Goiás e Planaltina. Corumbá conheceu a euforia de um progresso abrupto porque por ela passava a primeira estrada que dava acesso a Brasília. Tornou-se ponto de hospedagem e de abastecimento. Com isso, expandiu o seu comércio e experimentou intenso movimento migratório. Tudo isso também ocorreu com Planaltina. Entretanto, uma vez construída a nova capital federal, essas pequenas localidades vivenciaram drástico declínio econômico e profundo impacto em sua formação identitária.

---

135. O fascínio por uma nova cidade, a rigor, é visceralmente distinto do fascínio inerente ao fenômeno religioso originário. Entretanto, "[...] a ideologia religiosa produz uma forma elementar da experiência da necessidade lógica que o pensamento analógico engendra pela unificação de universos separados" (Bourdieu, 2001, p. 71). Assim, o fascínio sociopolítico transmuta-se em fascínio religioso, e vice-versa, unificando logicamente duas diferentes ordens sociais.

E não poderia faltar o tipo social do "herói", personificado em Bernardo Sayão. Sua micro-história pessoal é bastante emblemática. Vivia ele no Rio de Janeiro, formou-se em agronomia e medicina veterinária e, dentre outras habilidades, sabia tocar piano. Tinha intensa vida social, mas seus sonhos estavam longe da capital onde morava. Desejava ir para o interior e participar do desenvolvimento do país. Por isso, "[...] seu amigo e antigo colega de faculdade, Simão Lopes Neto, então chefe de gabinete do Presidente Vargas, o indi[cou] para o Projeto das Vilas Agrárias" (Tubino, 2015, p. 105). Em 1941, foi escolhido por Getúlio Vargas para implementar a Marcha para o Oeste. Fundou a Colônia Agrícola Nacional de Goiás, em Ceres. E, em 1956, renunciou ao cargo de vice-governador para assumir uma das diretorias da Novacap, em Brasília. Desapropriou as terras do futuro Distrito Federal, instalou o acampamento dos operários e abriu a pista do aeroporto para viabilizar a construção de Brasília. Enquanto se abria o campo de pouso, Sayão acampou no local em barraca de lona.

> Uma árvore o matou, em janeiro de 1959, na vanguarda da Belém-Brasília, pouco antes de terminar a estrada que, segundo JK, "desencantará a Amazônia de sua prisão". Sabe-se que no espaço da construção o prestígio de Sayão era até maior que o de Juscelino. Problemas internos [de Bernardo Sayão] com Israel Pinheiro e Ernesto Silva eram constantes. Morrendo no auge do prestígio, o bandeirante moderno virou mito: não teria morrido (ou teria sido assassinado) (Silva, 1997, p. 94).

A filha Léa o chamava de "predestinado" (Tubino, 2015, p. 105). Havia caraterísticas, de fato, que se sobressaíam em Bernardo Sayão, fazendo com que fosse identificado por um estilo carismático bastante singular. Era um homem citadino, relacionável, popular, sonhador, profundamente religioso e capacitado profissionalmente. A isso se somava sua atuação na coordenação de causas que tinham grande prestígio nacional, como aquelas de inserção de migrantes agricultores à terra (com projetos similares aos atuais assentamentos rurais) e a abertura de rodovia nacional para integrar o Norte ao desenvolvimento econômico do Sul e Sudeste do Brasil. Por fim, sua morte abrupta e precoce, aos 58 anos, em meio a uma intensa vida pública e no auge de um grande projeto nacional, fez emergir o primeiro grande mito social da nova capital, equivalente àqueles socialmente assinalados pela projeção de aspirações coletivas. Certamente ocorriam trágicas mortes cotidianas de operários, em meio a tamanha quantidade de obras, geralmente em condições de insalubridade e insegurança. A morte de Bernardo Sayão, portanto, também incorporou o sentimento coletivo dos demais lutos e das fragilidades[136].

Parece importante acrescentar a esses tipos sociais até então mencionados o "empreendedor", o qual tem atuação social e pública, sobretudo pelo seu desempenho via mercado. Com essa ênfase empreendedora, destacou-se Altamiro de Moura Pacheco. Em Goiás, Altamiro exerceu a atividade de médico, pecuarista (com destaque especial pela sua indústria de leite em Piracanjuba), dono de farmácias. Em Goiânia criou o Instituto Médico-Cirúrgico e participou das tratativas pela criação da Faculdade de Medicina e, respectivamente, da Universidade Federal de Goiás. Mas seu particular destaque sob a ótica dessa abordagem foi que Altamiro presidiu a Comissão de Cooperação para a Mudança da Capital Federal. Sua representação, nessa missão goiana, foi de acompanhar a agrimensura, a negociação com os proprietários das terras e a desapropriação de cada uma

---

136. No centro do Cemitério Campo da Esperança, na Asa Sul, em Brasília (Morais, 2017), há três túmulos em destaque, onde foram enterrados Bernardo Sayão, Juscelino Kubitschek e Padre Primo Scussolino, da Congregação dos Sagrados Estigmas de Nosso Senhor Jesus Cristo (estigmatinos), considerado o "pioneiro espiritual da Nova Capital Federal" (Zoppi, 2010, p. 189). Os despojos mortais de JK foram, posteriormente, em 1981, transferidos para o Memorial JK, no canteiro central do Eixo Monumental de Brasília. Em julho de 1957, consta no livro da Arquidiocese de Goiânia que Padre Primo foi o sacerdote que recebeu a primeira provisão concedida por Dom Fernando Gomes dos Santos, para o exercício do sacerdócio em Brasília. Padre Primo chegou a Brasília no dia 14 de julho de 1957, tornando-se o primeiro pároco da nova capital federal, ainda em construção. "Padre Primo procurava atender social e religiosamente aos milhares de candangos; percorria todos os recantos da imensa construção de Brasília e assim ele mesmo foi se transformando em candango. De vez em quando os superiores iam visitá-lo e conhecer o seu trabalho; achavam excessivo o esforço, mas não colocaram nenhum confrade para ajudá-lo. [...] Brasília crescia, se agigantava e ao mesmo tempo surgiam os problemas sociais e religiosos. Para dar melhor atendimento chegaram a Brasília os frades capuchinhos. Padre Primo desprendidamente entregou-lhes a igrejinha de Nossa Senhora de Fátima, cujo valor estratégico, sob todos os pontos de vista, ainda hoje é notável" (Zoppi, 2010, p. 187-188). No início de 1960, Padre Primo adoeceu, vindo a falecer às 9h45 do dia 28 de março de 1960, poucas semanas antes da inauguração da nova capital federal e da instalação da Arquidiocese de Brasília. Comovido, Padre Vergílio Zoppi, seu confrade, assim comenta: "No cimo do planalto, transformado em altar, entre tábuas, cimento e ferros dormia o sono dos justos o pioneiro espiritual da nova capital. O audaz lutador descansou das labutas antes de poder ver sua inauguração realizada no dia 21 de abril de 1960. Foi sepultado no cemitério local. Seu túmulo se acha ao lado do túmulo de outro batalhador, o engenheiro Bernardo Sayon [sic]. Infelizmente sua memória foi olvidada e ele não foi condignamente considerado como primeiro pároco de Brasília. Essas honras foram dirigidas ao padre salesiano Roque Valiatti Vitale [que chegou a Brasília em outubro de 1957, aproximadamente três meses após a chegada de Padre Primo]. [...] Hoje o seu corpo [de Padre Primo] repousa no Cemitério da Esperança de Brasília, tendo sido o primeiro sacerdote a morar, morrer e ser enterrado na nova capital" (Zoppi, 2010, p. 189).

das fazendas – situadas nos municípios de Luziânia, Planaltina e Formosa –, para assegurar que parte do território desses municípios ficasse disponível ao novo Distrito Federal. Em 10 de dezembro de 1974, quatorze anos após inaugurada Brasília, Juscelino Kubitschek escreveu uma carta ao "amigo Altamiro de Moura Pacheco". Nela, destaca a marca empreendedora de Altamiro, decisiva para que Brasília tivesse se tornado possível.

> A você [Altamiro] tocou a parte mais trabalhosa, aquela que não se vê, que se desenrola no silêncio dos gabinetes: a desapropriação de terras, sem o que Brasília não se faria jamais. E você não empregou toda a sua capacidade com objetivos fiduciários, fê-lo por idealismo, porque foi daqueles que cedo compreenderam o papel histórico, geopolítico da nossa capital. Brasília triunfou porque teve homens de sua têmpera, de seu arrojo, desses para quem o empreendimento se situava como o resgate da velha dívida nacional (Anexo 2).

Mudancistas de tipo sonhador, civilizador, interesseiro, fascinado, instrumentalizado, herói e empreendedor são os mais conhecidos e de maior projeção social na história da transferência da capital federal ao planalto goiano. Eles precederam a criação de Brasília. Mas, junto a esses, outros os acompanharam, fortaleceram ou sucederam (alguns, inclusive, por eles suscitados), enquanto Brasília era construída.

3.6.1 Os estudantes universitários mudancistas (1956)

Os nomes ou lugares mudancistas, anteriormente mencionados, são conhecidos e frequentemente citados pela historiografia acerca da transferência da capital federal ao Planalto Central. Exerciam grande protagonismo econômico, social e político; por isso, deixaram mais "vestígios históricos", tiveram mais visibilidade e lhes foi dedicada mais escuta social. Mas, após quase sete décadas daquela intensa mobilização social pela transferência da capital federal, será necessário revisitar outros sujeitos históricos e recuperar as informações sobre seus esforços e sua relevância social.

As obras para a construção de Brasília já haviam se iniciado no final do ano de 1956, mas até o fim de 1959 havia muita insegurança se realmente a capital federal viria a ser transferida para o interior do Brasil. Portanto, os mudancistas que serão elencados fizeram parte da ação estratégica para criar pressão política pela transferência à nova capital federal, já em obras. Talvez, sem essa atuação política, Brasília corresse o risco de ser apenas uma nova cidade, porém sem a instalação dos poderes da República.

Dentre os sujeitos históricos mudancistas, emergidos enquanto Brasília estava em obras, é possível identificar – misturados na profusão das informações noticiosas dos jornais daquele período da década de 1950 – o protagonismo dos estudantes universitários mudancistas, em Goiás e em São Paulo.

Em 1956, foi realizada, em Goiás, a 1ª Semana [estadual] Mudancista, promovida pelos estudantes universitários goianos[137]. E eles não estavam sós; articularam-se com os estudantes universitários paulistas[138] e, juntos, mobilizaram os universitários do país para a realização de uma Semana Nacional Mudancista. Com essa iniciativa, intensificou-se uma grande onda nacional de interesse, superação de resistências e adesão à transferência da capital federal ao Planalto Central. Por ocasião da 1ª Semana Mudancista de Goiás, Jânio Quadros, então governador de São Paulo, por meio da representação estudantil de São Paulo, enviou-lhes a seguinte mensagem:

---

137. Os jornais de época, no ano de 1956, os denominavam "universitários" goianos, embora, em Goiás, a primeira Universidade do Centro-Oeste brasileiro (atual Pontifícia Universidade Católica de Goiás) tenha seu decreto de fundação datado de 17 de outubro de 1959 (Decreto n. 47.041), assinado por Juscelino Kubitschek (presidente da República) e por Clóvis Salgado (ministro da Educação). Até esta data de 1959, em Goiás existiam apenas faculdades isoladas (Brasil, 1959).

138. Há vários anos havia estreita articulação entre os estudantes de direito de Goiás e os de São Paulo. Sob o contexto e a cosmovisão regional daquele período, Goiás lhes parecia ter sido "descoberto" e "fundado" por São Paulo. A estátua de Anhanguera, por exemplo – situada na Avenida Anhanguera, no centro de Goiânia, criada pelo artista plástico Armando Zago –, foi um presente oferecido à capital de Goiás pelo Centro Acadêmico XI de Agosto, da Faculdade de Direito de São Paulo. "Inaugurada no dia 9 de novembro de 1942, meses depois do Batismo Cultural da então nova capital do Estado, [...] a escultura em bronze tem 3,5 metros de altura e ilustra a figura de Bartolomeu Bueno da Silva, armado de bacamarte em uma mão e na outra com uma bateia típica que se usava nos garimpos" (Ferreira, [2023]). "[...] A estátua é fruto do Estado Novo da Era Vargas, da caminhada do progresso para o Oeste, de uma nova política hegemônica. É como se Pedro Ludovico Teixeira fosse o novo bandeirante" (Chaul, 1997 *apud* Ferreira, [2023]). Nos dias atuais, diversos movimentos sociais, em Goiânia, pleiteiam a remoção deste monumento para "pensar um novo projeto de futuro antirracista e contra a manutenção de um projeto de cidade que glorifica seu passado de perversões, quando as marcações do tempo dispostas na malha da cidade não são mais compatíveis com o desejo de futuro que projetamos para esse lugar. É necessário produzir outras camadas para essa paisagem e muitas vezes alguns símbolos devem ser removidos por não fazerem mais sentido, onde a própria remoção torna-se o novo símbolo", afirmou o historiador Gilson Andrade (*O Popular*, 2020, p. 31).

Por intermédio da delegação do Centro Acadêmico XI de Agosto, saúdo, cordialmente, os participantes da 1ª Semana Mudancista de Goiás. A saudação é, também, de solidariedade vigilante à causa que desejam, e exigem, a mudança da capital federal para o planalto central. Já o disse, e agora reitero: é urgente governar o Brasil com as costas para o mar. É imperativo do passado brasileiro: ele sempre apontou para o Oeste como o rumo natural de nossa frágil civilização litorânea. Impõe-no o Brasil de hoje, este Brasil conturbado e caótico, principalmente porque vítima de uma economia enferma, sem raízes no chão nativo. Postula-o a nação brasileira de amanhã, cujo destino e cuja verdade hão de nascer do planalto sertanejo onde sepultar-se-ão definitivamente os mitos da civilização artificial que agora nos oprime. Estou, portanto, convosco. E decididamente. E com a nova história brasileira que a 1ª Semana Mudancista de Goiás começa a escrever (Jornal *Correio Paulistano*, 1956, p. 5).

Com seu inconfundível estilo linguístico de uso das mesóclises, também recorrentes nessa mensagem dirigida aos estudantes goianos, Jânio Quadros menciona alguns dos argumentos mais frequentes, usados pelos mudancistas da década de 1950, para transferir a capital federal: incrementar o desenvolvimento da produção econômica nacional ("com as costas para o mar" e tendo como alicerce o "chão nativo"); intensificar a fronteira agrícola pela Marcha para o Oeste ("o Oeste como o rumo natural..."); e mudar a perspectiva do Brasil litorâneo pela do Oeste brasileiro (para sepultar os "mitos da civilização [litorânea] artificial", que obnubilavam o conjunto da nação brasileira). Esses argumentos também constarão, implicitamente, na programação temática das semanas mudancistas.

O jornal paulista *Diário da Noite*, no dia 14 de fevereiro de 1957 noticiava que seria realizada, em São Paulo, a 1ª Semana Nacional Mudancista, promovida pelos "estudantes universitários de São Paulo e Goiás, que se empenham num movimento de âmbito nacional para a transferência da capital brasileira para o planalto [...]" (*Diário da Noite*, 1957, p. 2). A notícia sobre o evento mudancista ganhou ainda mais importância jornalística porque eles foram ao Rio de Janeiro, então capital do Brasil, convidar o presidente da República Juscelino Kubitschek a ser um dos conferencistas.

Durante a semana mudancista serão apreciadas pelos universitários de todo o país as conveniências e vantagens da interiorização da capital brasileira e sua localização em Brasília. Para formular o convite ao chefe do governo, que o aceitou, estiveram no Catete, hoje [14/02/1957], os universitários Paulo Marques, presidente do Centro Acadêmico XI de Agosto de São Paulo e César Ribeiro de Andrade, do Centro Acadêmico XI de Maio de Goiás, além de uma comissão de estudantes dos dois Estados. No correr da palestra que manteve com os universitários paulistas e goianos, o presidente da República convidou-os para uma visita às obras em construção na nova capital do país, ainda antes da realização da I Semana Mudancista (Jornal *Diário da Noite*, 1957, p. 2).

Aos poucos, as semanas mudancistas foram ganhando projeção e incitando o interesse social. Logo também despertaram a ambição especulativa daqueles que podiam faturar financeiramente e fazer negócio devido ao clima publicitário, suscitado pelo evento. Durante a realização da 1ª Semana Nacional Mudancista, no jornal paulista *A Gazeta Esportiva* fazia-se a seguinte publicidade sobre a venda de lotes na novel capital de Goiás:

OFERTA ESPECIAL por ocasião da 1ª Semana Mudancista. Terrenos em Goiânia – Sem Entrada. Não perca esta oportunidade única, pagando apenas mensalidades a partir de Cr$ 460,00. – Valorização extraordinária – IMOBILIÁRIA GOIÂNIA – São Paulo, Rua Marconi, 71 – 8º andar – conj. 82 (do Sindicato dos Corretores de Imóveis) (*A Gazeta Esportiva*, 1957, p. 16).

Essa questão dos terrenos nas novas capitais – Goiânia e Brasília – não era uma propaganda aleatória, numa conjuntura de especulação imobiliária. Ela supunha o valor e a renda da terra[139], e tornou-se decisiva para a construção de Goiânia, para a decisão política pela transferência da capital federal[140] e para a instalação da Igreja

---

139. O valor da terra é vinculado ao capital e a renda é correlacionada ao trabalho (Silva, 1981). "A lei do valor é a lei do movimento do capital e a transformação do valor em preço é o estudo de um momento ou de uma forma desse movimento" (Silva, 1981, p. 97). Em terras urbanas – particularmente em Brasília e em Goiânia, cidades criadas por indução do Estado –, o fracionamento da terra (loteamentos) suscitava imediato aumento de valor em razão do movimento sociopolítico, com expectativa de um porvir com trabalho socialmente acumulado naqueles territórios (urbanização, alto consumo, grande investimento, intensa circulação da moeda etc.).

140. Em 1951, o Sindicato dos Corretores de Imóveis do Estado de Goiás publicou um opúsculo, a título de "Contribuição", apresentando o *Estudo sobre o financiamento da transferência da capital federal para o interior do Brasil*. Essa publicação contém quatro capítulos, bastante elucidativos: "(I) A área a ser adquirida, na região provavelmente escolhida para a nova capital, e o preço da aquisição, tendo-se em vista o valor das terras no Planalto Central do Brasil; (II) O loteamento da área adquirida. Os diferentes padrões de lotes, segundo o seu destino e localização, as respectivas porcentagens sobre o total dos lotes da nova cidade e os preços de venda; (III) O autofinanciamento da mudança da capital federal, pelo resultado da venda dos terrenos loteados. Operação financeira de efeitos imediatos, para a mudança. Orçamento cíclico para o empreendimento; (IV) Fatal especulação imobiliária e meios para evitá-la. Considerações finais" (Sindicato dos Corretores de Imóveis do Estado de Goiás, 1951, p. 3).

Católica e das demais igrejas e religiões no plano piloto de Brasília (conforme capítulo 4). Clóvis Salgado, então ministro da Educação, ao participar da 1ª Semana Nacional Mudancista, em São Paulo, comentou sobre a venda de terrenos – valorizados e rentáveis – como fonte de receita para a construção da nova capital federal.

> Uma das mais severas críticas que vem sendo feitas à mudança da capital federal é a que diz respeito ao custo das obras que terão que ser realizadas. O ministro Clovis Salgado refutou tal objeção, afirmando que em sua grande maioria as obras serão financiadas, uma vez que os terrenos, em Brasília, serão facilmente vendidos, com lucros totais para o governo, pois que nada custariam. Adiantou mesmo o sr. Clovis Salgado que o financiamento das obras, através da venda dos terrenos e outras concessões cobrirá completamente as despesas decorrentes da mudança. Exemplificando, disse o ministro que há 18 anos o Estado de Goiás construiu sua capital contando com um orçamento de apenas 28 milhões de cruzeiros e hoje Goiânia conta com 100 mil habitantes. A República, continuou o ministro, conta com uma dotação [orçamentária] de 300 milhões, o que ainda representa um gasto pequeno se se levarem em conta as vantagens que advirão com a mudança da capital (Jornal *Correio Paulistano*, 1957, p. 1).

É emblemática e elucidativa a programação da 1ª Semana Nacional Mudancista, promovida pelos estudantes universitários. Ela apresentava os desafios e os projetos mais relevantes para a transferência da capital federal ao Planalto Central brasileiro. Por essa importância, que transcende ao evento, revisita-se essa histórica programação político-acadêmica, que ocorreu de 9 a 16 de março de 1957, na Faculdade de Direito da Universidade de São Paulo (USP). Constava de seminários, dois ciclos de conferências, um curso de extensão universitária, concurso de teses, excursões e palestras em rádio e televisão.

A 1ª Semana Nacional Mudancista teve seis grandes eixos temáticos: (1) as discussões que ocorreram na história do Brasil, para a transferência da capital federal ao Planalto Central brasileiro (os precursores da ideia; a tentativa de transferência ocorrida em 1899; a especulação de 1922; a campanha atual (1957); e a atuação do governo de Goiás e de Coimbra Bueno pela transferência da capital federal; (2) "o corpo e o espírito da futura metrópole", prevendo o cenário político-social, a mudança da capital federal, as reformas de base, os problemas do "empreguismo e da burocracia", a necessidade da descentralização administrativa e a implantação do regime parlamentarista; (3) as ciências necessárias, com seu respectivo arcabouço teórico, para a elaboração do projeto de Brasília: a sociologia, o urbanismo, a arquitetura, a engenharia, o saneamento, "a decoração, a paisagem e as demais ciências"; (4) os estudos sobre "aproveitamentos urbanos", transporte articulado ao sistema nacional, estilos arquitetônicos, abastecimento de água, sistemas de comunicação do novo Distrito Federal; (5) o abastecimento de Brasília, o autofinanciamento da construção da cidade, a agricultura, o desenvolvimento industrial e comercial compatível com a finalidade administrativa do plano piloto; a destinação dos locais para uso federal; e (6) os estudos jurídicos: o instituto da desapropriação, os subsídios, a venda e o arrendamento de áreas urbanas e rurais, os contratos de compra e venda de imóveis, a legislação preventiva de especulação imobiliária, a legislação tributária para o novo Distrito Federal, a situação jurídica do funcionalismo público federal em face da transferência da capital federal, a reversão das áreas usadas pelo governo federal ao Estado do Rio de Janeiro, a "legislação eleitoral de exceção para o novo Distrito Federal" (*A Gazeta Esportiva*, 1957, p. 10).

Para a abertura oficial da 1ª Semana Nacional Mudancista, além do presidente do evento, da comissão organizadora e dos convidados de honra, foi prevista a participação dos professores das faculdades de Direito de São Paulo e de Goiás, dos presidentes das Uniões Estaduais de Estudantes (UEEs), dos presidentes dos Diretórios Acadêmicos (Das) das faculdades participantes, e da imprensa escrita, radiofônica e televisiva. E para a apresentação de teses sobre a nova capital federal foi estabelecido o limite de até "dois tesistas" para cada faculdade do Brasil, provenientes dos cursos de direito, engenharia, arquitetura ou ciências econômicas. A sessão solene de abertura da semana (Anexo 4) ocorreu no dia 11 de março de 1957.

> Em cerimônia realizada sábado, na Faculdade de Direito da Universidade de São Paulo, às 19 horas, foi instalada solenemente a I Semana Nacional Mudancista, movimento destinado a estudar o problema da transferência da Capital da República para o planalto goiano. Compareceram à cerimônia Dom Carlos Carmelo de Vasconcelos Mota, cardeal-arcebispo de São Paulo; sr. Lincoln Feliciano, secretário da Justiça, que representou no ato o governador do Estado; prof. Alípio Correia Neto, magnífico reitor da Universidade; ministro Pascoal Carlos Magno, representante do presidente da República; Gerônimo Queiroz, representante do governador do Estado de Goiás;

Senador Coimbra Bueno; Ernani Cabral de Loiola Fagundes, diretor da Faculdade de Direito de Goiás; Luís Antônio da Gama e Silva, vice-reitor da Faculdade de Direito de São Paulo; César Ribeiro de Andrade, presidente do C.A. 11 de Maio da Fac. De Direito de Goiás; Paulo de Azevedo Marques, presidente do Centro 11 de agosto (Jornal *Diário da Noite*, 1957, p. 15).

O encerramento da 1ª Semana Nacional Mudancista (Anexo 5) ocorreu no dia 16 de março de 1957, com a previsão da presença do presidente da República Juscelino Kubitschek e dos governadores de Goiás, Espírito Santo, Minas Gerais, Pará e Pernambuco. O presidente sairia do Rio de Janeiro para presidir a inauguração da Exposição Agropecuária de Uruguaiana, no Rio Grande do Sul; no retorno dessa viagem, presidiria a cerimônia de encerramento da Semana Mudancista. Entretanto, como o presidente da República informou estar "impossibilitado de comparecer", foi lida a sua mensagem. Nela mencionava algumas das resistências e dos questionamentos que enfrentava para a transferência da capital federal.

> Por que às incontáveis e tormentosas questões que nos assoberbam, mais esta vem somar-se, a de transplantar a capital de um país? Por que, não havendo capacidade de investimento para empresas bem menores, tentar-se a grande mudança? Que se fará do Rio de Janeiro e dos seus habitantes, sobretudo dos funcionários federais? Essas e outras indagações se fazem continuamente. Grande parte delas não procede. Para todos os problemas suscitados se estuda uma solução plausível. O que se impõe, porém, é o exame dos benefícios, das vantagens. O saldo é extraordinário e favorável (Jornal *Correio Paulistano*, 1957, p. 3).

O presidente da República estava convicto sobre o "deslocamento do centro da decisão para uma zona quase despovoada" (Jornal *Correio Paulistano*, 1956, p. 3), evocava a disposição prevista na Constituição brasileira para a transferência da capital federal, previa que "cada dia que se passar, mais e mais dificultosa se [iria] tornando a transplantação" e isso seria "fatal para o Brasil" e, finalmente, afirmava que "a fundação de Brasília [seria] a fundação do equilíbrio da nação brasileira" entre a região litorânea e o interior do país. Juscelino encerrou seu pronunciamento fazendo apelo à cooperação e ajuda que precisava dos estudantes universitários para tal transferência.

> Se vos posso fazer um apelo, "mudancistas", como vós mesmos vos intitulais; se algo posso desejar de vós, concito-vos a que sejais ambiciosos, a que tenhais orgulho de vossa ambição, sacratíssima, nobilíssima e assaz justa ambição de promover a grandeza do Brasil através do desbravamento de seu interior.

Não me pejo de pedir-vos ajuda. Presidente da República, solicito o apoio de vossa energia, de vossa esperança, de vossa capacidade de sentir e compreender esta nação. Divulgai, explicai, comunicai a todo o país o que desejamos fazer, o que faremos. Sacudi esta nação com a vossa fé e a mim mesmo auxiliai-me a suportar esta luta que será tão mais violenta quanto mais, nos negativos e descrentes, se for tornando claro o entendimento de que não estamos falando em vão (Jornal *Correio Paulistano*, 1957, p. 3).

Não era apenas no Rio de Janeiro que estavam alguns dos brasileiros "negativos e descrentes". O Rio Grande do Sul também era um dos estados onde se concentravam focos de resistência. Duas semanas depois desse pronunciamento de Juscelino Kubitschek, em Porto Alegre, o jornal *Diário de Notícias* (30/03/1957) publicava a posição contrária a JK, feita pelo famoso jornalista Austregésilo de Athayde (1898-1993) que, talvez por essa razão, não fora convidado a participar da Semana Mudancista.

Os rapazes dos Centros XI de Agosto de São Paulo e Goiânia promoveram e realizaram, na primeira daquelas cidades, um Congresso Mudancista para o estudo do problema da mudança da capital federal, do Rio de Janeiro para Brasília. [...] Os rapazes não convidaram para lhes falar pessoas que tivessem ponto-de-vista contrário ao despejo. Só discursaram, em tom maior, conhecidos protagonistas da mudança precipitada. [...] Eu teria ido, com muito prazer e honra, discutir com os jovens estudantes, não só disposto a ouvi-los como também, se me permitissem, oferecer-lhes objeções que acho de suma importância. Creio que algumas delas haveriam de calar em seus espíritos, moderando-os no entusiasmo com que saúdam a azáfama mudancista do doutor Juscelino. Querem aplicar ao Brasil um coração artificial e um cérebro de matéria plástica. Tentaria provar aos estudantes que isso envolve perigo de morte (Jornal *Diário de Notícia*, 1957, p. 1).

A opinião de Austregésilo de Athayde explicita alguns dos argumentos e expressões usados pelos que faziam oposição à fundação de uma nova capital federal: para eles, a mudança era "precipitada", embora fosse uma prospecção formulada desde o tempo do Brasil Império; para eles, a capital federal não seria transferida e, sim, "arrancada" do Rio de Janeiro; para eles, a 1ª Semana Nacional Mudancista deveria ter sido para "o estudo do problema da mudança" da capital federal, não da solução para o país; para eles, a mudança era apenas um "entusiasmo de rapazes" e que a "azáfama mudancista" era devida ao "doutor Juscelino", não a um longo processo histórico, com diversas fases e distintos sujeitos sociais. Para eles – com a finalidade de descredenciar os protagonistas da mudança –, transferir a capital federal para o coração geográfico do Brasil seria transferi-la para um "coração artificial", e isso era o mesmo que aplicar ao país uma ideia mudancista proveniente de um "cérebro de matéria plástica"; enfim, para eles, a transferência da capital federal era "perigo de morte"[141].

Austregésilo de Athayde menciona apenas os "rapazes" entusiasmados que protagonizaram a 1ª Semana Nacional Mudancista. De fato, aquele evento foi majoritariamente masculino. Mas, no movimento nacional pela transferência da capital federal, também é possível localizar o protagonismo da mulher. Ela tinha nome, rosto e história: chamava-se Ana Braga Queiroz, era goiana e foi até Porto Alegre, em 1958, para enfrentar e difundir, com outra linguagem e outro método, a causa da mudança da capital federal.

3.6.2 Mulheres mudancistas (1958)

Ana Braga Queiroz era formada em filosofia, na Faculdade de Filosofia (que, futuramente, tornou-se a Universidade Católica de Goiás), e em direito, na Faculdade de Direito (depois, incorporada pela Universidade Federal de Goiás). Foi advogada, procuradora da justiça, vereadora, secretária de Estado, secretária de Ação Social, primeira-dama, deputada estadual e fundadora da Academia Feminina de Letras. Seu primeiro emprego foi de professora, aos 17 anos, nomeada pelo Governador Pedro Ludovico. Depois, transferiu-se ao colégio Lyceu de Goiânia, nas décadas de 1940 e 1950, onde exerceu o magistério por 22 anos.

Ana Braga foi casada duas vezes. Com o fazendeiro Luiz de Queiroz, ficou viúva após dois anos e meio de casamento, quando estava grávida da terceira filha. Seu marido faleceu num acidente rodoviário, no qual Ana perdeu oito membros da família. Depois de cinco anos, casou-se novamente com Trajano Machado e, por isso, tornou-se a primeira-dama de Tocantinópolis e de Porangatu – nesta segunda cidade, fundou o ginásio e a escola normal, primeiros cursos do Colégio Estadual. Tinha uma "luta incansável e incessante a favor do desenvolvimento da cultura do povo do médio norte goiano" (Menezes, 1991, p. 93).

---

141. No próximo capítulo, tais argumentos serão aprofundados, com suas respectivas autorias, objeções e contexto político.

Ana Braga era uma mulher muito à frente de seu tempo. Na década de 1940, com apenas 24 anos, foi eleita a primeira vereadora de Goiânia, juntamente com Julieta Fleury[142]. Lutava com veemência pela redemocratização do Brasil, contra a ditadura de Getúlio Vargas.

> Anos depois, lá estava ela, compondo a Comissão de Interiorização da capital federal. Ainda estudante de Direito, no Movimento Mudancista, viajou pelo interior de Goiás e para fora dele para defender a tese da necessidade da transferência do executivo nacional para o planalto goiano. "Eu explicava o quanto ficaria mais fácil de se expandir a educação por todo o País a partir da interiorização". Como boa oradora, aproveitou a apresentação da tese do 2º[?] Congresso de Educadores[143], em Porto Alegre (RS), realizado em 1958, para arrebanhar o apoio de vários Estados. "Os estados do Sul não queriam a mudança. O Rio de Janeiro era o adversário mais difícil na questão". Ana Braga chegou a levar as irmãs Barra [Barros] (uma dupla de cantoras goianas) para participar do evento, o que resultou no convite para a inauguração da Rádio Farroupilha. Tudo isso, junto com o discurso exaltado e apaixonado da professora, chamou a atenção da imprensa. "Fui considerada a vedete do congresso" (Borges, 2007).

A proeminência de Ana Braga, de fato, foi notícia de jornal em Porto Alegre[144]. A edição de 19 de janeiro de 1958, do *Diário de Notícias*, com destaque especial, dizia que "Ana Braga Queirós é goiana. Inteligente e viva, fala com muita facilidade e foi uma das figuras destacadas do III Congresso". Em entrevista, ela defende a

---

142. Tem-se aqui, portanto, um importante destaque sobre os inícios da conquista de espaço das mulheres na política, quando Goiás ainda era um estado profundamente marcado por características agrárias e patriarcais e quando no Brasil as mulheres haviam conquistado recentemente o direito de votar. "No cenário político brasileiro, a luta sufragista se consolidou em Mossoró, no Rio Grande do Norte, em novembro de 1927, quando aconteceu a primeira concessão de voto à mulher no país. Também no Rio Grande do Norte, Luiza Alzira Soriano Teixeira passa a ser a primeira prefeita eleita no Brasil, na cidade de Lajes, em 1928. Somente em 1932 o Presidente Getúlio Vargas institui o Código Eleitoral Brasileiro, definindo que era eleitor todo cidadão maior de 21 anos. A lei estabelecia que, doravante, as mulheres tinham direito ao voto, contudo, ainda era necessária a autorização do marido" (Weissheimer, 2020, p. 16-17). Esses primórdios do protagonismo das mulheres na vida política de Goiás e a sua atuação já consolidada na educação primária (primeira fase do Ensino Fundamental) criaram as condições sócio-históricas para que as mulheres goianas se inserissem, também, na luta pela transferência da capital federal ao Planalto Central goiano.

143. O evento teve, mais precisamente, o nome de III Congresso Nacional de Professores Primários (Menezes, 1991).

144. Ana era, então, a diretora da Divisão de Ensino de Goiás e coordenava a delegação goiana naquele congresso, onde defendeu a proposta de criação de colônias-escolas, "para suprir as deficiências do ensino, particularmente nas áreas mais pobres do Norte e do Nordeste do Brasil" (Menezes, 1991, p. 93).

transferência da capital federal ao Planalto Central. "Encerrando [a entrevista] Ana responde nossa pergunta sobre a nova capital: – Brasília fará com que os olhos do país se voltem para o Brasil Central" (Jornal *Diário de Notícias*, 1958).

Na delegação goiana que foi ao Congresso, em Porto Alegre, havia duas irmãs gêmeas, que fizeram muito sucesso.

> Honorina e Heloísa Barros são gêmeas, ambas professoras do Jardim da Infância do Instituto de Educação de Goiás. Formaram-se há um ano [em 1957] e tem grandes pendores artísticos. Heloísa estuda piano, frequenta o sétimo ano de estudos e é assistente dos professores do Conservatório de sua terra. Honorina dedica-se ao canto. Em recente concurso, em Belo Horizonte, foi classificada em primeiro lugar, vencendo até mesmo estudantes de mais anos de estudo neste setor. As duas, mineiras de Uberaba, residem em Goiás desde os quatro anos e já estão com vinte. Fizeram apresentações durante este Congresso em várias oportunidades: no churrasco oferecido pelo prefeito e na recepção do governador. Gostam do folclore, mas não se consideram folcloristas (Jornal *Diário de Notícias*, 1958, p. 1).

Diferentemente da 1ª Semana Nacional Mudancista, uma realização dos "rapazes" – promovida pelos estudantes universitários goianos e paulistas –, o Congresso Nacional de Professoras Primárias[145] apresentava outro formato, outra metodologia e outra linguagem. Analisava problemas nevrálgicos do Brasil, como o analfabetismo e a ausência de escolas em regiões periféricas do país. E, como uma das soluções a esses problemas, apontava-se para a necessidade de transferência da capital federal ao Planalto Central, o que possibilitaria que a educação escolar chegasse ao interior do Brasil.

---

145. Esse era um período denominado de Escola Nova, ou *escolanovismo*, em que se defendia a expansão do ensino público, com método pedagógico que valorizasse a autonomia e a capacidade criativa da criança. Vivia-se um momento crucial de industrialização e de urbanização do país. A educação, então, seria fundamental para adequar a sociedade brasileira a essa transformação socioeconômica e cultural. Havia se difundido, nessa fase histórica, sobretudo no ambiente escolar, o mito do Jeca Tatu, da obra de Monteiro Lobato (1882-1948) e a ideologia urbana que criara estereótipos sobre a vida rural. A higiene e os padrões da vida urbana deveriam se expandir, pela educação escolar (Patto, 1990). Em 1946, por iniciativa do Ministro Gustavo Capanema, haviam sido criadas as leis orgânicas do ensino primário, do ensino normal e do ensino agrícola (Saviani, 1988). Portanto, estava em andamento um projeto nacional de educação, sob uma democracia populista, nacionalista e desenvolvimentista. Em 1959 (um ano após o 1º Congresso Nacional das Professoras Primárias), foi lançado um manifesto intitulado "Mais uma vez convocados", assinado por 164 personalidades de destaque nacional, 13 das quais também haviam assinado o "Manifesto de 1932". "Os signatários do documento de 1959 postulam uma educação liberal, democrática, voltada para o trabalho e o desenvolvimento econômico; uma educação que busque a transformação do homem e de seu espaço social. Defendem, de forma veemente, a 'escola pública, cujas portas, por ser escola gratuita, se franqueiam a todos sem distinção de classes, de situações, de raças e de crenças'" (Vieira; Farias, 2007, p. 111).

No ano de 1957, o ensino primário já era majoritariamente mantido com recursos públicos. Como diretora da Divisão de Ensino de Goiás, Ana Braga estava plenamente envolvida nas discussões acerca da educação pública.

> [...] Das crianças matriculadas [no Brasil] naquele ano [1957] nesse grau [ensino primário], 3.724.039 (57%) estudavam em escolas estaduais, 1.912.114 (26,6%) nas municipais, 24.595 (0,4%) nas federais e 804.557 (12,4%) nas particulares (Vieira; Farias, 2007, p. 118).

Era, pois, com a expansão da escola pública que Ana Braga almejava alcançar a alfabetização do Oeste brasileiro. Sua referência era o Estado de Goiás, com seu vasto território. Quem a havia precedido, em décadas anteriores, com essa mesma causa em Goiás, era Dom Emanuel Gomes de Oliveira; entretanto, sua perspectiva era aquela da escola católica e da Cristandade militante[146].

Os intervalos entre as conferências e os debates do 1º Congresso Nacional das Professoras Primárias eram preenchidos com apresentações musicais e cantos regionais. E, ainda, havia recepções e almoços especiais. Portanto, era um congresso que continha uma programação elaborada com criatividade e atividades diversificadas.

A pertinência e o domínio profissional acerca do tema, a desenvoltura de suas participantes, o tom mais afetivo do evento e até mesmo o prestígio social das professoras primárias naquela década de 1950, talvez tenham suscitado a simpatia e a aceitação local, como se observa pelo modo de abordagem das notícias jornalísticas – mesmo que estivessem tratando de temas polêmicos, como era aquele da transferência da capital federal ao Planalto Central brasileiro. Esse protagonismo de mulheres, periférico ou invisível nas narrativas históricas sobre a capital federal, foi decisivo na amálgama política nacional para a aceitação à construção de Brasília. Também foram relegados pela "invisibilidade" histórica, dentre outros, os cinco fenômenos religiosos, ocorridos no contexto da construção da capital federal.

3.7 Fenômenos religiosos contextualizados pela transferência da capital federal

Sob a perspectiva multirreligiosa, já se mencionou o emblemático caso do Centro Espírita de tia Neiva. Além disso, a nova capital catalisou o milenarismo ibérico, suscitando a criação, em 1956, da Fraternidade Eclética Espírita Universal, liderada

---

146. Cf. abordagem mais ampla sobre esse aspecto no capítulo 4.

por um ex-piloto; e, em 1959, a criação do Vale do Amanhecer, fundado por uma ex-motorista de caminhão. Embora milenarismo e messianismo[147] sejam, com frequência, colocados como sinônimos, aqui não se apresentam equivalentes. A nova capital federal – ainda que tenha conferido grandioso prestígio ao presidente da República pela sua liderança na execução das obras de edificação da cidade de Brasília – não se situava no campo religioso messiânico, onde houvesse um enviado divino com carisma próprio para cumprir uma grande promessa. Antes, Brasília em obras parece ter instalado uma disposição psicossocial mais ampla e entusiástica de consumação milenar, de tempo pleno em que se realiza uma promessa.

> O Milênio pode ser instalado subitamente, por iniciativa divina [...] ou pode ser resultante da ação humana, por meio de um processo paulatino de evolução. O problema do Milênio é mais vasto do que o problema do messianismo. Não é apenas por meio de um enviado divino que se pode inaugurar no mundo o paraíso terrestre (Queiroz, 1965, p. 9, notas 21 e 23).

Além daqueles três fenômenos religiosos, emergidos no contexto de transferência da capital federal ao Planalto Central, ainda pode-se compor essa "constelação fenomenológica" milenarista, acrescentando outros dois emblemáticos episódios. O primeiro foi o "sonho de Dom Bosco" (sobejamente analisado no segundo capítulo), que justificou a Ermida de Dom Bosco e a imediata presença dos salesianos nas origens da construção de Brasília. Na obra *Por que construí Brasília?*, Juscelino Kubitschek (1975), na primeira página, antes mesmo de apresentar o índice, transcreve, como epígrafe, a famosa frase (premonitória? proféti-

---

147. Sobretudo a partir de meados do século XX, o messianismo foi um dos temas exaustivamente pesquisado pelas ciências humanas. Também é um dos temas centrais das teologias cristãs e da tradição judaico-cristã. O povo de Israel tinha suas expectativas messiânicas. Na literatura profética, a esperança messiânica era o alento dos pobres, dos migrantes, dos órfãos e das viúvas. O messianismo de Jesus se situa nessa perspectiva profética e o *kerygma* primitivo deixa claro o senhorio do Cristo (Messias) que foi crucificado e ressuscitou. Os messianismos têm "[...] sido frequentes ao longo da história da humanidade e sempre incorporam um matiz religioso. No Brasil, a lista é longa: Antônio Conselheiro, Padre Cícero, os Santarrões do Rio Grande do Sul, Monge João Maria e José Maria do Contestado, Beato José Lourenço, Pedro Batista, o Movimento dos Mucker, Frei Damião etc. O Brasil parece fadado a viver sob o signo da utopia, pelo fato de o imaginário messiânico constituir um dos elementos fundantes de sua cultura" (Rivas; Tavares, 2020, p. 551-552). Os messianismos e o milenarismo apocalíptico também parecem ter sido decisivos para a formação do protestantismo de missão no Brasil, sobretudo junto à população rural e pobre. Segundo W. K. de Oliveira, "[...] a difusa crença messiânica no Brasil, representada nos mais variados movimentos messiânicos, contribuiu para a pregação protestante, sua consequente missão de evangelização no país. Apesar da pregação dos missionários evangélicos, sobretudo os de tradição norte-americana, e considerar a religiosidade brasileira pagã, sua aceitação foi possível graças à aproximação com o fértil campo semântico da religiosidade brasileira, profundamente messiânico. A mensagem pré-milenarista dos missionários encontrou aproximação com o espírito messiânico do imaginário religioso brasileiro. A partir disso, houve a possibilidade de se fazer colagens da pregação missionária e pentecostal com os hábitos, crenças e religiosidade brasileira" (Oliveira, 2015, p. 233).

ca? instrumentalizada?) de Dom Bosco, escrita por ele no final do século XIX: "[...] e aparecerá aqui a Grande Civilização, a Terra Prometida, onde correrá leite e mel. E essas coisas acontecerão na terceira geração". Isso indica que o responsável principal pela construção de Brasília realmente acreditava – ou induzia a acreditar – pertencer a essa "terceira geração" que conduziria, por desígnio divino, à edificação da nova capital federal no Planalto Central.

Figura 7 – Igrejinha Nossa Senhora de Fátima, na Asa Sul do Plano Piloto de Brasília

Fonte: Arquivo de Altamiro de Moura Pacheco/IPHEBC.

O segundo fenômeno religioso, sob o contexto milenarista da construção da capital federal, foi o milagre atribuído a Nossa Senhora, por uma graça alcançada à então pequenina Márcia Kubitschek[148], filha de Sarah e Juscelino Kubitschek,

---

148. A promessa foi feita por Sarah Kubitschek em favor de sua filha Márcia, que esteve doente por dois anos e chegou a ir à Europa para tratamento médico (Vasconcelos, 1989). Márcia Kubitschek nasceu em Belo Horizonte, em 22 de outubro de 1943, e faleceu em 5 de junho de 2020. Formada em ciências políticas e jornalismo, falava cinco idiomas. Em 1964, partiu com JK para o exílio na França. Em 1986, foi eleita deputada federal e foi parlamentar constituinte. Em 1990, foi eleita vice-governadora do Distrito Federal.

que deu origem à igrejinha Nossa Senhora de Fátima, projetada pelo arquiteto Oscar Niemayer[149].

> Primeiro templo religioso do Plano Piloto de Brasília, a Igrejinha de Fátima foi entregue à comunidade antes da inauguração de Brasília. A conclusão da obra de arquitetura e a [con]sagração do templo datam de 1958, quando, no dia 28 de junho, nas presenças do Presidente Juscelino Kubitschek, do Núncio Apostólico Armando Lombardi, outras autoridades e convidados, o Cardeal Carlos Carmelo de Vasconcellos Motta oficiou o ato litúrgico da Eucaristia. Ao redor da capelinha, tudo era apenas um grande canteiro de obras (Vasconcelos, 1989, p. 155).

O milagre obtido em favor de Márcia Kubitschek também foi a causa circunstancial para a vinda, em 1958, dos frades franciscanos capuchinhos, missionários de N. Sra. de Fátima[150], a fim de residirem e atuarem pastoralmente na Paróquia Nossa Senhora de Fátima, situada na Asa Sul do Plano Piloto da cidade. Em frente à igreja há uma placa com os seguintes dizeres: "Este Santuário, primeiro de Brasília, foi mandado erigir em honra de N. S. de Fátima, por iniciativa da Sra. Sarah Kubitschek, em cumprimento de uma promessa".

3.7.1 A influência do capital simbólico-cristão

Na década de 1950, no Brasil, o "capital simbólico-religioso" (Bourdieu, 2001, p. 28) mais adensado e estruturado era o cristão-católico; isso o tornava hegemônico e influenciava as opções estratégico-políticas no espaço público e laico. Assim se verificou, particularmente, na escolha do nome que seria dado à nova capital federal. Prevaleceu Brasília – topônimo que se referia ao Brasil, assim como Goiânia a Goiás –, criado por José Bonifácio, ainda durante o Brasil Império e,

---

149. "De linhas ousadas e modernas, a edificação foi plantada numa área triangular em cujos vértices levantam-se três pilares que servem de sustentação à laje de cobertura. Muito simples e de muita leveza. Em janeiro de [19]58, a imprensa divulga a maquete. E, em 100 dias a obra estava concluída, através da construtora Ibira, sob a supervisão da Novacap" (Vasconcelos, 1989, p. 155-156).

150. "À tarde de 20 de setembro de 1958, num dia de sábado, chegava de jipe em Brasília, vindo de Goiânia, o Frei Demétrio, nomeado pároco da futura Paróquia Nossa Senhora de Fátima. Não tinha casa, nem lugar. Só um coração de missionário. Hospedou-se temporariamente na casa de um amigo, na quadra 707, asa sul, em Brasília. No domingo, dia 21 de setembro, celebrou duas missas na Igrejinha, saudando o povo de Brasília e declarando-se empossado no Santuário de Fátima, como Vigário paroquial do Padre Primo, estigmatino, pároco no Plano Piloto, em Luziânia e nos arredores de Brasília" (Semin, 2017, p. 33). Frei Demétrio faleceu em Paim Filho/RS, cidade natal deste autor, em 25 de fevereiro de 1968, aos 50 anos de idade. Em julho de 2017, com autorização dos familiares e das autoridades, foram conduzidos pelo autor desta obra a exumação dos restos mortais do frei e o translado a Goiânia, onde repousam, no Memorial Frei Demétrio, ao lado da Paróquia Santo Antônio, no setor Pedro Ludovico.

certamente, insistido pela maçonaria, bastante atuante nessa década. Entretanto, o primeiro nome da capital federal, assim que demarcado seu território, foi Vera Cruz. O próprio Juscelino Kubitschek menciona o nome Vera Cruz, mas o atribui exclusivamente ao Marechal Pessoa, com quem teve divergências e o exonerou do cargo de liderança para a execução de transferência da capital federal.

> [...] O Marechal José Pessoa, preocupado com a situação, escolheu, por iniciativa própria, um nome: "Vera Cruz". Tratar-se-ia de uma recorrência ao primeiro nome da terra brasileira? Suponho que a denominação se vincule, de alguma forma, à outra iniciativa do marechal, relacionada com a sua formação religiosa. Trata-se da ereção de uma cruz de madeira[151] no denominado Sítio Castanho – o local mais alto de Brasília – onde se encontra desde maio de 1955, e, hoje, é conhecido como Cruzeiro. Essa cruz constitui a verdadeira pedra fundamental da cidade. É, sem dúvida, seu marco histórico, e muito mais expressivo do que a placa, fundida no Liceu de Artes e Ofícios de São Paulo, e colocada perto da cidade de Planaltina, dentro do quadrilátero Cruls. Mais tarde, em 1957, já sendo eu o presidente da República, ali foi rezada a primeira missa, oficiada por D. Carlos Carmelo de Vasconcelos Mota, arcebispo de São Paulo (Kubitschek, 1975, p. 30).

A construção da nova capital federal, como se constata nesse relato histórico de Juscelino Kubitschek, estava sendo assentada não apenas num imenso território do Planalto Central goiano; também erigia-se sob um terreno de disputas entre a concepção do Estado laico e seu respectivo espaço público que se confrontava com o imaginário religioso brasileiro e a hegemonia dos católicos. Por isso, "a cruz constitui a verdadeira pedra fundamental da cidade" de Brasília, um símbolo religioso erigido em espaço público para sinalizar a referência religiosa da cidade. No contraponto a essa posição religiosa prevalece a concepção laica para a escolha do nome da nova capital federal, talvez sob influência dos segmentos da sociedade brasileira de viés laico e/ou anticlerical[152].

---

151. Atualmente, essa cruz de madeira está em exposição no interior da Catedral de Brasília.

152. O dissenso e a polarização entre laicidade do Estado e presença pública das religiões não cessaram, nem se restringiram à construção da capital federal do Brasil; ao contrário, ampliaram-se e radicalizaram-se em alguns setores da sociedade brasileira. Quanto à presença dos símbolos religiosos em espaços públicos, estes parecem ter a aceitação da maioria do povo brasileiro, embora também já tenham suscitado grandes divergências e polêmicas no país. Sobre esse tema há duas pesquisas de campo bastante elucidativas: uma sobre os símbolos religiosos em espaços públicos de Porto Alegre, elaborada por C. A. Silva (2016); e outra em perspectiva similar – particularmente sobre as ocupações urbanas das igrejas e as imagens de santos em logradouros públicos de Fortaleza –, elaborada por J. Miranda (2016).

3.7.2 Religiosos católicos mudancistas em Goiás

Para a transferência e construção da capital federal – junto aos demais protagonismos mudancistas já mencionados, aos fenômenos religiosos milenaristas, à influência do "capital simbólico-religioso" – também foi decisiva a participação do "tipo mudancista religioso"[153], que vigeu na década de 1950 a meados de 1960. O protagonismo religioso-católico mudancista não foi aleatório ou secundário. Com perfil identitário distinto – mas suscetível ao contexto de mudança e/ou articulado aos demais sujeitos históricos narrados –, exerceu decisivo papel de liderança social, capaz de amplificar, legitimar e consolidar o amplo e complexo processo de mudança da capital federal ao Planalto Central brasileiro. Distinguem-se esses sujeitos históricos religiosos-mudancistas dos demais, não apenas em razão de seu intrínseco vínculo à Igreja Católica, como pela relação assimétrica que existe entre política e religião. Ou, na assertiva análise de Bourdieu (2001, p. 77), "a relação que se estabelece entre a revolução política e a revolução simbólica não é simétrica" nem em seus códigos, nem em sua linguagem, padronização de perfil, forma de atuação ou ritmo temporal. Ambas podem convergir conjunturalmente em defesa conjunta de interesses que lhes sejam comuns; ambas também – embora realizem trocas simbólicas de recíproca conveniência – demarcam para si campos distintos, sobretudo nas sociedades da modernidade ocidental.

---

153. Ainda que não correlacionáveis à transferência da capital federal ao Planalto Central goiano, na Região Centro-Oeste brasileira existe uma imensa constelação de outros "sujeitos religiosos", entrelaçados à realidade sociocultural regional; dentre eles poderiam ser mencionados aqueles situados no Vale do Amanhecer, nas Cavalhadas, no Fogaréu, nas Congadas, nas Romarias, nas Folias de Reis, nas Festas Juninas, nas Festas de Padroeiros etc. Essa realidade religiosa regional tem sido, inclusive, um dos principais fatores para o turismo. "Segundo a Organização Mundial do Turismo, este setor movimenta mais de US$ 3,5 trilhões, anualmente, sendo que mais de 180 milhões de pessoas vivem direta ou indiretamente dessa atividade. No Brasil, o turismo emprega mais de 10 milhões de pessoas e movimenta cerca de 3,6% de nossa economia. [...] Em Goiás existem dezenas de eventos religiosos (católicos, evangélicos, espíritas, orientais, entre outros), populares e tradicionais, alguns já consolidados e outros com grande potencial turístico, como: Caldas Novas (Santuário de Nossa Senhora da Salete, no Morro do Capão e o Jardim Japonês, de tradição budista), Abadiânia (Casa Dom Inácio), Alto Paraíso, Trindade (Romaria do Divino Pai Eterno), Niquelândia (Romaria de Muquém), Pirenópolis (Cavalhadas e Festa do Divino Espírito Santo), Cidade de Goiás (Procissão do Fogaréu), Cavalcante (Caçada da Rainha), Santa Cruz de Goiás (Contradança), Catalão (Congadas), Congressos Evangélicos e outros" (Palmerston, 2015).

Dentre os integrantes do tipo religioso-católico mudancista[154], em Goiás, três se sobressaíram historicamente: Dom Abel, Cônego Trindade e Dom Fernando (Anexo 3). Eles eram, em circunstâncias e condições diversas, a representatividade institucional da Igreja Católica na participação pela mudança e consolidação da capital federal ao Planalto Central. Traziam consigo uma narrativa articulada, autoridade moral, liderança social e o poder da hierarquia católica, consolidado regional e mundialmente pela força institucional e pela dinâmica política inerente ao modelo de Cristandade[155].

Dom Abel Ribeiro Camelo, bispo auxiliar, devido ao falecimento de Dom Emanuel Gomes de Oliveira, arcebispo de *Goyaz*, foi nomeado administrador diocesano (interinidade) para a condução da Igreja arquidiocesana e, por isso, foi quem assumiu o cargo de vice-presidente da Comissão de Cooperação para a Mudança da Capital Federal. Com a criação da Arquidiocese de Goiânia, em 1956, e a chegada de Dom Fernando Gomes dos Santos, em 1957, foi o novo arcebispo quem atuou diretamente, em nome da Igreja Católica, durante a construção da nova capital federal, pois, canonicamente, o território de Brasília pertencia à Arquidiocese de Goiânia.

Quanto ao Cônego Trindade (José Trindade da Fonseca e Silva), este foi um dos principais protagonistas da Igreja Católica para a transferência da capital federal ao Planalto Central. Com a anuência do arcebispo de *Goyaz*, foi eleito deputado federal e, durante a década de 1950, articulou-se politicamente com parlamentares de todo o país para persuadi-los pela mudança da capital federal. Na campanha de Juscelino Kubitschek para o Senado Federal, Cônego Trindade foi um "cabo eleitoral" muito importante para sua eleição. Após eleito presidente da República, JK não se esqueceu de seu aliado da primeira hora. Enviou-lhe uma fotografia oficial, contendo no verso os seguintes dizeres: "Ao meu amigo Padre Trindade, cuja colaboração foi inestimável na minha campanha a Senador de Goiás, o meu abraço de agradecimento. Juscelino Kubitschek, 2-8-60". A aliança político-partidária e religiosa, consolidada na relação entre JK e Cônego Trindade, era factível e aceitável porque o

---

154. Nas décadas de 1940 a 1950, em algumas regiões – particularmente do Leste, Nordeste, Sudeste e Sul do Brasil – já é possível identificar um laicato católico bastante combativo e militante. São leigos que despontam no contexto pré-conciliar da Igreja Católica, experimentam as profundas transformações que estavam ocorrendo na sociedade brasileira e se articulam na defesa de interesses político-ideológicos, com militância jornalística, intelectual, sindical e partidária (Godoy; Miguel, 2018). Entretanto, na Região Centro-Oeste, o protagonismo do laicato, nessas décadas, ainda era bastante incipiente. Por isso, na identificação do tipo religioso-católico mudancista dessa região se sobressaem, particularmente, três protagonistas que pertencem à hierarquia eclesiástica.

155. Conforme explicitou-se no capítulo 1.

modelo eclesial de Cristandade militante e combativa, na primeira metade do século XX, havia apontado para essa possibilidade e impostação da Igreja.

Mas, e quanto ao povo goiano: como se posicionava em relação a todos esses "tipos sociais" mudancistas e quais eram suas expectativas para com a transferência da capital federal ao Planalto Central?[156]

3.8 Toniquinho e a expectativa popular goiana (1955)

Lideranças, em geral, deixam seu registro histórico em documentos escritos, gravações, fotografias ou pelas narrativas da tradição oral. Entretanto, nem sempre é possível à historiografia alcançar, com segurança e credibilidade de fontes, as expectativas sociais e coletivas quando os acontecimentos ocorreram em datas mais remotas. Goiás, na década de 1950, era um estado com baixos índices de desenvolvimento humano (IDH), precárias condições de escolarização, incipiente participação política e pouco acesso à comunicação. Um assunto como transferência de capital federal, portanto, era bastante complexo para que fosse debatido pelo conjunto da sociedade. Contudo, algo pode ser obtido entrando pelas "brechas narrativas" deixadas pelas testemunhas históricas. Uma dessas brechas possibilita o acesso a Toniquinho que, em 1955, num comício de Juscelino Kubitschek, em Jataí, questionou publicamente o candidato à presidência sobre suas intenções de construir a capital federal no Planalto Central.

> A fagulha decisiva saíra da boca de um cidadão, no comício do candidato à Presidência da República em Jataí, Sudoeste de Goiás. Pregador do trinômio Energia-Transporte-Alimentação [...], JK apanha como gancho a cobrança do coletor estadual Antônio Carvalho Soares, o Toniquinho:
> O senhor vai cumprir a Constituição, que determina a mudança da capital federal?
>
> – Vou.

---

156. Vários dos "sujeitos históricos" aqui elencados ainda não haviam sido nominados pela historiografia publicada acerca do tema da transferência da capital federal. São inéditos e foram localizados em pesquisa documental nas fontes primárias; em geral, são ou sujeitos coletivos ou protagonistas singulares que se fizeram porta-vozes de expectativas e interesses coletivos. Entretanto, não se localizou registro documental, até então, que possibilite narrar grandes manifestações populares pró-transferência da capital federal ao Planalto Central goiano. Além disso, no âmbito eclesial – embora a Ação Católica já estivesse bastante consolidada na década de 1950 e houvesse a grande projeção de cristãos leigos brasileiros como Alceu Amoroso Lima (1893-1983), Jackson de Figueiredo (1891-1928), Gustavo Corção (1896-1978) ou Otto Maria Carpeaux (austríaco naturalizado brasileiro, 1900-1978) –, salvo melhor juízo, não é possível se afirmar com certeza histórica que o laicato católico, brasileiro e/ou goiano tenha assumido combativamente a defesa pela transferência da capital federal.

4 de abril de 1955. A indagação repercute o clamor e os anseios vindos como avalanche, como se a década rompesse barreiras. E, daí em diante, JK marreta a bigorna, já no comício seguinte, em Porto Nacional:

– É compromisso indescartável! (Asmar, 2000, p. 20-21).

Juscelino Kubitschek reconhece que a transferência da capital federal não estava em sua plataforma eleitoral, como projeto de governo.

> A afirmação do comício em Jataí fora política até certo ponto. Até então, eu não me havia preocupado com o problema. Entretanto, a partir dali, e no desdobramento da jornada eleitoral – quando percorri o país inteiro – deixei-me empolgar pela ideia. Havia visto o Brasil de cima – de bordo de um avião – e pude sentir o problema em todas as suas complexas implicações. Dois terços do território nacional ainda estavam virgens da presença humana. Eram os "vazios demográficos" de que falavam os sociólogos (Kubitschek, 1975, p. 8).

O tema da transferência da capital federal não era novidade a JK. Como parlamentar já havia acompanhado, no Congresso Nacional, todos os debates que se faziam sobre a nova capital da União. Era, inclusive, propenso à defesa de seus conterrâneos para que a futura Brasília fosse construída no território de Minas Gerais. Por isso pode haver controvérsias sobre os efeitos da pergunta de Toniquinho. O historiador Ronaldo Costa Couto "sugere que JK já havia tomado a decisão de transferir a capital para o centro do país antes de chegar a Jataí" (*O Popular*, 2019, p. 6). Entretanto, JK sempre se referiu à pergunta de Toniquinho como razão para sua decisão pela transferência da capital federal ao Planalto Central.

> Já que Vossa Excelência anuncia o propósito de cumprir a Constituição, queria saber se, eleito fosse, construiria a capital do Brasil no Planalto Central? [...] Eu havia acabado de estudar Direito aqui em Goiânia e havia lido muito a Constituição[157]. Resolvi então perguntar sobre a transferência da capital, que estava prevista na lei. Quando fiz a pergunta, percebi que Juscelino se assustou, ficou meio surpreendido. Mas logo depois ele respondeu que sim, que daquele momento em diante a construção da nova capital seria um de seus objetivos principais, caso fosse eleito (*O Popular*, 2019, p. 6).

---

157. É bastante possível que Toniquinho tenha participado da 1ª Semana Mudancista de Goiás, promovida pelos estudantes de direito, em Goiânia, no ano de 1956.

Toniquinho, nessa ocasião, tinha apenas 29 anos. "Ele tinha uma personalidade muito forte. Era um homem muito determinado, guerreiro. Conhecia muito a história do Brasil", testemunhou seu cunhado Maguito Vilela. Toniquinho morreu no dia 21 de novembro de 2019, aos 94 anos.

A indagação de Toniquinho possivelmente traduzisse certa expectativa popular difusa. Ele, na ocasião, não era um protagonista político; apenas assistia a um comício. E os comícios, na década de 1950, eram o principal instrumento com que os candidatos aos cargos políticos contavam para expor suas ideias e propostas ao povo. Não havia nem o atual recurso da televisão, nem o horário eleitoral gratuito pelos meios de comunicação, nem as redes sociais que existem no século XXI. O *marketing* eleitoral era quase inexistente, e a oratória era o principal recurso persuasivo. Toniquinho era apenas um cidadão comum, de nome Antônio, mas conhecido pelo apelido. Com senso de oportunidade, Toniquinho foi, talvez, o único protagonista popular a se sobressair, fortuita e conjunturalmente, na história da mudança da capital federal.

Sob a vigência da política populista, a intervenção de Toniquinho pode ter sido conveniente a JK para expressar que era o porta-voz do "clamor popular". Se conveniente ao candidato, também foi oportuna aos mudancistas e considerada necessária a Goiás. Foi por esses caminhos e com esse processo histórico que se conduziu a política no Brasil para transferir a capital federal ao Planalto Central brasileiro.

Considerações

Aquele "sertão de Goiás" – que o futuro identificaria como região do cerrado brasileiro, berço das águas, Planalto Central –, durante séculos foi lugar ignoto pelo país a que pertencia. Enquanto isso, nesse mais antigo dentre os biomas brasileiros, vicejava uma das maiores biodiversidades do mundo, descritas com atônito encanto poético pela Comissão Cruls. Desde tempos remotos, habitantes indígenas, de diversas línguas e culturas, habitavam no ventre desta mãe-terra. Depois, no século XVI, pelos rios caudalosos, chegou a Goiás o cristianismo, em frentes missionárias sucedidas pelas incansáveis desobrigas. Também chegaram a Goiás, no século XVIII, as entradas e as bandeiras para arrancar todo o ouro encontrado neste chão, promovendo o apogeu de um ciclo econômico no Brasil e na Europa. Cessado o interesse econômico, restou a presença de uma velha Cristandade, que assumiu uma configuração romanizada e disciplinadora, em Goiás, no final do século XIX; e militante, durante o período republicano, até meados do século XX. Todavia, para o Brasil litorâneo, aquele interesse difuso, letárgico e cíclico por Goiás, verificado ao longo de séculos, cedeu lugar ao assombro de um controvertido debate nacional, que convergiu ao Congresso Nacional e ao governo federal: a sede dos poderes nacionais poderia ser transferida para o Planalto Central brasileiro.

Viu-se, ao longo deste capítulo, um caminho histórico, nacional e regional – cheio de fluxos e refluxos, idas e vindas, avanços e recuos – sobre a transferência da capital federal ao Planalto Central brasileiro. Como toda narrativa histórica, esta também é habitada por indagações hermenêuticas e por um responsório que oscila entre o sim e o não. Esse amplo movimento mudancista teria sido apenas uma manobra estratégica das elites e um rearranjo na correlação de forças da política nacional? Sim, porque a Primeira República (1891) era dominada pelos interesses locais dos coronéis regionais, com os quais era difícil articular a unidade nacional; porque, na Segunda República (1930), a vigência de um novo ciclo econômico e a emergência dos interesses de uma nova classe urbana suscitaram uma revolução, com novas rupturas e conciliações sociais; porque o Estado Novo (1937) impôs um regime de exceção, com a intervenção política pela força, para o controle das novas convulsões nacionais; e porque a Terceira República (1945) visava responder com desenvolvimentismo aos setores, às classes e às regiões que protestavam, de diversas maneiras, pelo seu "atraso" social e econômico. Elites digladiavam-se entre si e uma interessante iniciativa política para a coalização nacional seria a transferência da capital federal. Por essa razão, vigorosa e persistente, com vigência ao longo de décadas, exceto na Constituição do Estado Novo, todas as demais constituições republicanas, durante sessenta anos, reiteraram o ordenamento legal pela transferência da capital federal ao Planalto Central brasileiro. Subjacente às renhidas disputas históricas pela escolha e demarcação de um centro da nação, havia um esquema mental cosmogônico que visava ao reordenamento do espaço social mediante a fixação de um local central.

Discursos e interesses hegemônicos, entretanto, também podem ser apropriados e reelaborados por aqueles que se movimentam às margens da geopolítica central. Por isso, a transferência da capital federal não foi apenas um movimento mudancista elitizado e centralizado. Emergiram, ademais, os "mudancistas regionais periféricos", assinalados como tipos sociais sonhadores, civilizadores, interessados, fascinados, instrumentalizados, empreendedores, heróis. Alguns estavam entre as elites locais; outros eram movidos por interesses difusos, de ordem mística ou religiosa; e, ainda, como foi o caso emblemático de Toniquinho, houve aqueles que ocasionalmente se tornaram, talvez sem toda a percepção e alcance, como que porta-vozes e intérpretes de uma difusa expectativa popular, difícil de ser apreendida pelos registros históricos. Todos, no entanto, participavam de um mesmo capital simbólico-religioso que, conjunturalmente, desempenhou uma função estruturante do movimento pela mudança da capital.

Teriam a Igreja Católica e as demais expressões religiosas seguido e reproduzido a macrorreferência política nacional? Sim, a Igreja Católica, enquanto instituição estruturada pelos seus representantes de então, assimilou e assumiu o discurso e a atitude mudancista sobre a Marcha para o Oeste e a transferência da capital federal. Assim ocorreu com Frei Luís Maria Liberali – e, possivelmente, com vários outros missionários sertanistas –, que induziu milhares de pessoas à migração para a frente agrícola do Centro-Oeste brasileiro. E o mesmo pode-se dizer de Dom Abel, ao compor, como vice-presidente, a Comissão de Cooperação para a Mudança da Capital Federal; do Cônego Trindade, enquanto deputado federal, com atuação decisiva na articulação dos parlamentares, pela transferência da capital federal ao Planalto Central; e de Dom Fernando Gomes dos Santos, primeiro arcebispo de Goiânia, pela sua firme e destacada atuação na demarcação do espaço territorial e sociopolítico da Igreja Católica no Plano Piloto da nova capital federal. Essa atuação política de sujeitos eclesiais era amparada e aceita socialmente porque estava situada e circunscrita pelo modelo eclesial de Cristandade militante, instaurada e consolidada em Goiás, durante o século XX. Entretanto, não era um protagonismo eclesial que se "con-fundia" com as demais identidades mudancistas. Ao contrário, impunha-se exatamente por demarcar sua diferença: na veste do hábito, no uso de símbolos sacros, no domínio do latim, no conhecimento teológico, na identificação de sua autoridade moral, na capilaridade pastoral e na ramificação institucional.

Houve fenômenos religiosos milenaristas que reproduziram apenas a sutil percepção psicossocial de mudança da capital federal e o surgimento de uma nova cidade. De modo diverso daquele da Igreja estruturada, eclodiam após conversões abruptas e inesperadas, como se sucedeu com o ex-piloto que fundou a Fraternidade Eclética Espírita Universal, ou com a ex-motorista de caminhão que criou o Vale do Amanhecer. Esses fenômenos religiosos milenaristas parecem ter sido suscitados por uma saturação do tempo e pelo prenúncio de um *kairós*, com promessas psicoculturais de um tempo novo. A esses fenômenos ainda se somaram os eventos miraculosos, como a graça alcançada em favor de Márcia Kubitschek.

Por fim, na indução da Marcha para o Oeste – inaugurada por Getúlio Vargas e ampliada por Juscelino Kubitschek –, devido à ausência de uma discursividade política consolidada naquele período, a linguagem religiosa exerceu função estruturante[158], com capacidade simbólica para mobilizar e fomentar adesão a um projeto político nacional. O sonho de Dom Bosco, com uso recorrente pelos mudancistas goianos, trouxe componentes onírico-imagéticos que firmaram convicção política sobre a consumação de uma profecia, que se realizava com a transferência da capital federal. E, ainda, é preciso considerar a hegemonia do imaginário cristão – que, devido ao regime de padroado, consolidou-se nos períodos colonial e imperial; e pela Cristandade enraizou-se nas entranhas de um povo em formação –, e sua capacidade de induzir, por espontânea e precipitada decisão monocrática, que a capital federal tivesse o prévio nome de Vera Cruz.

Pelo acesso às fontes primárias, no próximo capítulo serão identificados os sujeitos, as ações e os discursos que suscitaram a imersão da Igreja Católica no processo político de transferência da capital federal do Brasil ao Planalto Central brasileiro. Ainda será visto como a Igreja Católica, nos primórdios de Brasília, adentrou na vida daquela capital em construção.

---

158. Serve-se, aqui, para a construção historiográfica, das categorias "estruturado-estruturante", com sua respectiva análise, baseando-se nos estudos de P. Bourdieu (2001).

4

A participação da Cristandade católica militante na transferência e na construção da capital federal do Brasil (1923-1960)

Neste capítulo chega-se à culminância deste estudo quando, pela intensa atuação das forças políticas mudancistas, com a aliança política da Igreja Católica ocorreu a efetivação da transferência da capital federal ao Planalto Central goiano. Para isso, será visto, primeiramente, como ocorreu a transição de modelos eclesiais da Cristandade da reforma para a Cristandade da restauração militante; depois, serão identificados os diversos modos de militância protagonizados pela hierarquia católica em Goiás; serão visitados, ainda, documentos de fonte primária para compreender como a Igreja Católica se envolveu na transferência das capitais (Goiânia e Brasília); e, finalmente, se buscará conhecer as estratégias usadas pela Igreja Católica para a demarcação de seu espaço durante a construção de Brasília e a mobilização institucional pela sua ascensão e hegemonia na nova capital federal.

O arcabouço simbólico-religioso da Cristandade (capítulo 1) foi a modalidade – ou a configuração, o perfil, o "rosto" – de Igreja Católica que participou politicamente na transferência da capital federal ao Planalto Central brasileiro. Entretanto, na sutileza de suas variáveis historiográficas, distingue-se a Cristandade romanizada e reformadora da Cristandade de restauração e da militância. Ambas estavam centradas na hierarquia eclesiástica. Mas a Cristandade romanizada continha uma eclesiologia *tridentina*, com um modelo de clero *europeizado*, *ultramontano*, que enfatizava mais a disciplina e a reforma interna da Igreja; e a

Cristandade militante ou de restauração católica dispunha-se com abertura institucional *ad extra,* o que desencadeou intenso movimento para marcar presença na sociedade brasileira.

Com o novo regime republicano, os tempos haviam mudado de um jeito singular e inédito para a Igreja Católica. Ela já não era mais a religião oficial do Estado e sentia-se desprestigiada pelo regime republicano porque havia sido equiparada aos demais credos religiosos. Então, desencadeou um movimento de restauração da sua liderança política, pela via das mobilizações de massa e pelas iniciativas sociais, não de dependência (quando estava sujeita à lei do padroado) mas de colaboração com o governo republicano. Assim, na década de 1950, quando se irá verificar o envolvimento político da Igreja Católica no Brasil para a transferência da capital federal, a sua razão subjacente será a de militância eclesiástica visando à restauração da liderança e à afirmação institucional, no contexto republicano da sociedade brasileira.

A passagem de uma Cristandade *ad intra,* centrada na reforma de sua disciplina interna, para uma Cristandade *ad extra,* militante e combativa no espaço político e social, não significou apenas mudança de estratégia, mas de reformulação eclesiológica. A rigor, foi uma transição de modelos eclesiais, ou uma revolução simbólica dentro da própria estrutura religiosa. Não se tratava apenas de agentes religiosos hierárquicos que passaram a "ir ao mundo" dos partidos, dos sindicatos, da imprensa, dos operários, dos palácios e dos intelectuais; era, sobretudo, o campo simbólico-religioso católico que passava por uma reformulação de seus paradigmas e suas cosmovisões. Aquela coerção burocrática da estrutura religiosa, que reservava para si "[…] o monopólio do exercício legítimo do poder religioso sobre os leigos e da gestão dos bens de salvação" (Bourdieu, 2001, p. 65), precisou requerer de dentro de sua organização o laicato católico como "braço extensivo da hierarquia eclesiástica" na militância social; e precisou reposicionar-se diante do fenômeno da urbanização, das guerras mundiais, da industrialização, da classe operária, das novas descobertas no campo da exegese bíblica, da difusão de pensamentos criados no século XIX pelos "mestres da suspeita" acerca da falsa consciência (Freud e a ilusão, Marx e a ideologia, Nietzsche e a vontade de verdade). Portanto, múltiplos fatores, externos e internos à estrutura do campo religioso católico, provocaram uma revolução simbólica em sua estrutura. Não foi, então, somente uma reconfiguração simbólica; houve a necessidade, também, de ressignificar os símbolos. Entretanto, até meados do século XX, isso não ocorreu nem abruptamente, nem com crise interna à estrutura eclesial.

A transição da Cristandade da reforma para a Cristandade da militância social aconteceu de modo gradual. Em Goiás, foi estabelecido o primeiro período até 1890, com o ápice do movimento reformista implementado pelo episcopado de Dom Eduardo Duarte Silva (cf. capítulo 1); uma fase intermediária, até 1921, com o episcopado de Dom Prudêncio Gomes da Silva; e um período de movimento militante, de 1922 a 1964, que abrangerá dois episcopados: de Dom Emanuel Gomes de Oliveira (1923-1955) e de Dom Fernando Gomes dos Santos (1957-1985). Sob o governo pastoral de ambos os episcopados será revisitada a emblemática figura de Cônego Trindade, o padre-político, que mediava os interesses da Igreja Católica junto aos poderes do Estado brasileiro e que assumiu importante papel tanto na transferência da capital goiana (da cidade de *Goyaz* para Goiânia) quanto na mudança da capital federal (do Rio de Janeiro para Brasília).

Em Dom Fernando será possível distinguir duas fases e duas eclesiologias bastante distintas: a primeira, que será abordada, vai até 1964, marcada pela eclesiologia da Cristandade militante. É durante essa fase que a Arquidiocese de Goiânia e seu arcebispo irão atuar na capital federal em construção – pela defesa dos interesses pastorais, administrativos e políticos da Igreja Católica –, enquanto se executava o Plano Piloto para edificar a cidade de Brasília; a segunda fase do episcopado de Dom Fernando, cujo limiar será apenas tangenciado aqui, abrange de 1965 a 1985. Esteve sob a influência do *aggiornamento* conciliar e das conferências episcopais latino-americanas realizadas em Medellín (1968) e em Puebla (1979) e, também, sob o impacto do regime militar e da supressão da democracia e dos direitos civis no Brasil. Essas mudanças eclesiológicas, protagonizadas pelo episcopado, têm uma longa trajetória, com antecessores e sucessores compondo a hierarquia de uma estrutura com dois milênios de história, também abrangendo e alcançando a história de Goiás.

4.1 Os bispos de *Goyaz*: o poder sagrado e a gestão do campo simbólico-religioso

A hierarquia eclesiástica estava no centro da Cristandade romanizada (da reforma tridentina) durante o período colonial e o Brasil Império; também ocupava o centro da Cristandade militante (da restauração) no período republicano brasileiro. Mas isso não é apenas uma exclusividade da Cristandade católica. Toda estrutura religiosa, com modos diversos na organização e distribuição do poder religioso, dispõe de um corpo sacerdotal. "O corpo de sacerdotes tem a ver diretamente com a racionalização da religião e deriva o princípio de sua legitimidade de uma teologia erigida em dogma cuja validade e perpetuação ele garante" (Bourdieu, 2001, p. 38). Esse "*corpus* deliberadamente organizado" participa de um processo inerente à estrutura religiosa, que destitui e desapropria dos leigos o capital religioso pelo simples fato de que o desconhecem, "visando acumular e concentrar entre as mãos de um grupo particular um capital religioso" (Bourdieu, 2001, p. 39).

A experiência fundante do cristianismo não contém essa oposição entre clero e leigos.

> Nos termos cristãos mais antigos, o uso do termo (*laikós,* leigos) é raríssimo. A expressão é usada para indicar o povo enquanto distinto dos sacerdotes oficiantes do culto. No ambiente latino, bem cedo, ao lado de *plebeius,* que continuará a designar o leigo até a Idade Média, introduz-se o termo importado *laicus,* cujo significado, definitivamente fixado por Tertuliano, é o de cristão que não pertence ao clero (Forte, 1987, p. 21-22)[159].

A Igreja Católica, quando organizada no modelo eclesial de Cristandade, sobretudo a partir da era constantiniana, fez prevalecer a "eclesiologia hierarcológica" (Congar), em que a estrutura se tornou verticalmente ordenada, com uma homogeneidade quase monolítica. E os leigos não apenas foram destituídos da participação comunitária ao sagrado; com a fusão entre o clero e os monges, estes serão os espirituais, em oposição aos leigos, os carnais.

---

159. Segundo B. Forte, "O termo *laikós* etimologicamente deriva do substantivo *laós,* povo. O sufixo *ikós* confere ao adjetivo significado especial, que designa uma categoria oposta a outra no meio do povo. […] Entre as versões gregas da Bíblia, o adjetivo, ausente na versão dos Setenta, é encontrado na versão de Áquila, Símaco e Teodósio (séc. II d.C.), que o usam pouquíssimas vezes, para designar realidades não consagradas a Deus, que existiam no seio do povo. No Novo Testamento, o termo *laikós* nunca aparece: os que integram a comunidade cristã são chamados 'santos', 'eleitos', e sobretudo 'irmãos'" (Forte, 1987, p. 21).

Com tais referências sociológicas e históricas acerca dos componentes constitutivos da estrutura simbólico-religiosa, a fim de adentrar analiticamente o contexto da Cristandade militante é necessário que também seja situada a linha sucessória dos episcopados da história da Igreja Católica em Goiás. É no polo hierárquico que vai ocorrer a liderança eclesial pela transferência da capital federal ao Planalto Central brasileiro.

A prelazia de *Goyaz* foi erigida em 1745, pela bula *Candor Lucis Aeternae,* do Papa Bento XIV. Todavia, somente 37 anos depois é que foi nomeado seu primeiro bispo prelado, Frei Vicente do Espírito Santo. Uma vez ordenado bispo, não veio residir em *Goyaz* porque conseguiu transferência para outra Igreja particular. Então, em 1788, foi nomeado o segundo bispo prelado José Nicolau de Azeredo, que renunciou antes de assumir a prelazia. O terceiro foi Vicente Alexandre de Tovar, nomeado em 1802, que tomou posse na prelazia de *Goyaz* por procuração e, depois, em 1808, quando se pôs em viagem para residir em sua prelazia morreu durante o caminho. O mesmo ocorreu com o quarto bispo prelado Antonio Rodrigues de Aguiar, nomeado em 1810, que morreu em viagem ainda no território do Rio de Janeiro.

Os tempos do século XVIII eram difíceis para o sertão[160] do Brasil central, onde o transporte se fazia pelas vias fluviais e no lombo de animais, com riscos

---

160. A palavra sertão foi muito usada para se referir às regiões do interior do Brasil. Em razão da literatura brasileira, tornou-se muito conhecido o sertão semiárido, que até o início do século XX compreendia o interior de seis estados: Sergipe, Alagoas, Pernambuco, Paraíba, Ceará e Piauí. Depois, foi estendido também para o interior da Bahia, o norte de Minas Gerais e o oeste do Maranhão. O destaque ao sertão no semiárido é a sua condição climática, particularmente na temida época da seca. Além do aspecto geoclimático, no entanto, com a palavra sertão também se quer falar sobre um estilo de vida, uma cultura, uma condição social, um modo de manifestação religiosa. "'Lugar sertão se divulga: é onde os pastos carecem de fechos, onde um pode torar dez, quinze léguas sem topar com casa de morador; e onde criminoso vive sem Cristo Jesus, arredado do arrocho da autoridade… O sertão está em toda a parte.' Assim, Guimarães Rosa, o sertanejo contador do romance *Grande Sertão: Veredas,* define com sua linguagem própria o 'Sertão' nordestino, os vastos chapadões, o domínio da caatinga, paisagem impressionante, desolada, árida, violenta" (Marcílio, 1986, p. 11). O sertão na região subsumida abrange, predominantemente, o Centro-Oeste (Mato Grosso, Mato Grosso do Sul, Goiás, Tocantins) e, também, o oeste de Minas Gerais e as regiões sul do Maranhão e Piauí. A música, a literatura e a poesia regional goiana também tiveram no "sertão de Goiás" forte inspiração. "Autores como Hugo de Carvalho Ramos, Carmo Bernardes, Bernardo Élis, Cora Coralina e tantos outros ajudaram a registrar falas e atitudes, tradições e crenças, que delineiam o perfil desse habitante do sertão" (Borges, 2020, p. 34). Nas últimas décadas, tem sido mais frequente o uso da categoria bioma para identificar e distinguir as diversas características regionais do país. "Um bioma é um conjunto de vida (animal e vegetal) constituído pelo agrupamento de tipos de vegetação contíguos e identificáveis em escala regional, com condições geoclimáticas similares e história compartilhada de mudanças, o que resulta em uma diversidade biológica própria" (CNBB, 2017, p. 14). Embora as categorias sertão e bioma sejam correlacionáveis, não são equivalentes. Sertão se refere a uma localização sócio-histórica, um lugar social, decorrente do avanço de populações do litoral para o interior do país; bioma se refere, predominantemente, à localização ambiental, com sua flora e fauna, embora em cada idioma também se reconheça uma cultura própria e distinta das demais.

de afogamentos, doenças tropicais e de perder-se do itinerário. Mas, enquanto não chegavam à prelazia os bispos residentes, a Diocese do Rio de Janeiro enviava esporadicamente para *Goyaz* os visitadores diocesanos.

> Eram sacerdotes de grandes virtudes e de grande capacidade intelectual. Cobertos de muita abnegação, partiam eles do Rio de Janeiro; lá vinham pelos sertões em fora visitando seus colegas, trazendo-lhes a sua palavra de animação [...]; enquanto isso, fiscalizava-os em todos os setores da atividade sacerdotal. [...] Traziam na sua investidura uma representação completa no governo das igrejas. Toda a disciplina eclesiástica no território goiano dependia do Visitador ordinário ou extraordinário, sobretudo no século XVIII. Uma provisão lavrada pelo bispo do Rio de Janeiro dava-lhes toda garantia e poder. Com esse documento apresentavam-se nas freguesias sertanejas (Silva, 2006 [1948], p. 79)[161].

A partir do início do século XVIII, no período do Brasil Império (1822-1889)[162], a Diocese de *Goyaz* passou a ter os seus bispos residentes (cf. capítulo 1). O primeiro bispo-prelado foi Dom Francisco Ferreira de Azevedo (de 1826-1854). Em 1826 a prelazia de *Goyaz* foi elevada à diocese e, então, Dom Francisco foi confirmado como bispo diocesano. Os que o sucederam foram: Dom Domingos Quirino de Souza (de 1860-1863), Dom Joaquim Gonçalves de Azeredo (de 1865-1877) e Dom Cláudio José Gonçalves Ponce de Leão (de 1881-1890).

No período do Brasil República (15 de novembro de 1889), os bispos da Diocese de *Goyaz* foram: Dom Eduardo Duarte da Silva (1890-1906) e Dom Prudêncio Gomes da Silva (1908-1921). Sucedeu a Dom Prudêncio o bispo Dom Ema-

---

161. Foram 14 os visitadores diocesanos, no século XVIII e inícios do século XIX , que supervisionaram a Igreja em *Goyaz*: Padre Alexandre Marques do Vale, que visitou as *Minas dos Goyazes* no ano de 1734; Padre José Frias de Vasconcelos, em 1742; Padre Manoel da Silva Sintrão, em 1748; Padre Jerónimo Moreira de Carvalho, em 1750; Padre António Pereira Correa, em 1751; Padre António Dámaso da Silva, em 1759; Padre Domingos Rodrigues de Carvalho, em 1762; Padre António Pereira Correa, em 1765; Padre Simão Pinto Guedes (Vigário de Pilar), em 1769; Padre José Manoel Coelho, em 1772; Padre José Pires dos Santos e Souza, em 1777; Padre João de Almeida Cardoso, em 1780; Cônego José Corrêa Leitão (Vigário de Meia Ponte e Vigário geral da Comarca); e o Cônego Roque da Sila Moreira (Vigário geral da Capitania de *Goyaz*), em 1803. Alguns desses visitadores deixaram apenas "vistos" nos livros de registro das paróquias goianas; outros escreveram extensos relatórios contendo avaliações e prescrições disciplinares (Silva, 2006, p. 78-91).

162. Convencionou-se fixar três fases distintas no Brasil Império: primeiro reinado, após a independência, com o imperador Dom Pedro I (1882-1831); regência (1831-1840), entre a abdicação de Dom Pedro I até a declaração de maioridade de Dom Pedro II; e segundo reinado (1840-1889), com o imperador Dom Pedro II.

nuel Gomes de Oliveira (1922-1955). Em 1932, o Papa Pio XI erigiu a Arquidiocese de *Goyaz* e confirmou Dom Emanuel como o seu primeiro e único arcebispo. Em 1946, Dom Emanuel obteve o seu bispo-auxiliar Dom Abel Ribeiro Camelo (falecido no ano de 1966), o primeiro padre goiano ordenado bispo.

Em 1956, o Papa Pio XII erigiu a Arquidiocese de Goiânia e seu primeiro arcebispo foi Dom Fernando Gomes dos Santos (1957-1985). Dom Fernando, em 1961, obteve o seu bispo-auxiliar Dom Antônio Ribeiro de Oliveira, depois arcebispo de Goiânia, de 1985 a 2002. Em linha sucessória, o terceiro arcebispo de Goiânia, de 2002 a 2021, foi Dom Washington Cruz. Em 17 de fevereiro de 2022, tomou posse Dom João Justino de Medeiros Silva, quarto arcebispo da Arquidiocese de Goiânia.

4.1.1 Dom Prudêncio e a Cristandade em transição

Em 1896, por causa dos muitos conflitos com o povo goiano e com o governo republicano local, Dom Eduardo Duarte Silva transferiu "a sede diocesana de Santana de Goiás para Uberaba. À época todo o Triângulo Mineiro pertencia à Diocese de Goiás[163]. Em 1907, Dom Eduardo consegue da Santa Sé a criação da diocese de Uberaba" (Pinheiro, 2015, p. 11). Então, após tantos anos sem bispo, a cidade de *Goyaz* teve a expectativa de contar novamente com um bispo residente. Embora houvesse ocorrido a separação entre Igreja e Estado, o longo tempo sem bispo na sede da diocese "fizera compreender à população e ao governo que a ausência do bispo na capital era prejudicial ao menos em termos financeiros e comerciais" (Santos, 1984, p. 244). E o bispo que viria preencher esse vazio de poder eclesiástico seria Dom Prudêncio, o bispo da transição[164] da Cristandade

---

163. Essa pertença territorial do Triângulo Mineiro à Diocese de *Goyaz* era apenas canônica; na legislação civil, o Triângulo Mineiro foi incorporado a Minas Gerais em 4 de abril de 1816, por Dom João VI, a pedido de fazendeiros, líderes políticos e comerciantes de Araxá. Segundo estes, Ouro Preto, capital do Brasil na época, era bem mais próxima do Triângulo do que de *Goyaz*. Para a análise política e histórica sobre o tema, cf. o estudo de S. M. Dantas (2015).

164. O tempo histórico de Dom Prudêncio em *Goyaz* é circunstanciado por grandes acontecimentos no mundo, como a pandemia da gripe espanhola (1918-1919), a 1ª Guerra Mundial (1914-1918), as aparições marianas em Fátima/Portugal (1917), a Revolução Russa (1917), a criação da União Soviética e o regime comunista (1922), o reconhecimento legal dos sindicatos na Europa, a ideologia política da democracia e do progresso, o magistério abundante do Papa Bento XV (1914-1922). Sobre esse período histórico e respectiva atuação do papado, cf. a interessante pesquisa de A. Echeverri (2020, p. 1-32).

reformista para a Cristandade militante. Inicia-se, assim, uma ainda incipiente militância social da Igreja Católica em Goiás, que lhe criará condições internas de legitimidade para, no futuro, envolver-se politicamente com as transferências de capitais, estadual (Goiânia) e federal (Brasília).

Há aspectos singulares da trajetória de Dom Prudêncio que subsidiam a compreensão sobre a sua indicação ao episcopado e o seu modo de inserir gradualmente a Igreja diocesana na militância social. Dom Prudêncio nasceu em 3 de agosto de 1868, em Minas Gerais. Era de cor parda, com evidentes características físicas de afrodescendência. Estudou no seminário diocesano de Mariana, um dos grandes centros de formação eclesiástica com orientação reformista e romanizada. Ordenado padre em 1892, foi professor nesse seminário durante os seus primeiros cinco anos de ministério. Depois, foi pároco em Belo Horizonte, a nova capital mineira, e vigário paroquial na Zona da Mata.

> Como pároco "reformador", somou experiências e iniciativas para seu futuro episcopado: fez pregar "missões" lazaristas em toda a paróquia, incrementou associações religiosas como o Apostolado da Oração, as Conferências Vicentinas e a Confraria da Doutrina Cristã na matriz e em todas as capelas da paróquia, nas quais exigia limpeza e piedade, inclusive nas festas; fundou também o semanário católico *O Lidador*, em 1903, que ele continuará a partir de 1909 em Goiás, sem iniciar nova numeração (Santos, 1984, p. 244).

Quando Dom Prudêncio assumiu a Diocese de *Goyaz,* trouxe essa experiência pastoral de Cristandade reformista, que exigia mudanças internas à Igreja. Encontrou uma diocese em situação desalentadora, jamais vista em sua história: não havia lugar para residir, nem cúria, a catedral era provisória (Silva, 2006, p. 369), o arquivo estava disperso e sem controle, a documentação havia desaparecido, as paróquias estavam sem padre; o indiferentismo religioso, o descontentamento e o anticlericalismo haviam enfraquecido a credibilidade eclesial e, na sociedade, os golpes políticos e os conflitos entre os coronéis deixavam um clima de instabilidade local.

Com temperamento ponderado e afetuoso – bastante diferente de seu antecessor –, logo em sua chegada disse que entregava seu "coração de bispo ao povo goiano" (Silva, 2006, p. 269). Com esse estilo, sem envolver-se nos conflitos políticos locais, em poucos anos conseguiu implementar muitas iniciativas.

Fez a reabertura do seminário, contando com a cooperação do povo, a venda de imóveis e o próprio poder público republicano; construiu a catedral, mais tarde destruída por um incêndio pavoroso; construiu o primeiro asilo de *Goyaz* para cuidar de pessoas carentes, com deficiência física ou mental, confiando a gestão às religiosas dominicanas; tornou-se um dos diretores do Hospital de Caridade São Pedro de Alcântara; promoveu a criação de vários colégios nas cidades de Pirenópolis, Formosa, Rio Verde, Catalão e em Campininhas (Colégio Santa Clara, hoje situado em Goiânia); e criou o primeiro periódico da diocese, *O Lidador*, com assinatura anual, que se apresentava como "órgão da diocese, doutrinário, noticioso e literário"; promoveu missões populares; fez visitas pastorais a todas as paróquias da diocese; escreveu diversas cartas pastorais; dividiu a diocese em doze comarcas a fim de alcançar com mais eficiência todo o extenso território diocesano; instalou novas associações religiosas de fiéis leigos (Confederação das Associações Católicas, Conselho Central das Conferências Vicentinas, Conselho Diocesano do Apostolado da Oração e da Congregação da Doutrina Cristã, Obra dos Tabernáculos para prover igrejas e capelas pobres, Círculo Católico para os intelectuais, Pia União das Filhas de Maria); e promoveu uma pesquisa estatística sobre a situação da prática religiosa na diocese.

A intensa atividade pastoral e social de Dom Prudêncio ocorreu em apenas treze anos de episcopado. Ele já tinha saúde frágil e veio a falecer no dia 21 de outubro de 1921, em Posse, no nordeste goiano. Pelo estilo de episcopado que exerceu e o conjunto de suas realizações, pode ser situado como transição de período político e emergência da neocristandade militante. São vários os indicadores que caracterizam a transição do modelo eclesial de Cristandade da reforma para a de restauração militante. Dom Prudêncio inovou seu estilo de fazer as visitas pastorais. Levava consigo equipes missionárias de padres redentoristas ou dominicanos. Isso, provavelmente, suscitava ainda maior impacto evangelizador e despertava mais atenção e envolvimento popular.

Já sob o regime republicano, Dom Prudêncio não se lamentava pela separação entre Igreja e Estado e pelo fim do subsídio público às obras pastorais e sociais: dialogava com as autoridades, vendia imóveis e, sobretudo, recebia ajuda financeira do povo. Por isso, sem extinguir as antigas irmandades – pouco subordinadas à hierarquia eclesiástica e detentoras do controle financeiro angariado –, promoveu a formação de novas associações religiosas leigas, que a partir da década de 1930 (sobretudo com a Ação Católica) seriam consideradas "braço da hierarquia" no vasto campo social e da cultura. Assim, sem se indispor com seu bispo antecessor, Dom Prudêncio recuperou o prestígio popular da diocese; esse prestígio será decisivo aos seus sucessores, que irão restaurar a liderança da Igreja mesmo sem que ela precise ser a religião oficial, em *Goyaz* e no país.

As iniciativas pastorais de Dom Prudêncio o colocaram dentro da eclesiologia tridentina, ou daquela Cristandade que se empenhava pela reforma interna da Igreja, com os recursos da disciplina e da piedade religiosa. Entretanto, paradoxalmente, seu crescente interesse em criar asilo, orfanato, periódico e escolas aponta para a emergência de uma neocristandade, com intensa militância social. Com estilo, personalidade e formação semelhante a Dom Prudêncio, Dom Emanuel Gomes de Oliveira irá sucedê-lo, instaurando definitivamente uma nova Cristandade em *Goyaz,* caracterizada pela ênfase na atuação popular, pela criação ininterrupta de obras sociais, pela restauração do prestígio público e pela consolidação da liderança social. E Dom Fernando, sucessor de Dom Emanuel, formado no contexto eclesial de Cristandade militante, a levará ao seu ápice regional e, depois, ao seu declínio e à implementação, em Goiás, de uma nova concepção de Igreja. Suas biografias, inscritas em idades distintas, podem ser entrelaçadas numa única narrativa, a fim de obter-se a visão de conjunto sobre um mesmo modelo de Cristandade que ambos protagonizaram na cidade. Foi com essa concepção da neocristandade, protagonizada por ambos, que a Igreja Católica se inseriu politicamente no "movimento mudancista" pela transferência da capital federal ao Planalto Central brasileiro.

4.1.2 Dois bispos e duas histórias, sob o marco e as rupturas da Cristandade militante

Duas crianças, nascidas em lugares e tempos diferentes, quando adultas teriam em Goiás o auge de sua atuação e, por derradeiro, seus túmulos seriam vizinhos, como que desejando perdurar o diálogo e a memória dos tempos. A primeira nasceu em Benevente, hoje Anchieta, no Estado do Espírito Santo, no dia

9 de janeiro de 1874, e recebeu o nome de Manuel; a segunda veio ao mundo 36 anos mais tarde, na cidade de Patos, Estado da Paraíba, no dia 4 de abril de 1910, e recebeu o nome de Fernando.

"Eu sou eu e minha circunstância", insistia Ortega y Gasset[165]. Isso parece se aplicar também a esses dois meninos. Ambos foram tecidos e marcados pelo seu tempo e pelas suas circunstâncias familiares, sociais e eclesiais; entretanto, ambos também tinham uma personalidade e um temperamento que lhes distinguia e que lhes era singular, suprassumindo as circunstâncias históricas e conferindo a si uma identidade própria.

Manuel Gomes de Oliveira era fisicamente magro e alto, afável e introspectivo, austero e metódico, inteligente, culto, e cultivava práticas espirituais cotidianas, como a celebração diária da missa, a meditação, a oração da Liturgia das Horas. Fernando Gomes dos Santos, quando jovem, era fisicamente atlético e de altura mediana (para os padrões do início do século XX), comunicativo e assertivo, agregador e articulador. Também havia semelhanças em personalidades tão diferentes: ambos tinham destacada inteligência, desempenho intelectual, domínio de idiomas, criatividade e iniciativa pessoal.

Suas circunstâncias familiares também os influenciaram. Manuel foi marcado pela orfandade de pai aos 7 anos de idade. Seu tio paterno, Cônego Quintiliano José do Amaral, veio em socorro da família e matriculou o menino Manuel na escola, no bairro Riachuelo, no Rio de Janeiro. Seu falecido pai era tenente-coronel e dele teria herdado o espírito de coragem e de combate. Sua mãe, sozinha, precisou manter e educar os filhos. Diante das inseguranças e incertezas da vida, encontrava alento e confiança na providência divina. Isso impregnou-se na mente e no coração do pequeno Manuel; quando, no seu futuro, enfrentava impasses e grandes dificuldades, evocava para si o que havia aprendido de sua mãe: a confiança na divina providência.

---

165. Ortega y Gasset (1883-1955) foi um filósofo espanhol. A frase completa é "Eu sou eu e minha circunstância, e se não salvo a ela, não me salvo a mim", escrita na sua obra *Meditações do Quixote* (Disponível em: https://pt.m.wikiquote.org/wiki – Verbete: Ortega y Gasset). Para análise sobre o tema, cf. Carlos Kildare *et al. A circunstância em José Ortega y Gasset: aproximações ao inconsciente junguiano.* Disponível em: http://www.scielo.br

O menino Fernando teve outros dezesseis irmãos; ele era o caçula dos homens. Todavia, nove de seus irmãos morreram na primeira infância. Isso o marcou para sempre! Ao longo da vida, sempre afirmava que "nordestino era um povo forte; os fracos haviam morrido de pequenos". Era um altruísmo resignado, daquele que havia conhecido e experimentado "vidas secas", sob a amargura da fome e da miséria. Desde pequeno, ia diariamente à missa. Até que, um dia, com apenas 7 anos, falou à sua mãe que desejava ser padre. Por isso, no ano seguinte, com 8 anos, fez uma longa viagem até Paraíba, hoje João Pessoa. Seu pai o mandara conhecer o seminário. Foram quarenta léguas em lombo de animal pelo sertão até Campina Grande. Depois, foi de trem até a capital. Fernando foi, conheceu e achou bom! Mas logo retornou à sua cidade natal para completar os estudos primários, ou a primeira fase do ensino fundamental, que foi ministrado pelo seu próprio pai.

Aos 10 anos, de 1883 a 1886, Manuel estudou em regime de internato no Colégio São Luiz, em Itu. Sendo órfão, era seu tio quem o mantinha. Depois, aos 14 anos, junto de seu irmão Helvécio, futuro arcebispo de Mariana, foi estudar no Colégio Santa Rosa, em Niterói. Outra vez, estudou em regime de internato, pois naquele tempo o acesso aos estudos era nessas condições. Finalmente, juntos, os irmãos Gomes de Oliveira ingressaram no seminário salesiano.

Essa singela micro-história[166] sobre duas crianças revela implicitamente a estrutura que as abrange e perpassa, alcançando "a história que os homens não sabem que fazem" (Ginzburg, 1991, p. 177-178). Manuel e Fernando são personagens que trazem consigo um contexto mais amplo, para o qual suas biografias apontam. Revelam a condição de grande parte das crianças brasileiras no final do século XIX e inícios do século XX. Em geral, tinham muitos irmãos, pois as famílias eram grandes; residiam em região rural ou em pequenas cidades interioranas, porque a sociedade brasileira era agrária; experimentavam condições de extrema

---

166. "O retorno da biografia se insere na prática historiográfica da micro-história. Esta toma o particular (que com frequência é altamente específico e individual) como seu ponto de partida e prossegue identificando seu significado à luz do próprio contexto específico" (Coutinho, 1999, p. 17-18). A biografia, além de ser uma possibilidade metodológica para a historiografia, também pode ter relevância como narrativa teológica. Nessa perspectiva, cf. C. Caldas (2016, p. 289-312, mas particularmente às p. 293ss.), sobre Dietrich Bonhoeffer: biografia como narrativa teológica.

pobreza, intempéries climáticas, fome, ausência de água potável e saneamento[167]; não dispunham do acesso universal à educação pública, nem saneamento básico, nem proteção social (inclusive na orfandade ou abandono), nem o amparo aos seus pais quando idosos ou viúvos; e eram crianças consideradas miniadultas, pois não existia o conceito de infância[168] nem uma "epistemologia genética" que explicasse o pensamento infantil e o desenvolvimento cognitivo por faixas etárias. Crianças com essas condições psicossociais eram as que precocemente ingressavam nos seminários católicos, em regime de internato, para deles saírem ordenados com um vínculo que rejeitava novas escolhas existenciais[169].

---

167. A insalubridade atingia, particularmente, as crianças com parasitoses que agravavam a sua situação de desnutrição. "As parasitoses ampliam os efeitos venenosos da falta de alimentação: a malária, pela destruição dos glóbulos vermelhos, a amebíase, as tênias, os vermes intestinais e todos os parasitas que se alimentam do capital já diminuído do seu hóspede [desnutrido] criam e causam perturbações digestivas diarreicas ou disentéricas, por si mesmas causa de perdas suplementares" (Lima Sobrinho, 1981, p. 16-17).

168. "[...] A cada época corresponderiam uma idade privilegiada e uma periodização particular da vida humana: a 'juventude' é a idade privilegiada do século XVII, a 'infância', do século XIX, e a 'adolescência', do século XX. Essas variações de um século para outro dependem das relações demográficas. [...] Assim, a ausência da adolescência ou o desprezo pela velhice, de um lado, ou, de outro, o desaparecimento da velhice, ao menos como degradação, e a introdução da adolescência exprimem a reação da sociedade diante da duração da vida" (Ariès, 1981 [1973], p. 48-49). Essa conclusão de P. Ariès é resultado de sua pesquisa sobre a percepção das "idades da vida" na história da França. Ao Brasil, essa percepção conceitual e cultural acerca da infância possivelmente é bem mais tardia. Entretanto, na literatura, por exemplo, o romance *Capitães de Areia*, de Jorge Amado, com primeira edição em 1937, retrata a vida de crianças abandonadas nas ruas de Salvador, Bahia. Pedro Bala, Sem-Pernas, Boa-Vida e Dora eram alguns dos personagens, crianças que perambulavam pela cidade, provenientes de orfanato e com destino ao reformatório. E Padre José Pedro "era uma das raríssimas pessoas que sabiam onde ficava a pousada mais permanente dos Capitães [crianças na situação de rua] da Areia" (Amado, 1979, p. 63). Todavia, essa percepção e denúncia do escritor sobre as crianças abandonadas, publicada sob as represálias da ditadura do Estado Novo, não significava, no Brasil, que existisse uma formulação conceitual sobre a infância; era apenas um difuso prenúncio sobre os direitos da criança e do adolescente finalmente aprovados em 1990 pelo Estatuto da Criança e do Adolescente.

169. Há, dentre outros, um estudo bastante elucidativo, realizado por S. R. Coutinho acerca de Victor Coelho de Almeida (1879-1944), que ingressou no Seminário de Goiás, onde residia Dom Eduardo Duarte Silva. Depois, Victor estudou no Colégio Pio Latino-Americano, ordenou-se padre e teve uma trajetória exitosa, até ser envolvido num conflito que o levou a afastar-se do ministério e a fugir com uma cantora de sua paróquia. Quando descoberto, alguns padres o procuraram para "abandonar a esposa e a filha; a Igreja daria cinco contos de réis para que elas recomeçassem a vida; ele seria recebido de "braços abertos" pela Madre Igreja, dando-lhe uma posição excelente na hierarquia pelo seu passado 'inteligente, laborioso e de abnegado ministro do altar'. Victor não aceitou" (Coutinho, 1999, p. 134). Tornou-se presbiteriano, foi excomungado da Igreja Católica e, após alguns anos, elegeram-no pastor; mais tarde, rompeu com os presbiterianos e fundou a Igreja Presbiteriana Livre. Por fim, abandonou a sua Igreja, tornou-se esotérico e se divorciou. Finalmente, voltou a ser católico e retornou a Goiás. "O bispo de Goiás, Dom Emanuel Gomes de Oliveira, havia recebido uma carta do cardeal Dom Leme, pedindo que desse toda a atenção possível a Victor Coelho" (Coutinho, 1999, p. 163). Na capital Vila Boa de Goiás, torna-se professor do Liceu, jornalista no jornal *Brasil Central* (periódico da diocese) e, depois, deputado estadual.

O magistério da Igreja promulgou diversos documentos e fez incontáveis pronunciamentos sobre a importância e o papel dos seminários na vida da Igreja[170]. Na perspectiva sociológica de P. Bourdieu, os seminários podem ser compreendidos, também, como uma ação contínua da Igreja para "reproduzir os produtores dos bens de salvação".

> A gestão do depósito de capital religioso (ou sagrado), produto do trabalho religioso acumulado, e o trabalho religioso necessário para garantir a perpetuação deste capital garantindo a *conservação* ou a *restauração* do mercado simbólico em que o primeiro se desenvolve, somente podem ser assegurados por meio de um aparelho de tipo burocrático que seja capaz, como, por exemplo, a Igreja, de exercer de modo duradouro a ação contínua (*ordinária*) necessária para assegurar sua própria reprodução ao reproduzir os produtores de bens de salvação e serviços religiosos, a saber, o corpo de sacerdotes (Bourdieu, 2001, p. 59).

O seminário, portanto, foi o caminho necessário para inserir na instituição aqueles dois meninos – Manuel e Fernando –, que uma vez formados viriam ser os protagonistas da Cristandade militante em Goiás. Terminado, pois, o Curso de Humanidades – o ginásio e o colegial, ou a segunda fase do ensino fundamental (Escola do Professor Alfredo Cabral) e o ensino médio –, o jovem seminarista Fernando estudou Filosofia e Teologia (Seminário da Paraíba, de 1921 a 1929). Quando chegou à metade do Curso de Teologia, seu colega José Delgado, que depois viria a ser arcebispo de Fortaleza, o incentivou a concluir os dois anos restantes em Roma, na Universidade Gregoriana. Assim aconteceu! Finalmente, em 1º de novembro de 1932, dia em que o calendário litúrgico da Igreja celebra Todos os Santos, Fernando foi ordenado sacerdote em Roma. No mês seguinte, Padre Fernando retornou ao Brasil.

Manuel, pelas circunstâncias, ingressou no seminário salesiano, a congregação religiosa fundada por Dom Bosco, aquele que em 1883 havia sonhado com um local de prosperidade entre os paralelos 15 e 20, que os mudancistas goianos correlacionaram à construção de Brasília (situada no paralelo 15). Em 2 de julho de 1892, Manuel concluiu o noviciado e professou os votos de consagração reli-

---

170. Um desses documentos, por exemplo, é a Exortação apostólica *Pastores dabo vobis* sobre a formação dos sacerdotes nas circunstâncias atuais, promulgada pelo Papa João Paulo II em 25 de março de 1992.

giosa. Tornava-se, assim, o primeiro salesiano brasileiro. E sua formação salesiana viria a influenciar todo o seu ministério episcopal no Centro-Oeste brasileiro.

Uma vez ordenados presbíteros, no segundo grau do ministério da Ordem, Manuel e Fernando foram integrados à hierarquia da estrutura da Igreja e destinados ao seu respectivo ministério eclesial. O primeiro trabalho do jovem Padre Fernando, durante três anos, foi dirigir o Colégio Diocesano Padre Rolim, em Cajazeiras. Depois foi nomeado cura da Catedral, por apenas oito meses. Então, Dom João da Mata, bispo de Cajazeiras, nomeou o Padre Fernando como pároco de Patos, sua terra natal. Quando se apresentou ao povo, com bom humor, disse: "Sei que ninguém é profeta em sua terra; mas não se preocupem! Eu não vim ser profeta, vim ser vigário" (Spar, 1982, p. 4). Permaneceu como pároco de Patos durante seis anos.

Mais de três décadas antes desses acontecimentos na vida do Padre Fernando, o clérigo Manuel iniciava os seus primeiros passos como religioso salesiano. Dedicava-se às obras da congregação em Niterói, São Paulo e Lorena. Finalmente, concluídos os estudos de Teologia, foi ordenado sacerdote no dia 16 de junho de 1901. Também seus primeiros trabalhos como jovem padre foram as direções de escolas: em 1902, vice-diretor do Colégio São Joaquim, em Lorena; em 1904, diretor do Liceu São Gonçalo, em Cuiabá; publicou um periódico do Rio de Janeiro em 1922; em 1911 foi diretor do Liceu Nossa Senhora Auxiliadora, em Campinas-SP. De 1917 a 1922 (tempo em que também ocorreu a pandemia da gripe espanhola, de 1918 a 1920), durante o mandato de Dom Aquino como governador do Estado do Mato Grosso, Padre Manuel assumiu como diretor-geral duas das secretarias estaduais. Em 1922, a pedido do núncio apostólico Dom Henrique Gasparri, assumiu a função de auditor da Nunciatura no Rio de Janeiro. Ainda dirigiu por um tempo o Colégio Santa Rosa, em Niterói.

4.1.2.1 Feito bispos, o destino seria Goiás. A "delimitação explícita das áreas de competência da estrutura religiosa"

A organização religiosa, em geral, no seu processo de institucionalização e estruturação simbólica, configura-se com diversas características burocráticas de poder, dentre elas a

[...] delimitação explícita das áreas de competência da estrutura religiosa [com respectiva fixação das circunscrições eclesiásticas e suas fronteiras territoriais] e hierarquização regulamentada das funções, com a racionalização correlata das remunerações, das "nomeações", das "promoções" e das "carreiras", codificação das regras que regem a atividade profissional e a vida extraprofissional, racionalização dos instrumentos de trabalho, como o dogma e a liturgia, e da formação profissional etc. (Bourdieu, 2001, p. 59-60).

Essa estrutura se fixa no tempo, mas não é fixista. Ela vive o tensionamento com a dimensão profética, que subverte e reordena a ordem simbólica, e enfrenta o tenso processo dialético entre fundadores e fundações.

O fundador apresenta uma oferta, mas a fundação apresenta uma demanda e existe modelagem recíproca da demanda pela oferta e da oferta pela demanda. Em última análise, o fundador, se não é construído, é pelo menos reconstruído pela sua própria fundação (Desroche, 1985, p. 39).

É sob essa dinâmica sociológica inerente às estruturas simbólico-religiosas – reordenada permanentemente em sua ordem simbólica e autoquestionada pelas suas origens fundacionais e pelas suas demandas atuais – que Dom Emanuel e Dom Fernando, em tempos diversos, chegaram à circunscrição eclesiástica de Goiás (ou à área delimitada pela fixação canônico-institucional da estrutura religiosa).

No dia 27 de outubro de 1922 foi divulgada a eleição de Padre Manuel como bispo de Goiás. Após a sua ordenação episcopal, "mudou o nome para Emanuel e escolheu como lema de seu episcopado [que consta em seu brasão] somente esse nome 'Emanuel', Deus conosco!" (Pinheiro, 2015, p. 12).

A ordenação episcopal de Dom Emanuel ocorreu em Niterói, no dia 15 de abril de 1923. Na cerimônia, a família, que experimentara a viuvez e a orfandade, estava reunida. Dentre os bispos consagrantes/ordenantes estava Dom Helvécio, irmão de Dom Emanuel; no final da ordenação, Dom Helvécio recebeu solenemente o pálio como arcebispo de Mariana. Junto aos irmãos bispos, estava presente Maria Matos de Oliveira, a mãe deles. Ela já estava idosa e "[...] chorava, trêmula, nervosa. Dom Emanuel e, logo em seguida, Dom Helvécio abraçaram-na fortemente, estreitando seu corpo franzino e alquebrado contra o peito" (Menezes, 2001, p. 15).

Vinte anos depois da ordenação episcopal de Dom Emanuel, Padre Fernando foi eleito bispo de Penedo, em Alagoas. Sua ordenação episcopal ocorreu no dia 4 de abril de 1943, aos 33 anos de idade. Era o bispo mais jovem do Brasil. Dirigiu a Diocese de Penedo de 1943 a 1949. Depois, foi transferido para a Diocese de Aracaju, onde permaneceu até 1957.

4.1.2.2 O primeiro arcebispo de Goiás

No dia 24 de maio de 1923, Monsenhor Confúcio de Amorim, em nome de Dom Emanuel, fez a profissão de fé e assumiu as funções episcopais. Somente no início do mês de agosto é que Dom Emanuel chegou à cidade de Goiás, sede da diocese. Naquele tempo, o Estado de Goiás tinha três sedes de bispado: duas prelazias ao norte[171] e uma ao sul, a Diocese de Sant'Ana de Goiás.

> Localizada no Planalto Central, essa diocese estendia-se ao oeste, pelos Pireneus, a 1.300m de altitude, até a cidade de Formosa, com 48 paróquias. Com mais de 500km², estendia-se, em linha reta, da ponta meridional da Ilha do Bananal, até os limites do Estado da Bahia, limitando-se também com Minas Gerais e Mato Grosso (Menezes, 2011, p. 375).

Com tamanha dimensão territorial e tantas dificuldades para o transporte e a comunicação diocesana, logo foi preciso que Dom Emanuel retomasse e concluísse os processos canônicos iniciados por Dom Prudêncio para a criação de mais três prelazias[172]. Simultaneamente a essa meta, Dom Emanuel se pôs a dirigir, a partir de 1926, a construção do Seminário de Bonfim (atual Bonfinópolis). Ao seu estilo, assim narra o Cônego Trindade em sua obra *Lugares e pessoas,* publicada originalmente em 1948:

> Se a evolução das circunstâncias sociais e políticas por que passara a histórica cidade de Goiás, com a mudança da capital do estado, contribuíram para derruir o velho solar que foi o saudoso Seminário Santa Cruz, coube a Dom Emanuel reedificá-lo sob os requisitos pedagógicos de modernas construções na salubérrima Nova Bonfim, servida pela via férrea goiana, nas proximidades da cidade de Silvânia, antiga Bonfim (Silva, 2006, p. 450).

---

171. Em Porto Nacional e em Conceição do Araguaia.

172. Prelazia de São José do Alto Tocantins; prelazia do Espírito Santo, em Jataí; e prelazia de Santana do Bananal.

Em 18 de novembro de 1932, a Diocese de Sant'Ana de Goiás foi elevada à condição de arquidiocese – pela bula *Quae in facidiorem,* do Papa Pio XI –, e Dom Emanuel tornou-se seu primeiro e único arcebispo. Sua posse ocorreu na Igreja Nossa Senhora da Boa Morte, no dia 16 de abril de 1933. Eram tempos, no Brasil, de expansão em direção ao interior do país, mas o povoamento no Centro-Oeste não ocorria de forma homogênea. No sul do estado, com a construção da estrada de ferro, expandiu-se a produção e seu respectivo transporte; foi quando a economia goiana, estagnada desde o final do ciclo do ouro, teve o crescimento e maior inserção no mercado da região sudeste. Na política, as oligarquias se sucediam com o pacto entre coronéis. Mas isso chegou a um esgotamento político e suscitou dissidências, que se articularam em torno da Aliança Liberal. O desfecho foi a Revolução de Trinta, com a vitória de Pedro Ludovico, representante de uma "nova" ordem. Daí criam-se as condições para a construção de Goiânia e a transferência da capital de Goiás.

> No dia 20 de dezembro de 1932, o *Correio Oficial* publica o Decreto n. 2.737, nomeando uma comissão para proceder aos estudos necessários à escolha de um local para se edificar a futura capital. Dos seis membros que compunham a Comissão, Pedro Ludovico contava com o apoio integral de cinco deles, sendo que Dom Emanuel mostrava-se tendente à escolha de Bonfim[173]. Tal fato representaria um respaldo inegável ao local que a interventoria achasse melhor. [...] Três de janeiro [de 1933] foi o dia escolhido pela Comissão para a reunião que definiria os locais a serem estudados. Quatro foram as localidades indicadas: Pires do Rio, Bonfim, Batá (Ubatan) e Campinas, levando-se em conta que tais localidades reuniam os requisitos básicos para sustentar a nova capital: abundância d'água, bom clima, topografia adequada e proximidades com a estrada de ferro. Foi também escolhida uma subcomissão para efetuar os estudos das regiões (Chaul, 1988, p. 70-71).

---

173. Mons. N. R. Fleury, tendo convivido com Dom Emanuel durante décadas, narra que "para melhor atendimento à sua vasta arquidiocese, o senhor Dom Emanuel conseguiu da Santa Sé a devida autorização para residir fora da sua sede arquiepiscopal. Mudou-se para Bonfim (hoje Silvânia), situada às margens da estrada de ferro e bem no centro geográfico da arquidiocese. Nessa cidade, fundou o Ginásio Arquidiocesano Anchieta e o Colégio Nossa Senhora Auxiliadora [... e] construiu o novo prédio para o funcionamento do Seminário Arquidiocesano Santa Cruz" (Fleury, 2007, p. 16). Portanto, em razão da mobilidade e dos investimentos já realizados, era de todo interesse a Dom Emanuel – presidente da Comissão nomeada pelo interventor Pedro Ludovico – que a escolha do local para ser a nova capital de Goiás fosse a cidade de Silvânia.

Em reunião ocorrida no dia 4 de março de 1933, a Comissão presidida por Dom Emanuel para escolher o local onde seria construída a nova capital de Goiás apresentou ao interventor Pedro Ludovico uma lista de quatro nomes. Essa lista era encabeçada por Bonfim, seguida pelas demais indicações: Pires do Rio, Ubatan e, em último lugar, Campinas.

> Acerca da preferência final por Campinas houve "mistérios", de acordo com o jornalista da época, Joaquim Rosa: "Antes de qualquer providência, Ludovico já tinha escolhido o local que todos sabiam ser junto à cidade de Campinas". Acrescenta o jornalista que, ao saber das preferências da Comissão, o Interventor teria dito: "Onde vocês escreveram Bonfim, escrevam Campinas", e conclui: "Dois relatórios da subcomissão existiram. Foram publicados nos jornais. Um deles, cronologicamente mais antigo, concluía pela região de Bonfim. O outro, mais ou menos com a mesma redação, indicava Campinas [...]" (Santos, 1984, p. 326).

Em 18 de maio de 1933, Pedro Ludovico assinou o Decreto n. 3.359, que determinou a região de Campinas (às margens do córrego Botafogo) para a construção de Goiânia. Com essa decisão, Dom Emanuel – que havia presidido a Comissão para a transferência da capital – sofreu, de uma só vez, duas grandes derrotas: a primeira, que a sede da arquidiocese (a cidade de Goiás) já não estaria mais localizada na capital do estado; a segunda, que a cidade de Bonfim, para onde havia ido morar, não seria o local escolhido como a nova capital. Havia feito investimentos para as construções em Bonfim e emprestado o seu prestígio para arrancar a capital estadual da cidade de Goiás[174]. Teria sido essa a razão pela qual Dom Emanuel

---

174. Cônego Trindade, em 1948, apresenta opinião contrária. Afirma que Dom Emanuel não tinha interesse "pessoal" acerca dos locais a serem escolhidos para a construção da nova capital do estado. E cita a ata da reunião final da comissão presidida por Dom Emanuel, incumbida da escolha do local da nova capital: "Aos quatro dias do mês de março de mil novecentos e trinta e três, no paço municipal desta cidade de Campinas [...] Usando da palavra, S. Excia. o Senhor Presidente [Dom Emanuel] declarou que, data vênia, apelava para o nobre Governo do Estado para que a conclusão da ilustre Subcomissão pudesse ter ainda, a todo o tempo, o parecer luminoso de nomes técnicos de projeção nacional e internacional, o que foi por toda a comissão subscrito..." (Silva, 2006, p. 461). Seria essa uma aceitação de Dom Emanuel pela escolha de Campinas como o novo local para a capital do estado? Não queria ele mais tempo (e ganhar tempo) pedindo ao governo estadual para que contratasse novos "técnicos de projeção nacional e internacional" para novos pareceres, com o objetivo de protelar e, possivelmente, reverter a decisão pela escolha de Campinas? Não se encontram na obra de Cônego Trindade as respostas a essas perguntas que, hoje, formula-se. Ele insiste apenas que Dom Emanuel, "ora por si, ora por um sacerdote de sua delegação", benzeu "a primeira cruz [de Goiânia], abençoou as primeiras pedras dos primeiros prédios, rezou missas campais" (Silva, 2006, p. 461).

não presidiu a primeira missa na nova capital, celebrada pelo superior dos redentoristas alemães, aos 27 de maio de 1933? E foi esse o motivo por que não compareceu ao lançamento da pedra fundamental de Goiânia,[175] ocorrido no dia 24 de outubro de 1933? Essa atitude de ausência do arcebispo, inclusive, suscitou rumores e questionamentos, que o Padre Victor Coelho de Almeida tratou de atenuar. É bastante elucidativa a sua carta sobre o problema, dirigida a Dom Emanuel.

> Bonfim, 27 out. 1933 [...]
> Tenho hesitado em escrever a V. Excia., por ignorar si se [sic] demora ou não no Rio. Apesar disto, e na incerteza, escrevo esta porque julgo necessário fazê-lo.
> Em 24, foi lançada a pedra fundamental da "Nova Capital", em Campinas. Chegou aqui um telegrama do Interventor [Pedro Ludovico] para V. Excia. Julgando que conviria uma representação oficiosa da Igreja, entendi-me com os Srs. Pe. Samuel e Müller, e deliberámos, ainda que com sacrifício, ir o Pe. Müller e eu a Campinas. Procurei imediatamente o Interventor, visitando-o. Disse-lhe ter ciência do telegrama, e que V. Excia. ainda se achava no Rio, indo porém o Pe. Müller e eu suprir de algum modo a ausência de V. Excia. Referiu-me o Interventor que alguém chegára do Rio [e] lhe informára que V. Excia. estaria aí agindo contra ele, Interventor. Retorqui, dizendo que V.
> Excia. é incapaz de tal, porque a sua linha de conduta é sempre muito elevada e nobre, e, ademais, sempre teve em grande consideração o Dr. Pedro Ludovico. Deveria haver nisso "qui pro quo", ou intriga. O Interventor deu mostras de ouvir-me com satisfação. [...] Como se trata de um assunto que poderia talvez criar desharmonia entre o governo civil e V. Excia., julguei dever quebrar neste ponto o meu hábito de descrição [sic] em assuntos delicados. Tanto mais que me afirmou o Mário que o portador dessa "novidade" foi o irmão do Dr. Velasco (Benedo Velasco). Ciênte disto, V. Excia. saberá desfazer esse atiçamento de desconfiança, ou de malevolência (Pinheiro, 2015, p. 51).

---

175. O padre redentorista L. Hubbauer, em 18 de outubro de 1933, enviou uma carta, em idioma alemão, ao Padre Fridolino, seu confrade que residia na Alemanha, assim narrando o lançamento da pedra fundamental: "Na próxima terça-feira, 24, se Deus quiser, vem o presidente do estado com ministros, representantes dos diversos municípios para o lançamento solene da pedra fundamental para os edifícios do governo. Está chegando cada vez mais gente para ganhar dinheiro na construção do núcleo e das estradas. O senhor arcebispo está há vários meses ausente da diocese [...]" (Paiva, 2023, p. 425).

A biografia do Padre Victor não parece confirmar que ele tinha o "hábito da discrição". Mas, nessa circunstância de conflito entre o interventor e o arcebispo – quando com o lançamento da pedra fundamental se quis colocar fato consumado à escolha do local da nova capital de Goiás –, o padre se revelou com perspicácia política ao providenciar uma representação oficial da Igreja ao ato oficial do governo[176]. A carta de Padre Vitor, porém, revela uma denúncia que havia chegado ao interventor: o arcebispo estava no Rio de Janeiro "agindo contra" Pedro Ludovico. Teria Dom Emanuel procurado Getúlio Vargas para lhe comunicar a decisão que assumira o seu interventor contrária à Igreja? Teria Dom Emanuel autorizado Padre Victor a lançar candidatura a deputado estadual de oposição a Pedro Ludovico, a fim de impedir a mudança da capital para Goiânia? Confiar em Vargas e em Padre Victor, porém, parece não ter sido uma decisão política acertada de Dom Emanuel.

As eleições suplementares de 1935 elegeram deputado estadual de Goiás o Padre Victor Coelho, na oposição ao governo. Em 1936, Pedro Ludovico investiu contra os deputados indecisos ou contrários à mudança da capital. A oposição, composta também pelo Padre Victor, estava com doze deputados contra dez da situação. Entretanto, as articulações do interventor Pedro Ludovico fizeram reverter a situação, ao preço do fisiologismo, do pânico e da censura às tipografias. Então, possivelmente com grande decepção para Dom Emanuel, o Padre Victor passou para o lado do governo e concordou com a aprovação da mudança da capital, da cidade de Goiás para Goiânia.

> Mais tarde, em 1937, Victor receberia sua "recompensa" pela "acertada" decisão e adesão. Foi criada para ele, por lei governamental, uma comissão de serviços de ordem econômica e, além disso, como catedrático de filosofia, exerceria o magistério no Curso Pré-Jurídico de Goiás. Depois disso, recebeu, com juros, o pagamento de 46 meses de salários atrasados como professor catedrático do Liceu de Goiás, pois esta cadeira tinha sido suprimida pela reforma do ensino de 1931, mas tinha direito à remuneração por ser concursado. Pedro Ludovico pagou-lhe a importância de 9 contos e 600 mil réis! (Coutinho, 1999, p. 173-174).

---

176. O envolvimento dos redentoristas alemães em defesa de Campinas como novo local para a nova capital federal não agradou a Dom Emanuel. Em gesto de contrariedade, não os autorizou a construir igreja ou convento no perímetro da nova cidade, Goiânia. Tiveram, pois, durante vários anos, que "contentar-se com sua Campininhas, transformada em bairro periférico" (Santos, 1984, p. 328-329).

Não obstante a frontal divergência em relação à escolha de Campinas como o local para a construção da nova capital de Goiás, Dom Emanuel não retroagiu na sua disposição pela mudança nem recorreu ao incitamento dos oposicionistas do interventor Pedro Ludovico. Em tempos de vigência das oligarquias familiares, da revolução armada, da democracia incipiente e que resolvia na bala os dissensos políticos, dos ferrenhos conflitos entre conservadores e mudancistas (para a transferência da capital estadual), da oposição que emergia no país contra a Primeira República, do clima internacional de eclosão das revoluções durante toda a primeira metade do século XX[177], qualquer outra impostação pública do arcebispo, naquele contexto, poderia ter resultado em um "banho de sangue" no Estado de Goiás. Tivesse Dom Emanuel o mesmo temperamento de Dom Eduardo Duarte Silva (1852-1924) – que não encontrou mais clima social para permanecer em Goiás e retirou-se para Uberaba, onde a estruturou como diocese – ou de Dom Fernando Gomes dos Santos – que sempre foi contundente nos posicionamentos públicos –, e ter-se-ia possivelmente outra narrativa da história política do Centro-Oeste brasileiro na década de 1930 a 1940.

4.1.2.3 O primeiro arcebispo de Goiânia

A sucessão ao governo pastoral de Dom Emanuel foi confiada pela Igreja a Dom Fernando. Entretanto, possivelmente por razões estratégico-pastorais, na historiografia goiana foram construídas narrativas disruptivas entre um e outro[178]. Havia um único dado objetivo para isso: no ano de 1956 foi extinta a Arquidiocese de Goiás (e, em seu lugar, erigida a Diocese de Goiás) e, então, pela bula *Sanctíssima*

---

177. A Revolução Russa, de 1905; a Revolução Russa de 1917; a Revolução Húngara, de 1919; a Revolução Alemã de 1918-1919; a Revolução Mexicana, de 1910-1920; as revoluções chinesas, 1911 e 1949; a guerra espanhola, 1936; a Revolução Cubana, 1953-1967 (Löwy, 2009).

178. A hipótese aqui é que tanto Dom Emanuel quanto Dom Fernando, na década de 1950 a meados de 1960, participaram de uma mesma Cristandade militante, permeados pela mesma concepção eclesiológica. Quando chegou a Goiânia, em 1957, Dom Fernando já era bispo, primeiro na Diocese de Penedo (1943-1949) e, depois, na Diocese de Aracaju (1949-1957). Embora com uma visão mais "reformista" que Dom Emanuel, em Dom Fernando a ruptura com a concepção e as práticas de Cristandade irá ocorrer somente após a mudança eclesial suscitada pelo Concílio Ecumênico Vaticano II, quando simultaneamente ele inicia o gradual enfrentamento ao regime militar, rompe as relações com o Estado, alia-se aos movimentos sociais e defende as lutas pela democracia e pelos direitos sociais.

Christi Voluntas[179], de 26 de março de 1956, o Papa Pio XII erigiu canonicamente a Arquidiocese de Goiânia. Entretanto, a criação da nova arquidiocese se deveu ao empenho conduzido por Dom Emanuel; e, para fazer justiça histórica, também ao ingente trabalho de Dom Abel, bispo auxiliar de Dom Emanuel.

> Com a mudança da capital do estado para a cidade de Goiânia, e também com a iminente transferência do Distrito Federal para o Planalto Central, Goiás teve um desenvolvimento extraordinário em todos os setores da vida pública, de modo especial no setor religioso. Para atender a essa nova situação do estado, o Arcebispo [Dom Emanuel] e seus sufragâneos se reuniram para uma revisão total da Província Eclesiástica de Goiás. Dom Abel foi o competente coordenador dessa ingente empreitada. No dia 12 de maio de 1955, durante o evento em que se reuniram todos os bispos da Província, no Seminário Santa Cruz, para aprovar o relatório final das mudanças sugeridas na estrutura física da arquidiocese, o nosso Arcebispo faleceu. [...] Dom Abel foi eleito, pelo Colégio dos Consultores, Vigário Capitular. Junto com o Governo da Sede vacante, deu continuidade às providências necessárias para a concretização definitiva das mudanças propostas (Fleury, 2007, p. 18)[180].

---

179. Mons. N. R. Fleury expõe com bastante precisão o conteúdo dessa bula pontifícia. Por ela, Pio XI: "a) criou a Arquidiocese de Goiânia; b) extinguiu a Arquidiocese de Goiás; c) retornou Goiás à condição de Sede Diocesana; d) extinguiu a Prelazia da Ilha do Bananal, cujo território foi absorvido pela Diocese de Uruaçu; e) elevou a Prelazia de Jataí à Sede Diocesana; f) criou a Diocese de Uruaçu; g) extinguiu a Prelazia de São José do Tocantins, cujo território foi absorvido pela Diocese de Uruaçu; h) criou a Prelazia de Formosa e a Prelazia de Cristalândia. A Prelazia de Tocantinópolis fora erigida em 20 de dezembro de 1954, pouco antes da morte do Senhor Arcebispo e, com aquelas recentes modificações, a nova Província Eclesiástica de Goiânia ficou composta de uma arquidiocese – Arquidiocese de Goiânia –, quatro dioceses – de Goiás, Porto Nacional, Jataí e Uruaçu – e três prelazias – de Tocantinópolis, Formosa e Cristalândia" (Fleury, 2007, p. 19).

180. Há um aspecto histórico silenciado, após a morte de Dom Emanuel. Como Dom Abel era goiano e devido à sua eficiência, sintonia com Dom Emanuel e admiração do clero local, havia grande expectativa de que ele fosse o escolhido como primeiro arcebispo de Goiânia. Diversas correspondências do Rio de Janeiro para Goiânia, em 1957, enviadas pelo Cônego Trindade quando exercia seu mandato de deputado federal, revelam a sua insatisfação por Dom Abel não ter sido o escolhido como arcebispo. Em correspondência de 12 de março de 1957, enviada ao Dr. Waldir, Cônego Trindade afirma: "Continuo estarrecido com o desenlace das Dioceses. [...] O holocausto desse novo Abel será uma semente para uma nova redenção contra a politicalha dos secretários mercadores de Cristo agarrados nos polpudos cargos da Nunciatura. Dom Abel recebeu santamente mais esta cruz peitoral. Até agora nada de segundo arcebispo de Goiás [primeiro arcebispo de Goiânia]" (cf. Arquivo de Cônego Trindade, correspondências, IPEHBC/PUC-Goiás). Duas semanas depois dessa correspondência, outra foi escrita pelo Cônego Trindade ao mesmo destinatário da anterior, em 31 de março de 1957. Havia, então, conhecido aquele que seria o novo arcebispo de Goiânia. Ficou bem impressionado, mas não confiou nele. "Ontem visitei [no mosteiro São Bento, Rio de Janeiro] pessoalmente o Sr. Dom Fernando Gomes dos Santos, segundo [sic] arcebispo de Goiânia (Goiás). Recebeu-me com muita paternidade. Fiquei contente pela ótima impressão primeira. Novo, bonito e com muita vontade de trabalhar. Continuo, entretanto, de atalaia. Será a primeira excepção na vida dos bispos e seus secretários, quando da saída

Em 27 de maio de 1933, Dom Emanuel celebrou a primeira missa (Praça do Cruzeiro, no Setor Sul) na área destinada à nova capital. E acompanhou todas as demais realizações e providências eclesiais naquela que seria a futura Arquidiocese de Goiânia, como a criação de paróquias, a fundação do hospital Santa Casa (1936), a criação de colégios (já em 1937 foi criado o Colégio Santo Agostinho), fundou e promoveu a circulação do jornal *Brasil Central* (1940), fundou a Faculdade de Filosofia (reconhecida em 1949), de Farmácia e Odontologia (reconhecidas em 1951), de Ciências Econômicas (1951), a Escola Superior de Belas-Artes (1952) etc. E seu bispo auxiliar, Dom Abel Ribeiro Camelo – conforme foi visto, pelo relato de Monsenhor Nelson, testemunha ocular daquela fase histórica –, após o falecimento de Dom Emanuel, tomou todas as providências necessárias à criação da Arquidiocese de Goiânia.

Criadas as condições eclesiais e erigida a Arquidiocese de Goiânia, então o bispo de Aracaju, Dom Fernando Gomes dos Santos, foi eleito, no dia 7 de março de 1957, primeiro arcebispo de Goiânia. Tanto quanto Dom Emanuel, também Dom Fernando se envolveu com a construção de uma nova capital. Quando chegou à recém-criada Arquidiocese de Goiânia, o Distrito Federal estava situado no território arquidiocesano (pertencia à circunscrição eclesiástica de Goiânia) e a Igreja havia se empenhado, ao seu modo, pela transferência da capital federal ao Planalto Central. A arquidiocese, então, abrangia quase todo o centro-sul de Goiás (o estado também abrangia o atual território do Tocantins), com quase 105 mil km². Embora com escassos quadros de agentes pastorais[181], coube a Dom Fernando

---

ou morte desses bispos: os secretários, os íntimos são fatalmente jogados no pelourinho […]. Peço a Deus que essa [minha] primeira impressão [sobre Dom Fernando] não desapareça…" (cf. Arquivo de Cônego Trindade, correspondências, IPEHBC/PUC-Goiás). Com a "eleição" de Dom Fernando como primeiro arcebispo de Goiânia, Dom Abel tornou-se bispo de Jataí. Em correspondência que enviou ao seu amigo Cônego Trindade, em 25 de novembro de 1957, Dom Abel parece desolado e resignado. "Perdi tudo quanto se podia perder. Sou um cansaço. Agradeço seu telegrama sobre minha designação para Jataí. Fico bem em Jataí, como estive por aqui [em Goiânia] durante trinta anos. Deixarei Goiânia com a saudade que em outro lugar qualquer também teria sofrido. Acho tudo bem. Apenas me mudo eu. Nenhum outro precisa deixar o lugar em que esteve a trabalhar anteriormente. […] Estava e continuo nas mãos de Deus: um pobre nada, mais nada" (cf. Arquivo do Cônego Trindade, correspondências, IPEHBC/ PUC-Goiás).

181. Em 1957, havia na Arquidiocese de Goiânia apenas 45 padres: 19 eram seculares (arquidiocesanos) e 26 pertenciam às congregações ou ordens religiosas (Spar, 1982). Entretanto, havia um número expressivo de lideranças leigas, às quais Dom Fernando valorizou e cuja colaboração recebeu, inclusive, para a criação de uma universidade católica e para o trabalho em diversas frentes sociais e pastorais.

[...] a incumbência de abrir espaço para a Igreja na nova capital federal, sob sua jurisdição. O arcebispo lançou mão de grandes mobilizações para referendar o poder da Igreja. No período em que Juscelino Kubitschek enfrentava resistências em relação à transferência da capital, o prelado aproveitou a presença de todo o episcopado brasileiro em Goiânia para participar da 4ª Reunião Ordinária da CNBB, em 1958, e levou os bispos a uma visita a Brasília. Foi recebido pelo presidente da República, Juscelino Kubitschek, pelo presidente da Novacap, Israel Pinheiro, pelo arquiteto Oscar Niemeyer e pelo urbanista Lúcio Costa. Em seu discurso, Dom Fernando manifestou o apoio da Igreja ao presidente e sua iniciativa, lembrando da salutar colaboração entre Igreja e Estado (Borges, 2010, p. 36).

Defrontando-se com diversas frentes de ação, enquanto tomava várias iniciativas políticas e sociais também buscava a reorganização e o redimensionamento eclesial em Goiás. Dentre as muitas atividades, estruturava as novas (arqui)dioceses de Brasília, Anápolis, Ipameri e Itumbiara. Suas ações e postura, com o viés reformista que abrangeu os anos de 1955-1964, estavam sob o marco da "Cristandade militante" da Igreja Católica na segunda República. Era preciso, em Goiás e no Brasil, demarcar posição, refazer novas alianças com o Estado, assegurar e garantir o prestígio público, retomar o antigo poder régio numa nova configuração de laicidade política.

E. Dussel[182] considera que, aproximadamente de 1930 a 1959, a Igreja latino-americana viveu a era dos populismos. "De 1914 a 1945, com duas guerras pela hegemonia do mundo capitalista, o poder passa da Inglaterra para os Estados Unidos; seu centro é a crise econômica de 1929" (Dussel, 1989, p. 11). Esse novo foco político mundial dos países ricos deixa uma certa desatenção e vazio de ações sobre os "países periféricos", fazendo neles emergir o fenômeno do populismo, do nacionalismo moderno e da industrialização. A Revolução Russa, em 1917, e a formação da União Soviética acentuaram na Igreja o anticomunismo. Nesse período, a Igreja latino-americana passa por duas fases: a primeira (1930-1945) será da "nova Cristandade", afastando-se da oligarquia tradicional, promovendo encontros e congressos de multidões e buscando recuperar o prestígio que havia sido perdido durante a oposição liberal dos inícios da República; a segunda fase (1945-1959) é aquela em que a Igreja Católica ainda apoia os populismos antico-

---

182. Enrique Dussel, filósofo e historiador, faleceu em 5 de novembro de 2023, na Cidade do México.

munistas e, depois, se reorganiza nacionalmente, sobretudo em torno da criação das conferências episcopais (e, também, gradualmente, a fundação dos demais Organismos do Povo de Deus)[183], dando base para o protagonismo que exercerá nas décadas seguintes. Essa "Cristandade militante" já tem, implicitamente, uma crise de enfrentamento político-econômico. Sua opção fundamental é pelo desenvolvimento (e contra o subdesenvolvimento) e pela autonomia nacional (e contra a dependência aos países do Primeiro Mundo).

Nas quatro primeiras décadas da República, a hierarquia e o laicato católico organizado desenvolvem atividades pastorais diversas, mas todos têm algo em comum: a combatividade. Percebem que o regime republicano havia assegurado as liberdades civis e a democracia; ora, como os católicos eram maioria absoluta, era preciso se valer daquela que se constituía como a "maior força nacional". Bastava, apenas, superar a letargia dos católicos, arregimentar e organizar os leigos, federar todas as forças "numa frente poderosa e compacta", fazer de cada católico um "bom soldado de Cristo" (*bonus miles Christi*), formar uma "elite católica" e um laicato atuante à altura de sua tarefa militante, sempre em sintonia com a hierarquia. Esse era o clima eclesial e psicossocial que Dom Emanuel e Dom Fernando respiravam e viviam, em tempos de Cristandade combativa.

4.1.2.4 A militância política, social e educacional de Dom Emanuel

Dom Emanuel foi um grande "batalhador" da Cristandade combativa. Os três adjetivos que recebeu pela historiografia goiana traduzem esse perfil: arcebispo construtor, porque desencadeou um grande movimento eclesial, em Goiás, para a criação de ampla infraestrutura, como igrejas, capelas, colégios, seminário e escolas; o arcebispo da providência, porque desenvolveu dezenas de atividades e instituições sociais sem dispor de recursos financeiros, contando sobretudo com a divina providência; e o arcebispo da instrução, porque promoveu a criação de escolas em toda a arquidiocese de *Goyaz*.

---

183. A CNBB (Conferência Nacional dos Bispos do Brasil), fundada em 14 de outubro de 1952, no Rio de Janeiro; a CRB (Conferência dos Religiosos e Religiosas do Brasil), fundada em 11 de fevereiro de 1954; o CNP (Conselho Nacional de Presbíteros); a CNIS (Conferência Nacional dos Institutos Seculares); o CND (Conselho Nacional dos Diáconos); e o CNLB (Conselho Nacional do Laicato do Brasil).

Dentre as muitas atividades sociais realizadas durante o episcopado de Dom Emanuel, destacam-se: o apoio à Conferência São Vicente de Paulo, à Santa Casa de Misericórdia de Goiânia, ao Patronato Agrícola de Bonfinópolis, à Assistência ao Pequeno Trabalhador Autônomo (na década de 1950), à Sociedade Anônima Latina Gens (1933), à Federação Goiana pelo Progresso Feminino (1931), e o árduo empenho e as tratativas políticas para que a construção da estrada de ferro, vinda do sul do estado, chegasse até a cidade de Goiás e, depois, a Cuiabá.

Como salesiano, Dom Emanuel teve na militância educacional o seu campo preferencial de atuação[184]. Assim que chegou a Goiás, percebeu que essa era uma das principais carências do Brasil central. Em entrevista, assim ele comentou:

> No meu primeiro contato com as terras goianas [em 1923], a minha preocupação foi fazer uma incursão pelo interior, onde encontrei, apesar da natureza bela e resplandecente, muito atraso entre os seus habitantes. Encontrei, pelo itinerário percorrido, gente sadia, inteligente e viva mas, em sua maioria, analfabeta. As cidades, na sua totalidade, não dispunham de um grupo escolar sequer, para dar instrução, a luz do saber àquela massa de gente inculta (Menezes, 2001, p. 80).

Com o olhar de educador, grande espírito de liderança e alto prestígio moral, conseguiu criar ou promover em Goiás a fundação de escolas em todos os níveis, da educação básica ao ensino superior. Em 1961, a *Revista da Arquidiocese de Goiânia* apresentou "a relação das unidades escolares católicas de Goiás, umas criadas por Dom Emanuel, outras fundadas sob seu estímulo e apoio ou surgidas como frutos colhidos das sementes por ele lançadas no solo da cultura goiana". Nessa listagem consta a existência de 57 escolas católicas (ou paroquiais, ou de congregações religiosas) do ensino fundamental/1ª fase (Ensino Primário), 31 escolas católicas (da arquidiocese ou de congregações religiosas) de ensino fundamental/2ª fase (Ginásio), 21 escolas católicas de ensino médio (Colégios e Escolas Normais), 5 escolas técnicas de comércio e 6 faculdades/escolas de ensino superior (que deram base à criação da Universidade Católica de Goiás).

---

184. A Educação é essencial no carisma da Congregação Salesiana, onde Dom Emanuel havia sido formado. Entretanto, é importante considerar que a sua ênfase e interesse pela Educação em Goiás também está contextualizada pelo período histórico republicano brasileiro de embate entre a Igreja Católica e os liberais, reformistas e defensores do ensino laico e público (Batista, 2020).

4.1.2.5 A militância política, social e educacional de Dom Fernando

Dom Fernando não deixou muitos escritos, mas muito se escreveu para, com e sobre ele. Após quase quatro décadas de seu falecimento, a significativa quantidade de livros, teses e estudos sobre ele indicam que há grande relevância sociopolítica na compreensão acerca de sua personalidade, de sua atuação e do contexto histórico que marcou a sua vida e a vida da Igreja Católica em Goiás[185].

Dentre os documentos históricos de maior precisão sobre a vida e o contexto de Dom Fernando, há dois mais importantes: seu *Testamento*[186], escrito no dia 27 de agosto de 1977, oito anos antes de seu falecimento; e seu artigo, intitulado *A*

185. Há três desafios, dentre outros, a esses estudos: sempre articular aspectos, facetas e dimensões específicas com a visão de conjunto; sempre evitar a mitificação, para não incorrer em idealizações; e, sobretudo, sempre hierarquizar as fontes primárias e secundárias, porque apresentam-se com ordem diversa de pertinência.

186. Na tradição católica é bastante frequente que fundadores de congregações e ordens, santos canonizados, padres, bispos e papas escrevam, quase ao final de suas vidas, um testamento espiritual. Em geral, os testamentos resultam de uma longa meditação e de um balanço da própria vida. São muito respeitados, pois expressam os últimos desejos, expectativas e sonhos de quem os redige. Os testamentos espirituais seguem um roteiro bastante recorrente: uma abertura, contendo a profissão de fé; os agradecimentos; o pedido de perdão pelas ofensas e falhas cometidas; se houver, a declaração de bens materiais, com sua respectiva destinação (se à Igreja e/ou aos parentes em primeiro grau); as despedidas; e a consagração final. Alguns testamentos tornaram-se bastante conhecidos na história, como aquele do Papa João Paulo II. Para a íntegra do Testamento de Dom Emanuel Gomes de Oliveira, cf. a obra de Irmã Áurea C. Menezes (2001). Para a íntegra do Testamento de Dom Fernando Gomes dos Santos, cf. a *Revista da Arquidiocese* (1985). Quando o testamento contém apenas "bens espirituais", vale aquilo que a pessoa falecida escreveu por si própria, assinou e guardou para futura leitura pública. Quando menciona "bens materiais", deve ser registrado em cartório, conforme prevê o direito civil, para que tenha validade. Caso não tenha sido redigido o testamento e conste de bens materiais, então a prática da Igreja é chamar os legítimos herdeiros e solicitar que seja feito o inventário dos bens, com respectiva partilha. O Código de Direito Canônico, no Livro V: Dos bens temporais da Igreja; Título IV: Das vontades pias e das fundações pias, no Cânon 1.299, § 1º, estabelece que "Quem pode dispor livremente de seus bens por direito natural e canônico, pode deixar seus bens para causas pias, tanto por ato *inter vivos* quanto por ato *mortis causa*". E no § 2º fixa que "Nas disposições *mortis causa* em favor da Igreja, observem-se as formalidades do direito civil, sendo possível; se tiverem sido omitidas, devem os herdeiros ser advertidos sobre a obrigação que lhes incumbe de cumprir a vontade do testador" (Código de Direito Canônico, 1983). Às vezes, quando os testamentos registrados em cartório são tornados conhecidos, ocorrem surpresas, novidades e revelações. Na história da Igreja em Goiás, dentre os diversos testamentos já redigidos, é bastante conhecido aquele do Padre Silva e Souza, vigário geral da diocese. Foi redigido no dia 8 de abril de 1820, "fechado, cozido e lacrado com cinco pontos de retroz azul-claro, dobrado em dois fios e outros tantos pingos de lacre encarnado por banda". Tal testamento foi aberto pelo tabelião da cidade de Goiás no dia 30 de setembro de 1840, e nele Padre Silva e Souza declara que: "Não constituindo os poucos bens que possuo em dinheiro que nunca pude guardar e só em casas, escravos e alguns móveis, institruo minha universal herdeira Maria Luiza da Silva e Souza, que reconheço minha filha, residente no Arrayal em que nasci [...]. E, no caso de ter falecido esta minha herdeira no tempo da minha morte, na sua falta instituo herdeiras as minhas irmãs" (Teles, 1978, p. 25).

212

vida e as lutas de um bispo que chegou aos 75 anos, escrito para a *Revista Eclesiástica Brasileira*, publicado dois meses antes da morte de Dom Fernando.

Dom Fernando se vê, num balanço final e retrospectivo de sua jornada, numa mesma linha ininterrupta de ações e posições, acompanhando "muita coisa que mudou, nesse período de mais de cinquenta anos" (Santos, 1985, p. 7). Recorda a Ação Católica, na década de 1930, e Pio XI, cognominado o papa da *fides intrepida,* da fé intrépida e corajosa, principalmente ao condenar o fascismo e os regimes totalitários. Lembra-se dos tempos em que trabalhou em Penedo, quando organizou a Ação Católica e atuou junto à juventude. Destaca a entidade social que criou em Aracaju, para assistência aos mendigos e desamparados. Evoca os bispos nordestinos com quem conviveu, "bispos jovens, dinâmicos e corajosos, amigos, unidos, [de] têmpera". E, ainda, enfatiza a criação da CNBB, a Ação Católica Brasileira, o Movimento de Educação de Base e os Encontros regionais da Igreja que "tiveram, entre outros, o mérito de despertar a consciência nacional para a solução dos problemas fundamentais, o que haveria de estimular a ação pastoral da Igreja e projetá--la no campo socioeconômico e educacional" (Santos, 1985, p. 6-7).

A militância de Dom Fernando em Goiânia, segundo ele próprio, foi suscitada inicialmente por três grandes desafios: o tamanho do território da arquidiocese, em que "cabia cinco vezes o Estado de Sergipe, de onde [ele] viera"; a criação de uma universidade católica, porque "tinha de definir a posição da Igreja, em face da movimentação de setores influentes", desejosos de "encampar" as seis faculdades de ensino superior, então sob os auspícios do arcebispo da cidade de Goiás, Dom Emanuel [...]; e a "incumbência de acompanhar a construção de Brasília, [pois] a área da nova capital federal era parte integrante da Arquidiocese de Goiânia" (Santos, 1985, p. 10). Aqui, outra vez, pode-se identificar as intersecções históricas entre os dois primeiros arcebispos, o de Goiás, Dom Emanuel, e o de Goiânia, Dom Fernando: ambos, por exigências pastorais, envolveram-se politicamente com a transferência e a construção de novas capitais, em Goiás e no Distrito Federal.

Frente a esse terceiro desafio – sobre a construção de Brasília –, Dom Fernando sentiu a necessidade de desenvolver mais o assunto no seu artigo para a *Revista Eclesiástica Brasileira* (REB); mas pouco tempo lhe restava de vida, e ele estava consciente disso: "não há tempo a perder" (Santos, 1985, p. 11). Então, apenas enunciou:

> A história do começo de Brasília [...] merece um capítulo à parte, por ter sido, por assim dizer, a "aventura" mais difícil e ousada em minha vida de bispo. Ainda hoje, é uma história desconhecida ou malcontada (Santos, 1985, p. 10-11).

Dom Fernando tem razão. Por razões políticas, ideológicas ou de opções teórico-metodológicas, as narrativas sobre a transferência da capital federal e sobre a construção de Brasília silenciaram acerca da participação da Igreja. Essa "história desconhecida ou malcontada" precisa vir à luz pela pesquisa científica e suas respectivas exigências epistemológicas.

Exatamente um mês após ter tomado posse como arcebispo de Goiânia (16 de junho), Dom Fernando erigiu canonicamente, no dia 16 de julho de 1957, a primeira paróquia de Brasília, a Paróquia São João Bosco. Localizada naquela que era então conhecida como Cidade Livre – hoje Núcleo Bandeirante –, foi dedicada a São João Bosco, o santo que se acredita que tenha antevisto a nova capital do Brasil, e confiada aos salesianos. A Arquidiocese de Brasília foi erigida canonicamente em 16 de janeiro de 1960 pela bula *Quandoquidem Nullum*, do Papa João XXIII. Dom Fernando conduziu todo o processo para a estruturação e criação dessa arquidiocese. Ao celebrar o seu cinquentenário, a Arquidiocese de Brasília assim evocou essa proto-história:

> De um vasto cerrado virgem, Brasília tornava-se cidade. Da mesma forma que estradas precisavam ser abertas, os que chegavam careciam de atenção. Dom Fernando, Dom Hélder Câmara, então secretário-geral da Conferência Nacional dos Bispos do Brasil (CNBB), e o núncio apostólico no Brasil, Dom Armando Lombardi, destacaram-se na missão de acolher os primeiros moradores da futura capital. Para a recepção, a CNBB realizou em Goiânia, em 1958, sua Assembleia Geral. O objetivo era mostrar para o Brasil a face da nova capital. Dom Fernando assumiu a missão de preparar a criação da nova arquidiocese, organizando a Cúria Metropolitana de Brasília, iniciando as obras de construção da catedral e fundando paróquias. As primeiras foram a Paróquia Santa Cruz, situada no canteiro de obras do Plano Piloto, e estava sob os cuidados da congregação dos padres estigmatinos; e a Paróquia São João Bosco, no Núcleo Bandeirante. [...] O arcebispo de Goiânia lutou junto ao Presidente JK e à Novacap para que fossem concedidos terrenos para igrejas e colégios católicos. Com seu espírito evangelizador, Dom Fernando conferiu aos leigos a missão de ajudar na evangelização dos novos cidadãos da capital do país por meio da Ação Religiosa (Bittencourt; Costa, 2010, p. 42).

Quando Dom José Newton de Almeida Baptista assumiu a arquidiocese, havia apenas cinco igrejas, doze padres e o próprio bispo. Entretanto, as bases já estavam lançadas, a Cúria estava organizada, a catedral estava em construção, uma parte dos terrenos do Plano Piloto já estava assegurado às comunidades eclesiais, e várias tratativas de Dom Fernando já haviam ocorrido junto às congregações religiosas para que fixassem a sede de suas províncias na capital federal.

Além da intensa militância enquanto se construía Brasília, Dom Fernando também acompanhou muitas outras frentes pastorais, sociais e educacionais, numa incrível capacidade combativa. É ele próprio quem recorda a criação do Regional Centro-Oeste da CNBB, abrangendo os estados de Goiás (incluso o atual Estado do Tocantins) e de Mato Grosso (incluso o atual Estado de Mato Grosso do Sul); a fundação da Universidade Católica de Goiás, no dia 17 de outubro de 1959; a criação dos Centros Comunitários para as atividades religiosas e sociais, liderados pelos leigos; a reforma agrária na Fazenda Conceição; a intensa valorização aos meios de comunicação social, como o jornal *Brasil Central* (de semanário, transformado em diário), a *Revista da Arquidiocese*, a Rádio Difusora, a presença e atuação nas demais emissoras de rádio, jornal e televisão; a construção do prédio do Seminário Santa Cruz[187] e do Centro de Treinamento de Líderes; o apoio e cessão de espaço para a construção do Seminário Regional São João Maria Vianney; e a criação do Secretariado Arquidiocesano de Pastoral. Dom Fernando conclui a sua narrativa ainda mencionando aquilo que era "a vida normal e quase rotineira da arquidiocese":

> [...] visitas frequentes às paróquias, ao seminário e às comunidades rurais e da periferia. Encontros com as equipes responsáveis pelos setores de apostolado; reuniões mensais com o Conselho de Consultores e Conselho Presbiteral (em conjunto) e com a Sociedade Goiana de Cultura, mantenedora do espírito que deve animar a Universidade Católica [...]. Encontros, cursos, palestras, normalmente encerrados com a palavra do pastor. Além do apoio às greves consideradas justas e pacíficas de professores, estudantes e operários, e à luta permanente contra as irregularidades dos que se julgam donos do povo (Santos, 1985, p. 14-15).

---

187. Transferido de Bonfim para Goiânia. Conforme se mencionou, Dom Emanuel havia construído o prédio do Seminário Santa Cruz em Bonfim porque, dentre outros motivos, também tinha a expectativa de que aquele fosse o local escolhido como nova capital de Goiás. Mas isso não ocorreu e, então, ele não se dispôs novamente a construir um novo prédio do Seminário Santa Cruz em Goiânia. Coube a Dom Fernando essa iniciativa (Arquidiocese, 2017).

Além das "batalhas" cotidianas, após 1964 a combatividade de Dom Fernando tornou-se de oposição ao que se convencionou denominar *establishment,* ou à ordem ideológica, econômica, política e (i)legal, com seus respectivos representantes. Assumiu um "novo jeito de ser Igreja", pelo menos do ponto de vista pastoral. Mas é bastante intrigante que sua narrativa apresente uma condução linear de vida e ministério, sem distopias ou posturas disruptivas. E isso parece ser recorrente também a outros protagonistas eclesiais similares. Talvez, dentre outras, duas razões fundamentem e justifiquem essa autocompreensão diante da história da Igreja: a primeira é o protagonismo ininterrupto, cujo sujeito se vê subjetivamente – de si e para-si –, com uma mesma identidade e uma mesma linha de coerência interior, quaisquer que sejam as vicissitudes exteriores e temporais; a segunda razão é o modo como é formulada e ensinada a eclesiologia católica – que tem como pressupostos fundantes: a unidade da Igreja, a comunhão com Pedro e seus sucessores e a tradição apostólica, com sua respectiva doutrina, normas e governo –, fundada por Cristo e com ininterrupta continuidade, ainda que seja *Ecclesia semper reformanda.*

Dom Paulo Evaristo Arns, cardeal arcebispo de São Paulo, contemporâneo de Dom Fernando, tradutor de importantes obras de História da Igreja, aplica à historiografia eclesial essa mesma concepção da eclesiologia católica:

> Os dois concílios, Vaticano I e Vaticano II, devem ser considerados como unidade. O Concílio Vaticano I definiu a infalibilidade e o Primado do papa, e o II ampliou o conceito do Colégio dos Bispos unido ao papa, trazendo ainda à tona a grande mensagem da Igreja para os tempos novos. No Brasil, a Igreja vinculada ao Estado se desligou muito do povo. A maçonaria e as correntes liberais acenderam a questão religiosa e diminuiu-se a ação das Ordens e Congregações. Ao mesmo tempo, fortaleceram-se as Confrarias de leigos e a religiosidade popular. A história preparava o caldo para uma Igreja nova, portadora de esperanças. Estas esperanças surgiram, como sempre, da cruz. Na hora em que separaram a Igreja do Estado, deram-lhe as condições de ter consciência de si mesma e de cumprir a sua missão ao povo e pelo povo. Os missionários, vindos de todos os países da Europa ao Brasil, como à América Latina, tiveram em geral a compreensão para tanto. Também os grandes pastores, bispos e padres conservaram a fidelidade à Igreja Universal e prepararam as possibilidades da encarnação no mundo novo (Arns, 1981, p. 120-121).

Seja com distopias e rupturas históricas ou com criativa continuidade eclesial, o constatável é que de dentro da Cristandade combativa se forjava um *aggiornamento* jamais visto na história da Igreja Católica. Da polêmica teológica se migrou ao diálogo com a diversidade do mundo moderno; da disputa pelo espaço institucional às benesses do Estado e do empenho por prerrogativas que assegurassem privilégios. Parte expressiva da Igreja Católica se transferiu para junto daqueles sem direitos civis, políticos, econômicos, sociais e culturais; do triunfalismo e do populismo da hierarquia católica houve uma caminhada em direção ao espírito da diaconia e à espiritualidade do lava-pés.

O espírito de combatividade militante, herdado da Cristandade, permanece arrojado; todavia, muda paulatinamente de "lugar social". E vai emergindo uma nova percepção eclesiológica. Era o Concílio Ecumênico Vaticano II que estava a caminho, trazendo consigo as transformações do "mundo moderno". Dom Fernando, em Goiás, com o leme nas mãos, navegava nesse turbulento oceano de mudanças. E bem perto dele se construía Brasília, como resultado de um longo processo político, onde também a Igreja Católica, com sua visão de Cristandade militante, combativa e de restauro em sua liderança pública, havia empreendido grandes esforços pela mudança da capital federal ao Planalto Central brasileiro.

4.1.2.6 Quando os ciclos se encerram... vita brevis!

O tempo tem duração e é preenchido por infindáveis ocorrências promovidas pela cadência permanente das estruturas, pelos vendavais das conjunturas, pelas oscilações individuais e pelo imponderável que irrompe na história. Por isso, conforme orientam os estudos de F. Braudel (1978), para fazer uma "ciência do tempo" a historiografia precisa de delicados e suscetíveis recortes temporais, com técnica precisa e metodologia adequada. Entretanto, esse esforço científico lida com a existência, onde a vida insiste em pulsar e a exigir o direito de compor sua autobiografia.

"Eu sou eu e minha circunstância [...]" (Ortega y Gasset). Todavia, tenho começo, meio e fim! Assim é a história das civilizações e o tempo vivido por cada pessoa. Revisitando os vestígios deixados pelo passado, dele ainda restam alguns sinais daqueles importantes caminhos e alguns murmúrios daquelas vozes retumbantes.

Aqueles dois meninos de outrora, Emanuel e Fernando, nascidos entre o final do século XIX e o início do século XX, tiveram, analogamente, surpreendentes coincidências históricas: ambos estiveram assinalados, em suas origens, pelo contexto de pobreza e luto, situação comum a quase todas as demais famílias brasileiras de seu tempo; ambos sentiram-se despertados para entregarem com radicalidade suas vidas a uma causa espiritual e transcendente; ambos tiveram inteligências ímpares e foram capacitados pela sólida formação dos seminários; vindos de regiões tão diferentes do Brasil, ambos tiveram em Goiás o último destino do itinerário de suas vidas; ambos foram primeiros arcebispos; ambos tiveram um bispo auxiliar[188]; ambos se envolveram com transferências e construções de novas capitais; ambos foram testemunhas e protagonistas de grandes mudanças sociais ocorridas no Centro-Oeste brasileiro; ambos experimentaram rupturas eclesiais: o primeiro inaugurou em Goiás a Cristandade combativa, e o segundo, mesmo tendo sido formado pela Cristandade militante e a protagonizado, inaugurou a Igreja renovada pelo sopro impetuoso de um concílio; ambos, enfim, deixaram os seus corpos descansarem em túmulos vizinhos, na Catedral de Goiânia!

Nos inícios da década de 1960, estavam por se fechar as cortinas no palco da história da Cristandade militante em Goiás. Outro período iria se iniciar, com novos e dramáticos enredos; nele iriam adentrar novos protagonismos, formados na escola do *aggiornamento* eclesial, social e psicocultural. Entretanto, "perseguindo-se" este objeto de investigação histórica, ainda faltam ser vistos outros aspectos

---

188. Em 1946 o Monsenhor Abel Ribeiro Camelo foi eleito, pelo Papa Pio XII, bispo auxiliar do arcebispo de Goiás. Era goiano, natural de Bonfim (Silvânia). Seu lema era *Abel, pastor ovium* (Abel, pastor de ovelhas. Gn 4,2). Na condição de Inspetor Federal de Ensino, nomeado pelo MEC, Dom Abel era o responsável para instruir e/ou encaminhar processos de criação de escolas e faculdades junto ao Ministério da Educação. Por isso, as iniciativas educacionais de Dom Emanuel obtinham agilidade burocrática. "Com a mudança da capital do estado para a cidade de Goiânia e, também, com a iminente transferência do Distrito Federal para o Planalto Central, Goiás teve um desenvolvimento extraordinário em todos os setores da vida pública. Para atender a essa nova situação do estado, o arcebispo e seus sufragâneos se reuniram para uma revisão total da Província Eclesiástica de Goiás. Dom Abel foi o competente coordenador dessa ingente empreitada. No dia 12 de maio de 1955, durante o evento em que se reuniram todos os bispos da província, no Seminário Santa Cruz, para aprovar o relatório final das mudanças sugeridas na estrutura física da arquidiocese, o nosso Arcebispo [Dom Emanuel] faleceu. [...] Dom Abel foi eleito, pelo Colégio de Consultores, vigário capitular. Junto com o governo da sede vacante, deu continuidade às providências necessárias para a concretização definitiva das mudanças propostas." Dom Abel faleceu na cidade de Goiás, no dia 24 de novembro de 1966 (Fleury, 2007, p. 17-18). Dom Fernando teve como bispo auxiliar Dom Antônio Ribeiro de Oliveira que, a partir de 1986, foi eleito segundo arcebispo de Goiânia.

daquele emblemático cenário goiano de Cristandade militante, protagonizados pelo Cônego Trindade, deputado federal e um dos mais importantes sujeitos históricos na articulação nacional pela transferência da capital federal ao Planalto Central brasileiro.

4.2 Cônego Trindade, o "apóstolo da cruzada cívica"

Deputado Fonseca e Silva é o "apóstolo" de uma "cruzada cívica" pela mudança da capital federal ao Planalto Central do Brasil. Foi assim que o Deputado Federal Ulisses Guimarães, em 15 de junho de 1956, se referiu ao Cônego José Trindade da Fonseca e Silva (Anexo 1). Durante trinta anos esse padre goiano exerceu grande liderança política, cultural e religiosa, em Goiás e no país. Ele é um protagonista histórico dos mais representativos da Cristandade militante, de 1930 a 1960. Com uma atuação das mais combativas pela mudança da capital federal, esse prodigioso orador realizou 345 discursos na Câmara Federal, durante seus quatro anos como deputado federal; entretanto, sua morte parece ter sepultado também o seu nome, esmaecido na historiografia. Sua micro-história também revela, nas entrelinhas de sua biografia, o modo como a Cristandade militante se concebia e a estratégia que usava, durante o período da Segunda República, para a sua inserção na educação, na cultura, na política partidária e na definição das grandes decisões do Estado brasileiro.

Protagonismos históricos, quando perquiridas suas biografias, trazem aspectos intrigantes; há neles sutilezas existenciais que contrastam com as fases de sua projeção social e, às vezes, até a explicam. Assim foi com o Cônego Trindade. Sua infância foi traumatizada pela morte trágica do pai, assassinado a porretadas, no dia 30 de maio de 1914, quando tinha somente 35 anos. Colocando-se em terceira pessoa, é o próprio Cônego Trindade quem narra isso.

> Cônego Trindade que na Câmara Federal tomou o nome parlamentar de Fonseca e Silva, seus dois últimos sobrenomes, filho de Jaraguá, Estado de Goiás, pertence a uma das mais numerosas famílias goianas, procedentes de São Paulo. Muito cedo teve que se mudar de sua terra natal, refugiando-se na acolhedora cidade de Corumbá de Goiás, mudança ocasionada pela perseguição política daquele tempo. Nessa cidade morre seu pai Ernesto Camargo da Fonseca, em consequência de uma emboscada nas caladas da noite,

quando voltava de uma visita a pessoa de sua parentela. Dois soldados e dois civis cercaram-no e à paulada prostraram esse grande amigo dos Bulhões e feroz combatente da oligarquia reinante, a dois "caiados" (Silva, 1956c, p. 1)[189].

Órfão de pai aos 9 anos de idade, foi apegado ainda mais à sua mãe e a ela sempre tributou o êxito que teve na vida. A pobreza roubou parte de sua infância. Para sobreviverem, vendia lenha e biscoitos e, à noite, vendia carne, anunciando-a aos gritos pelas ruas da velha cidade de Corumbá de Goiás[190]. Numa de suas autobiografias (1959), Cônego Trindade recordava-se dessa fase de sua vida.

> Aqui começa a minha modesta vida de lutador. Órfão, pobre, trabalhava para auxiliar a minha estremecida mãe, a mulher forte, a quem devo tudo na minha vida pública e particular. Quando não vendia biscoitos e doce, em tabuleiro seguro na cabeça (a que se chamava, impropriamente, de quitanda), capinava calçadas e quintais na querida cidade [de Corumbá]. Para esse evento usava os célebres "mutirões"[191] compostos somente da meninada amiga e caridosa. Eu, além de autor da modalidade, que me trazia alguns mil réis, era o cozinheiro da tamina [sic] alegre da companheirada, sempre solidária com esse modo de ganhar dinheiro. Recordo-me, com muita honra e saudade, que a maior preocupação era ajuntar cobre preto, que atingiu a arroubas (Silva, 1959, p. 1).

Se a infância de Cônego Trindade foi de muitas dificuldades, o precoce fim da vida lhe foi ainda mais trágico.

---

189. Cônego Trindade escreveu três autobiografias que nos são conhecidas, sob a guarda no Acervo IPEHBC/PUC-Goiás. A primeira, sem datação, se parece uma *Autobiografia – versão preliminar* (assim denominada pelo seu autor), que deu base à *Autobiografia política,* escrita em 1956. Ambas se apresentam com uma narrativa em terceira pessoa e enfatizam a trajetória política de Cônego Trindade, com suas respectivas opções assumidas. Essa *Autobiografia política* foi escrita pelo Cônego Trindade a pedido de Frederico Trotta (em correspondência de agosto de 1956), responsável pela preparação do livro *Perfis da democracia brasileira,* "destinado a fixar a passagem dos homens públicos pelos cargos eletivos (presidente da República, vice-presidente, senador, deputado e vereador do Distrito Federal) [...]". A terceira *Autobiografia,* redigida na Chácara São José (hoje, *campus* 2 da PUC-Goiás), com data de 11 de setembro de 1959, apresenta um texto mais intimista, narrado na primeira pessoa do singular. Doravante, vamos nos referir assim a esses três documentos: *Autobiografia – versão preliminar; Autobiografia política (1956); Autobiografia (1959).* Todas as citações *ipsis verbis* que serão feitas dessas três autobiografias terão a atualização ou eventual correção gramatical.

190. A. C. Caldas Pinheiro obteve essas informações a partir de entrevista realizada, em 18 de agosto de 2006, com Joana de Camargo Fonseca, cunhada e prima do Cônego Trindade. Por isso, há ligeira variação de informações entre a entrevista de Joana e a autobiografia de Cônego Trindade acerca das alternativas usadas pelas suas respectivas famílias a fim de obter o sustento econômico.

191. Na década de 1980, em Goiás, essa experiência rural dos mutirões foi trazida para a vida urbana, numa iniciativa política de mobilização da população para a construção coletiva de casas populares.

> Em agosto de 1960, juntou-se a um grupo de políticos e jornalistas que viajariam para Taguatinga, no norte do estado. Sendo o grupo numeroso, foi preciso fazer duas viagens de avião. Na primeira viagem, embarcaram o Cônego Trindade, Mauro Borges, candidato ao governo do estado, e outros. No campo de pouso, muita gente esperando o restante do grupo. Uma pane no avião deu origem ao terrível acidente. O cônego correu ao encontro dos destroços da aeronave, testemunhando a morte de quatro companheiros em situação terrível. Foi grande o choque! Segundo ele mesmo contava, naquele instante caiu de joelhos, com as pernas bambas. Era o dia 9 de agosto de 1960. Não mais se recuperou. Foi acometido de uma paralisia progressiva que o levou a falecer dois anos depois, tendo um jornal da época noticiado a sua morte como a da última vítima do desastre do avião (Pinheiro, 2019, p. 24).

Cônego Trindade, como assim gostava de ser denominado, nasceu no dia 7 de junho de 1904; foi registrado no Cartório de Registro Civil da cidade de Goiás, embora tivesse nascido em Jaraguá. Seu avô paterno era professor e atuou na política. Em Itaberaí, tinha parentes cultos, como o Padre Luiz Antônio da Fonseca e outros com destaque no Executivo e no Legislativo. Em tempos de coronelismo, na primeira República, seu pai, bulhonista, atuava contra a outra oligarquia dominante. Em razão dos conflitos políticos em Jaraguá, mudou-se para Corumbá, de Goiás. Ali é que, aos 6 anos de idade, o pequeno José Trindade da Fonseca e Silva iniciou os seus estudos.

Corumbá, durante a infância do pequeno José Trindade, era razoavelmente desenvolvida. A cidade havia surgido, provavelmente, no ano de 1729, devido à descoberta do ouro. Veio de Santa Cruz de Goiás a Bandeira que descobriu o ouro no Rio Corumbá. Iniciou-se, então, nesse local, também a escravização de indígenas e de negros. E, também, nesse ciclo econômico do ouro, chegou o catolicismo nos primeiros tempos de formação do arraial.

> Surgiram, a partir dessa época, a Festa de N. S. da Penha, ainda no primeiro povoado; a Festa do Divino com o Imperador, Folias e Cavalhadas; a Festa dos santos negros Elesbão e Ifigênia com os seus Reis, Banda de Couro e Congada e a Festa de São Sebastião, com os leilões de prendas doadas pelos fazendeiros (Curado, 1996, p. 17).

Com o declínio do ciclo econômico do ouro em Goiás, sucedeu-se em Corumbá o crescimento da agropecuária e a construção dos engenhos de açúcar, rapadura e melado, dos monjolos d'água e dos teares para os tecidos de algodão e de lã. A primeira escola de Corumbá surgiu em 1836, e a capela foi elevada a paróquia em 1840. Mas até 1949 Corumbá fazia parte do município de Meia Ponte (Pirenópolis). Desde o final do século XIX a cidade já tinha bandas musicais, apresentações teatrais e bailes realizados nas varandas das casas – promovidos ou assistidos por Monsenhor Chiquinho (Francisco Xavier da Silva) –, onde dançava-se ao som de um conjunto ao vivo ou do fonógrafo[192]. De 1897 a 1901 foi construída a ponte sobre o Rio Corumbá e criado o serviço de obtenção e distribuição de água pelas ruas. Até 1910, somente existiam na cidade os dentistas, farmacêuticos e médicos práticos, sem formação em curso superior. E as parteiras realizavam todos os partos que ocorriam no município. Em 1911, quando Cônego Trindade havia acabado de iniciar os seus estudos, foi instalado em Corumbá o telégrafo; isso permitiu, pela primeira vez, a troca rápida de notícias com outros lugares distantes. A primeira estrada para automóveis, entre Corumbá, Pirenópolis e Anápolis, foi aberta somente em 1921. E a luz elétrica chegou à cidade somente em 1924. Foi nesse contexto que o pequeno José Trindade cresceu, no início do século XX, dentro das vicissitudes e condições socioeconômicas e culturais próprias da cidade de Corumbá e do Estado de *Goyaz*.

Curioso e dedicado aos estudos, José Trindade foi convidado por Monsenhor Chiquinho para o ofício de sacristão; tempos depois, o enviaria ao Seminário Santa Cruz, em Goiás, para dar continuidade aos seus estudos[193]. Em 1924 foi enviado por Dom Emanuel para o Seminário de Mariana[194], onde cursou Teologia. Foi ordenado presbítero em 1930, por Dom Helvécio Gomes de Oliveira, irmão de Dom Emanuel e arcebispo de Mariana. Seu contexto de formação – em Corumbá, na cidade de *Goyaz* (que era, então, a capital do estado) e em Mariana – deu-lhe as capacidades, como músico[195] e ator de teatro local, da comunicação e do fácil

---

192. O primeiro fonógrafo (aparelho de som) que chegou a Corumbá de Goiás foi adquirido em 1900 pelo Monsenhor Chiquinho (Curado, 1996).

193. O Seminário Santa Cruz era também Colégio Diocesano, na cidade de *Goyaz* (Silva, 1959, p. 1).

194. "Morre a sua mãe em 1925. Matricula-se na Escola de Minas às escondidas de seus superiores. Retorna ao seminário. [...] Em 1928 terminava os seus estudos teológicos, mas sem nenhuma ordem sacra. Sempre receou e uma grande dúvida o acompanhava: se tinha ou não vocação para o sacerdócio" (Silva, 1956c, p. 1).

195. "Músico, voz muito boa, alegria comunicativa, sem jamais ocupar-se das frivolidades tão próprias da mocidade, sobretudo de uma mocidade passada num ambiente pacato das cidades da interlândia brasileira. No vetusto Seminário de Mariana organizou uma orquestra, tocava bombardino e cantava. Ao lado dessa atividade incrementou o futebol" (Silva, 1956c, p. 1).

relacionamento; sua dedicação e grande desempenho nos estudos deram-lhe bases para suas atividades como redator, historiador, pesquisador e genealogista[196]; o envolvimento de seu pai e de alguns dos seus parentes na política partidária o inspirou a assumir funções públicas e mandatos eletivos; sua experiência de orfandade e pobreza o manteve com estreito vínculo materno e bom desempenho nos negócios; seu contexto religioso o levou a percorrer os caminhos de formação pelos seminários católicos; e o modelo eclesial de Cristandade militante, vigente na primeira metade do século XX, o tornou um dos principais protagonistas de restauração da liderança católica na vida pública.

No ministério pastoral, o neossacerdote Padre Trindade atuou em Anápolis como auxiliar do Cônego Abel Ribeiro Camelo, mais tarde o primeiro goiano sagrado bispo. Em 1933, Padre Trindade assumiu a secretaria da arquidiocese e foi designado vigário de Santa Cruz de Goiás, tendo sido pároco também de Pires do Rio. De 1939 a 1943 foi pároco de Orizona[197], onde construiu sua grande igreja matriz[198]. Em 1943 foi diretor do Ginásio Municipal de Anápolis e em 1945

---

196. Aos 18 anos, publicou o seu primeiro artigo no jornal *O Santuário de Trindade*; em 1933 dirigiu o jornal *O Anápolis*; em 1939 foi diretor do jornal *Brasil Central*, da Arquidiocese de *Goyaz*; em 1940 escreveu diversos artigos na *Revista Genealógica Brasileira*, intitulados "Troncos genealógicos de Goyaz"; em 1947, na homenagem pelas bodas de prata episcopal de Dom Emanuel, escreveu uma polianteia intitulada *Vinte e cinco anos de benefícios ao Estado de Goiaz: a Dom Emanuel Gomes de Oliveira, primeiro arcebispo de Goiaz, a voz agradecida de suas obras;* finalmente, em 1948, publicou a sua obra mais conhecida e de mais "fôlego", intitulada *Lugares e pessoas: subsídios eclesiásticos para a história de Goiaz* (Pinheiro, 2019, p. 14-17). Esta é uma das importantes obras de consulta da historiografia goiana, particularmente nas pesquisas sobre a história da Igreja Católica em Goiás. Infelizmente, seu segundo volume anunciado pelo autor não veio a lume em razão de seu falecimento precoce. Com suas próprias palavras, Cônego Trindade assim narra suas publicações: "No setor estritamente cultural, fizemos publicar a obra intitulada *Lugares e pessoas*, ainda no seu primeiro volume e quase pronto o segundo tomo. Obra que mereceu do imortal historiador Afonso de Taunay volumosa crítica, que muito nos honrou e confortou. Ao lado deste trabalho inteiramente histórico demos publicidade, à oportunidade das Bodas de Prata de fecundo episcopado do querido Dom Emanuel, a Polianteia [...]. Elemento componente da Academia Goiana de Letras, onde temos uma cadeira em caráter permanente e sócio do Instituto Brasileiro de Genealogia, em cuja revista existem vários trabalhos genealógicos [de autoria do Cônego Trindade], sob o tema: De Portugal, para São Paulo, para Goiás" (Silva, 1959, p. 3-4).

197. Orizona parece ter sido uma de suas principais bases eleitorais. Sua publicidade de campanha eleitoral (Anexo 2) dirigia-se principalmente aos eleitores de Orizona, onde havia construído a igreja matriz.

198. Cônego Trindade ainda acrescenta: "Foi maior campo para as minhas atividades sacerdotais o ambiente da roça, termo muito usado para as minhas arengas ruralistas. Ao lado do inesquecível Arcebispo da Instrução, Dom Emanuel Gomes de Oliveira, de quem fui companheiro inseparável em todas as suas lutas e realizações, incrementei todo o meu apostolado, estereotipado no binômio:

voltou a secretariar o arcebispado. Foi um dos principais cooperadores de Dom Emanuel na realização do Congresso Eucarístico, ocorrido em Goiânia no ano de 1948, ocasião em que foi lançado o projeto de criação da Universidade do Brasil Central. E, finalmente, com a criação da Arquidiocese de Goiânia, deu grande apoio a Dom Fernando Gomes dos Santos pela criação da Universidade Católica de Goiás, hoje PUC-Goiás. Dom Antônio Ribeiro de Oliveira, segundo arcebispo de Goiânia, foi orientado vocacionalmente e, depois, encaminhado ao seminário pelo Padre José Trindade[199]. Por isso, na homenagem *in memoriam* ao Cônego Trindade, em 1962, assim escreveu:

> [Cônego Trindade] costumava dizer: Três coisas quero fazer no meu sacer-dócio. E enumerava: Construir uma Igreja, escrever um livro e formar um padre. E completou essa obra antes de deixar o paroquiato. Construiu a bela [igreja] matriz de Orizona, a sua paróquia tão querida. Escreveu *Lugares e pessoas*, esboço histórico de nossa arquidiocese, e preparava o segundo volume, tendo a sua obra sido interceptada pela insidiosa moléstia que o levou. Teve a felicidade de ser assistido nos últimos momentos de sua vida pelo padre que formou. Partiu (*Revista da Arquidiocese*, 1962, p. 110).

Padre José Trindade recebeu o título honorífico de cônego[200] em documento datado de 15 de agosto de 1943, concedido por Dom Helvécio Gomes de Oliveira (Anexo 3). Desde então, prezou muito por esse reconhecimento e o utilizou até o final de sua vida. Eram tempos de Cristandade, quando os títulos honoríficos eram sobejamente conferidos e utilizados como modos para a distinção e o prestí-

---

'Terra e Criança'. Como vigário de Orizona, então Campo Formoso, pude dar tudo das minhas ati-vidades em favor do homem do campo. Ficou célebre um boletim em que pregava as construções de privadas, 'fossas isoladas' no quintal, e o combate ao 'fétido percevejo da cama' e ao 'nojento piolho'" (Silva, 1959, p. 1).

199. "Como sacerdote [escreveu Cônego Trindade sobre si mesmo], vive para sua arquidiocese, para o seminário, instituição que transferiu todas as suas propriedades rurais. No seu testamento público está escrito: nasci pobre, vivo como pobre, o que tenho recebi de Deus, por isso devolvo aos seus pobres" (Silva, 1956b, p. 2).

200. Após a renovação promovida pelo Concílio Ecumênico Vaticano II, os títulos de cônegos e mon-senhores tornaram-se honoríficos, embora não abolidos. Segundo F. Aquino (2012), "antes das refor-mas conciliares, eles formavam o cabido diocesano, para a função de conselheiros do bispo, o governo da diocese durante a vacância e o esplendor das funções litúrgicas na catedral. Hoje, o bispo conta com diversos Conselhos, que são formados por representantes de todo o clero e do laicato. Não contam os títulos, mas a disposição para o serviço comum e comunitário da evangelização. Hoje, cônego e mon-senhor são títulos de homenagem e reconhecimento por serviços prestados à Igreja".

gio público. Tais títulos estavam situados na organização burocrática da estrutura simbólico-religiosa católica, que previa a racionalização "[...] das 'nomeações', das 'promoções' e das 'carreiras', codificação das regras que regem a atividade profissional e a vida extraprofissional" (Bourdieu, 2001, p. 60).

4.2.1 A militância pela educação

Dentre os campos de mais intensa militância política do Cônego Trindade, dois tiveram particular destaque: a educação e a política partidária. E a estes dedica-se um olhar histórico ainda mais atento, pois será nesses campos que Cônego Trindade atuará intensamente pela transferência da capital federal ao Planalto Central brasileiro. Na Educação, há em Cônego Trindade três grandes destaques: enquanto secretário de Educação do Estado de Goiás; no empenho pela criação de faculdades e fundação de uma futura universidade católica; e na participação parlamentar na Comissão de Educação e Cultura da Câmara Federal.

O Secretário de Educação Cônego Trindade construiu escolas em quase todos os municípios goianos existentes na década de 1950, principalmente no norte goiano. E incentivou a formação de "clubes agrícolas para a meninada goiana" (Silva, 1959, p. 2). Em entrevista concedida ao jornal *O Globo*, em 1953, expôs o seu trabalho na gestão da educação pública em Goiás.

> Sem problemas de atraso de funcionalismo, com obras do Inep, atualizadas, de 232 prédios de escolas rurais apenas 29 restam para acabamento. Nos últimos dois anos foram construídos mais 26 grupos escolares e duas grandes Escolas Normais Regionais, nas margens do Tocantins (*O Globo*, 1953).

Além da construção de escolas para o ensino fundamental, a gestão de Cônego Trindade se empenhava pela implantação, em Goiás, do "ensino de segundo grau gratuito", para fazer desaparecer a "malsinada industrialização do externato em ginásios" (*O Globo*, 1953). Mas na função pública também havia o apelo para com o interesse da Igreja Católica. Esta era uma das ênfases políticas da Cristandade militante, sob o regime republicano: recuperar e assegurar o espaço da Igreja Católica na vida pública e, particularmente, na educação, com suas vantagens e seus benefícios, ainda que a serviço do povo. Sobre isso, é bastante elucidativa uma das cartas de Dom Emanuel enviada ao Secretário de Educação Cônego Trindade em 19 de fevereiro de 1953, pedindo-lhe ajuda financeira para a construção da Escola de Iniciação Agrícola e Doméstica na cidade de Santa Cruz, que ficaria sob a direção das Irmãs Franciscanas, pois naquela cidade intencionavam abrir uma casa de noviciado para a sua congregação religiosa. Para essa nova escola era necessário que o Estado fizesse a provisão de "dotação anual permanente para manutenção dos alunos e gratificação ao professorado e administradores, que seriam as Irmãs supramencionadas, ficando sempre de propriedade da Sociedade de Educação e Ensino de Goiás"[201] (Anexo 4).

Além da educação básica, Cônego Trindade esteve diretamente envolvido com a estruturação da educação superior em Goiás. Estava em plena sintonia com a visão da Cristandade militante: era preciso que a Igreja Católica atingisse também as "elites intelectuais" e por elas assegurasse a hegemonia na sociedade brasileira. Isso seria garantido com a criação de faculdades e universidades[202]. Por

---

201. A Sociedade de Educação e Ensino era a mantenedora de todas as escolas e faculdades que pertenciam à Arquidiocese de *Goyaz*. Ela foi criada em 1948, com os seguintes objetivos: "a) superintender e dirigir os estabelecimentos de ensino secundário, profissional e primário de propriedade da Mitra Diocesana; b) instalar e manter a Faculdade de Filosofia, Ciências e Letras e fundar a Universidade do Brasil Central" (Cordeiro, 2010, p. 55). Em 1958, a Sociedade de Educação e Ensino tornou-se mantenedora apenas das escolas de educação básica, que pertenciam à arquidiocese. E foi criada a Sociedade Goiana de Cultura, "que tinha por finalidade: a) promover a criação e manter a Universidade Católica; b) ajudar, mesmo financeiramente, de acordo com as suas possibilidades, os institutos agregados à universidade; c) promover os meios necessários para o desenvolvimento cultural de Goiás e a pesquisa científica dos institutos superiores; d) orientar a cultura superior no sentido do bem comum, de maneira a levar sua influência e eficácia às demais camadas sociais" (Cordeiro, 2010, p. 57).

202. A. Antoniazzi elenca as aspirações para a criação das universidades católicas: "(a) ter uma instituição voltada principalmente à formação dos professores das escolas secundárias católicas (daí a importância dada às licenciaturas); (b) dar credibilidade aos católicos, frente ao positivismo e ao racionalismo, demonstrando à sociedade que era plenamente possível ser 'cientista' e 'cristão'; (c) formar uma elite capaz de atuar no campo econômico, jurídico, social, político – em suma, capaz de assumir a liderança da sociedade civil e a direção do Estado – dentro de uma perspectiva que é aquela da 'doutrina social da Igreja'; (d) e contribuir, por meio das universidades católicas, para a elaboração de uma cultura cristã (em certo sentido até 'medieval', como queria o grupo de Milão, ou rigorosamente pautada pelo tomismo, como queriam Leão XIII e a 'escola romana'). É uma tendência de devolver à cultura contemporânea uma dimensão de abertura à religião e ao sobrenatural, ou de conseguir o reconhecimento da não incompatibilidade, senão da harmonia, entre a ciência e a fé" (Antoniazzi, 1983, p. 13-14). Para Cury, a criação das universidades católicas no Brasil foi para possibilitar que os estudantes católicos não tivessem um ambiente contaminado pelo racionalismo e o anticlericalismo positivista, muito presentes nas universidades públicas do Estado republicano brasileiro (Cury, 1988).

isso, grande parte das primeiras universidades católicas no Brasil foram criadas nas décadas de 1940 e 1950[203].

Em 1949, o Cônego Trindade se pôs em articulação com o governo do estado, o Senado e a Câmara Federal a fim de obter apoio político pela criação da Faculdade de Filosofia. Em um telegrama, Cônego Trindade solicitava ao Deputado Federal Galeano Paranhos (Anexo 5) o amparo de sua bancada parlamentar para que fosse acrescentado no orçamento federal de 1950 a previsão financeira para a Faculdade de Filosofia de Goiás. Ao Senador Dario Cardoso (Anexo 6), pedia a "patriótica colaboração junto ao Ministério da Educação e demais órgãos" pela Faculdade de Filosofia de Goiás. Ao Governador Jerônimo Coimbra Bueno, Cônego Trindade enviou uma correspondência nestes termos:

> [...] Viemos à presença de V. Excia. para comunicar-lhe que a Faculdade de Filosofia de Goiás, recentemente criada, está apta para funcionar nos tempos das exigências da lei federal. Urge, entretanto, que o Governo de V. Excia. venha em nossa cooperação, conforme compromisso assumido de modo público e legal, quanto à parte econômica que lhe pertence. A Arquidiocese de Goiás não poderá tomar sobre si todas as responsabilidades financeiras para o prosseguimento de tão grande empresa, que muito enobrece os foros da instrução em Goiás. [...] Estamos remetendo a V. Excia., a comunicação oportuna que nos acaba de fazer o Exmo. Sr. Dom Abel Ribeiro M. D., diretor da referida Faculdade (Anexo 7).

---

203. "No governo do Dr. José Linhares, pelo Decreto-Lei n. 8.681, de 15 de janeiro de 1946, foi reconhecida a Universidade Católica do Rio de Janeiro, instituída por decisão do Primeiro Concílio Plenário Brasileiro e destinada a ser um Centro Nacional de Cultura Católica. Seu primeiro reitor foi o Pe. Leonel Franca" (Moura, 2000, p. 134). Em 1945, foi instalada a AEC/Associação de Educação Católica do Brasil, porém com personalidade jurídica apenas em 1952. Nesse mesmo ano de 1952 foi fundada a Abesc/Associação Brasileira das Escolas Superiores Católicas (na qual fui o seu último presidente, de 2005 a 2007; depois, a Abesc, a Anamec e a AEC foram incorporadas numa única entidade representativa, a Anec/Associação Nacional de Educação Católica). Em 22 de agosto de 1946, pelo Decreto-Lei n. 9.632, foi reconhecida a Universidade Católica de São Paulo, elevada a Pontifícia Universidade em 13 de janeiro de 1947. Em 9 de novembro de 1948, pelo Decreto n. 25.794, foi reconhecida a Universidade Católica do Rio Grande do Sul, elevada a Pontifícia Universidade em 1º de novembro de 1950. Em 18 de janeiro de 1952, pelo Decreto-Lei n. 30.417, foi reconhecida a Universidade Católica de Pernambuco. Em 19 de dezembro de 1955, pelo Decreto n. 38.327, foi reconhecida a Universidade Católica de Campinas, elevada a Pontifícia Universidade em 8 de setembro de 1972. Em 12 de dezembro de 1958, pelo Decreto n. 45.046, foi reconhecida a Universidade Católica de Minas Gerais, elevada a Pontifícia Universidade em 1983. Em 17 de outubro de 1959, pelo Decreto n. 47.662, foi reconhecida a Universidade Católica de Goiás, elevada a Pontifícia Universidade em 2009. Em 1º de março de 1960, pelo Decreto n. 18.232, foi reconhecida a Universidade Católica do Paraná, elevada a Pontifícia Universidade em 1985. Em 7 de outubro de 1960, pelo Decreto n. 45.088, foi reconhecida a Universidade Católica de Pelotas. Em 18 de outubro de 1961, pelo Decreto n. 61, foi reconhecida a Universidade Católica de Salvador. E, ainda, em 20 de dezembro de 1961, foi reconhecida a Universidade Católica de Petrópolis (Moura, 2000, p. 134-139).

Em 1953, uma carta emblemática dirigida ao então Secretário de Educação Cônego Trindade revela a continuidade de seu apoio à criação e manutenção de cursos que deveriam compor a futura Universidade Católica em Goiás.

> [...] Soube que a Escola Goiana de Belas-Artes[204] está solicitando da Secretaria de Educação um auxílio, para a sua instalação com o mínimo de requisitos exigidos pelo Conselho Superior de Ensino.
> A iniciativa da Escola foi animada pelo Senhor Arcebispo, como um dos cursos que integrarão a Universidade Católica de Goiás.
> Venho pedir a V. Revma. o seu interesse pela Escola, que tem a autorização para o seu funcionamento em ultimação no referido Conselho, onde encontrou-se a maior boa vontade, graças à interferência do Senhor Dom Emanuel. Lembra-se V. Revma. que o Governo passado concedeu à Faculdade de Filosofia dois auxílios de CR$ 138.000,00 cada um; os quais tornaram-se dispensáveis na sua gestão nesta Secretaria por ter a Faculdade recebido o amparo financeiro da União.
> Não se compreenderá que o atual governo deixe de amparar este movimento, cujo benefício de ordem cultural muito servirá para acolher, estimular e dar uma orientação metodizada aos pensadores artísticos da mocidade goiana (Anexo 8).

Em 1954, o então já deputado federal Cônego Trindade recebeu a solicitação do diretor da Faculdade de Farmácia e Odontologia de Goiás para "conseguir no orçamento da União que o próximo ano de 1955 [tivesse] um auxílio de cinco milhões de cruzeiros que [seria] destinado ao prosseguimento dessa monumental obra [um prédio de três pavimentos para a Faculdade] que estamos levando avante" (Anexo 9). Outro pedido lhe foi feito, em 1958, pela diretora da Escola de Enfermagem São Vicente de Paulo, "para início da construção do futuro prédio da referida escola"[205] (Anexo 10).

Com esse conjunto de iniciativas e articulações empreendidas por Dom Emanuel, Dom Abel e Cônego Trindade, foi-se formando um núcleo universitário

---

204. "As artes ganhariam força com a criação da Escola Goiana de Belas-Artes, em 1º de dezembro de 1952. Entre os professores estavam: Luiz Curado, Frei Nazareno Confaloni, Henning Gustav Ritter e Antônio Henrique Peclat. Desse núcleo formaram-se gerações de artistas, com nomes expressivos nacional e internacionalmente, como Siron Franco, Antônio Poteiro e Ana Maria Pacheco, entre outros" (Goiás, 2012). A Escola Goiana de Belas-Artes tinha os cursos de Pintura, Escultura e Professorado de Desenho. Embora criada em 1952, foi reconhecida somente no ano de 1959, quando incorporada à Universidade Católica de Goiás (Cordeiro, 2010, p. 60).

205. Esse prédio foi construído na área 4 da atual PUC-Goiás, no Setor Universitário, em Goiânia.

de faculdades e escolas[206] criadas ou mantidas pela Arquidiocese de Goiás, que dariam base à fundação da futura Universidade Católica de Goiás e, na interface, iriam colaborar também para a fundação da Universidade Federal de Goiás[207]. Embora bastante extenso, pela sua importância histórica transcreve-se uma parte bastante elucidativa de texto inédito (c. 1951), muito provavelmente redigido pelo Cônego Trindade[208], acerca do interesse e empenho da Igreja Católica pela educação superior em Goiás:

> A ideia da criação de uma universidade, ou seja do Oeste, ou seja do Brasil Central, é iniciativa, de fato, do atual governo. Como tal esta iniciativa concretizou-se através de uma emenda apresentada no Senado pelos eminentes senadores Lourenço Dias e Atílio Vivaqua. Esta emenda tinha diversos objetivos. O primeiro, de encampar, sem nenhuma indenização, as faculdades de Filosofia, Farmácia e Odontologia; o segundo, de ficar criada, com essa encampação, a Universidade do Brasil Central. Esta emenda, tive eu

---

206. A Faculdade de Enfermagem São Vicente de Paula foi criada em 1944 e reconhecida em 1955; a Faculdade de Filosofia, Ciências e Letras foi criada em 1948 e reconhecida em 1952. Tinha os cursos de Geografia, História, Matemática, Física, Letras Vernáculas, Letras Modernas e Pedagogia; a Faculdade de Ciências Econômicas foi criada em 1951 e reconhecida em 1955. Tinha os cursos de Ciências Econômicas, Ciências Contábeis e Administração de Empresas; a Faculdade Goiana de Belas-Artes foi criada em 1952 e reconhecida em 1959, com os cursos de Pintura, Escultura e Professorado de Desenho; a Faculdade Goiana de Direito foi criada em 1954 e reconhecida em 1959; a Faculdade de Serviço Social foi criada em 1957 e reconhecida em 1959; a Faculdade de Farmácia e Odontologia, criada em 1945 e reconhecida em 1947, incorporada à Universidade Federal de Goiás em 1960 (Dados da Secretaria Geral da UCG, *apud* Cordeiro, 2010, p. 60).

207. Embora tenha sido conflitiva a fundação quase simultânea da Universidade Católica e da Universidade Federal, a criação prévia das faculdades foi decisiva, enquanto fato histórico, para a criação de ambas as universidades. Há diversas versões sobre as suas respectivas origens, com controvérsias e interesses divergentes. Quando da criação da Universidade Católica ocorreu uma manifestação promovida pelos estudantes da Faculdade de Direito, com o "enterro simbólico de Dom Fernando". Isso, em 1959, estremeceu as relações locais entre a Arquidiocese de Goiânia e alguns grupos pró criação da Universidade Federal. Uma carta de Altamiro de Moura Pacheco, dirigida a Dom Fernando Gomes dos Santos em 22 de outubro de 1959, dizia: "No caso atual dos acadêmicos de nossa tradicional Faculdade de Direito, entretanto, não endossamos protestos contra a Universidade Católica nem ataques ao operoso e ilustrado clero goiano. Se a Universidade Católica surgiu coroando a perseverança de esforços no mais elevado objetivo da atividade humana – a instrução [Educação] – a Universidade Federal virá como um imperativo de idêntica natureza e ainda como consequência da rápida evolução de Goiânia e grande desenvolvimento do estado, ao influxo de Brasília. Nossos esforços e toda nossa atividade voltam-se para a Federal o que não nos impede de, com entusiasmo, levar a V. Excia. Revma. os protestos de nossa mais alta consideração" (Anexo 13).

208. Aqui, é importante uma análise técnica sobre a autenticidade autoral e a provável data desse documento. O texto cita Dom Emanuel como arcebispo (ele faleceu em 1955) e menciona o Presidente Eurico Gaspar Dutra (1946-1951). A Faculdade de Filosofia, também citada no texto, foi fundada em 1948. Portanto, é provável que esse texto tenha sido redigido em c. 1951. Quanto à autoria, embora o texto não esteja assinado, foi encontrado junto ao acervo do Cônego Trindade. O tipo de papel e o estilo datilográfico (inclusive com o recurso do uso do "x" para cobrir ou corrigir os erros de redação) são equivalentes aos demais documentos redigidos pelo próprio Cônego Trindade.

conhecimento pessoal, foi elaborada no próprio Departamento de Ensino Superior. Daqui o seu grande valor técnico.

Na Comissão de Educação e Cultura foi-lhe relator o Senador Artur Santos, do Paraná, o qual considerou a referida emenda, entre vários subterfúgios para não aceitá-la, tratar-se de uma matéria muito grandiosa, opinou no sentido de que o assunto viesse através de um projeto em separado.

Nesta altura o próprio governo pede a interferência de Sua Excia. Revma. Sr. Arcebispo Metropolitano. E o Sr. Dom Emanuel não mede esforços junto do Senado no objetivo de salvar a situação das faculdades goianas. Fala pessoalmente com as grandes bancadas, dirige-se a cada um dos parlamentares, em cuja mão passaria o projeto. Como estava encaminhado era de tudo impossível conseguir o desiderato. Em boa hora vem ao encontro de Sua Excia. Revma. o eminente senador goiano e um dos secretários do Senado, o Sr. Dario Delio Cardoso. Elabora este senador a subemenda salvadora ao mesmo projeto, cujo número a memória agora os tirou. Assisti redigir este documento, em que as mencionadas faculdades seriam subvencionadas, cada uma com a quantia de CR$ 2.500.000,00. Para mais garantir o êxito da subemenda, o Senador Dario Cardoso pediu ao Senador Evandro Viana, vice-presidente da Comissão de Educação e Cultura, que se constituísse na sua Comissão o patrono da cultura goiana estereotipada na concretização das faculdades em apreço. Levada a matéria em discussão, foi aprovada por unanimidade. Com uma grande particularidade, digna de registro. O Senador Vespasiano Martins, de Mato Grosso, que antes tinha votado contra o projeto, declarou peremptoriamente que reformava o seu modo de pensar por causa de Dom Emanuel, o incansável apóstolo da instrução a quem sua terra natal muito deve como educador e como missionário salesiano.

Vitoriosa a subemenda Dario Cardoso nesta comissão, igual sorte teve ela na Comissão de Finanças, de que foi relator o eminente senador capixaba Santos Neves, amigo pessoal do nosso arcebispo. Esta é a grande realidade sobre tão palpitante assunto.

[...] Para elucidar as suas afirmações [Senador Dario Cardoso?], o nosso entrevistado tira do bolso uma carta do sr. arcebispo de Goiás, nosso querido pastor, e lê este importante tópico em que se esclarecem todos os méritos [do arcebispo]:

Em audiência com o senhor presidente da República, tratei de único assunto de importância que aqui me trouxe – nossas faculdades. Sua Excia. ficou com um *memorandum*, adrede preparado para garantir da "emenda salvadora – Senador Dario" que me solicitou, nessa oportunidade, lembrar ao Senhor General Dutra o empréstimo para Anápolis e Campinas (Goiânia). Disse-me Sua Excia. que amanhã estará comigo o Senador Ivo de Aquino, líder da maioria e alto elemento na Comissão de Finanças, para ficar de vez resolvido tão grande assunto em benefício de nossa sociedade goiana (Anexo 11).

Essas fontes documentais e testemunhos oculares de época acima mencionados revelam que as origens da educação superior em Goiás estão entrelaçadas com a história da Igreja Católica, particularmente em sua fase de Cristandade militante. Cônego Trindade era um de seus protagonistas, pela restauração da liderança católica na vida pública, sob a vigência do regime republicano.

4.2.2 A militância partidária

Na concepção eclesial de Cristandade não havia incompatibilidade entre exercer, simultaneamente, um cargo público (eventualmente eletivo) e o ministério presbiteral na Igreja. Isso era até incentivado, pois assim a Igreja Católica seria representada em seus interesses diante do Estado republicano. Mas para o Cônego Trindade a militância político-partidária tinha, primariamente, uma motivação interna decorrente de sua história pessoal. Fosse padre ou não, ele seria inevitavelmente um político por opção. Considerava que a sua orfandade aos 9 anos era porque seu pai havia sido "vítima política da celebérrima oligarquia que então dominava (1909-1930) em Goiás" (Silva, 1959, p. 1). Na autoanálise do próprio Cônego Trindade, "esse episódio deixou impresso na vida daquele órfão todo o destino de uma vida de luta e de franco combate àquele nefasto período político no Estado de Goiás" (Silva, 1956b, p. 1). Mesmo quando estudante de Teologia, sob o regime de internato no seminário de Mariana, o seminarista José Trindade já estava envolvido em política partidária.

> De 1924 a 1930 tomei parte ativa, quer em Minas quer sobretudo já em Bonfim, hoje Silvânia, na campanha da Aliança Liberal, de que guardo farto documentário, inclusive cartas dos revolucionários escondidos em Goiás (Silva, 1959, p. 1).
> Todo o ano de 1929 bem como todo o ano de 1930 [... em Silvânia] pode dar expansão às suas ideias revolucionárias. Foram os seus maiores dias, de sua vida, diz sempre o Cônego Trindade. Colocou-se ao lado dos postulados da Aliança Liberal[209], movimento a que se entregou de alma e corpo. Escrevia nos jornais da época sob a assinatura de dois pseudônimos [...].

---

209. A Aliança Liberal foi criada em 1929 e visava dar apoio político à candidatura de Getúlio Vargas para a presidência da República. Era formada pelo Partido Libertador (PL), do Rio Grande do Sul, que se uniu ao Partido Republicano Rio-grandense (PRR) na Frente Única Gaúcha. Conseguiu formar uma grande coligação oposicionista nacional. Era inconformada com a política da Primeira República, conduzida pelas oligarquias paulistas e mineiras ("política café com leite") (Velasco, 2014).

> Prestou serviços relevantes à própria Revolução de Outubro, pondo-se em contato com os revolucionários escondidos em Goiás, na zona da estrada de ferro (Silva, 1956c, p. 1-2).

Quando se desencadeou a Revolução, os "revolucionários", entre eles Pedro Ludovico, foram presos. E Padre José Trindade permaneceu detido, de 5 a 25 de outubro de 1930, na chácara da diocese, que ficava na antiga capital de Goiás. "Vitoriosa a luta que nasceu da trágica noite que antecipa a morte de seu pai, recolhe-se à vida privada. Não fez ao governo vitorioso [ou ao interventor Pedro Ludovico] um só pedido; pelo contrário, se bateu contra qualquer iniciativa de vingança pessoal" (Silva, 1956b). Talvez, até aqui, a motivação de Padre José Trindade para aliar-se aos ideais revolucionários fosse proveniente de sua revolta pessoal contra as velhas oligarquias da Primeira República em Goiás, que o tornaram órfão precocemente. Por isso, sua "vingança interior" (*thanatos*) o levou a identificar-se com aqueles que desejavam destruir as oligarquias da Primeira República em Goiás. Assim, explica-se o seu apoio incondicional ao líder revolucionário Pedro Ludovico. Mas superada a revolta interna[210], logo inicia-se outra fase política, que leva Padre José Trindade a uma nova e ininterrupta militância política até o final de sua vida.

---

210. A superação psicológica pela perda precoce do pai também parece ter ocorrido quando o Padre José Trindade, gradualmente, foi transferindo o seu afeto filial ao arcebispo Dom Emanuel. Sentia-se valorizado com funções que o mantinham próximo ao arcebispo, como as de redator do jornal *Brasil Central* ou de secretário do arcebispado, ou de ter sido escolhido para compor a comissão organizadora do congresso eucarístico, ou de ser demandado frequentemente por Dom Emanuel para colaborar com as obras sociais e educacionais da arquidiocese. Também, escreveu um livro exclusivo de homenagem ao seu arcebispo; e na obra *Lugares e pessoas* lhe dedicou a parte mais extensa e afetuosa. Em sua *Autobiografia* (Silva, 1959, p. 4), redigida durante a sua doença, no recolhimento de sua chácara São José (atual *campus* 2 da PUC-Goiás), dois anos antes de seu falecimento, fazendo uma avaliação de sua vida, assim se expressou: "[...] E saímos vencedor. Para toda essa atividade, tive um grande mestre e grande pai. Esse mestre e esse admirável progenitor espiritual foi o inesquecível Dom Emanuel Gomes de Oliveira". Há indícios de que a recíproca era verdadeira; parece que Dom Emanuel o teria assumido paternalmente e mantido em sua proximidade esse "filho" de perfil tão singular. Dois anos após a morte de Dom Emanuel, em correspondência ao Dom Helvécio (irmão de Dom Emanuel), escrita em 31 de março de 1957, Cônego Trindade dizia: "Vivo dentro de uma emoção constante pela ausência de Dom Emanuel. Quanto mais passa, mais eu sinto a sua falta. Formou-nos em tudo lhe consultar e em tudo lhe dizer. Agora tudo mudado... Não tenho escrito cartas. Calado, um tanto desejoso de uma vida escondida e não mais tenho aquele riso alto que me deu a herança materna. [...] Só tenho um plano: o de ficar isolado na minha Chácara São José". Cf. Arquivo do Cônego Trindade, correspondência, IPEHBC/PUC-Goiás.

Embora aliado de Pedro Ludovico e sempre a favor da mudança da capital de *Goyaz*, Padre José Trindade aderiu em 1932 ao movimento contrarrevolucionário de São Paulo; em 1934 ficou ao lado do tenentismo outubrista; em 1937 opôs-se à ditadura do Estado Novo; em 1945 tornou-se um dos principais organizadores do Partido Social Democrático (PSD); e com esse partido envolveu-se nas campanhas de 1950 (na qual foi eleito suplente de deputado federal e, nessa fase, então, assumiu o cargo de secretário de Estado da Educação, em Goiás) e de 1954, quando assumiu mandato eletivo como deputado federal.

A candidatura de Cônego Trindade não era uma iniciativa isolada, apenas como padre e cidadão; a Igreja Católica assumiu institucionalmente o apoio a sua campanha eleitoral. Em 18 de agosto de 1954, o bispo auxiliar Dom Abel[211] enviou uma correspondência a todos os párocos da Arquidiocese de Goiás. E assim ele argumentava o apoio ao candidato Cônego Trindade:

> Embora o Sr. Cônego José Trindade se apresente como um candidato "acima de qualquer significação partidária, ou seja, de manifestação de ordem política", a sua candidatura permanece vinculada, indeclinavelmente, a um partido político. Entretanto, a pessoa do Sr. Cônego José Trindade será sempre a pessoa de um sacerdote. A sua vitória será sempre a vitória de um padre. E a sua derrota traduzirá sempre a de um padre (Anexo 12).

Após argumentar que a derrota ou a vitória de Cônego Trindade não atingia apenas o cidadão, mas também impactaria o ministério eclesial, Dom Abel foi ainda mais além; argumentou que, uma vez tendo sido o Cônego Trindade autorizado a candidatar-se pela "autoridade eclesiástica", o católico deveria acatar a esse desejo da autoridade da Igreja.

> Admitida a permissão ao Senhor Cônego José Trindade para concorrer, no pleito de 3 de outubro próximo, ao posto eletivo de representante federal, os eleitores católicos de Goiás, votando no seu nome, acatariam um desejo da autoridade eclesiástica, pois que se trata de um dos nomes mais expressivos e mais ilustres, merecedor do voto consciente dos católicos, como a um sacerdote capaz de cumprir o mandato recebido, com vantagem para o estado e com proveito para o povo goiano (Anexo 12).

---

211. A correspondência, com cópias multiplicadas e enviadas a todos os párocos da Arquidiocese de Goiás, foi assinada por Dom Abel Camelo, bispo auxiliar; há duas possíveis razões para isso: ou porque o arcebispo precisava manter-se aparentemente imparcial a fim de não fechar os canais de diálogo com todos os partidos, ou porque já estava bastante debilitado, vindo a falecer no ano seguinte (1955).

Por fim, o bispo auxiliar argumenta que o Cônego Trindade, enquanto secretário de Estado da Educação, sempre auxiliou a Dom Emanuel nas obras sociais da arquidiocese; e que, como deputado suplente, militava "com entusiasmo e eficiência", "inteligência viva", "vontade decidida a serviço da coletividade" e "amor à terra". E assim conclui:

> Queira V. Revma. excusar-me da liberdade que tomo de encarecer-lhe o amparo à candidatura do Sr. Cônego José Trindade, recomendando-a ao patrocínio de V. Revma. e à benevolência dos seus caros paroquianos. A não eleição do Sr. Cônego José Trindade, é de frisar-se, poderia redundar numa fragorosa *diminutio capitis*[212] para o clero goiano, que, no momento, poderá oferecer aos homens conscienciosos a nota convincente de sua robusta vitalidade (Anexo 12).

Assim, com o apoio institucional da Igreja, foi eleito o Cônego Trindade como deputado federal. Seu lema era "Terra e criança". Na Câmara Federal, foi um deputado bastante atuante. Em seus cinco anos no poder legislativo, ocupou 345 vezes a tribuna da Câmara[213]; era membro da Comissão de Educação e Cultura[214], da Comissão da Superintendência da Valorização Econômica da Amazônia

---

212. A "diminuição da capacidade" da Igreja Católica no espaço público; mas, nesse contexto da redação, como o destinatário é o clero, também pode significar a "cabeça" da Igreja Católica que é diminuída. Essas duas possibilidades de tradução apontam para uma mesma eclesiologia, então em vigência na década de 1950: a "Cristandade militante", que buscava a "restauração" da liderança política durante a Segunda República.

213. Algumas dessas vezes eram apenas rápidas intervenções. Mas Cônego Trindade reconhece que seu "humilde nome [tenha sido] repetidamente constado no livro das inscrições, quer para Breves Comunicações, quer em Explicação Pessoal" (Silva, 1956, p. 15). Entretanto, foram "apenas" 263 discursos propriamente ditos, "70% [...] sobre assuntos ligados ao ruralismo nacional, ressaltando o Projeto de Lei n. 4.562/58, que restabelece concessões em frete ferroviário dos produtos destinados à aplicação exclusiva das atividades agropecuárias. Isso em razão das restrições criadas pela lei que impôs ao Brasil o monopólio das estradas de ferro, sob o nome de Rede Ferroviária Nacional" (Silva, 1959, p. 3). A quantidade de intervenções e discursos do parlamentar durante as sessões plenárias é um dos indicadores da sua atuação, do seu preparo político e da sua liderança entre os pares. O controvertido Deputado Tiririca, por exemplo, durante vários mandatos fez um único discurso na Câmara Federal, em 2017, quando ocupou a tribuna para dizer que estava "abandonando a vida pública" (Calgaro, 2017).

214. "[...] Relatou o projeto que regula a profissão dos engenheiros agrônomos. Para esse desiderato articulou todas as associações congêneres e, na verdade, de onde nasceram as diretrizes de seu trabalho. No mesmo ritmo de dedicação e trabalho relatou o rumoroso projeto sobre registros de diplomas, sobretudo os procedentes de faculdades estaduais, de cujo regaço nasceram luminares para a cultura brasileira" (Silva, 1956c, p. 2-3). Seis décadas após o Deputado Cônego Trindade ter participado da regulamentação da profissão de engenheiro agrônomo, a PUC-Goiás instalou o Curso de Agronomia no *campus* 2, local onde anteriormente estava situada a chácara São José, de

e da Subcomissão para dar parecer ao projeto acerca das "Bases e Diretrizes da Educação"[215]; e, ainda, dirigia o bloco parlamentar ruralista[216]. Apresentou 22 projetos de lei, todos julgados constitucionais. Dentre outros, destacam-se: o Projeto n. 4.552/58, que criava os estabelecimentos agrícolas do Brasil Central; e o Projeto n. 4.711/59, criando um "Entreposto do sal" na cidade de Anápolis. E, ainda, foi relator de uma Comissão Parlamentar de Inquérito – CPI "para apurar irregularidades das Empresas Incorporadoras ao Patrimônio da União", para a qual "não só apresentou um trabalho à altura do assunto bem como fez chegar ao Plenário da Câmara Federal um Projeto de Lei de n. 4.847/57 dando solução a tanto desbarato cometido com o dinheiro da nação" (Silva, 1956c, p. 3). Entretanto, um dos mais destacados e brilhantes desempenhos do Cônego Trindade foi a sua defesa e articulação parlamentar pela transferência da capital federal do Rio de Janeiro ao Planalto Central brasileiro.

---

propriedade do Cônego Trindade e doada à universidade. É o "coincidente" encontro de duas decisões históricas, acontecidas em diferentes idades e por distintas gerações!

215. "A primeira Lei de Diretrizes e Bases da Educação no Brasil [LDB] teve […] uma longa tramitação no Congresso, durante um período de treze anos. Em 29 de abril de 1947, o Ministro da Educação e Saúde, Clemente Mariani, instalou uma comissão encarregada de elaborar o projeto de lei, da qual fazia parte o Padre Leonel Franca. A comissão elaborou um anteprojeto que foi apresentado ao presidente da República em 28 de outubro […]. No Congresso a discussão só se iniciou após um parecer preliminar do Deputado Gustavo Capanema, de 14 de julho de 1949, totalmente desfavorável ao anteprojeto […]. Em 1957, o ministro da Educação solicitou a colaboração de quatro educadores (Pedro Calmon, Lourenço Filho, Anísio Teixeira e Almeida Júnior) para aperfeiçoar o projeto inicial, dando origem a um anteprojeto apresentado em 1958. Outro grupo de educadores, incluindo dois citados antes, preparou um substitutivo àquele último anteprojeto. […] Visando finalizar a discussão do assunto, a Comissão de Educação e Cultura da Câmara nomeou uma subcomissão relatora [da qual fez parte o Deputado Cônego Trindade, trazendo consigo a experiência de ter sido secretário estadual de Educação em Goiás] para examinar os substitutivos apresentados e elaborar, por fim, um anteprojeto, que foi aprovado pela Comissão e finalmente pela Câmara de Deputados em janeiro de 1960. […] Finalmente, em dia 20 de dezembro de 1961, foi promulgada a Lei n. 4.024, fixando as Diretrizes e Bases da Educação Nacional" (Moura, 2000, p. 136-137). A última LDB é de 1996; em 2017, pela Lei n. 13.490, foi alterado o texto da LDB/96 para possibilitar que pessoas físicas ou jurídicas possam fazer doações às pesquisas ou às universidades.

216. Atualmente, predomina nessa bancada a representação política do agronegócio e a defesa de interesses dos grandes proprietários de terra no Brasil. Entretanto, é preciso distinguir os diferentes tempos políticos e seus respectivos contextos históricos. No ano de 1956 a população brasileira era de 51.944.397 habitantes; desse total, a população rural era de 33.161.506, e isso correspondia a 63,84% da população brasileira (IBGE, 1956). Essa população rural era predominantemente analfabeta, formada por famílias com grande número de filhos, com baixíssimo IDH e ausência de políticas públicas. Nas regiões Centro-Oeste, Norte e Nordeste, esses indicadores eram ainda mais graves. É nesse contexto que se situa o bloco parlamentar ruralista. Dentre as defesas políticas, por exemplo, estava aquela em favor de quinhentas famílias desapropriadas de suas terras e colocadas em situação de miséria pela Companhia Paulista de Força e Luz, para instalar a usina hidrelétrica de Peixoto (Silva, 1959, p. 3).

4.2.3 A militância pela mudança da capital federal

A mudança da capital estadual de Goiás foi enfaticamente defendida pelo Padre José Trindade na década de 1930. Mesmo quando se indispôs com Pedro Ludovico, jamais abdicou dessa bandeira política. O mesmo ocorreu, desde a década de 1940, em sua defesa pela mudança da capital federal do Brasil. Em 27 de janeiro de 1948, Cônego Trindade enviou uma correspondência ao secretário do governo de Goiás Inácio Xavier da Silva, o "Inacinho"[217] (Anexo 14). Cônego Trindade relata que acompanhava na Câmara Federal as discussões sobre a transferência da capital federal; havia propensão de que ela fosse instalada em Minas Gerais. Então, procura mobilizar uma ação conjunta em Goiás pela mudança da capital federal ao Planalto Central.

> [...] Estou acompanhando na Câmara e, sobretudo, na Comissão de Deputados encarregados de dar parecer sobre a localização da futura capital federal. Ao que vejo e escuto e assisto, o assunto se propende a ilimitar o quadrilátero do planalto. Ou para turvar mais o assunto, ou para nos tapear as *démarches* se encaminham para Goiânia (vid[e] entrevista Deputado Galeano com Dr. Jerônimo), ou para o Triângulo Mineiro base Tupaciguara. Vi de perto a influência da bancada mineira em oposição ao movimento encabeçado pelo Deputado Galeno Paranhos pró-Goiânia (Anexo 14).

Embora as comissões técnicas e as constituições brasileiras, desde o final do século XIX, tivessem indicado o Planalto Central como local a ser instalada a nova capital federal, havia muitos interesses regionais em questão, inclusive aqueles de Minas Gerais e do mineiro e deputado Juscelino Kubitschek, propensos a beneficiar aquele estado da República Federativa. Então, para fazer frente a isso, Cônego Trindade sugere a criação de um movimento goiano[218] pela mudança da capital federal ao Planalto Central, envolvendo a Igreja Católica e as principais lideranças locais.

---

217. Inácio Xavier da Silva, em 1947, havia tomado posse como secretário do Governo de Goiás. Depois, em 1949, foi transferido para Cuiabá, como delegado do Tribunal de Contas da União; em 1951, como oficial de gabinete do presidente do Tribunal de Contas da União, foi transferido para o Rio de Janeiro. Em 1969, estudou e planejou a mudança do Tribunal de Contas da União para Brasília. E em dezembro desse ano aposentou-se. Em Goiás, desde 1944 foi escolhido como membro da Academia Goiana de Letras, cadeira n. 7 (Borges, 1977).

218. Isso realmente veio a ocorrer, conforme viu-se no capítulo 3, e exerceu grande influência para que Brasília tivesse sido construída no "coração geográfico" de Goiás e do Brasil. Embora pouquíssimo mencionados pela historiografia goiana, na origem e na articulação desse movimento goiano "mudancista" estiveram o Cônego Trindade e o Deputado Galeno Paranhos, apoiados pela bancada federal goiana.

[...] O objetivo principal desta carta [escrevia Cônego Trindade], escrita de [sic] conjunto com Galeno. Que se forme aí um movimento de caráter inteiramente alheio à situação partidária, absorvendo principais elementos de Goiânia e do Estado e que tenha como presidente Sr. Arcebispo. Só você [secretário Inacinho] de acordo com Dr. Jerônimo poderia manobrar tudo isso. Não fica técnico que Dr. Jerônimo o faça, porque é elemento da Comissão dos técnicos da escolha do local: Planalto. O assunto é de fato melindroso. Dada a sentença ou Triângulo [Mineiro] ou Goiânia, nós não podemos nos calar e deixar que o bairrismo dos mineiros nos venha colocar à beira do caminho.

Urge que você seja o tal dessa manobra. Faça aí uma Comissão tendo na frente Dom Emanuel, que já o foi quando da Escolha de Goiânia, ponha Altamiro [de Moura Pacheco], [o] presidente da Associação Comercial, [o] presidente da Sociedade Goiana de Pecuária, [os] presidentes de todas as entidades de classe e de clubes etc. etc. Não se esquecendo de fazer um movimento acima do partidarismo apaixonado. Esse pedido não é só meu, é de toda a bancada que ora integra esse movimento Pró-Goiânia capital federal (Anexo 14).

A resistência e a divisão de opiniões entre os militares acerca da transferência da capital federal foi um impasse tão grande quanto aquele da disputa política entre os parlamentares pela escolha do local de construção da nova sede do governo federal. Embora a Comissão Técnica, constituída para conduzir a mudança da capital da União, fosse presidida por militares como o General Polli Coelho ou o Marechal Pessoa, havia vozes dissonantes entre os militares. Uma delas foi a do almirante de esquadra Washington Perry de Almeida, ao proferir uma conferência[219] realizada na Sociedade Brasileira de Geografia, em 8 de junho de 1955. Com uma exposição de mais de cinquenta páginas escritas, o almirante apresenta um longo histórico sobre o panorama de todas as questões acerca da mudança da capital federal. Depois, trata de argumentar por que o Rio de Janeiro continuava sendo a melhor opção para a sede do governo federal.

A capital de um País deve realizar certas funções. Essas funções são: Política, Administrativa, Colonizadora, Estratégica, Econômica, Geopolítica, Civilizadora. Os Partidários da mudança da capital para o interior dizem que ela aí desempenha melhor essas funções do que o Rio de Janeiro, por

---

219. Foi publicada pela imprensa naval do Ministério da Marinha, no Rio de Janeiro, em 1957, com o título *A mudança da capital federal*.

ficar aquela no interior do País. Estamos em desacordo. Vejamos: Função política – […] Deve ser o elo da Unidade Nacional e, no caso do Brasil, do sistema federativo. O Rio de Janeiro tem desempenhado perfeitamente essa função. Não acreditamos que a capital, se ela se situar no Planalto Goiano, a poderá bem realizar (Almeida, 1957, p. 30).

O almirante ainda considerava que o Rio de Janeiro era a melhor localização para exercer a função administrativa da capital federal porque o que devia ser considerado era o centro demográfico, e não o centro geográfico. No Rio, a capital da União estava "mais próxima aos estados do sul e de outros na orla marítima ao norte e dispondo de meios e recursos, que nunca terá a capital no interior" (Almeida, 1957, p. 30). Quanto à função colonizadora, "os defensores da interiorização acreditam que a capital no Planalto operará uma corrente migratória muito grande". Entretanto, "Belo Horizonte e Goiânia são duas capitais citadas como tendo tido um fraco papel de cidades pioneiras" (Almeida, 1957, p. 31) porque não tiveram correntes migratórias como os estados do Sul do país[220].

A função estratégica da capital federal, segundo o Almirante Almeida, era bem desempenhada pelo Rio de Janeiro porque tinha mais transporte e comuni-

---

220. O *Censo experimental de Brasília*, realizado pela Comissão Censitária Nacional, em 1959 (em preparação ao Recenseamento geral do Brasil, que iria ser realizado em 1960), assim analisa o crescimento demográfico: "O povoamento do território em que está localizado o futuro Distrito Federal processou-se lentamente, até o início da construção da nova capital. A partir de 1890, data do Segundo recenseamento geral do País, os três municípios formadores de Brasília (Planaltina, Formosa e Luziânia), que ocupavam mais de 30 mil km², experimentaram crescimento demográfico anual da ordem de 1,5% (taxa aritmética) no primeiro decênio intercensitário (1890-1900); de 2,5% no intervalo seguinte (1900-20); finalmente, de 2,2% entre 1940 e 1950. Em sessenta anos, a população local multiplicou-se apenas duas vezes e meia — ao passo que a população do País aumentou mais de cinco vezes e a da região Centro-Oeste cresceu oito vezes. […] O fraco crescimento populacional coexistia com uma densidade extremamente baixa, que apenas ultrapassou de 1 habitante por quilômetro quadrado a contar de 1920. Ainda em 1950, o povoamento do território revelava-se rarefeito" (Comissão Censitária Nacional, 1959, p. 3). Entretanto, nos últimos meses de 1956, assim que se iniciaram as obras de construção da nova capital, já havia mais de 6 mil pioneiros imigrados ao canteiro de obras e o total de 12.283 habitantes no território destinado ao Distrito Federal. Oito meses depois, a população já estava em 28.804 habitantes. E em 17 de maio de 1959, o território da nova capital federal já contava com 64.314 pessoas residentes (Comissão Censitária Nacional, 1959, p. 3). O fluxo migratório, no século XXI, contém uma informação estatística que se contrapõe ainda mais àquelas projeções e conclusões apressadas do almirante Almeida, feitas no ano de 1955. Por exemplo, a Pesquisa Nacional de Amostras por Domicílio (PNAD), divulgada pelo IBGE em 2014, revela que a região Centro-Oeste foi a que registrou maior número de migrantes. "Os dados indicam que 34,2% dos habitantes do Centro-Oeste nasceram em outras regiões do país" (Zylberkan, 2014). Implícita a essa mobilidade migratória, no entanto, há graves problemas econômicos e sociais que levam os brasileiros ao seu "desenraizamento".

cações, além do mar como aliado. "Isso não ocorrerá [afirmava o almirante] com a capital em Goiás que muito ao contrário terá seus meios prejudicados. Imagine-se também o caso de uma greve ferroviária ou uma ação subversiva em dado ponto do território que lhe impeçam as comunicações" (Almeida, 1957, p. 31). Quanto à função econômica da capital federal, o almirante afirmava que não era necessária a sua transferência para que fosse promovido o desenvolvimento econômico do Brasil Central, pois os estados de São Paulo e da Região Sul se desenvolveram sem que fosse transferida a eles a capital da União.

Para o Almirante Almeida, do ponto de vista geopolítico não era necessário permanecer no Planalto Central para "supervisionar o desenvolvimento da Amazônia ao Rio Grande do Sul" (Almeida, 1957, p. 32). Quanto à função civilizadora, segundo o almirante, não era verdade que o interior estava "desassistido e desamparado"; ao contrário, "o Governo de um modo geral nunca deixou de atender as necessidades de Goiás" (Almeida, 1957, p. 33). O problema era a distância e a falta de transporte, mas isso o governo federal estava resolvendo.

> Ainda no quadriênio do governo Epitácio Pessoa, sendo Ministro da Viação o Sr. Pires do Rio, prosseguiram os serviços de viação com a colocação de trilhos e instalações ferroviárias. [...] Hoje em dia maior tem sido ele [o povoamento]. Correntes de estrangeiros, especialmente de americanos, estão procurando esse território e comprando fazendas e construindo suas casas. Em Anápolis observamos belas aquisições feitas por americanos do norte, especialmente artistas cinematográficos (Almeida, 1957, p. 33).

Após defender que o Rio de Janeiro era o melhor local para a permanência da capital da união, Almirante Almeida passou a desconstruir os argumentos da Comissão Técnica favoráveis à localização do Planalto Central como sede do governo federal. Para o almirante, "[...] há quem afirme que ela [a água] não é abundante [em Goiás] e mesmo falta no período da estiagem, deixando de existir completamente no alto das chapadas" (Almeida, 1957, p. 33); enquanto no Rio de Janeiro havia fácil acesso terrestre, marítimo e aéreo, "a capital no interior, em Goiás, ainda hoje e por meio tempo não terá as suas vias de acesso em condições boas e fáceis" (Almeida, 1957, p. 33). Além disso, para o almirante, a topografia do Planalto "não é boa", "dizem que há moléstias endêmicas" e insalubridade, que se for para escolher um lugar tranquilo melhor seria Petrópolis como sede de governo, que a paisagem do Rio "é impressionante, ela deleita, agrada e obriga a uma meditação", enquanto "a capital em Goiás não oferecerá essa paisagem. As planuras dos chapadões e descobertos de cerrados não atraem e ao contrário são monótonos e tristes". Além disso, Goiânia, Anápolis, Formosa e o "sítio escolhido" [Brasília] tem altitudes "próximas a mil metros", o que provoca "perturbação do organismo humano" para a elas chegar; e o Planalto não está próximo de floresta para dispor madeira às construções. O almirante ainda levantou o problema da necessidade de desapropriar as terras do Planalto Central e o grande risco que haveria com a especulação imobiliária. Depois dessa argumentação, a conclusão do almirante seria óbvia e inevitável.

> Vivendo há longos anos nesta capital [Rio de Janeiro], assistindo ao seu contínuo progresso, observando as conquistas realizadas pela mão do homem, encantando-nos com as maravilhas que Deus distribuiu a sua natureza, nós outros que visitamos por mais de uma vez quase todas as grandes capitais da Europa e das Américas, podendo bem avaliar o valor e a preponderância de uma grande capital, fazemos votos para que o Rio de Janeiro continue a ser a capital do País, pois a mudança da capital é mais prejudicial ao Brasil que ao Rio de Janeiro, e nós, pensando sempre sem regionalismo, queremos a constante grandeza do Brasil (Almeida, 1957, p. 53).

A posição do Almirante Washington Perry de Almeida revela o quanto, na década de 1950, o tema da transferência da capital suscitou ânimos e tornou-se pauta cotidiana. Trazia temores de prejuízo para uns, expectativas de vantagens para outros. Defender a permanência do governo federal no Rio de Janeiro era a posição mais "confortável" ao *establishment*. Difícil seria a alguém chegar do interior do Brasil, daquele interior da década de 1950, e dizer aos cariocas – então municiados de argumentos similares aos do Almirante Almeida – a necessidade de transferir a capital federal do Brasil para o Estado de Goiás. Foi isso o que fez o goiano Cônego Trindade.

Em 16 de maio de 1956, Cônego Trindade – então autodenominado "Deputado Fonseca e Silva" pronunciou um histórico discurso na Câmara Federal, em defesa da mudança da capital federal. Esse não foi um discurso isolado; somava--se a uma ampla e complexa articulação que ele havia desencadeado pela adesão à causa de uma nova capital federal, a ser construída no Planalto Central. E fez publicar[221], naquele mesmo ano de 1956, um opúsculo contendo seu discurso e, junto a ele, todas as demais manifestações de apoio obtidos dos senadores, dos deputados do então Distrito Federal, da presidência da Câmara Federal, dos líderes dos partidos (PSD, UDN, PTB, PSP, PTN, PDV, PR, PRP, PSB), de Nita Casta, "a voz da mulher brasileira na Câmara Federal", dos vereadores da Câmara Municipal da cidade do Rio de Janeiro, dos deputados federais que fizeram intervenções de apoio a ele em meio ao seu pronunciamento e, ainda, de 49 deputados que ocuparam a tribuna em apoio ao discurso do Deputado Fonseca e Silva. Ao final dessa que parece ter sido uma longa, desafiante e exitosa sessão, após ouvir todas as manifestações de apoio, o Deputado Fonseca e Silva disse: "Sr. presidente e Srs. deputados, com essas considerações dou por terminado o meu testemunho público, através desta Tribuna, em prol do maior problema do Brasil: a interiorização da capital da República dos Estados Unidos do Brasil (*Muito bem; muito bem. Palmas*)" (Silva, 1956, p. 31).

O discurso de Cônego Trindade iniciou com um "veemente apelo" para que a comissão encarregada de estudar o tema da mudança da capital federal viesse a público prestar informações sobre o seu trabalho.

> [...] Esta Comissão (composta de tão ilustres deputados, de todas as correntes partidárias e de todas as regiões do Brasil), tenha um exercício normal e apareça de público, através de repetidas reuniões, no objetivo oportuno e urgente de acompanhar o palpitante problema [da mudança da capital federal]. Certa imprensa já se apresenta através de notas irônicas e comentários menos verdadeiros. É a voz do capitalismo imobiliário que está falando. Urge nova vida, urge sangue novo nos destinos da importante Comissão, no sentido de que este magno problema seja estudado, debatido e defendido e que a nação seja esclarecida sobre a matéria discutida em três Constituições, latente em diversos movimentos revolucionários, pregada por eminentes mestres do Direito e da História, repisada, finalmente, por vários eméritos constitucionalistas da matéria (Silva, 1956a, p. 15).

---

221. O opúsculo intitula-se *A nova capital do Brasil* e foi publicado pela Câmara Federal, sob o brasão da República (Anexo 15). Consta dessa publicação: as intervenções registradas pelo serviço taquigráfico da Câmara; algumas das manifestações feitas por escrito, assinadas ou não (algumas delas, pela sua relevância, serão mencionadas e anexadas); e a íntegra do discurso do Deputado Federal Fonseca e Silva.

Após esse apelo, o Deputado Fonseca e Silva logo foi interrompido por Antunes de Oliveira, apresentando-se como o intérprete do "pensamento do Amazonas", conclamando para que a capital do Brasil fosse "mudada o mais breve possível para o lugar, cujos limites determinou a Comissão Técnica presidida pelo Sr. Marechal José Pessoa" (Silva, 1956a, p. 16). Depois dessa intervenção, muitas outras se sucederam em apoio. Entretanto, em meio às manifestações retóricas, ufanistas e entusiásticas, com argúcia o deputado goiano Fonseca e Silva retomou a palavra e fez a denúncia, sobejamente conhecida, sobre aqueles que pleiteavam para que a capital federal não fosse transferida para Goiás.

> [...] Eu tenho receio de alguma Duquesa de Enguleme[222] [sic] que possa aparecer nesta hora histórica. Ainda há poucos dias o nosso ex-líder, o ilustre mineiro Deputado Gustavo Capanema, ventilou a ideia de que a capital se transferisse para Lagoa Santa. Salvo melhor juízo, S. Exª falou de modo categórico e a imprensa deu ampla publicidade de sua opinião. E posso adiantar que na mesma bancada da representação mineira, no Senado, há alguém que pensa de igual maneira. Já pelo lado do grande Estado de São Paulo surge a ideia do ilustre Deputado Castilho Cabral, lembrando a cidade de Rio Claro, como digna na concorrência do privilégio (Silva, 1956a, p. 16).

Para a defesa da "interiorização da mudança da capital da República" ao Planalto Central, Deputado Fonseca e Silva retomou os estudos técnicos, elaborados pelas comissões do passado e do presente. A "preferência por Goiás" se devia à solução de um "problema nacional", "em face às distribuições equitativas entre o Governo Central e as distâncias de nossos lugares" no Brasil (Silva, 1956, p. 17). Depois, Fonseca e Silva evocou as definições estabelecidas nas constituições do Brasil e os impactos históricos de desenvolvimento desencadeados pelas mudanças de capitais: a capital do Brasil que havia sido mudada da Bahia para o Rio de Janeiro (1763); as mudanças de Vila Rica de Ouro Preto para Belo Horizonte, Vila Bela de Mato Grosso para Cuiabá, Vila Boa de Goiás para Goiânia, Vila Real para Niterói, Barcelos para Manaus, Deodoro para Maceió, Oeiras para Teresina, São Cristóvão para Aracaju, Petrópolis para Rio de Janeiro.

---

222. Duquesa de Angoulême, a Maria Teresa Carlota (casada com Luís Antônio, duque de Angoulême), a única criança real a sobreviver durante a Revolução Francesa. A bibliografia sobre a Revolução Francesa é abundante. Ver, dentre outros, S. Costa (1998).

Os movimentos de caráter revolucionário que enobrecem as páginas de nossa história emprestam exemplos de significativa expressão, em que as capitais se mudaram, revolucionariamente, dentro dos anseios que objetivaram a nossa independência política. A república Sul-riograndense de 1838 criou Viamão. O movimento equatorial de 1817 preparou Recife em detrimento de Olinda. A minha província de Goiás também teve a sua história, quando o Norte, sob a chefia do admirável Padre Luiz Bartolomeu Marques, se rebelou contra o lusitanismo de Vila Boa e instalou na cidade de Palma a capital de sonhada república, cuja ideia fora abafada pelo grito do Ipiranga. Quase todas as revoluções no Brasil tiveram as suas capitais, que se mudaram e se movimentaram na proporção da marcha de suas lutas (Silva, 1956a, p. 20).

Com preparo e erudição, Fonseca e Silva continuava fazendo comparações sobre a mudança de capitais, avançando para exemplos internacionais, tais como os Estados Unidos, que interiorizaram a sua capital para Washington; a Austrália, que escolheu por capital a pequena Camberra para superar a rivalidade entre Sidney e Melbourne; a Turquia, que transferiu sua capital de Istambul para Ancara. Feita essa argumentação, Fonseca e Silva reportou-se à emenda constitucional, que outorgava ao povo do Rio de Janeiro a sua independência política, ou seja, "a 'Autonomia do Distrito Federal' devido à excessiva rotatividade na prefeitura distrital e à 'escabrosa ingerência do Catete nos destinos administrativos do Distrito Federal'" (Silva, 1956a, p. 22).

Daqui o escândalo do gasto de 95% da renda municipal para o sustento do funcionalismo. Os cargos não são criados para uma função técnica, mas para esse ou aquele protegido, para esse ou aquele pupilo, em que o Presidente da República, por gratidão partidária, por ligação de família, por predileção de amizade, por recompensas ocultas, se apresenta perante a opinião pública como o único responsável. A mudança da capital é, no momento histórico, a espada de dois gumes, o imperativo de uma consciência nacional. Liberdade ao povo carioca e assistência ao interior do Brasil (Silva, 1956a, p. 22).

Fonseca e Silva estava convicto de que a presença do governo fundava lugares e promovia desenvolvimento. Por isso, informava as distâncias entre as capitais estaduais e Brasília; todavia, para justificar a letargia na superação dos problemas sociais brasileiros, confundia a "ausência de Estado" com a "ausência de governo".

> Um dos fatores do atraso do Brasil Central é a ausência do governo, pela assistência médico-social, pela educação, pela falta de estradas. Quanto mais distante o administrador, menos o serviço rende. [...] A causa principal desse atraso é a ausência do centro político-administrativo com o centro geofísico da nossa Pátria (Silva, 1956a, p. 22).

Encerrando o seu discurso, Fonseca e Silva informa sobre todas as providências já tomadas pelo governo de Goiás para a construção da nova capital federal (desapropriações, campo de pouso para aviões, publicações etc.) e elenca as vantagens dessa nova capital federal para o país e o Rio de Janeiro. Depois de encerrado o discurso, dezenas de outros pronunciamentos se sucederam. Três merecem destaque pelas suas posições. O primeiro é de Castilho Cabral (PTN, São Paulo), que afirma: "Acho que a capital deve ir para o interior, mas acho que a melhor localização seria em Rio Claro, no Estado de São Paulo" (Silva, 1956a, p. 25). O segundo é de Felix Valois (Rio Branco), que defendia a permanência da capital federal no Rio de Janeiro, "o centro mais populoso do Brasil", em vez de enviá-la "para um ínvio e deserto". Propunha que, caso ocorresse a mudança da capital federal, fosse "obra de equipe, nunca de um só homem, executada parceladamente, no prazo mínimo de dez anos, permitindo que certos direitos respeitáveis sejam previamente amparados" (Silva, 1956a, p. 30). O terceiro é de João Machado (PTB, Distrito Federal), que afirma: "Fui o primeiro deputado na presente legislatura que procurou demonstrar a conveniência da mudança da capital para o Planalto Central de Goiás, na ocasião em que defendi a autonomia do atual Distrito Federal" (Silva, 1956a, p. 26).

O pronunciamento de Fonseca e Silva parece ter reacendido os ânimos na Câmara Federal. Em 5 de setembro de 1956, foi o Deputado João Machado quem assumiu a tribuna e fez um pronunciamento (Anexo 16) contendo criteriosa análise sobre as condições de intervencionismo do governo federal no então Distrito Federal, que abrangia o município do Rio de Janeiro de 1891 até 1960. Esse "intervencionismo" consistia, sobretudo, em nomeações de milhares de funcionários "com sobrenomes [que] concordam com os dos mais destacados homens públicos do Brasil e raramente com os nomes públicos do Distrito Federal" (Machado, 1956, p. 5).

[...] Somente o Sr. Alim Pedro, Prefeito do Sr. Café Filho [ou seja, que foi nomeado pelo Presidente da República Café Filho], nomeou perto de 14 mil novos funcionários; afirma-se ainda que o Sr. Sá Lessa, em menos de três meses, nomeou perto de 3 mil novos servidores para a Prefeitura, irmãmente divididos entre Santa Catarina e Minas Gerais, e essas coisas devem ser afirmadas para que não se culpe a política local e seus representantes pela dilapidação do tesouro da cidade e se compreenda quais são os seus verdadeiros responsáveis. Essa é uma das razões por que lutamos pela nossa autonomia, que nos oferecerá oportunidade de assumirmos a responsabilidade pelos atos que, realmente, praticamos (Machado, 1956, p. 5)[223].

A imagem do povo carioca não era bem-vista pelos brasileiros, porque era a eles que se imputava a responsabilidade pelos altos impostos federais, a concentração da riqueza nacional no Rio de Janeiro e o atraso socioeconômico nos estados predominantemente agrários. João Machado diz, em resposta a essa crítica nacional, que bastava "conhecer a fortuna pessoal dos representantes do povo carioca e compará-la com a dos representantes dos demais estados, inclusive com os que mais reclamam contra o abandono do homem do campo, mas que nada fazem em seu benefício" (Machado, 1956, p. 13). Essa querela estabelecida pelos deputados federais cariocas do Distrito Federal veio, indiretamente, em benefício da transferência da capital federal ao Planalto Central. Eles sabiam que a construção de uma nova capital federal em outro local do país traria a queda na economia local; mas, pelas razões expostas, ao defenderem a "autonomia do Distrito Federal" em relação ao governo federal, reforçavam a posição do Deputado Fonseca e Silva e dos demais deputados mudancistas pela "solução nacional" de transferir a capital federal para São Paulo, ou Minas Gerais, ou Goiás, bem longe do Rio de Janeiro. Assim, unem-se dois interesses aparentemente contraditórios: "Goianos e Cariocas estão agora, mais do que nunca, unidos pela vitória da campanha que abraçaram: Autonomia da Terra Carioca e Interiorização da Capital do País" (Anexo 17).

---

223. "De 5 mil funcionários que a Prefeitura possuía em 1930 [denunciava o deputado João Machado], passou para 30 mil em 1936, registrando-se um aumento de 4 mil funcionários por ano. Nesse mesmo período, a despesa com pessoal que era de 50 milhões, os aumentos de vencimentos de então se verificaram, subiu, já em 1936, para 200 milhões. A receita, que ascendia a 200 milhões, na mesma época, com a taxação de novos tributos, para fazer face aos referidos aumentos, passou, no final do ano de 1936, para 300 milhões de cruzeiros. [...] Na ditadura registrou-se ligeira contenção de gastos com pessoas e foi feita severa restrição na admissão de novos funcionários. [...] Em números: de 30 mil funcionários em 1946, houve nos oito anos do governo do Sr. Henrique Dodsworth um aumento para 40 mil. [...] Nos dez anos de regime democrático, ou seja, de 1946 a 1956, quase que dobrou o número de funcionários [...] (de 40 mil para 70 mil) a despesa com o mesmo pessoal decorrente dos aumentos de vencimento subiu sete vezes" (Machado, 1956, p. 5).

Assim, com o discurso e a mobilização do Deputado Fonseca e Silva, foi desencadeada na Câmara Federal uma onda política de apoio à transferência da capital para o Planalto Central de Goiás. Entretanto, sua brilhante atuação na tribuna parece ter sido menos de persuasão e mais um dispositivo político que induzia à mobilização. Por isso, naquele mandato parlamentar, os argumentos que os deputados formulavam pela mudança da capital federal eram diversos e emblemáticos. Implícitos a tais argumentos havia a reprodução de mentalidades herdadas por tempos de longa duração, conceitos vigentes que fluíam e transitavam entre os indivíduos e, ainda, limites de uma "consciência possível".

Campos Vergal, o líder do PSP, ao expressar a posição de seu partido, acreditava que uma nova capital federal traria equilíbrio econômico ao país: "[...] Mudemos quanto antes a capital, não apenas para cumprir um imperativo constitucional, mas e principalmente para criarmos no País um verdadeiro centro de equilíbrio econômico, financeiro e social em nossa Pátria" (Anexo 18).

Afonso Arinos, líder da UDN, declarou que "[...] tanto do ponto de vista político como do econômico a internação territorial do governo federal é indispensável para que se inicie uma nova era de paz e prosperidade para o Brasil" (Anexo 19). Vieira de Melo, líder do PSD, disse: "Não são os goianos que merecem parabéns. É o País que, de agora por diante, não terá um Presidente meio Presidente, meio Prefeito, parcialmente prisioneiro dos problemas de uma grande cidade [...]. Do Planalto feliz se irradiará o influxo de uma poderosa ação" (Anexo 20).

Bento Gonçalves, líder do PR, considerava que a mudança da capital federal era uma causa republicana, defendida pelo seu partido: "O Partido Republicano, responsável pela implantação da República no País, considerou e tornou expressa a necessidade da mudança da capital federal, manifestada através da Carta Constitucional de 1891" (Anexo 21). Luiz Compagnoni, líder do PRP, via na mudança da capital federal uma "verdadeira miragem para o nosso povo", que almejava ver-se livre de tantos "escândalos, crimes, negociatas, espécie de peso de morte na vida da nação" (Anexo 22).

Muitos outros deputados se pronunciavam pela mudança da capital federal, também pelos argumentos mais diversos: ou porque a futura Brasília teria pequena população (ao contrário do Rio de Janeiro), ou por causa do planejamento urbano, com o mesmo "conforto" urbanístico de Goiânia (Anexo 23). Divandir Côrtes imaginava uma capital federal "nos moldes de Washington, na América do Norte, onde nem mesas eleitorais são permitidas funcionar no Distrito de Trabalho Administrativo da Nação" (Anexo 24).

Enfim, com Ulisses Guimarães, presidente da Câmara Federal em 1956, se anuncia a síntese de uma difusa expectativa – idílica, bucólica e romantizada – de que, com a construção de uma "capital acaboclada", seria possível "sentir" os problemas que martirizam o país. Já se prenunciava, também, uma confusão que iria perdurar na história: que a cidade de Brasília é o governo da República em seu poder tripartite. Assim se pronunciou Ulisses Guimarães:

> Não é a capital que precisa mudar. É o Brasil que, urgentemente, necessita mudar. E isso não é possível sem aquilo. Nossa capital deve ser interiorizada, acaboclada. Só assim ganhará autenticidade e "sentirá" os terríveis problemas que martirizam a lavoura, a pecuária, a indústria, a administração no interior do País. Eis meu pensamento, para acudir à amável solicitação do culto e combativo Deputado Fonseca e Silva, apóstolo dessa cruzada cívica (Anexo 1).

Está-se há mais de seis décadas daquelas considerações de Cônego Trindade, de Ulisses Guimarães e dos demais parlamentares acima mencionados. Olha-se, agora, retrospectivamente para o processo que desencadeou a transferência da capital federal ao Planalto Central. No entanto, eles faziam enunciados prospectivos. Agora, tem-se a interpretação formulada após os fatos, sob outras categorias de linguagem e com outras hermenêuticas. Já se é possível conferir se a mudança da capital federal ao Planalto Central e a construção de Brasília trouxeram ou não ao país o equilíbrio econômico, a paz social, a prosperidade, a autonomia em relação às políticas locais, o planejamento urbano da nova sede nacional, a sua baixa densidade demográfica, com características interioranas e miscigenadas. Se vivos estivessem, então perguntar-se-ia àqueles parlamentares acerca da autenticidade política de seus discursos quando defendiam a mudança da capital federal. Talvez fizessem um balanço histórico sobre o que ocorreu como consequência de suas decisões. E, certamente, também iriam emoldurar suas visões e seus discursos, circunscrevendo-os à década de 1950.

Intersecções metodológicas, subjacentes à formulação deste estudo, dão suporte a uma das possibilidades de escrever essa história. Nos discursos dos parlamentares sobre a transferência da capital federal ao Planalto Central goiano há uma história das ideias, com conceitos comuns que transitavam entre diversos indivíduos, num dinâmico "jogo de linguagem", produzindo sentidos e mobilizando aquele contexto, naquele tempo histórico.

Ainda que sob o risco do hibridismo teórico, também se reconhece naquele contexto parlamentar mudancista uma possível abordagem da história das mentalidades, quando aqueles sujeitos históricos apresentavam uma mentalidade que lhes era singular, com um modo de pensar, sentir e narrar próprio de uma época, constituído por categorias e retóricas herdadas e reproduzidas dinamicamente num tempo de média e longa duração.

E quanto ao imaginário de uma futura capital federal bucólica, "acaboclada", retirada das metrópoles e imune à corrupção? Essa, talvez, fosse a "consciência possível" de homens e mulheres daquele tempo, naquilo que estava ao seu alcance compreender e projetar utopicamente, dentro de seus próprios limites, recursos e possibilidades.

Mas como era compreensível e assimilável, num Estado laico, que padres e bispos católicos atuassem com todas as suas energias, não sem sofrimentos, para restaurar a liderança da Igreja Católica no espaço público da República? E por que haveriam de embrenhar-se numa militância ardorosa pela mudança de capitais? A construção das respostas a essas indagações torna-se possível pela compreensão da Cristandade militante, com sua respectiva eclesiologia. Foi nesse contexto, e por ele circunscritos, que atuaram Dom Prudêncio, Dom Emanuel, Dom Abel, Dom Fernando e Cônego Trindade.

Construído o tácito "acordo nacional" entre as principais lideranças nacionais – dentre elas as lideranças religiosas católicas –, tornou-se hegemônica a percepção, a narrativa e a expectativa pela mudança da capital federal do Brasil. Essa hegemonia foi tecida por fundamentos jurídicos, argumentos históricos, análises técnicas, mobilizações sociais e disputas políticas. Um "bloco histórico", compacto e coeso, conduzia os novos rumos da nação, com ufanismo desenvolvimentista e aspirações de mudança. Todavia, faltava-lhes o poder de executar aquilo que era esperado; mas isso viria a ocorrer com o mandato de Juscelino Kubitscheck na presidência da República.

4.3 A transferência da capital federal e a construção de Brasília

A história de luta política dos mudancistas goianos não foi em vão. Em 1955, Juscelino Kubitschek foi eleito presidente da República. Seu mandato de quatro anos aconteceu entre as datas de 31 de janeiro de 1956 e 31 de janeiro de 1961. Narrava JK:

> [...] No início do meu mandato, eu estava empenhado na realização, tão rápida quanto possível, de dois objetivos, que considerava fundamentais para o meu governo: a pacificação nacional e a execução acelerada do meu Plano de Metas. Esses dois objetivos se completavam, ou melhor, se interpenetravam, pois o bom êxito de um dependeria do que ocorresse, favoravelmente, com o outro. A situação que eu havia herdado, decorrente das agitações que convulsionaram o país a partir do suicídio de Vargas, não era, de fato, animadora. Respirava-se uma atmosfera de profundos ressentimentos [...]. Teria de agir com a maior cautela [...] em se tratando de um problema da maior importância, como seria a mudança da capital para o Planalto Central (Kubitschek, 1975, p. 39).

Em abril de 1956[224], Juscelino Kubitschek assinou, em Anápolis, uma mensagem ao congresso submetendo a delimitação definitiva do território para o novo Distrito Federal e criando a Companhia Urbanizadora da Nova Capital, a Novacap. Também propôs o nome de Brasília para a nova capital. E, ainda, determinou, "entre outras medidas, a elaboração do edital para o concurso do Plano Piloto da nova capital" (Vasconcelos, 1989, p. 30).

O projeto de lei para a transferência da capital e a construção de Brasília teve entrada na Comissão de Justiça da Câmara Federal, conforme previa o regimento.

> Nessa Comissão aconteceu o que eu esperava: um líder udenista pediu vista do processo e o engavetou. Isso aconteceu no mês de abril. Maio, junho, julho e agosto passaram sem que eu conseguisse obter a aprovação do projeto. Por diversas vezes, reuni a bancada de deputados de Goiás [na qual constava também o Deputado Fonseca e Silva], estado em que seria localizada a capital, e lhes declarei que, se não obtivesse a aprovação até outubro

---

224. Um mês após ter sido enviado esse projeto de lei, o Deputado Fonseca e Silva fez aquela grande articulação e aquele emblemático discurso na Câmara Federal pela transferência da capital federal. Logo, a razão mais provável para aquela mobilização de Fonseca e Silva era a de persuadir os parlamentares a votar, imediata e favoravelmente, o projeto de lei do Governo JK sobre a transferência da capital federal e a construção de Brasília.

[de 1956], desistiria do projeto. Não iniciaria a construção da capital para deixá-la, ao fim do meu governo, inacabada. Os meus sucessores a abandonariam e a ideia morreria de novo (Kubitschek, 1975, p. 39-40).

Estava numa encruzilhada histórica aquela proposta que viera desde o tempo do Brasil Império. Nenhuma das constituições da República havia sido obedecida quanto à disposição legal ordenadora da transferência da capital federal ao Planalto central goiano; ora o executivo, ora o legislativo inviabilizavam o ordenamento legal. Agora, mais uma vez isso parecia se repetir. Entretanto, pela primeira vez, uma solução de consenso[225] foi construída pela bancada goiana[226] e, por isso, foi possível começar Brasília.

> Emival Caiado, deputado da UDN de Goiás, ficou encarregado de obter do seu colega a devolução do projeto para estudo e votação. Trabalhou com afinco e obteve êxito no seu intento. Deixando a Comissão de Justiça, a mensagem e o projeto de lei foram encaminhados ao plenário, onde tiveram uma tramitação mais ou menos rápida, sendo aprovados pela Câmara dos Deputados. Uma etapa fora vencida. Faltava a votação no Senado; mas ali o governo dispunha de esmagadora maioria e, dessa forma, a aprovação não sofreu contestação (Kubitschek, 1975, p. 40).

A lei aprovada pelo Congresso Nacional, que "dispõe sobre a mudança da capital federal", teve o número 2.874 e é de 19 de setembro de 1956.

---

225. Esse consenso, conforme discorrido nos capítulos anteriores dessa obra, havia sido construído durante vários anos pelo Cônego Trindade e pelos demais "sujeitos mudancistas". A articulação política no Congresso Nacional havia sido feita com todos os presidentes dos partidos então existentes; já havia se instalado a expectativa nacional messiânica pela construção da cidade de Brasília; a Igreja Católica em Goiás havia empenhado todo o seu apoio institucional; os interesses imobiliários investiam financeiramente no projeto de transferência da capital federal; e uma onda migratória avançava rumo ao Centro-Oeste brasileiro. Portanto, esse consenso entre os parlamentares era, sobretudo, pressionado por um conjunto de variáveis políticas, eclesiais e sociais que transcendiam em muito a vontade política interna ao Congresso Nacional.

226. Os vínculos entre Goiás e Brasília, além dessa dimensão política, também são históricos (capítulo 3), geográficos, sociais e econômicos. Brasília tem Goiás em seu entorno. Os goianos estão entre os primeiros que compuseram a mão de obra para a construção da nova capital federal e, depois, lá se instalaram de forma definitiva. A estrada que ligava Brasília a Anápolis e Goiânia (a primeira asfaltada por Bernardo Sayão à capital federal) era estratégica, pois ambas as cidades contavam com ramais da Estrada de Ferro Goyaz, pela qual se transportava material de construção, como ferro e vidro. A cidade goiana Luziânia foi o "quartel-general" de onde Israel Pinheiro dava as ordens iniciais para a construção de Brasília. Compreendia-se, portanto, que estabelecer uma nova capital federal com ligação a todo o país também seria ligar Goiás ao Brasil (Borges, 2020, p. 14). Entretanto, isso não tornou Goiás o centro geopolítico do país, como se supunha na década de 1950.

Art. 1º – A capital federal do Brasil, a que se refere o art. 4º do Ato das Disposições Transitórias da Constituição de 18 de setembro de 1946, será localizada na região do Planalto Central, para esse fim escolhida na área que constituirá o futuro Distrito Federal [...]

Art. 2º – Para o cumprimento da disposição constitucional citada no artigo anterior, fica o Poder Executivo autorizado a praticar os seguintes atos:

a) constituir, na forma desta lei, uma sociedade que se denominará Companhia Urbanizadora da Nova Capital do Brasil, com os objetivos indicados no art. 3º;

b) estabelecer e construir, através dos órgãos próprios da administração federal e com a cooperação dos órgãos das administrações estaduais, o sistema de transportes e comunicações do novo Distrito Federal com as Unidades Federativas, coordenando esse sistema com o Plano Nacional da Viação;

c) dar a garantia do Tesouro Nacional às operações de crédito negociadas pela Companhia Urbanizadora da Nova Capital do Brasil, no país ou no exterior, para o financiamento dos serviços e obras da futura capital, ou com ela relacionados;

d) atribuir à Companhia Urbanizadora da Nova Capital do Brasil, mediante contratos ou concessões, a execução de obras e serviços de interesse do novo Distrito Federal, não compreendidos nas atribuições específicas da empresa;

e) firmar acordos e convênios com o Estado de Goiás, visando à desapropriação dos imóveis situados dentro da área do novo Distrito Federal e do seu posterior desmembramento do território do Estado e incorporação ao domínio da União;

f) estabelecer normas e condições para a aprovação dos projetos de obras na área do futuro Distrito Federal, até que se organize a administração local;

g) instalar, no futuro Distrito Federal, ou nas cidades circunvizinhas, serviços dos órgãos civis e militares da administração federal e neles lotar servidores, com o fim de criar melhores condições ao desenvolvimento dos trabalhos de construção da nova cidade (Silveira, 1957, p. 303-304)[227].

O Presidente JK sancionou essa lei no dia 19 de setembro de 1956, "após o jantar, sem qualquer publicidade, tendo como testemunhas apenas os membros de [sua] família. Na realidade, seria contraproducente fazer alarde da iniciativa. Se agisse assim, iria alertar a oposição" (Kubitschek, 1975, p. 40).

---

227. A íntegra da Lei n. 2.874 tem 34 artigos (Silveira, 1957). Em 24 de setembro de 1956 foi extinta a Comissão de Planejamento da Construção e da Mudança da Capital Federal (Decreto n. 40.146) e, no mesmo dia, aprovada a constituição da Companhia Urbanizadora da Nova Capital do Brasil (Decreto n. 40.017) (Silveira, 1957).

Ainda em 1956, imediatamente após a aprovação da Lei n. 2.874, o governo federal tomou uma série de providências: divulgou o edital para o concurso do Plano Piloto de Brasília, no qual foi vitorioso o urbanista Lúcio Costa; nomeou Israel Pinheiro como presidente da Novacap; contratou Oscar Niemeyer para desenhar os prédios da nova capital; construiu, em apenas dez dias, o palácio presidencial provisório – o Catetinho –, feito de tábuas; deu início às obras da nova capital; e designou Bernardo Sayão, além de suas funções em Brasília, para construir a rodovia Belém-Brasília, denominada então "caminho da integração nacional".

Em 1957, foi celebrada a primeira missa de Brasília; inaugurado um hospital de madeira para atender aos operários das obras; sancionada a lei que fixava a data da mudança da capital federal ao Planalto Central goiano, definida para o dia 21 de abril de 1960[228]; e, sobretudo, aprovado o Plano Piloto de Brasília (anexo 25).

Foram 26 os candidatos que apresentaram seus projetos sobre o desenho da nova capital federal. O júri realizou diversas reuniões a fim de fazer a escolha do melhor projeto.

> [...] Considerou-se que uma capital federal, destinada a expressar a grandeza de uma vontade nacional, deverá ser diferente de qualquer cidade de quinhentos mil habitantes. A capital, cidade funcional, deverá, além disso, ter expressão arquitetural própria. Sua principal característica é a função governamental. Em torno dela se agrupam todas as outras funções e para ela tudo converge. As unidades de habitação, as unidades de trabalho, os centros de comércio e de descanso se integram em todas as cidades, de uma maneira racional entre eles mesmos. Numa capital, tais elementos devem orientar-se, "além disso, no sentido do próprio destino da cidade: a função governamental". O Júri procurou examinar os projetos; inicialmente, sob o plano funcional e, em seguida, do ponto de vista da síntese arquitetônica (Costa, 1957, p. 1).

O Plano Piloto vencedor[229], divulgado em março de 1957, foi o de Lúcio Costa. Seu projeto é o que atualmente se conhece de Brasília, embora com outros

---

228. Esse projeto de lei foi apresentado pelo Deputado Emival Caiado, da bancada de Goiás. Uma vez aprovada pelo Congresso, essa lei foi sancionada pelo presidente da República em 1º de outubro de 1957 (Vasconcelos, 1989).

229. "Os 26 concorrentes ao prêmio, cujos trabalhos foram entregues à Novacap, são os seguintes: 1) Carlos Cascaldi, João Vilanova Artigas, Mário Wagner Vieira, Paulo de Camargo e Almeida (equipe); 2) Boruch Milmann, João Henrique Rocha, Ney Fontes Gonçalves (equipe); 3) Jorge Wilheim; 4) Reduto Engenharia e Construção Ltda.; 5) Eurípedes Santos; 6) Alfeu Martini; 7) José Otacílio de Sabóia Ribeiro; 8) M.M.M. Roberto; 9) Construtora Duchen Ltda.; 10) Rubem de Lima

acréscimos e alterações ocorridos ao longo das décadas. No eixo monumental, Lúcio Costa definiu a Praça dos Três Poderes e os ministérios.

A Catedral[230] ficou igualmente localizada nessa esplanada, mas numa praça autônoma disposta lateralmente, não só por questão de protocolo, uma vez que a Igreja é separada do Estado, como por questão de escala, tendo-se em vista valorizar o monumento e, ainda, principalmente por outras razões de ordem arquitetônica: a perspectiva de conjunto da esplanada deve prosseguir desimpedida até além da plataforma, onde os dois eixos urbanísticos se cruzam (Costa, 1957, p. 5).

[O planejamento da cidade, afirmava Lúcio Costa] nasceu do gesto primário de quem assinala um lugar ou dele toma posse: dois eixos cruzando-se em ângulo reto, ou seja, o próprio sinal da cruz (Costa, 1957, p. 3).

Com esse Plano Piloto para Brasília, anunciava-se uma "utopia urbana em um Brasil rural", uma "implementação do urbanismo moderno" às cidades-capitais planejadas e construídas no Centro-Oeste.

Essas cidades [Goiânia, em 1933; Brasília, em 1960; Palmas, em 1990] foram construídas com base em preceitos do urbanismo moderno do século XX e em projetos arrojados que contribuíram para a história do urbanismo brasileiro e para as teorias do novo urbanismo na América Latina. São também as principais cidades planejadas neste século, no Brasil, e representam, para muitos estudiosos, o rompimento com o passado, com o colonialismo, com o urbanismo português (Moraes, 2003, p. 103).

Dias; 11) Oswaldo Correa Gonçalves; 12) Stam Ltda.; 13) J. B. Corrêa da Silva; 14) Inácio Chaves de Moura; 15) Flávio Amilcar Régis de Nascimento; 16) Júlio José Franco Neves e Pedro Saraiva (equipe); 17) Reino Levi, Roberto C. César e R. L. Carvalho Franco (equipe); 18) João Kahir; 19) Edgard Rocha Souza e Raul da Silva Vieitas (equipe); 20) José Geraldo da Cunha Camargo; 21) Pedro Paulino Guimarães; 22) Lúcio Costa; 23) Vítor Artese e outros (equipe); 24) Henrique E. Mindlin e Giancarlo Palanti; 25) José Marques Sarabanda; 26) Construtécnica S. A." (Costa, 1957, p. 1).

230. A Catedral de Brasília foi projetada pelo arquiteto Oscar Niemeyer e começou a ser construída em 1956, quando foi lançada a sua pedra fundamental. Entretanto, sua inauguração somente ocorreu em 1970; a consagração do templo ocorreu durante o VIII Congresso Eucarístico Nacional. "De acordo com Niemeyer, as 16 colunas de concreto pintadas de branco que compõem a estrutura da catedral foram inspiradas na imagem de mãos postas em oração. Ainda do lado de fora, ergue-se o campanário com seus quatro sinos: Santa Maria, Pinta, Niña e Pilarica. Os sinos foram doados por imigrantes espanhóis, e três deles receberam os nomes das naus espanholas comandadas por Colombo, que em 1492, no dia 12 de outubro – mais tarde Dia de Nossa Senhora Aparecida – chegou à América. O outro [sino] recebeu o nome em homenagem a Nossa Senhora do Pilar, padroeira da Espanha. [...] Obra de arte admirada em todo o mundo, a Catedral de Brasília é um convite perpétuo à oração, com as mãos postas voltadas para o céu, com os anjos que a sobrevoam, com os vitrais que evocam as nuvens" (Bittencourt; Costa, 2010, p. 72).

Há, todavia, uma contradição no planejamento urbano de Brasília, das demais capitais do Centro-Oeste e até mesmo das demais cidades planejadas da América Latina: são planos urbanísticos para habitarem aqueles que detêm a riqueza e o poder; coexistem, à margem do urbanismo moderno, as cidades-satélites e periféricas, precariamente urbanizadas, destinadas aos pobres. Assim, o Estado idealiza o criterioso planejamento de uma cidade para os ricos e, simultaneamente, promove a segregação urbana dos pobres. A Igreja Católica, conforme se verá a seguir, ao chegar às origens da construção de Brasília, dirige-se diretamente aos operários em obras, enquanto espreita e disputa espaços para instalar-se no Plano Piloto. A rigor, no início da nova capital federal verifica-se a presença mais enfática dos religiosos e religiosas de vida consagrada junto aos operários e às cidades-satélites, enquanto no centro do Plano Piloto se instalam a sede da arquidiocese, a demarcação da futura catedral e, anos mais tarde, no setor das embaixadas, a Nunciatura Apostólica e a Conferência Nacional dos Bispos do Brasil.

4.3.1 A gênese e a formação do campo simbólico-religioso católico durante a construção de Brasília

A Igreja Católica, que chegou à cidade de "Brasília em construção", era um campo simbólico-religioso simultaneamente já estruturado, em estruturação e que trazia consigo uma capacidade excepcionalmente estruturante da vida na nova capital federal[231]. Era uma instituição estruturada porque já continha sua hierarquia, ritos, doutrina e normas de funcionamento; era uma Igreja em fase de implantação e de estruturação local, sujeita às oscilações da provisoriedade, às negociações pela conquista de espaço, aos riscos por não conseguir se fixar no local, à carência de recursos que a sustentassem, ao limitado número de seus agentes, à instabilidade de sua população proveniente de diferentes caminhos migratórios; era, também, naquela fase histórica, uma "estrutura estruturante". Enquanto o governo federal construía a estrutura física da cidade, a Igreja Católica, pela sua hegemonia nacional, construía um sistema simbólico local que fornecia sentido de mundo. Essa sua função social tendia a se transformar em função política na medida em que fornecia uma orientação lógica de "ordenação do mundo",

---

231. Aqui, evidentemente, nos servimos das categorias de P. Bourdieu (2001, p. 28). Mas, conforme iremos demonstrar pela exposição histórica, para narrar acerca da gênese da Igreja Particular de Brasília nos foi necessário acrescentar a categoria "em estruturação", ou "se estruturando".

recobrindo as divisões sociais e construindo uma amálgama das diferenças culturais, socioeconômicas e religiosas.

Acompanhando as obras de construção de Brasília – numa história já sobejamente conhecida – estava a Igreja Católica, em condição hegemônica, bem como diversas outras igrejas e religiões. Durante todas as discussões que ocorreram ao longo de décadas pela transferência da capital federal ao Planalto Central goiano, jamais se mencionou sobre as igrejas e religiões que emergiriam ou se deslocariam à cidade de Brasília, concebida sob o marco da modernidade e da laicidade do Estado republicano do Brasil. Entretanto, ao se edificar uma nova cidade que viria a ser habitada por um povo, se revelou, outra vez, a intrínseca relação dialética entre religiões e sociedade.

> Toda religião é a religião de uma sociedade, formal ou latente, nativa ou eletiva, mesmo quando, originalmente, essa sociedade seja apenas uma contra-sociedade, mesmo quando a sociedade eletiva seja apenas um agrupamento de afinidades apátridas. No interior de uma sociedade, uma religião dessa sociedade pode criar tanto uma estratégia defensiva contra qualquer infiltração de uma religião estrangeira quanto uma estratégia ofensiva pela integração do panteão estrangeiro a seu próprio panteão ou em última instância pela sublimação da sua própria mensagem como instrumento de uma mensagem universal (Desroche, 1985, p. 39-40).

H. Desroche distingue o surgimento de uma religião de "primeira mão", que emerge do interior de uma sociedade, e de "segunda mão", formada alhures e que é "assumida pela tradição, conservada pelo hábito, estereotipada pela imitação" (Desroche, 1985, p. 83). A cidade de Brasília, em suas origens, parece ter conhecido ambos os fenômenos sociorreligiosos: alguns movimentos religiosos surgiram naquela ocasião, suscitados por um clima "milenarista" desencadeador da "realização de uma promessa" que se cumpria na "plenitude de um tempo histórico". Outras igrejas cristãs, oriundas da Reforma ou da tradição católica, chegaram àquela sociedade em formação, trazendo consigo suas estruturas simbólico-religiosas, formadas ao longo de séculos de história.

O aspecto que se deseja agora enfatizar tem a ver com o catolicismo, uma Igreja de "segunda mão", já devidamente estruturada, que se reestruturou nas entranhas das origens da nova capital federal, com sua eclesiologia de Cristandade militante. Sua forma de presença e atuação inicial se fez pela chegada imediata de padres e religiosas ao canteiro de obras da cidade (Anexo 26); pela visita frequente das autoridades eclesiásticas (núncios, cardeais, bispos, superiores de congregações religiosas), demarcando seu espaço e sua autoridade no local; pela primeira missa de Brasília, associada à primeira missa no Brasil, e pelas demais missas, solenes ou cotidianas, entre os operários das obras e os migrantes que aportavam à capital federal; pelo incentivo à devoção mariana (Nossa Senhora Aparecida e Nossa Senhora de Fátima), com festividades religiosas apoteóticas; pela sistêmica estruturação das paróquias, com seus párocos e sua atuação local; pela nomeação de um vigário geral, com poderes "espirituais e terrenos", para a articulação pastoral e administrativa da Igreja Católica em Brasília; pela disputa na demarcação dos terrenos do Plano Piloto a fim de fixar paróquias, colégios, cúria e catedral; pela dimensão política da liturgia, sobejamente acentuada no espaço público da nova capital. Revisitando documentos de fonte primária, de acesso restrito, retoma-se cada um desses aspectos elencados para ver como a Igreja Católica se inseriu na construção da capital federal do Brasil no final da década de 1950.

Construída sob o signo do "sonho de Dom Bosco" (capítulo 2), Israel Pinheiro mandou erguer em Brasília a Ermida de Dom Bosco, inaugurada em 31 de dezembro de 1956. Em fevereiro de 1956, a pedido de Bernardo Sayão, o padre salesiano Cleto Caliman celebrou uma missa campal aos pés do cruzeiro erguido pelo engenheiro nas terras da futura capital federal. Em 13 de dezembro de 1956, o Padre Osvaldo Sérgio Lobo, também salesiano, recebeu a provisão como pároco de Planaltina a fim de atender, ao estilo missionário, os operários que trabalhavam na construção de Brasília. No dia 7 de setembro de 1957, o Padre Roque Valiatti Baptista, salesiano, assumiu a Paróquia Dom Bosco e no dia 6 de outubro celebrou sua primeira missa na Cidade Livre. E, em dezembro, Padre Primo Scusollino assumiu a Paróquia de Nossa Senhora Aparecida, cuja igrejinha de madeira havia sido construída próxima ao acampamento da Novacap[232].

---

232. Há divergências quanto ao primeiro pároco de Brasília. Padre Primo Scussolino parece ter sido o primeiro, pois na Cúria da Arquidiocese de Goiânia consta que foi o primeiro a assumir a provisão de pároco para Brasília, lá chegando em 14 de julho de 1957 (cf. a nota 136). Dom Raymundo Damasceno, em sua recente obra, não entra nesse mérito; apenas menciona que "em outubro de 1957, o Padre Primo Scussolino, Estigmatino, foi nomeado vigário da Paróquia de Nossa Senhora Aparecida. Padre Primo atendia à capela Nossa Senhora Aparecida, que ficava à margem direita do córrego do Guará, no alto do morro, cortado pela rodovia Brasília-Belo Horizonte" (Assis, 2021, p. 118).

A primeira missa em Brasília foi celebrada no dia 3 de maio de 1957 pelo Cardeal Carlos Carmelo de Vasconcellos Mota, que trouxe consigo a imagem de Nossa Senhora Aparecida, padroeira do Brasil; também teve a presença do Núncio Apostólico Dom Armando Lombardi. Três dias antes havia sido inaugurada a primeira pista asfáltica do aeroporto. Por isso, para essa celebração haviam pousado quarenta aviões, procedentes de diversos lugares do Brasil. Localmente, milhares de pessoas foram transportadas com automóveis, jardineiras, jeeps e caminhões ao local denominado Cruzeiro, onde seria celebrada a "primeira missa". Com mais de 10 mil pessoas e a presença de vários governadores, a missa contou com o coral feminino da Universidade Mineira de Arte. Ao final da celebração, o presidente da República fez o seu pronunciamento.

> [...] Hoje é o dia da Santa Cruz, dia em que a capital recém-nascida recebe o seu batismo cristão; dia em que a cidade do futuro, a cidade que representa o encontro da pátria brasileira com o seu próprio centro de gravitação, recolhe a sua alma eterna... Dia em que Brasília, ontem apenas uma esperança e hoje, entre todas, a mais nova das filhas do Brasil, começa a erguer-se, integrada no espírito cristão, causa, princípio e fundamento da nossa unidade nacional. Dia em que Brasília se torna automaticamente brasileira. Este é o dia do batismo do Brasil novo. É o dia da Esperança. É o dia da cidade que nasce. Que Brasília se modele na conformidade dos altos desígnios do Eterno, que a Providência faça desta nossa cidade terrestre um reflexo da cidade de Deus; que ela cresça sob o signo da Esperança, da Justiça e da Fé (Kubitschek, 1975, p. 78).

Com a celebração de um batizado[233], da "primeira missa" – intencionalmente evocativa da primeira missa celebrada no Brasil por Frei Henrique de Coimbra – e com um pronunciamento presidencial adensado pela linguagem religiosa, era assim que se inaugurava a construção da nova sede nacional da República laica brasileira.

Em 1958 ocorreram as primeiras inaugurações de obras em Brasília: a Igrejinha de Fátima (capítulo 2), o Palácio da Alvorada, o Brasília Palace Hotel, a Avenida das Nações (que liga o aeroporto ao Palácio da Alvorada), a Estrada Bra-

---

233. "Foi batizado Brasílio [evocando Brasília] Freitas, filho dos pioneiros Walfredo Freitas e Juanita Pinheiro Freitas. Foram padrinhos o Presidente Juscelino Kubitschek e Coracy Pinheiro, esposa de Israel Pinheiro, que naquela ocasião representava Sarah Kubitschek" (Vasconcelos, 1989).

sília-Anápolis e as primeiras 500 casas do Plano Piloto (na Avenida W3, Sul), construídas pela Fundação da Casa Popular. No âmbito da Igreja Católica, em Brasília, nesse mesmo ano de 1958 o Padre Roque Valitatti Batista oficiou o primeiro casamento de moradores da Cidade Livre[234], na Igreja Dom Bosco; era o casal Solemar Rodrigues Paula e Vera Maria Gomes Carneiro. E, no do dia 3 de maio de 1958, no dia de aniversário da "primeira missa", Dom Armando Lombardi e Dom Carmine Rocco celebraram missa na Ermida de Dom Bosco. Ainda nesse mesmo ano, após concluída a IV Assembleia Nacional da CNBB[235] (Anexo 27), realizada em Goiânia, Dom Fernando conduziu os bispos do Brasil para visitar as obras da nova capital federal. O episcopado assim se pronunciou sobre essa visita a Brasília:

> Nos intervalos de nossos estudos pastorais – também como estudo e meditada posição em face do país – visitamos Brasília, símbolo do Brasil de amanhã.

---

234. A Cidade Livre, depois denominada Núcleo Bandeirante, é uma cidade-satélite de Brasília, fundada pela Novacap em 1956, "com o principal objetivo de atender os trabalhadores da construção civil. Era o ponto de chegada onde os migrantes se instalavam. Os lotes eram cedidos em regime de comodato por quatro anos, e os comércios não pagavam impostos. Assim, a Cidade Livre tornou-se referência para o comércio de Brasília. O crescimento rápido fez com que em pouco tempo surgissem hotéis, agências bancárias e companhias de aviação onde foi destinado para ser a cidade-dormitório dos candangos. Está incluída na Região Metropolitana de Brasília por força da Lei n. 4.545, de 10 de dezembro de 1964, e Decreto n. 488, de 8 de fevereiro de 1966, que lhe fixou os limites. Em seguida, passou a ser chamada Núcleo Bandeirante, o primeiro nome escolhido para a cidade" (UFBA, [201?]).

235. A IV Assembleia da CNBB foi realizada em Goiânia, de 3 a 11 de julho de 1958, quando Dom Fernando era arcebispo apenas há um ano. Foi presidida pelo cardeal Carlos Carmelo de Vasconcelos Motta e teve como participantes os cardeais Jaime Câmara e Augusto Álvaro da Silva, além do Núncio Apostólico Armando Lombardi; contou com a participação total de 84 arce(bispos) (*Revista da Arquidiocese*, 1958, p. 8ss.). Ao final da assembleia, o episcopado brasileiro fez uma declaração pública (*Revista da Arquidiocese*, 1958, p. 52-57). A CNBB havia sido fundada em 1952, no Rio de Janeiro, por quinze arcebispos, representando o episcopado brasileiro. O cardeal-arcebispo de São Paulo, Dom Carlos Carmelo de Vasconcelos Motta, foi o primeiro presidente da conferência episcopal brasileira; e Dom Hélder Câmara era o secretário-geral. Em 1958, Israel Pinheiro, presidente da Novacap, doou à CNBB um terreno, desmembrado da área destinada à Nunciatura Apostólica, situada no setor das embaixadas (próximo à Catedral de Brasília). Entretanto, as obras para a sede da CNBB em Brasília somente foram iniciadas em março de 1976. Foi inaugurada em 15 de novembro de 1977. A sede da Nunciatura Apostólica no Brasil também estava no Rio de Janeiro e lá permaneceu até 7 de setembro de 1972. Então, o Governo Brasileiro exigiu que as Missões Diplomáticas no Brasil fossem transferidas para Brasília. Ao ser transferida para a nova capital federal, a Nunciatura foi instalada numa sede provisória, na residência da Paróquia Santo Cura D'Ars; a inauguração oficial da sede definitiva da Nunciatura ocorreu somente no dia 24 de abril de 1974 (Assis, 2021, p. 21-29).

> Ao vermos a nova capital que emerge da terra vermelha revolvida por máquinas gigantescas e, sobretudo, ao entrevermos o que representará o transplante do Governo para o interior do país, ligado, em breve, por estradas aos mais distantes centros da nação, medimos, ainda mais, a inadiabilidade do tríplice aviso que deixamos aqui [...] (*Revista da Arquidiocese*, 1958, p. 70).

Essa declaração do episcopado teve importante significado político. Embora as obras de construção do Plano Piloto estivessem em pleno andamento, até as vésperas da inauguração de Brasília a oposição ao governo JK tentou obstruir a transferência da capital federal. O gesto do episcopado de visitar Brasília, por indução de Dom Fernando, significava uma posição de apoio político à ação do governo federal. Os dois destaques mencionados pelos bispos – a interiorização e o transporte –, no contexto controvertido da transferência, eram uma tomada de posição frente aos dois principais ataques feitos pela oposição à mudança da capital da União.

Dom Alberto Ramos, então arcebispo de Belém do Pará, escreveu um artigo intitulado "Nos alicerces da futura capital", narrando a visita que os bispos fizeram a Brasília naquela ocasião.

> Terminado o retiro espiritual do Episcopado Brasileiro, a maioria dos bispos presentes em Goiânia aceitou o convite para visitar Brasília, no dia 7 de julho [de 1958]. O transporte foi feito em ônibus e automóveis. [...] O percurso levou perto de 4 horas, da capital de Goiás a Anápolis, em estrada macadamizada, e os restantes 127 quilômetros, já asfaltados. Por volta do meio-dia chegamos, cobertos de poeira, no auditório da Rádio Nacional de Brasília, onde já se encontrava o Sr. Presidente da República. O Dr. Israel Pinheiro, com o auxílio de projeções coloridas, expôs-nos os motivos da localização da cidade e certas dificuldades já superadas [Anexo 28]. Assomou ao palco o Exmo. Sr. Dr. Juscelino Kubitschek de Oliveira para acrescentar novas considerações, com o seu peculiar entusiasmo. Visitamos a seguir, ao fundo de grande avenida, o maravilhoso Palácio da Alvorada, suntuosa obra moderna. O arquiteto Oscar Niemeyer explicou-nos a ousada e original maquete da futura Catedral, aceitando algumas das sugestões de nossos irmãos no Episcopado (Ramos, 1958, p. 17-18).

Durante o almoço dos bispos, oferecido pelo presidente da República em Brasília, Dom Fernando fez um pronunciamento explicitando por que o episcopado brasileiro havia ido à futura nova capital federal do Brasil.

> Por isso viemos a Brasília. Não com objetivos de passeio ou de turismo, mas com a intenção nobre de entrar em contato com uma realidade que surge. É a civilização que se desloca da praia para o interior e, por assim dizer, procura seu centro de equilíbrio para expandir-se harmoniosamente. [...] Hoje, com a presença de Vossa Excelência, renova-se e revive-se uma de nossas tradições mais belas e mais ricas: a harmonia, a mútua colaboração, consagrada aliás pela própria Constituição do País, entre o Poder Temporal e o Poder Espiritual. Viemos aqui dar testemunho de nossa presença ao mundo novo que se abre para os nossos sertões com estradas rasgando as nossas matas, com asfalto passando pelos nossos desertos, com máquinas pesadas roncando nas quebradas das serras. Como é consolador, Senhor Presidente, nessa arrancada para o oeste, verificar que a civilização que vem chegando agora, o que encontrou de verdadeiramente humano, nessas paragens, foi o sinal da Cruz [...]. Aqui estamos para afirmar fé nos destinos do Brasil. [...] Viemos porque estamos certos de que o povo brasileiro não perdoaria aos seus Bispos o pecado da omissão, numa hora que se pretende fixar um centro novo de irradiação do progresso. Que seria do Brasil e de uma nova capital do Brasil, divorciados de sua fé, de sua religiosidade, de suas tradições mais legítimas e mais profundas? (*Revista da Arquidiocese*, 1958, p. 25-26).

Dom Fernando havia assumido a Arquidiocese de Goiânia em 16 de junho de 1957. Por ocasião de sua posse, para apresentar o seu "programa de apostolado" redigiu um pronunciamento intitulado "Saudando a Arquidiocese de Goiânia". Demonstrava, desde a sua chegada, que tinha clareza dos desafios e das exigências da, então, "futura capital federal" que estava sendo construída no território de sua Igreja arquidiocesana.

> É em território da Arquidiocese de Goiânia [dizia Dom Fernando] que se está construindo a futura capital do país. Compete-nos, portanto, não apenas acatar a resolução do Congresso Nacional, já em execução pelo Sr. Presidente da República, como oferecer-lhe nossa colaboração e colocar-nos à altura do grandioso empreendimento, de transcendente importância para a vida do país. [...] Afirmamos nossos propósitos de tudo fazer para que a Cruz de Jesus Cristo, a cuja sombra nasceu e cresceu a Pátria Brasileira, encontre seu Altar no centro da Cidade que surge, como fonte de Redenção, como símbolo de união e concórdia, como centro de irradiação do progresso alicerçado na Verdade que conduz à liberdade, e na Justiça que é o fundamento da Paz (Gomes, 1957, p. 15).

Duas eram as disposições, portanto, do novo arcebispo que tomava a posse na arquidiocese: a "colaboração" para efetivar a construção da capital federal e a determinação para colocar o "Altar no centro da cidade". Para isso era preciso envolver todo o episcopado brasileiro.

> A construção da nova capital da República ultrapassa, por si mesma, o raio de influência de um Bispo, para alcançar o interesse do Episcopado inteiro. O Brasil não poderia ter uma capital divorciada do sentimento religioso de seu povo (Gomes, 1957, p. 15).

Embora a Conferência Episcopal Brasileira fosse posteriormente envolvida na causa da nova capital federal, naquele momento havia uma responsabilidade imediata de Dom Fernando. Ele devia acompanhar a construção de Brasília porque, conforme já mencionado, até 1960[236] a área da nova capital federal fazia parte da Arquidiocese de Goiânia. E era bem possível que essa cidade fosse construída "divorciada do sentimento religioso de seu povo" (Gomes, 1957, p. 15), ou seja, sem espaço e presença da Igreja. Por isso, logo no dia 11 de julho de 1957, havia menos de um mês de sua posse na arquidiocese, Dom Fernando visitou Brasília (Anexo 29) e imediatamente tomou as seguintes decisões: fez modificações nos limites territoriais da Paróquia de Luziânia, desmembrando dessa paróquia a parte que ficava no território do novo Distrito Federal; e dividiu pastoralmente o território do novo Distrito Federal em três paróquias: Paróquia São Sebastião, de Planaltina; Paróquia de Nossa Senhora Aparecida[237]; e Paróquia São João Bosco. No balanço final de sua vida, dois meses antes de seu falecimento, ele assim comentou essa decisiva fase da história de implantação da Igreja Católica em Brasília: "A história do começo de Brasília [...] merece um capítulo à parte, por ter sido, por assim dizer, a 'aventura' mais difícil e ousada em minha vida de bispo. Ainda hoje é uma história desconhecida ou mal contada" (Santos, 1985, p. 10-11)[238] (Anexo 30).

---

236. "A Arquidiocese de Brasília foi criada no dia 16 de janeiro de 1960, por meio da bula *Quandoquidem Nullu*, do Papa João XXIII. No dia 21 de abril, data da inauguração da cidade de Brasília, foi instalada a arquidiocese, que teve como primeiro arcebispo Dom José Newton de Almeida Baptista". Dom José Newton era arcebispo de Diamantina, "terra do então governador de Minas Gerais e futuro presidente da República Juscelino Kubitschek. Lá ficou por quase seis anos, até que, em abril de 1960, tornou-se o primeiro arcebispo de Brasília" (Bittencourt; Costa, 2010, p. 14-16).

237. O nome de Paróquia Nossa Senhora Aparecida atendeu "ao desejo da CNBB de dedicar a cidade de Brasília à padroeira do Brasil. Está situada na parte destinada à construção da cidade de Brasília e mais a quarta parte do novo DF. [...] Hoje [1960], esta paróquia está sendo desmembrada, para dar lugar às paróquias do chamado Plano Piloto. Nela está sendo construída a Catedral de Brasília, dedicada a Nossa Senhora Aparecida" (*Revista da Arquidiocese*, 1960, p. 29).

238. Ainda há grandes lacunas sobre essa fase histórica em razão do pouco acesso aos documentos de fonte primária e ao interesse da historiografia.

Em 1959, a Arquidiocese de Goiânia intensificou o trabalho de organização da Igreja em Brasília, pois era um ano em que a população da nova capital federal havia aumentado abruptamente, e as obras de construção da cidade avançavam rápido para que a sua inauguração pudesse ocorrer no ano seguinte (Anexo 31). Por isso, Dom Fernando Gomes dos Santos passou a redefinir e reordenar o espaço das paróquias de Brasília. Depois de ouvir o Conselho de Consultores da Arquidiocese de Goiânia e o pároco da Paróquia Nossa Senhora Aparecida, de Brasília, fez o desmembramento dessa paróquia em razão de sua grande extensão territorial e populacional. Assim, desse desmembramento, no dia 2 de fevereiro, erigiu canonicamente, pelo Decreto n. 38, as paróquias de Santa Cruz, Nossa Senhora de Fátima, São José, Santo Antônio, Nossa Senhora do Rosário, Imaculado Coração de Maria e Nossa Senhora do Carmo. Definiu, ainda, que a Paróquia São João Bosco (criada por Decreto de 16 de junho de 1957, com sede no Núcleo Bandeirante) continuaria com os mesmos limites territoriais enquanto não se criassem novas paróquias naquela área. Vinculou, ainda, a igrejinha Nossa Senhora de Fátima (construída entre as superquadras, como "cumprimento de promessa" de Sarah Kubitschek) à Paróquia Nossa Senhora de Fátima. Nenhuma das novas paróquias tinha sua "igreja matriz"; "os Vigários exercerão seu ministério em capelas provisórias" (Livro Tombo, 1959, p. 1v.-2f.), que eram barracos feitos de tábuas e cobertos de palha.

No dia 25 de março de 1959, o arcebispo de Goiânia nomeou o Monsenhor Domingos Pinto de Figueiredo como vigário geral residente em Brasília, constituindo-o com poderes "espirituais e temporais" a fim de conduzir toda a articulação pastoral e administrativa das paróquias situadas na capital federal. Foi instalada uma "Cúria filial de Goiânia" em Brasília; e começaram a ser promovidas as primeiras reuniões do clero de Brasília e as visitas pastorais do vigário geral às paróquias da capital federal e às autoridades locais, como ao presidente da Novacap Israel Pinheiro.

A data da "primeira missa" de Brasília começou a ser evocada e celebrada todos os anos. Assim ocorreu no ano de 1959, segundo aniversário da "primeira missa" da capital federal. Entretanto, devido à chegada da imagem de Nossa Senhora de Fátima a Brasília[239], vinda de Portugal, o aniversário da "primeira missa"

---

239. A imagem foi esculpida em Portugal, pesa 200 kg e mede 2,5 m. Foi consagrada como a Rainha dos Pioneiros. "E o que previamos veio a ser confirmado quando a figura branca da santa, no aeroporto, foi recebida por uma multidão de que não ocultava seu entusiasmo. [...] Os cordões de isolamento não sustiveram a ansiedade do povo e mal o avião cessou de funcionar foi circundado de gente" (Livro Tombo, 1959, p. 13v.).

de Brasília foi celebrado ao dia 13 de maio, "reafirmando o importante papel da Igreja na História Pátria e na construção de Brasília" (Livro Tombo, 1959, p. 13f.). Nessa ocasião, Dom Fernando assim se pronunciou:

> Brasília é realmente o que já se convencionou chamar (sobretudo no Exterior) a "Obra do Século". Se a V. Excia. [Juscelino Kubitschek] se deve o arrojo da realização e o risco do empreendimento, é a Deus que se deve o êxito e a segurança da obra, não obstante as deficiências e os abusos inerentes às coisas humanas. Nas horas difíceis e talvez decisivas, não faltou a V. Excia., como não faltou a Brasília, a bênção e a colaboração da Igreja. Humilde, embora sem alarde e sem demagogia, aqui está a ação da santa Igreja com nove paróquias, sete congregações de sacerdotes, quatro congregações religiosas[240], assistência religiosa com a Santa Missa em quase todos os acampamentos e uma seção da Cúria Metropolitana, com um Vigário Geral, além da ação social e educativa em pleno funcionamento. Em todo caso, aproxima-se a hora decisiva da mudança da capital. E é nesta hora que a Sagrada Imagem de N. S. de Fátima [...] vem como uma antecipação da vitória confortar o coração de V. Excia. Sr. Presidente, e confortar o coração da Pátria na certeza de que há em tudo isto um plano da providência para salvaguardar o País dos erros contra a Família e contra nossas tradições cristãs (Livro Tombo, 1959, p. 18f.).

---

240. As origens da ação evangelizadora e da presença da Igreja Católica em Brasília, portanto, são marcadas pelos religiosos e religiosas de vida consagrada. Até o mês de abril de 1960, já estavam instaladas em Brasília as seguintes Ordens e Congregações Religiosas: estigmatinos, salesianos, capuchinhos, franciscanos, claretianos, carmelitas, sacramentinos, missionários do Coração de Jesus, redentoristas, lassalistas, Missionárias de Jesus Crucificado, salesianas, dominicanas, franciscanas hospitaleiras, franciscanas da III Ordem Seráfica, e irmãs da Penitência e Caridade (*Revista da Arquidiocese*, 1960, p. 31-32). Brasília lhes era lugar de ação missionária. Por isto, as congregações religiosas, com sede em outros estados do país, enviavam alguns de seus religiosos com a incumbência de uma "missão" na nova capital federal. Assim ocorreu, por exemplo, com os freis capuchinhos da província do Rio Grande do Sul. A crônica de Frei Demétrio Zancheta, escrita no Livro Tombo (v. I, 1958) da Paróquia Santo Antônio, em Goiânia, é bastante emblemática e elucidativa sobre as adversas condições de infraestrutura local, para a inserção das congregações religiosas, na "primeira hora" de Brasília. "A pedido do Ministro Provincial Frei Celestino, no dia 23 de janeiro de 1958 os freis Romualdo e Demétrio tomaram um ônibus e, acompanhando o Provincial [da Província do Rio Grande do Sul], seguiram para Anápolis, onde pernoitaram na casa dos franciscanos, junto à Igreja matriz de Santa Ana. Na manhã seguinte, partiram rumo a Brasília. Hospedaram-se no Hotel Dom Pedro II, no Núcleo Bandeirante, que não tendo acomodações pode oferecer apenas uma 'cama de campo' ao Provincial; Frei Demétrio e Frei Romualdo se ajeitaram juntos num colchão de molas, no chão mesmo! Na manhã seguinte, os três frades foram visitar a região citadina, embora prejudicados por uma chuva torrencial. Na Sessão Imobiliária, solicitaram três chácaras, na soma total de 30 mil metros quadrados, prevendo a necessidade futura de construção de convento, com todas as demais dependências. Como não havia essa disponibilidade de terreno junto ao Santuário de Fátima no Plano Piloto de Brasília, escolheram um terreno junto ao setor residencial, próximo ao aeroporto, reservado para as chácaras. Fizeram requerimento solicitando lhes fosse doado esse terreno. Caso não o obtivessem sob doação, tentariam comprar pelo menos uma parte do que era necessário" (Zancheta *apud* Amado, 2017, p. 19-20).

A implantação institucional da Igreja Católica em Brasília, nas origens da capital federal, também enfrentou uma grande disputa por terrenos, doados ou comprados. Congregações religiosas, femininas e masculinas, buscavam no vigário geral a mediação para estabelecer as negociações com a Novacap (Livro Tombo, 1959, p. 8f.). Entretanto, a morosidade na demarcação dos terrenos, a alteração das metragens e a "suntuosidade de colégios oficiais do governo ao lado dos colégios católicos" (Livro Tombo, 1959, p. 20f.) era motivo para constantes conflitos. E os ofícios eram continuamente enviados, sem surtirem providências.

> Ilmo. Sr. Dr. Ernesto Silva, DD. Diretor da Novacap. De acordo com a cláusula oitava das escrituras de doação dos terrenos reservados à construção de igrejas do culto católico romano em Brasília, venho respeitosamente requerer a V. S. a demarcação do terreno da igreja e conjunto paroquial de Sto. Antônio, n. 38, conforme Escritura Pública e a Planta em poder do Exmo. Sr. Arcebispo Dom Fernando Gomes dos Santos (Livro Tombo, 1959, p. 8v.).

Ciente desse problema, Dom Fernando orientou ao vigário geral que enviasse à Novacap a "relação completa das paróquias de Brasília, com os nomes [dos] respectivos Vigários e de Ordem ou Congregação a que cada um pertence. Também [...] a relação das Congregações Femininas, com a indicação da função que cada uma está desempenhando" (Livro Tombo, 1959, p. 9f.). Depois de alguns dias, no dia 2 de maio, o arcebispo de Goiânia foi até a Novacap a fim de defender os interesses da Igreja Católica em Brasília.

> Tratou o Sr. Dr. Ernesto Silva com veemência e energia sobre o assunto das terras cuja Escritura já tinha em seu poder e que foram modificadas sem entendimentos prévios. Protestou contra a construção dos colégios idealizados por Anísio Teixeira, com oito lotes e construídos ao lado dos colégios católicos. Os homens ficaram desapontados e prometeram que tomariam providências no sentido de demarcarem os conjuntos paroquiais, que seriam 100 x 150 em vez de 50 x 300. Dr. Ernesto pediu por escrito os nomes das Paróquias criadas e comprometeu-se de colocar placas em todas elas, como existiam nas embaixadas. O Dr. Israel Pinheiro combinou uma entrevista com S. Excia. Revma. no Colégio Salesiano [...]. Falou-se em colocar a Pedra Fundamental da Catedral no dia 30 de junho próximo [1959], com convites especiais aos Eminentíssimos Cardeais [da] Bahia, Rio e S. Paulo e outros membros do episcopado. Garantiu o Dr. Israel Pinheiro que todas as colunas da futura Catedral estariam levantadas para a mudança da capital, em 21 de abril de 1960. Falou-se que os colégios que estivessem em condi-

ções de funcionar no dia 21 de abril de 1960 teriam o terreno gratuito [...] Às 20 horas o Dr. Oscar Niemeyer e o Dr. Athos Bulião estiveram em visita ao Sr. Arcebispo, trocando-se ideias sobre o assunto da Catedral (Livro Tombo, 1959, p. 11v.-12 f.).

Por razões não explicitadas, no dia 2 de maio, pela manhã, o presidente da Novacap Israel Pinheiro consultou o vigário geral sobre a possibilidade de mudar o local da Catedral de Brasília para o Cruzeiro. Como houve imediata discordância, sugeriu-se que no Cruzeiro fosse construído um monumento "de unidade nacional" ou "de outra significação". Retirar a Catedral da Esplanada dos Ministérios seria, simbolicamente, para a visão da Cristandade militante, na década de 1950, o equivalente a retirar a Igreja Católica do território de poder, conquistado arduamente desde o início do regime político republicano. Naquele mesmo dia 2 de maio de 1959, à noite, Oscar Niemeyer visitou o vigário geral para solicitar que os anteprojetos das construções paroquiais lhe fossem apresentados previamente, por razões de concepção urbanística; comprometeu-se a conversar com o arcebispo de Goiânia para consultá-lo sobre a parte interna da catedral; solicitou da arquidiocese que definisse sobre a construção da Cúria e da residência episcopal; e entusiasmou-se com a proposta de construir um prédio, junto ao setor dos museus, para o Museu de Arte Sacra (Livro Tombo, 1959, p. 20v.-21f.v.).

A complexidade para a implantação institucional da Igreja Católica na nova capital federal, as condições inóspitas de uma cidade inteiramente em obras, a burocracia administrativa e o tratamento dispensado pela Novacap às demandas arquidiocesanas, a intensidade política vivida no cotidiano de Brasília e, ainda, a fragilidade de uma doença fizeram com que o Monsenhor Domingos, então vigário geral, renunciasse ao cargo que havia assumido durante apenas cinco meses. Na carta de renúncia, enviada ao arcebispo de Goiânia, o vigário geral expõe alguns de seus motivos para deixar o cargo, com respectivas implicações e relação imediata à construção da capital federal.

Exmo. Sr. Arcebispo, o meu gênio e a minha formação não foram talhados para viver e nem mexer com esses homens da Novacap [...]. As coisas aqui continuam como no dia 4 de maio, nenhum terreno foi demarcado, nenhuma placa colocada, não passamos de palhaços (Livro Tombo, 1959, p. 22v.-23f.).

Monsenhor Domingos permaneceu, ainda, como vigário geral até outubro de 1959 (Livro Tombo, 1959, p. 27v.). Mas a franqueza de sua linguagem traduz o que Dom Fernando silenciou em vida e escreveu de modo bastante contido, dois meses antes de sua morte: "A história do começo de Brasília [...] [foi] a minha 'aventura' mais difícil e ousada em minha vida de bispo" (Santos, 1985, p. 10-11). Enfrentar as vicissitudes da construção de uma capital federal é uma responsabilidade tão inédita e insólita que, talvez, ninguém para ela estivesse suficientemente preparado. Entretanto, já eram quase as vésperas da inauguração de Brasília. As obras andavam em ritmo febril. O único momento em que pararam foi quando Bernardo Sayão sofreu um acidente e morreu na construção da estrada Belém-Brasília. "Para recebê-lo e sepultá-lo como primeiro habitante do Campo da Esperança, Brasília para suas atividades" (Vasconcelos, 1989, p. 167).

Depois dos muitos desgastes enfrentados pela Arquidiocese de Goiânia, a Novacap concordou em estabelecer o critério – para a distribuição dos terrenos à Igreja Católica no Plano Piloto de Brasília – de considerar a estimativa de 15 mil habitantes por paróquia. Assim, cada paróquia dispôs de 15 mil metros quadrados, assim distribuídos: (a) 15 mil metros quadrados para o templo, a casa paroquial, a escola paroquial e o salão de festas; (b) 15 mil metros quadrados para o "colégio masculino"; (c) 15 mil metros quadrados para o "colégio feminino". Também foram doadas mais seis áreas destinadas às igrejas não paroquiais, cada uma com 3 mil metros quadrados, situadas no centro do Plano Piloto, três do lado norte e três no lado sul.

> No dia 17 de dezembro de 1958 foram assinadas as escrituras dessas áreas pelo Presidente da Novacap e o Arcebispo de Goiânia: 22 Conjuntos de 45.000m² cada um – 11 no lado sul e 11 no lado norte do Plano Piloto – num total de 390.000m². [...] No dia 12 de setembro de 1959, foram assinadas as escrituras de doação dos terrenos da Catedral de Brasília, com mais 60.000m². A Catedral se acha em construção sob a administração direta da Novacap e será, sem dúvida, um monumento do mais alto valor arquitetônico (*Revista da Arquidiocese*, 1960, p. 31).

Até a inauguração de Brasília, já haviam sido construídas as igrejas Nossa Senhora de Fátima e a capela do Palácio da Alvorada. E as igrejas com atendimento religioso em templos provisórios eram as seguintes: São João Bosco, no Núcleo Bandeirantes; Nossa Senhora Aparecida, próxima ao escritório da Novacap; Santo Antônio, dirigida pelos franciscanos; Nossa Senhora do Carmo, dos carmelitas;

Nossa Senhora do SS. Sacramento, dos sacramentinos; capela do Colégio Dom Bosco, dos salesianos; igreja, em Taguatinga (cidade-satélite), dos claretianos; igreja no acampamento do Planalto; além das capelas onde residiam as religiosas.

Em 1960, ano em que Brasília foi inaugurada, os colégios e escolas católicos que já estavam em funcionamento eram os seguintes: Colégio Dom Bosco, dos salesianos; Ginásio Brasília, dos lassalistas; Escola Primária, das dominicanas. Outros cinco colégios estavam em fase de construção.

Com as obras da nova capital quase prontas, a oposição, pela ação da União Democrática Nacional (UDN), iniciou uma ampla mobilização no Congresso Nacional a fim de dificultar a transferência da capital federal. Então, um grupo de 170 deputados (dentre eles o Deputado Fonseca e Silva, ou Cônego Trindade), liderados pelo goiano e udenista Emival Caiado, lançou um Manifesto de Apoio a Brasília. Finalmente, após tantos reveses e o empenho de diversas gerações, Brasília foi inaugurada no dia 21 de abril de 1960.

4.3.2 O uso do capital simbólico-religioso na inauguração da nova capital federal

A inauguração de Brasília reuniu mais de 100 mil pessoas, vindas de todo o Brasil e de diversos outros países. As inaugurações iniciaram-se no dia 20 e se prolongaram até o dia 23 de abril. Às 9h30, o presidente da República declarou instalado, em Brasília, o Poder Executivo do país. No mesmo horário foram instalados o Poder Legislativo e o Poder Judiciário.

Às 10h15 instalou-se a Arquidiocese de Brasília, no local da futura catedral, e o Núncio Apostólico Dom Armando Lombardi deu posse a Dom José Newton de Almeida Batista como primeiro arcebispo de Brasília.

A bula *Quandoquidem nullum*, de 16 de janeiro de 1960, que erigiu a Arquidiocese de Brasília, ordenava:

> Separamos da Arquidiocese de Goiânia o território que constitui, pela lei civil, o novo Distrito Federal da República do Brasil. Formamos com este território outra Arquidiocese, diretamente dependendo da Santa Sé, a chamar-se Brasiliapolitana, do nome da nova e vastíssima cidade de Brasília, brevemente capital da República, com os mesmos limites do Distrito, assinalados pela lei civil. Ficará a mesa episcopal constituída dos proventos da Cúria, do auxílio a ser dado pela autoridade civil, pela conveniente porção dos bens que tocarem a nova sede [...] após divisão dos bens da Arquidiocese de Goiânia (*Revista da Arquidiocese*, 1960, p. 21-22).

Com a criação da Arquidiocese de Brasília, a Igreja Particular de Goiânia e seu arcebispo retiraram-se do novo Distrito Federal, em silêncio e, ao que parece, com um tímido agradecimento público. A *Revista da Arquidiocese* de Goiânia, publicada em abril de 1960, dedica uma edição especial à inauguração de Brasília; as edições seguintes não mais lhe mencionam, como se já não mais existisse e não lhe tivesse sido dedicado árduo trabalho pastoral da Arquidiocese de Goiânia. O editorial dessa edição especial de abril intitula Dom Fernando "o pioneiro de Deus no Planalto Central", pelo seu desempenho "na gigantesca obra de edificação da 'Brasília Espiritual'".

> O trabalho apostólico de D. Fernando desenvolvido no Planalto, antes do passo de mágica que o transformou no milagre fulgurante e fulminante de BRASÍLIA, foi um trabalho de gigante; sobretudo, foi o trabalho do Pastor que, qual sentinela indormida, não permitiu que se perpetrasse o crime contra a História e contra a Religião, de se construir uma cidade sem alma, embora plena de beleza material. [...] Quem tem a honra de conviver com D. Fernando sabe de suas noites de insônia, de suas angústias em busca de apóstolos para edificar a Igreja de Deus no Planalto, de suas lutas, de suas esperas intermináveis pelos homens, dos seus encontros nem sempre serenos com certos senhores, cuja prepotência precisava ser brechada por força de sua dialética, de seus suores [...]. Qualquer outro homem que não D. Fernando, sem a sua têmpera, sem a sua fibra, sem a marca de sua personalidade forte, talvez tivesse desanimado e frustrado, de certo modo, a obra de Deus na edificação da cidade dos homens. [...] Mas o arrojo do Arcebispo de Goiânia, a sua vigilância de pastor, a sua alma de apóstolo, secundado pela força que lhe veio de Deus fizeram com que a capital brasileira, com a sua grandeza arquitetônica surgisse empunhando a bandeira da sua verdadeira destinação histórica. Brasília nasceu como o Brasil nasceu: cristã. Quando se escrever a História da Igreja no Brasil, um capítulo lhe será inserido, com letras de ouro, dedicado a um dos maiores arcebispos do Brasil, D. Fernando Gomes, sob o título "O PIONEIRO DE DEUS NO PLANALTO CENTRAL DO BRASIL" (*Revista da Arquidiocese*, 1960, p. 3-4)[241].

---

241. Padre Adolfo Serra, diretor da *Revista da Arquidiocese* no ano de 1960, foi possivelmente o autor desse editorial. Era comum, naquela fase histórica, conferir um título-síntese que resumisse a vida de um protagonista histórico, principalmente no âmbito católico. Cônego Trindade, por exemplo, atribuiu títulos-síntese aos bispos goianos e assim ficaram sendo denominados pela "história eclesiástica": Dom Francisco, o bispo cego; Dom Cláudio, o bispo missionário; Dom Prudêncio, o bom pastor; Dom Emanuel, o bispo da providência e arcebispo da instrução. Entretanto, a Dom Fernando a história não reservou o título de "pioneiro de Deus no Planalto Central do Brasil". E esse "capítulo, com este título" – conforme suponha o editorialista da *Revista da Arquidiocese* — até então não lhe foi dedicado na História da Igreja do Brasil. Nos tempos que se sucederam à inauguração de Brasília, a eclesiologia da Cristandade militante entrou em crise. E "quando se abateu a repressão

268

O discurso do primeiro arcebispo de Brasília, na sua cerimônia de posse, parece indicar que não conhecia suficientemente o trabalho realizado por Dom Emanuel, Dom Abel e pela Arquidiocese de Goiânia para a formação da Arquidiocese de Brasília. Quando dirigiu o seu agradecimento ao arcebispo de Goiânia, o fez no contexto do lamento pela falta de padres, o que parece desconhecer a amplitude das providências do arcebispo e da Arquidiocese de Goiânia para "plantar a Igreja em Brasília", na expressão do próprio Dom Fernando[242].

> [...] Esta Arquidiocese nascida hoje, nascida agora, ainda não tem sacerdotes próprios. Não fora a presença benemérita, generosa e providencial desses boníssimos Padres Religiosos, e não fossem as providências tomadas pelo zelo incansável do Exmo. Arcebispo de Goiânia, a quem a Arquidiocese de Brasília fica a dever sobremaneira – estaríamos como um general inteiramente desarmado, e sem soldados para as batalhas do Reino de Deus (Assis, 2021, p. 74).

Dom José Newton, também, vinculou a sua posse à programação de inauguração da nova capital federal e chamou a atenção para a importância de construir a catedral metropolitana.

> Tenho a honra e o privilégio de ressaltar que a instalação dessa Arquidiocese e a posse do primeiro Arcebispo estão a fazer parte integrante do programa do memorável acontecimento que a data de hoje insere na história do mundo. [...] Católicos, não se contentaram [...] ao inaugurar a sua nova casa [Brasília], mas pleitearam [...] a criação da Arquidiocese, que a solicitude do Soberano Pontífice munificentemente atendeu, dando-a, provida, a passo igual, de Pastor. [...] Símbolo deste eflúvio de benefício é bem a Catedral, que, uma das mais felizes criações do gênio patrício, será aqui, muito em breve, nas linhas arrojadas da sua arquitetura e na teológica ortodoxia do seu simbolismo, o orgulho do Brasil (*Revista da Arquidiocese*, 1960, p. 24-25).

Ao final da manhã, na Praça dos Três Poderes foi apresentado o Marco Histórico da inauguração de Brasília, um bloco de concreto revestido em mármore, contendo relatos históricos do movimento mudancista que gerou a nova capital federal.

---

após o golpe de Estado em 1964 foi Dom Fernando um dos primeiros a denunciar a prepotência do modelo econômico explorador dos pobres". Por isso, 25 anos após aquele editorial de Padre Serra, o teólogo Leonardo Boff (1985, p. 3), então redator da *REB*, também num editorial, atribuiu a Dom Fernando o título de *defensor et procurator populi*. Entretanto, esse justo título resume apenas um dos capítulos da obra de sua vida.

242. Essa expressão está contida no documentário *Dom Fernando, o pregador da Palavra* (Dom, 2011).

Um dos momentos mais marcantes, dentre as solenidades, foi a missa de inauguração de Brasília. Ela representou – sob a perspectiva sociológica – o triunfo e a vitória da Cristandade militante na nova capital federal do Brasil; foram sete décadas de empenho pela restauração da liderança da Igreja Católica, com acirrados conflitos e disputas frente à laicidade republicana no Brasil.

> Pouco antes de zero hora do dia 21 de abril, a cruz histórica da frota de Pedro Álvares Cabral e diante da qual frei Henrique de Coimbra rezou a Primeira Missa do Brasil, em 1500, é colocada no altar armado na Praça dos Três Poderes, em frente ao Supremo Tribunal Federal. O representante do Papa João XXIII, Cardeal Manuel [Gonçalves] Cerejeira, Patriarca de Lisboa, é quem oficia a missa solene[243], auxiliado pelos cardeais brasileiros Carlos Carmelo [Mota], Jaime [de Barros] Câmara e Augusto [Alvaro da] Silva, tendo Dom Hélder Câmara à frente do Cerimonial[244]. O Coro Renascentista, de Belo Horizonte, canta hinos sacros, acompanhado pela Orquestra da Câmara de São Paulo. Quando o Santíssimo é levantado, a Banda do Corpo de Fuzileiros Navais executa o Hino Nacional e toda a Praça dos Três Poderes é iluminada por dezenas de refletores. Após a homilia do Cardeal Cerejeira, o Papa João XXIII, diretamente de Roma, através da Rádio Vaticano, dirige uma bênção a Brasília e uma saudação ao povo brasileiro (Vasconcelos, 1989, p. 199).

O Papa João XXIII disse a seguinte mensagem "aos queridos filhos do grande e nobre Brasil":

> É com maior júbilo para o nosso coração de pai que aproveitamos a oportunidade da inauguração da nova capital do Brasil para dirigirmos ao seu laborioso e generoso povo a nossa palavra de bênção e de augúrio. Muito nos agrada saber em tão solenes celebrações, em que tomamos parte na pessoa do nosso Legado, sobressaem as cerimônias de caráter religioso, para invocar de Deus novas bênçãos e favores sobre a nação brasileira. [...] Brasília há de se constituir, assim, um marco na história já gloriosa das terras de

---

243. A missa, antes do Concílio Ecumênico Vaticano II (1962-1965), não era concelebrada. Podia ter apenas um celebrante no altar, de costas para o povo. Por isso, em templos maiores havia diversos altares, nas diversas naves, onde se celebravam missas simultâneas, em latim.

244. Ainda estavam presentes Dom Armando Lombardi, núncio apostólico no Brasil; Dom José Newton de Almeida Batista, arcebispo de Brasília; Dom Vicente Scherer, arcebispo de Porto Alegre; Dom Alberto Gaudêncio Ramos, arcebispo de Belém; Dom Hélder Câmara, já mencionado, então auxiliar do Rio de Janeiro; Dom Avelar Vilela Brandão, arcebispo de Teresina; Dom Orlando Chaves, arcebispo de Cuiabá; Dom Fernando Gomes dos Santos, arcebispo de Goiânia; Dom Antônio Maria de Siqueira, auxiliar de São Paulo; Dom Luiz do Amaral Mousinho, arcebispo de Ribeirão Preto; Dom João da Motta e Albuquerque, arcebispo de Vitória; Dom Eliseu Vander Weijer, bispo prelado de Paracatu; Dom Francisco Prada Carrera, bispo de Uruaçu; Dom José de Almeida Batista Pereira, bispo de Sete Lagoas; Dom Eugênio de Araújo Sales, auxiliar de Natal; Mons. Victor Tielbeek, administrador apostólico de Formosa (*Revista da Arquidiocese*, 1960, p. 17-18).

Santa Cruz, abrindo novos sulcos de amor, de esperança e de progresso entre as suas gentes que, unidas na mesma fé e língua, tornar-se-ão aptas aos maiores cometimentos (*Revista da Arquidiocese*, 1960, p. 15-16).

O *Rito da bênção da cidade de Brasília* (1960) era em latim, com tradução em vernáculo aprovada pela Sagrada Congregação dos Ritos, em Roma. A bênção sobre a nova capital foi ministrada pelo "legado pontifício, revestido de pluvial branco e da mitra preciosa". Estava estruturada em duas partes. Na primeira, havia a saudação litúrgica, uma oração, o salmo e o ato penitencial. O salmo 126 foi entoado, com alternância entre o celebrante e o coro: "Se o Senhor não edificar a casa, em vão trabalham os que a edificam; Se o Senhor não guardar a Cidade, debalde vigiam as sentinelas [...]". Na segunda parte da bênção à cidade de Brasília, foi entoado o salmo 47: "Grande é o Senhor e digno de todos os louvores, na cidade de nosso Deus [...]". Depois, o celebrante caminhou em direção aos quatro pontos do local em que era feita a bênção e os aspergiu com a fórmula trinitária e a água-benta. Com a mesma fórmula, benzeu as bandeiras da cidade e as chaves simbólicas da nova capital. Para o encerramento, foi entoado solenemente o *Te Deum* e, depois, a bênção apostólica aos presentes.

A intensa ação ritual e litúrgica – promovida durante os anos de construção e por ocasião da inauguração de Brasília – apresenta múltiplos significados (teológico, pastoral, fenomenológico e político). Para a doutrina católica, a liturgia é "fonte e cume da Igreja" e nela se exerce uma mediação entre o visível e o invisível. Assim parece se suceder com as demais manifestações e tradições religiosas. Entretanto, ritos, símbolos, gestos e sinais são linguagem também com conotação cultural, social e política; expressam uma relação entre a comunidade/instituição religiosa e a sociedade civil. Por isso, a liturgia tem uma dimensão política, porque se remete "às diversas formas de organização da vida e da convivência humana com seu aparato institucional e estrutural" (Balbinot, 1998, p. 136). Naquele contexto de Cristandade militante, a liturgia exercia também uma forte influência política. Embora sob o regime republicano, o rito católico impunha-se como hegemônico e assumia conotação oficial. Com tais práticas litúrgicas, revestidas de pompa, imponência e arte, a Cristandade procurava restaurar o seu antigo espaço político[245], desde a sede dos três poderes da República, na capital federal do Brasil.

---

245. A recente exortação apostólica *Evangelii gaudium* (A alegria do Evangelho), do Papa Francisco (2014), ao elencar quatro princípios a serem observados para construir "o bem comum e a paz social", questiona duramente a evangelização enquanto conquista de espaço. "Um dos pecados que,

Os anos seguintes à inauguração de Brasília seriam de profundas e drásticas mudanças para e entre o Estado, a Igreja Católica e a sociedade brasileira. Mas esse será outro período na história do Brasil!

Considerações

A Cristandade católica foi um modo de o catolicismo institucional ser e atuar, numa estrutura simbólico religiosa, que perdurou durante longos séculos, assumindo diversas configurações e estabelecendo diferentes relações sociais e políticas. No Centro-Oeste, na primeira metade do século XX, a Igreja Católica, estruturada (determinada) como eclesiologia da Cristandade, em diversas ocasiões e aspectos desempenhou uma função estruturante (determinante) das relações sociais, educacionais e políticas e, particularmente, sua presença e atuação incidiu diretamente na mudança das capitais de Goiás e do Brasil.

O corpo sacerdotal-hierárquico que se analisou versou sobre a micro-história dos bispos residentes em *Goyaz* a partir do século XVIII e apontou para o protagonismo deles na condução da Cristandade católica e para as diversas nuanças de presença e atuação institucional da Igreja Católica no Centro-Oeste brasileiro. Com Dom Eduardo Duarte Silva em *Goyaz* (capítulo 1), a Cristandade da reforma foi contundente nos esforços de romanização das práticas religiosas locais e foi surpreendida pelo início do regime republicano, que preconizava o Estado laico, o fim do padroado, a autonomia da política. Enfrentou, então, a crise da sustentabilidade financeira da Igreja, o declínio de seu poder temporal e os confrontos com a emergência do coronelismo.

Dom Prudêncio Gomes da Silva, na imensa Diocese de *Goyaz*, demarcou uma transição no corpo hierárquico-sacerdotal da Cristandade reformista e romanizada à Cristandade que se empenhou – com militância social, educacional e política – pela restauração da liderança política da Igreja Católica. A Cristandade militante foi protagonizada em Goiás por Dom Emanuel Gomes de Oliveira e por Dom Fernando Gomes dos Santos. Ambos os arcebispos, com distintos estilos, personalidades e tempos históricos, coincidiram na intencionalidade militante-

---

às vezes, se nota na atividade sociopolítica é privilegiar os espaços de poder em vez dos tempos dos processos. Dar prioridade ao espaço leva-nos a proceder como loucos para resolver tudo no momento presente, para tentar tomar posse de todos os espaços de poder e autoafirmação. É cristalizar os processos e pretender pará-los. Dar prioridade ao tempo é ocupar-se *mais com iniciar processos do que possuir espaços*" (EG, n. 223).

-restauracionista. Também, ambos desempenharam sua liderança institucional pela mudança e construção de novas capitais, Goiânia e Brasília. Esse aspecto foi e permanece singular e inédito na história da Cristandade.

Cônego Trindade também é um sujeito histórico emblemático. Sua biografia e trajetória estavam adormecidas nos arquivos; mas sobeja documentação de fonte primária revela como e quanto alcance político teve a Cristandade militante e quais as relações que se estabeleceram entre Igreja e sociedade, com suas singulares revoluções e trocas simbólicas. Cônego Trindade, nas décadas de 1940 e 1950, foi uma das principais mediações políticas para alcançar os interesses da Igreja Católica, mediante seus cargos públicos, atuação político-partidária, mandato eletivo e um protagonismo peculiar e decisivo para a mudança da capital federal ao Planalto Central do Brasil.

Figura 8 – Cônego Trindade

Fonte: Arquivo de Cônego Trindade/IPHEBC.

Por fim, como estrutura simbólico-religiosa, excepcionalmente estruturante e em estruturação durante a construção de Brasília, identificaram-se as principais ações da Arquidiocese de Goiânia, de 1957 a 1960, para atuar na evangelização e na assistência espiritual e social junto aos migrantes e, também, para assegurar terrenos e construir a hegemonia da Igreja Católica na nova capital federal. Sob aquelas bases de atuação e organização, foi erigida a arquidiocese de Brasília e, nos anos seguintes, foi possível a transferência da sede da Nunciatura Apostólica, da Conferência Nacional dos Bispos do Brasil (CNBB), dos Organismos do Povo de Deus, das associações católicas e de diversas casas provinciais de congregações e ordens religiosas, vindas para instalar-se na nova capital federal do Brasil.

A transferência da capital federal ao Planalto Central goiano e brasileiro foi possível, portanto, também e devido à participação e ao protagonismo da Igreja Católica, em sua face de Cristandade militante.

Conclusão

A capital federal do Brasil, situada no Planalto Central, traz consigo uma história política e social de séculos e uma decisão que foi construída ao longo de gerações. Era uma disposição projetada desde o Brasil Império e enfatizada no período republicano. Entretanto, durante mais de quatro séculos – em Salvador/BA e no Rio de Janeiro/RJ – a sede dos poderes da nação era determinada pela geopolítica dos lugares com mais densidade populacional, transporte marítimo e, sobretudo, maior concentração e acumulação econômica.

A centralidade geográfica da capital federal no Planalto Central goiano somente se tornou viável: após firmar-se no Brasil um projeto de nação (com viés nacionalista); com a emergência de novas forças políticas provenientes da periferia nacional; com a eclosão de conflitos inusitados suscitados pela expansão urbana, o crescimento da indústria e a formação da classe operária; e, finalmente, com a consolidação de um cristianismo local/romanizado, configurado por um capital simbólico com matriz na Cristandade militante nacional.

Ainda sem contar com uma coesa ideologia nacional – de classes sociais e de nação –, o recurso da linguagem religiosa católica subsidiou os discursos e as narrativas pela Marcha para o Oeste, na década de 1930, e pela transferência da capital federal ao Planalto goiano, na década de 1950. Essa linguagem religiosa tinha duas fontes originárias para a sua produção simbólica: a fonte mítica, milenarista e psicanalítica, expressas pelo "sonho de Dom Bosco", por milagres e pelos movimentos decorrentes da percepção da plenitude de um tempo e realização de uma promessa; e a fonte estrutural e institucional, com sua eclesiologia e respectiva organização religiosa.

A Cristandade católica, enquanto matriz simbólica de uma época histórica (um tempo de longa duração), é uma das categorias mais complexas e emblemáticas para o acesso analítico à estrutura católica. Uma vez delineada com precisão, considerando suas variáveis e seus contextos, também pôde elucidar quando tal estrutura, com sua respectiva eclesiologia, também se tornou excepcionalmente estruturante de uma ocorrência histórica, como foi o que se sucedeu para a transferência da capital federal do Brasil.

Por duas razões, o capital simbólico católico, na década de 1950, foi relevante para a construção da nova capital da união: porque propiciou a amálgama que faltava entre a base jurídico-constitucional e a base técnico-científica. Havia fundamentos legais e estudos científicos bastante sólidos e claros, mas insuficientes para uma decisão política nacional e coletiva. A outra razão foi a sua capacidade de produzir novos sujeitos históricos, sobretudo aqueles provenientes da hierarquia eclesiástica associada aos mudancistas, em suas diversas vertentes, interesses e condições.

O protagonismo da hierarquia católica, emergido desde dentro da Cristandade militante, trazia consigo o caráter e a investidura do poder religioso, transmitido por uma linha sucessória conferida por uma tradição que lhe era inerente. No Brasil, após o fim do regime de padroado, essa hierarquia assumiu-se com um tipo de protagonismo pela restauração da liderança eclesial na República. E o fez pela militância social, o que a possibilitou inserir-se na estrutura do Estado, assumir alguns de seus cargos burocráticos ou de seus poderes e atuar, sobretudo, no campo da educação, das obras sociais e da política. Decorrente desse perfil de protagonismo hierárquico-religioso – com suas singulares microbiografias –, teve-se a sua aproximação e envolvimento participativo nas lutas pela transferência de cidades-capitais, particularmente de Goiânia e Brasília.

Cidade e religião são estruturas distintas, mas mutuamente relacionáveis. As origens sociológicas para o surgimento de religiões e igrejas estão associadas, sobretudo, à fundação e ao desenvolvimento das cidades. Assim se verificou com a criação da nova capital federal, no Planalto Central goiano. As igrejas e religiões e, particularmente, a Igreja Católica teve pela construção de Brasília o imediato interesse e atenção. Por isso, Igreja (arquidiocese) e cidade (de Brasília) foram simbolicamente erigidas e inauguradas na mesma data. E aquela Igreja local foi denominada Arquidiocese de Brasília, em intrínseca relação cidade-Igreja.

Ao retornar-se às décadas de 1940 e 1950, localizam-se antigos documentos de fonte primária amarelecidos pelo tempo. Deles ainda se "escutam" murmúrios de vozes e de ações distantes, que auxiliam na compreensão daquilo que se é no presente. Foi sobretudo pela visita a essas fontes que se pôde constatar que a Igreja Católica, então com um jeito de Cristandade restauracionista e militante, foi um sistema simbólico estruturado, como Igreja "de segunda mão", que chegou à Brasília já devidamente formatada em seus ritos, doutrina e hierarquia; exerceu uma liderança estruturante, porque criou amálgama social, subsídio linguístico-ideológico e novos sujeitos históricos para a transferência da capital federal; e foi um sistema em estruturação, porque precisou prever seu espaço, sua infraestrutura, sua organização eclesiástica, seus templos e seu funcionamento junto a um povo em formação.

Em Brasília, na segunda metade da década de 1950, enquanto o governo federal construiu o espaço físico para a instalação dos poderes da República, a Igreja Católica, entre outros feitos, construiu-se naquela cidade pela sua infraestrutura e, principalmente, pela formação de comunidades eclesiais, unindo migrantes oriundos de múltiplas culturas e de todos os estados do Brasil. Seu aporte simbólico foi fornecedor de sentido ao povo local em formação[246]. Após a sua demarcação religiosa de espaço físico, social e político e a sua instalação definitiva na capital federal, alcançou ainda mais projeção nacional.

Depois das solenidades de inauguração de Brasília e de ter sido erigida a Arquidiocese de Brasília, Dom Fernando retornou para Goiânia. Entretanto, em Goiânia, um inquietante silêncio nos documentos daquela fase pós-inauguração parece esconder algo mais: teria faltado um gesto eclesial mais explícito e enfático de gratidão à Arquidiocese de Goiânia e ao seu arcebispo? Teriam ambos os arcebispos se colocado a trabalhar para organizar suas novas arquidioceses, com seus poucos recursos iniciais, grandes territórios e numa região que experimentava vertiginosa transformação social? Teria arrefecido aquele clima de ufanismo político próprio da fase de construção da capital federal e iniciada uma fase de ressaca

---

246. Sobre Brasília há múltiplos olhares, mas três se sobressaem: Brasília identificada como a sede dos três poderes da República (Legislativo, Executivo e Judiciário); Brasília como sede nacional de igrejas e religiões; e a Brasília dos brasilienses, que aí nasceram nas últimas seis décadas (milhares, filhos ou netos dos "candangos") e que tem Brasília como cidade natal.

pós-festividades, quando aquela imensa multidão de migrantes já não dispunha de trabalho na construção das grandes obras do governo?[247] Teria acontecido algum distanciamento entre o governo federal e a Arquidiocese de Goiânia, em razão dos conflitos pela conquista de espaço para a Igreja Católica na nova capital do Brasil? E teria ocorrido, porventura, um distanciamento entre as arquidioceses de Brasília e de Goiânia em razão de opções pastorais distintas que paulatinamente foram implementadas? Tais interrogações apontam para uma fase intrigante e sutil. O que está bem explícito é que, entre 1960 e 1962, Brasília começa a ter vida – citadina, governamental e eclesial – distinta e autônoma em relação a Goiânia.

A Catedral de Brasília – um dos seus símbolos religiosos mais emblemáticos da capital federal – teve a bênção de sua pedra fundamental por Dom Fernando Gomes dos Santos, no dia 12 de setembro de 1958. Até 1960 foi construída a sua estrutura em concreto, que compreendia as dezesseis parábolas (colunas) e a esquadria de metal para receber as camadas de vidro. Entretanto, depois, as obras ficaram paradas por dez anos e somente foram retomadas após o "tombamento" da catedral pelo governo federal, quando houve a liberação de recurso público para a conclusão das obras, finalizadas no dia 3 de novembro de 1969. Finalmente, a inauguração e sagração ocorreu no dia 31 de maio de 1970, no encerramento do VIII Congresso Eucarístico.

Em Brasília, porém, não vai durar muito essa fase de aparente normalidade política e de harmoniosa relação entre Estado e Igreja. Após o fim do mandato de Juscelino Kubitschek, o governo de Jânio Quadros instaurou em Brasília um tempo de grande instabilidade política que, em razão de múltiplos e complexos fatores locais, nacionais e transnacionais, culminou na instauração do regime militar. Enquanto isso, em 1962, a Igreja Católica iniciava, em Roma, o grandioso Concílio Ecumênico Vaticano II. Então, gradualmente, aquela Cristandade militante que participou da transferência da capital federal e da construção de Brasília

---

247. O Cardeal Dom Raymundo Damasceno Assis, contemporâneo e testemunha ocular desse momento histórico na nova capital federal, apresenta a seguinte narrativa: "Em 1961, com a mudança do governo federal, a construção de Brasília foi praticamente paralisada. O desemprego atingiu em massa o operariado da nova capital. Com isso, um certo desânimo tomou conta da cidade. Esvaeceram-se o ufanismo e a autoconfiança que reinavam entre os brasileiros com a construção de Brasília e a implementação de outros projetos de grande envergadura por parte do Governo JK. A breve fase do novo governo trouxe um verdadeiro desalento ao processo de desenvolvimento do país e de autodeterminação do povo brasileiro. Eram comuns, naquela época, notícias nos jornais sobre o retorno da capital federal para o Rio de Janeiro, bem como comentários desdenhosos sobre certas obras" (Assis, 2021, p. 88).

entrou em declínio, sob grandes embates, crise interna e relação política de confronto com o Estado. Inaugura-se, assim, uma nova fase eclesial, cultural e social, com outras narrativas, novos sujeitos históricos e outra posição geracional.

Enquanto a belíssima catedral de Brasília estava sendo concluída, a cento e sessenta quilômetros dela havia outra catedral, a de Goiânia, que se tornou o palco histórico do primeiro incidente entre a Arquidiocese de Goiânia, o arcebispo Dom Fernando e o governo militar. A ocorrência foi tipificada como "a invasão da catedral" (Duarte, 2003, p. 46), como consequência dos acontecimentos dos dias 1 e 2 de abril de 1968[248]. Depois de dois dias de passeatas em protestos, os estudantes goianos entraram em confronto com a polícia e se refugiaram na catedral de Goiânia. Policiais não uniformizados entraram na catedral e feriram a tiros dois estudantes. Em seguida, durante a celebração da missa, a catedral e a residência episcopal foram cercadas pela polícia. Dom Fernando, então, ficou indignado e considerou aquele ato "sacrílega arrogância" (Duarte, 2003, p. 47). As ocorrências e desfechos que se sucederam após esse episódio da "invasão da catedral" de Goiânia aprofundaram ainda mais o conflito local entre Igreja e Estado e somaram-se aos demais tensionamentos similares que ocorriam no Brasil.

O Concílio Ecumênico Vaticano II, também, suscitou profundas mudanças[249], que levaram a Igreja Católica, no mundo e em Goiás[250], a romper gradualmente com as concepções e práticas eclesiológicas das cristandades. Da polêmica

---

248. "O incidente de Goiânia não foi [...] o primeiro que aconteceu entre a Igreja e o Estado sob o regime militar. Thomás C. Bruneau enumerou quatorze outros incidentes que ocorreram antes do Ato Institucional n. 5, envolvendo bispos do Nordeste, D. Hélder Câmara e seu grupo, e da Região Sudeste, como D. Waldir Calheiros e D. Agnelo Rossi, ambos tidos como moderados ou até conservadores. Mas, em todos eles, ou ao menos na maioria desses incidentes, as altas autoridades militares procuraram resolver as questões de maneira a parecer excesso de um ou de outro elemento militar e que as relações entre o Estado e a Igreja continuavam amistosas e que as duas instituições estavam zelando pela ordem" (Bruneau, 1974, p. 317-368 *apud* Duarte, 2003, p. 49).

249. Evidentemente, nem os padres conciliares e nem o próprio Papa Paulo VI eram unânimes quanto à agenda de mudanças na Igreja. Dentre os temas em que não foi permitida sequer a discussão conciliar e que as intervenções episcopais desapareceram dos *Acta Synodalia* do Vaticano II, esteve o tema sobre a ordenação por razões pastorais dos *viri probati* (ordenação de homens casados) e o tema do celibato eclesiástico (Beozzo, 2019).

250. O arcebispo de Goiânia D. Fernando Gomes dos Santos participou de todas as sessões conciliares e, desde a fase de convocação ao Concílio, compreendeu que grandes mudanças estavam por acontecer na Igreja. Em Carta Pastoral aos diocesanos, publicada em 30 de setembro de 1962, antes de partir para Roma, Dom Fernando disse: "O mundo está passando por uma transformação capaz de alterar o rumo da história. [...] Do meio dessa incomensurável Babel, surge o Concílio Ecumênico como 'flor de inesperada primavera'! [...] A presença da Igreja de Cristo, atuante e atualizada, far-se-á sentir para interpretar as aspirações humanas [...]" (Gomes, 1962, p. 4-6).

teológica a Igreja migrou para o diálogo com a diversidade do mundo moderno; da disputa pelo espaço institucional às benesses do Estado e do empenho por prerrogativas que assegurassem privilégios, parte expressiva da Igreja Católica mudou-se para junto daqueles sem direitos civis, econômicos, políticos, sociais e culturais; do triunfalismo e do populismo da hierarquia católica, passou a assumir o espírito da simplicidade, da diaconia e a "espiritualidade do lava-pés". O espírito de combatividade militante, herdado da Cristandade, foi ressignificado e transferido às novas e arrojadas posições políticas, na perspectiva "do lugar do pobre"[251]. No Regional Centro-Oeste da CNBB, a renovação conciliar também impactou profundamente, em particular na Arquidiocese de Goiânia, Diocese de Goiás e prelazia de São Félix do Araguaia[252], lideradas pelos seus respectivos bispos: Dom Fernando Gomes dos Santos, Dom Tomás Balduíno e Dom Pedro Casaldáliga. Dom Fernando considerou uma "grande graça" ter participado, na década de 1960, do Concílio Vaticano II e da Conferência Geral do Episcopado Latino-americano, em Medellín (1968). Essa conferência de Medellín é reconhecida por muitos analistas como um "Concílio Vaticano II da América Latina"[253].

---

251. Na imensa diversidade dos padres conciliares, durante o concílio se formaram alguns grupos de bispos que tinham afinidade na visão social, política e eclesial. Dentre esses grupos, destacou-se o grupo "Igreja dos pobres". Almejava, dentre outras expectativas, criar um Secretariado da Pobreza; embora não tivesse obtido o êxito almejado, esse grupo conseguiu influenciar para que os textos conciliares inserissem os temas do apostolado dos pobres. No dia 16 de novembro de 1965, numa concelebração na Catacumba de Santa Domitila, em Roma, o grupo fez um pacto de compromisso eclesial com os pobres. Esse Pacto das Catacumbas, depois, obteve a assinatura de mais de quinhentos padres conciliares. "O Pacto contém treze proposições que comprometem viver a pobreza segundo o Evangelho: viver de acordo com o modo como a população vive no que se refere à habitação, alimentação etc.; renúncia a títulos que signifiquem grandeza e poder (pois preferem ser chamados de padre); renúncia a privilégios, prioridades ou preferências; dar o tempo necessário para o serviço apostólico e pastoral das pessoas e grupos laboriosos e economicamente fracos e subdesenvolvidos; transformar as obras de beneficência em obras sociais baseadas na caridade e na justiça; cobrança aos governos através de obras para que decidam e ponham em prática as leis, as estruturas e as instituições sociais necessárias à justiça, à igualdade e ao desenvolvimento harmônico e total do homem todo; participar de investimentos urgentes dos episcopados das nações pobres e requerer junto aos organismos internacionais a adoção de estruturas econômicas e culturais que não fabriquem nações proletárias num mundo cada vez mais rico; partilhar a vida como irmãos em Cristo" (Pereira, 2018, p. 26-27). Os compromissos assumidos pelo Pacto das Catacumbas influenciaram profundamente a escolha do tema, as ênfases e as opções pastorais, nas conferências episcopais de Medellín (1968) e de Puebla (1979).

252. Embora a Prelazia de São Félix do Araguaia estivesse no território do Mato Grosso, durante várias décadas esteve vinculada ao Regional Centro-Oeste da CNBB (Goiás, Tocantins e Distrito Federal).

253. Para V. Codina, "Paulo VI, seguramente convencido de que o concílio havia sido muito eurocêntrico, incentivou a sua aplicação a outros continentes: Medellín (1968), Kampala (1969) e Manila (1970). Porém, Medellín foi muito mais que uma simples promulgação e aplicação do Vaticano II para a América Latina. Foi uma releitura do concílio desde um continente marcado pela injustiça e

Foi a culminância de um processo eclesial de renovação e um acontecimento que proporcionou a abertura a novas possibilidades de posicionamento pastoral. Com essa nova configuração eclesial, a Igreja Católica assumiu uma nova relação com a sociedade, o Estado e as demais igrejas e religiões.

Os tempos eclesiais de abertura, renovação, vitalidade missionária e crise pós-conciliar colidiram, no Brasil e na América Latina, com os chamados "anos de chumbo" e "regimes de exceção"[254]. Enquanto a Igreja Católica se abria, o regime militar se fechava. O conflito entre a força moral e a força das armas foi inevitável. Brasília, a cidade-sede do governo federal, que recebeu apoio e empenho da Igreja Católica em Goiás para que fosse edificada, já não tinha mais a simpatia e admiração eclesial que obtivera em seus "anos dourados" da década de 1950. Sob o governo Emílio Garrastazu Médici (1969-1974), o Brasil vivia um de seus períodos políticos de mais intensa violência e repressão de Estado. O enfrentamento ao regime militar e a participação eclesial na luta pela redemocratização do Brasil, sobretudo nas décadas de 1970 e 1980, revelam a ruptura da Igreja Católica com as suas antigas concepções e práticas de Cristandade[255]. Um dos documentos mais emblemáticos de Dom Fernando sobre esse período foi a sua carta pastoral, concluída em 29 de junho de 1973, intitulada *Como vemos a situação da Igreja em face do atual regime*[256]. Embora sem efeitos concretos que atenuassem as prisões e torturas aos perseguidos políticos, essa carta foi publicada e teve grande reper-

---

a pobreza. Foi um verdadeiro pentecostes, como afirmam os próprios bispos [participantes da conferência] de Medellín, na apresentação de seus documentos" (Codina, 2018, p. 74, tradução nossa).

254. Predominava, então, para a "ciência militar latino-americana", baseada na "ciência militar norte-americana", uma estreita conexão entre o conceito de guerra (que sempre põe em jogo a sobrevivência e a essência da nação) e o conceito de Doutrina da Segurança Nacional (Comblin, 1980, p. 50-68). O poder instalado nos países latino-americanos usava a segurança nacional como o principal argumento para a repressão sobre os civis.

255. A bibliografia é vasta sobre as relações Igreja e Estado durante o regime militar, inclusive com obras escritas em diversos idiomas, especialmente redigidas por missionários católicos de outros países que residiam e atuavam nos países da América Latina. Sobre os anos de 1965-1975, por exemplo, contendo a narrativa acerca da militarização dos governos latino-americanos e a resistência da Igreja Católica à repressão, em cada um dos países do continente, cf. M. Duclercq (1979).

256. Após essa carta pastoral, o governo militar convidou Dom Fernando e outros representantes da Igreja, em julho de 1973, para "encontros bipartites", em diálogo sigiloso. Como se vivia em tempos de "Igreja perseguida", havia o receio que Dom Fernando fosse preso e, devido a isso, na arquidiocese foram promovidas vigílias de oração. E a apreensão arquidiocesana não era sem motivos. No Regional Centro-Oeste, na prelazia de São Félix do Araguaia, seis agentes pastorais estavam presos, depois de terem sido torturados, e toda a equipe de pastoral daquela prelazia respondia a inquérito (Dos Santos, 1982, p. 240-250).

cussão nacional e internacional, não obstante os intensos esforços de censura. Ela se somou a outra, publicada em maio de 1973, que Dom Fernando assinou e assumiu junto a outros bispos do Centro-Oeste, intitulada *Marginalização de um Povo – Grito das Igrejas*. A nova posição de parte do episcopado brasileiro, e de Dom Fernando no Centro-Oeste – em tempos de medo, censura, repressão e supressão de direitos –, transmitia confiança, coragem e destemor profético, em Goiás e no Brasil.

Figura 9 – Dom Fernando Gomes dos Santos

Fonte: Arquivo Dom Fernando/IPHEBC.

Essa gradual tomada de posição da Igreja Católica no Brasil foi, simultaneamente, acompanhada por mudanças internas, com um novo jeito inculturado de celebrar, renovação catequética, valorização da leitura e do estudo bíblico, metodologias e práticas pastorais participativas, criação de pastorais sociais, forte ênfase na formação e capacitação de lideranças, revisão do conteúdo e das melodias das músicas religiosas e litúrgicas, simplificação das vestes litúrgicas, uso facultativo do hábito religioso ou clerical, formação de comunidades eclesiais de base, criação de novos serviços e ministérios confiados aos leigos e leigas, presença de religiosos e religiosas em periferias, assentamentos e comunidades indígenas, promoção de romarias da terra e das águas, defesa aos operários, trabalhadores rurais e marginalizados, formulação de uma teologia latino-americana, intensa produção de estudos e documentos da CNBB e do Conselho Episcopal Latino-americano (Celam) e, enfim, um novo modo de o ministério ordenado se colocar e agir no conjunto da vida eclesial. A velha concepção de Cristandade havia ficado para trás ou, pelo menos, suas práticas deixaram de ser hegemônicas! Entretanto, a configuração eclesial pós-moderna ainda estava por chegar.

Na década de 1990, após restabelecida a democracia, a Igreja Católica se defrontou com novos desafios e perspectivas, como o neoliberalismo, a emergência de novos sujeitos históricos, a globalização, a crise ambiental, a diminuição do número de católicos, a efervescência de novos movimentos eclesiais, a articulação do laicato e sua atuação em novos ministérios, a redução de seminaristas, a acentuação do pluralismo sociocultural, a eclosão de novas subjetividades etc. Enquanto isso, preparava-se para a chegada do novo milênio e, paradoxalmente, enveredava para uma "volta à grande disciplina".

No século XXI, a "era líquida", digital e de inteligência artificial perpassou psicoculturalmente a Igreja Católica, fazendo-a imergir nas contradições e na instabilidade dos tempos atuais. Dois caminhos, sobretudo, colocam-se como escolha: o caminho do espírito conciliar e sinodal, intensificado no pontificado de Francisco (particularmente, delineado em sua encíclica *Evangelii Gaudium*, sobre o anúncio do Evangelho no mundo atual; e no sínodo sobre a sinodalidade); ou o caminho da neocristandade, estreitando alianças com o Estado, fechando-se em posturas fundamentalistas e retornando às práticas pastorais pré-conciliares. Revisitar aquela Igreja Católica configurada pela concepção e pelas práticas da Cristandade militante e restauracionista – que, em Goiás, durante décadas dedicou as suas energias pela transferência da capital federal ao Planalto Central brasileiro – pode ser um interessante referencial para a reflexão e escolha entre a volta restauracionista ao passado ou a opção de conduzir a grandeza de sua tradição rumo ao diálogo com o futuro!

Referências

ABBAGNANO, Nicola. *Dicionário de filosofia*. São Paulo: Martins Fontes, 2000.

AFIUNE, Pepita de Souza. A profecia da terra prometida que mana leite e mel: Dom Bosco e o misticismo em Brasília. *Anais do II Fórum dos Programas de Pós-graduação em História do Centro-Oeste e XI Seminário de Pesquisa UFG/PUC-Goiás*. Goiânia: UFG/PUC-Goiás, 2018.

ALMEIDA, Washington Perry de. *A mudança da capital federal*. Rio de Janeiro: Imprensa Naval, 1957.

AMADO, Jorge. *Capitães de areia*. Rio de Janeiro: Record, 1979.

AMADO, Wolmir Therezio. *A Igreja e a questão agrária no Centro-Oeste do Brasil*: 1950-1960. Goiânia: Ed. UCG, 1996.

AMADO, Wolmir Therezio. *Cartas pastorais dos bispos de Goyaz no período imperial e primórdios da república*. Goiânia: Ed. da PUC-Goiás, 2023.

ANDRADA, Lafayette de (coord.). *Autos de devassa da Inconfidência Mineira*. Belo Horizonte: Assembleia Legislativa do Estado de Minas Gerais, 2016. 11 v. (Coleção Minas de história e cultura).

ANTONIAZZI, Alberto. A universidade católica: a ideia e os fatos. *Rev. Educação*, Belo Horizonte, Fumarc/UCMG, n. 1, 1983.

AQUINO, Felipe. *O que é cardeal, bispo, arcebispo, cônego, monsenhor?* Disponível em: https://blog.cancaonova.com/felipeaquino/2012/05/06/o-que-e-cardeal-bispo -arcebispo-conego-monsenhor – Acesso em: 20 jul. 2020.

AQUINO, Rubim Santos Leão de *et al. História das sociedades*: das comunidades primitivas às sociedades medievais. Rio de Janeiro: Ao Livro Técnico, 1980.

ARIÈS, Philippe. *História social da criança e da família*. Rio de Janeiro: Guanabara, 1981.

ARNS, Paulo Evaristo. *O que é Igreja*. São Paulo: Brasiliense, 1981.

ARQUIDIOCESE DE BRASÍLIA. *Revista especial comemorativa do jubileu de 50 anos.* Brasília: Mitra Arquidiocesana, abr. 2010.

ARRUDA, José Jobson de Andrade. *História moderna e contemporânea.* São Paulo: Ática, 1981.

ASMAR, José. *O legislador da construção de Brasília*: as leis e a liderança de Emival Caiado que garantiram a Nova Capital da República. Goiânia: Kelps, 2000.

O SUICÍDIO de Getúlio Vargas, *Alesp*, 28 ago. 2002. Disponível em: https://www.al.sp.gov.br/noticia/?id=264453 – Acesso em: 4 jul. 2024.

ASSIS, Raymundo Damasceno. *A Igreja Católica em Brasília nos seus primórdios.* Brasília: Edições CNBB, 2021.

AZEVEDO, Ferdinand. A inesperada trajetória do ultramontanismo no Brasil Império. *Rev. Perspectiva Teológica,* n. 20, p. 201-218, 1988. Disponível em: http://faje.edu.br/periodicos/index.php/perspectiva/article/download/1680/2008 – Acesso em: 4 jul. 2024.

AZEVEDO, José André de. O mistério da Encarnação em Gabriel Marcel. *Rev. Argumentos*, a. 2, n. 4, 2010. Disponível em: http://www.periodicos.ufc.br/argumentos/article – Acesso em: 4 jul. 2024.

AZZI, Riolando. A teologia no Brasil: considerações históricas. In: V.V. A.A. *História da Teologia na América Latina.* São Paulo: Paulinas, 1981.

AZZI, Riolando. *A Cristandade colonial*: mito e ideologia. Petrópolis: Vozes, 1987.

BACHELARD, Gaston. *O ar e os sonhos*: ensaio sobre a imaginação em movimento. São Paulo: Martins Fontes, 1990.

BALBINOT, Egídio. *Liturgia e política*: a dimensão política da liturgia nas romarias da terra de Santa Catarina. Chapecó: Grifos, 1998.

BALEEIRO, Aliomar; SOBRINHO, Barbosa Lima. *Constituições Brasileiras*: 1946. Brasília: Senado Federal, Subsecretaria de Edições Técnicas, v. 5, 2012 (Coleção Constituições brasileiras). Disponível em: www2.senado.leg.br – Acesso em: 2 jun. 2020.

BARBO, Lenora de Castro. Preexistência de Brasília: reconstruir o território para construir a memória. 2010. 384 f. Dissertação (Mestrado em Arquitetura e Urbanismo) – Universidade de Brasília, Brasília, 2010.

BATISTA, Eraldo Leme. A Igreja Católica e o ensino religioso no Brasil (1889-1930). Belo Horizonte, *Revista de Estudos de Teologia e Ciências da Religião*, v. 18, n. 55, p. 61-76, jan./abr. 2020.

BELOCH, Israel; ABREU, Alzira Alves de. Dicionário histórico-biográfico brasileiro, pós 1930. 2. ed. Rio de Janeiro: Ed. FGV, 2001.

BENDIX, Reinhard. *Max Weber*: um perfil intelectual. Brasília: Ed. UNB, 1986.

BEOZZO, Oscar. A ordenação presbiteral de homens casados e o celibato eclesiástico, *REB*, v. 79, n. 313, p. 349-368, maio/ago. 2019.

BERGER, Peter. *Um rumor de anjos* – A sociedade moderna e a redescoberta do sobrenatural. Petrópolis: Vozes, 1997.

BERNARDES, Adriana; ALVES, Renato. Goiás planeja reativar antiga estrada de ferro como atração turística. Brasília, *Correio Brasiliense*, 31 jul. 2019. Disponível em: https://www.correiobrasiliense.com.br – Acesso em: 6 jun. 2020.

BERTRAN, Paulo. (Org.). *Notícia geral da Capitania de Goiás em 1783*. Goiânia: UCG/UFG, 1996.

BÍBLIA PORTUGUÊS. BÍBLIA SAGRADA. Tradução da CNBB. 18. ed. Brasília: Ed. CNBB, 2012.

BITTENCOURT, Ana Karine; COSTA, Maria Cristina. A vida da Igreja na capital federal. *Revista da Arquidiocese de Brasília*. Edição especial comemorativa do jubileu de 50 anos, abril de 2010.

BOFF, Leonardo. *São Francisco de Assis*: ternura e vigor. Petrópolis: Vozes, 1981.

BOFF, Leonardo. Editorial. *REB/Revista Eclesiástica Brasileira*, v. XVL, n. 177, p. 3, mar. 1985.

BONALUME NETO, Ricardo. Brasil na 2ª Guerra Mundial: a conquista de Monte Castello. *Superinteressante*, São Paulo, 31 ago. 2018. Disponível em: https://super.abril.com.br/historia/brasil-na-segunda-guerra-mundial-a-conquista-do-castello/amp – Acesso em: 30 jun. 2020.

BORGES, Barsanufo Gomides. *O despertar dos dormentes*: estudo sobre a Estrada de Ferro de Goiás e seu papel nas transformações das estruturas regionais: 1909-1922. Goiânia: Cegraf UFG, 1990.

BORGES, Humberto Crispim. *Retrato da Academia Goiana de Letras*. Goiânia: Oriente, 1977.

BORGES, Lídia. Uma mulher à frente de seu tempo. *Jornal Hoje,* Goiânia, 5 set. 2007. Disponível em: http://secom.ufg.br/n/11249-uma-mulher-a-frente-do-seu-tempo – Acesso em: 4 jul. 2024.

BORGES, Lindsay. *Uma trajetória emblemática*: centenário de nascimento de Dom Fernando Gomes dos Santos. Goiânia: Ed. PUC, 2010.

BORGES, Rogério. A bandeira de 300 anos. Jornal *O Popular,* Goiânia, 21 mar. 2020.

BORGES, Rogério. Nossa gente. Jornal *O Popular,* Goiânia, 7 mar. 2020.

BORGES, Rogério. Os laços que nos unem. Jornal *O Popular,* Goiânia, 18 abr. 2020.

BOURDIEU, Pierre. *A economia das trocas simbólicas.* 5. ed. São Paulo: Perspectiva, 2001.

BRASIL. *Decreto n. 47.041, de 17 de outubro de 1959.* Concede à Universidade de Goiás regalias de Universidade livre equiparada e aprovada o seu Estatuto. Rio de Janeiro, 1959.

BRASIL. *Censo Demográfico.* Rio de Janeiro, c1950, vol. 1. Disponível em: https://biblioteca.ibge.gov.br – Acesso em: 6 jun. 2020.

BRAUDEL, Fernand. História e Ciências Sociais: a longa duração. *In*: BRAUDEL, Fernand. *Escritos sobre a História.* São Paulo: Perspectiva, 1978.

BROUCKER, José de. *As noites de um profeta*: Dom Hélder Câmara no Vaticano II. Leituras das circulares conciliares de Dom Hélder Câmara. São Paulo: Paulus, 2008.

CALDAS, Carlos. Dietrich Bonhoeffer e a teologia pública no Brasil. *Theologica Xaveriana,* v. 66, n. 182, p. 289-312, jul./dez. 2016.

CAMPOS, Francisco Itami. *Coronelismo em Goiás.* Goiânia: Ed. UFG, 1983.

CAMPOS, Francisco Itami; DUARTE, Arédio Teixeira. *O Legislativo em Goiás.* Goiânia: Assembleia Legislativa de Goiás, 1996.

CARDOSO, Ciro Flamarion. *Agricultura, escravidão e capitalismo.* Petrópolis: Vozes, 1982.

CARNEIRO, Maria Esperança Fernandes. *A revolta camponesa de Formoso e Trombas.* Goiânia: UFG, 1988.

CASAGRANDE, Moacir. *O segredo do Evangelho.* Campo Grande: Scanner's Gráfica e Editora, 2005.

CASALI, Alípio. *Elite intelectual e restauração da Igreja.* Petrópolis: Vozes, 1995.

CASSIANO, Luiz de Carvalho. *Viagem para o Oeste*: um itinerário para o Estado Novo (1937-1945). 2002. Dissertação (Mestrado em História) – Universidade de Brasília, Brasília, 2002.

CASTRO, Marcos de. *64*: conflito Igreja x Estado. Petrópolis: Vozes, 1984.

CONFERÊNCIA NACIONAL DOS BISPOS DO BRASIL (CNBB). *Catecismo da Igreja Católica.* São Paulo: Loyola, 1999.

CHAMBERLIN, Russel. *Papas perversos.* Lisboa, Portugal: Edições 70, 2005.

CHARPENTIER, Etienne. *Para uma primeira leitura da Bíblia.* São Paulo: Paulinas, 1982.

CHAUÍ. Marilena. Filosofia moderna. *In*: CHAUÍ, Marilena. *et al. Primeira filosofia*: lições introdutórias. 4. ed. São Paulo: Brasiliense, 1985, p. 60-108.

CHAUL, Nasr N. Fayad. *A construção de Goiânia e a transferência da capital.* Goiânia: Centro Editorial e Gráfico da UFG, 1988.

CINTRA, Antônio Octávio. A política tradicional brasileira: uma interpretação das relações entre o centro e a periferia. *Cadernos do DCP.* Belo Horizonte, UFMG, mar. 1974.

CNBB. *Sociedade brasileira e desafios pastorais*: preparação das Diretrizes Gerais da Ação Pastoral 91-94. São Paulo: Paulinas, 1990.

CNBB. *Rumo ao novo milênio*: projeto de Evangelização da Igreja no Brasil em preparação ao Grande Jubileu do Ano 2000. São Paulo: Salesiana Dom Bosco, 1996.

CNBB. *Biomas brasileiros e defesa da vida.* Brasília: Ed. CNBB, 2016 (Texto-base da Campanha da Fraternidade 2017).

CÓDIGO DE DIREITO CANÔNICO. Promulgado por João Paulo II. Trad. da CNBB. São Paulo: Loyola, 1983.

CODINA, Victor. Medellín em su contexto eclesial, *REB,* v. 78, n. 309, p. 65-77, jan./abr. 2018.

COLOMBO, Cristóvão. *Diários da descoberta da América*: as quatro viagens e o testamento. Porto Alegre: L&PM, 1991.

COMISSÃO CENSITÁRIA NACIONAL. *Censo experimental de Brasília*: população, habitação. Rio de Janeiro: IBGE Serviço Gráfico, 1959.

COMPARATO, Fábio Konder. *Educação, Estado e poder*. São Paulo: Brasiliense, 1987.

COMBLIN, Joseph. *A ideologia da segurança militar*: o poder militar na América Latina. Rio de Janeiro: Civilização Brasileira, 1980.

CORDEIRO, Darcy. *Pontifícia Universidade Católica de Goiás, 1959-2009*. Goiânia: Ed. PUC-Goiás, 2010.

COSTA, Lúcio. *Relatório do Plano Piloto de Brasília*. Brasília: Detur, 1957 (opúsculo).

COSTA, Silvio. *Comuna de Paris*: o proletariado toma o céu de assalto. São Paulo: Anita Garibaldi; Goiânia: Ed. UCG, 1998.

COUTINHO, Sérgio Ricardo. *O ex-padre*: a trajetória política e religiosa de Victor Coelho de Almeida (1879-1944). Brasília: Ed. Ser, 1999.

COUTINHO, Sérgio Ricardo. A Igreja diante da história. O impacto da Conferência de Medellín na sociedade e na Igreja no Brasil. *In*: SOUZA, Ney de; SBARDELOTTI, Emerson (orgs.). *Medellín*: memória, profetismo e esperança na América Latina. Petrópolis: Vozes, 2018.

CRULS, Luís. *Planalto Central do Brasil*. Coleção Documentos Brasileiros n. 91. 3. ed. Rio de Janeiro: Livraria José Olímpio, 1957.

CRULS, Luís. *Relatório da Comissão Exploradora do Planalto Central*: relatório Cruls. Edição Especial do Centenário da Missão Cruls – 1892 a 1992. Brasília: Codeplan, 1992 [1894]. 396 p.

CURADO, Ramir. *Corumbá de Goiás*: estudos sociais. Brasília: Ed. Ser, 1996.

CURY, Carlos R. Jamil. *Ideologia e educação brasileira*: católicos e liberais. São Paulo: Cortez; Autores Associados, 1988.

DANTAS, Sandra Mara. Identidade em órbita: o habitante do Triângulo Mineiro e a constituição da triangulinidade. *Locus: revista de História*, v. 20, n. 2, p. 125-144, 2015.

DAVID NETO, Olavo; MENDONÇA, Vitor. *Uma capital por trás da profecia de Dom Bosco. Jornal de Brasília*, Brasília, 9 mar. 2020. Disponível em https://

jornaldebrasilia.com.br/60anos/uma-capital-por-tras-da-profecia-de-Dombosco – Acesso em: 4 jul. 2024.

DEL PRIORE, Mary. *As vidas de José Bonifácio.* Rio de Janeiro: Estação Brasil, 2019.

DESROCHE, Henri. *O homem e suas religiões*: ciências humanas e experiências religiosas. São Paulo: Paulinas, 1985.

DUARTE, Teresinha. *Se as paredes da Catedral falassem.* Goiânia: Ed. PUC, 2003.

DUCLERCQ, Michel. *Cris et combats de l'Église em Amérique Latine.* Paris: Du Cerf, 1979.

DUSSEL, Enrique. Sistema-Mundo, dominação e exclusão. Apontamentos sobre a história do fenômeno religioso no processo de globalização da América Latina. *In*: HOORNAERT, Eduardo. *História da Igreja na América Latina e no Caribe.* Petrópolis: Vozes, 1995, p. 39-79.

DUSSEL, Enrique. *História da Igreja Latino-americana (1930-1985).* São Paulo: Paulinas, 1989.

DIOCESE DE GOIÁS. *Livro de matrícula de ordenandos do bispado de Goiás 1833-1853.* Manuscrito n. 28, inédito. Arquivo IPEHBC/PUC-Goiás.

ECHEVERRI, Alberto. Entre la "guerra justa" y "uma inútil massacre": Benedicto XV, el papa desconocido. *Theologica Xaveriana*, v. 70, n. 189, p. 1-32, 2020.

ELIADE, Mircea. *História das crenças e das ideias religiosas.* Rio de Janeiro: Zahar, Tomo I, v. I, 1983.

ELIADE, Mircea. *O sagrado e o profano.* São Paulo: Martins Fontes, 1995a.

ELIADE, Mircea. *O conhecimento sagrado de todas as eras.* São Paulo: Mercuryo, 1995b.

ÉLIS, Bernardo. "Oeste" – lucro e/ou logro. *Revista Oeste.* Reprodução fac-similar. Goiânia: UCG, 1983.

ESCÓRCIO, Francisco. *Criação do Estado do Planalto Central.* [s. l.; s. n.], 2002.

ESTEVAM, Luís. *O tempo da transformação*: estrutura e dinâmica da formação econômica de Goiás. Goiânia: Ed. do Autor, 1998.

FAUSTO, Boris. *A revolução de 1930*: historiografia e história. 11. ed. São Paulo: Brasiliense, 1987.

FERREIRA, J. D. Biografia de Dom Eduardo Duarte Silva. *In*: SILVA, Eduardo Duarte. *Passagens*: autobiografia de Dom Eduardo Duarte Silva. Goiânia: Ed. UCG, 2007. p. 15-22.

FEBVRE. Lucien. *A Europa*: gênese de uma civilização. Bauru: Edusc, 2004.

FLEURY, Nelson Rafael. *Notas históricas*. Goiânia: Ed. UCG, 2007.

FORTE, Bruno. *Jesus de Nazaré*: história de Deus, Deus da história: ensaio de uma cristologia como história. São Paulo: Paulinas, 1985.

FORTE, Bruno. *A missão dos leigos*. São Paulo: Paulinas, 1987.

FOUCAULT, Michel. *Vigiar e punir*: história da violência nas prisões. 2. ed. Petrópolis: Vozes, 1983.

FOUCAULT, Michel. *As palavras e as coisas*: uma arqueologia das ciências humanas. São Paulo: Martins Fontes, 1985.

FOUCAULT, Michel. *História da loucura na Idade Clássica*. 2. ed. São Paulo: Perspectiva, 1989.

FOUCAULT, Michel. *A ordem do discurso*. São Paulo: Loyola, 1996.

FOUCAULT, Michel. *História da sexualidade I*: a vontade de saber. 14. ed. Rio de Janeiro: Graal, 2001.

FRAGOSO, Hugo. A Igreja na formação do Estado liberal. *In*: HAUCK, João Fagundes *et al. História da Igreja no Brasil*: segunda época – a Igreja no Brasil no século XIX. Tomo II. Petrópolis: Vozes, 1980.

FROTA FILHO, Hugo Walter; GALLI, Ubirajara. *Rua 20, Centro. Goiânia – Goiás*: a maternidade do urbanismo goianiense. Goiânia: Kelps, 2020.

FURTADO, Celso. *Formação econômica do Brasil*. São Paulo: Editora Nacional, 1987.

GALEANO. Eduardo. *As veias abertas da América Latina*. Rio de Janeiro: Paz e Terra, 1986.

GANEN. Roseli Sena. *Bioma cerrado*: programas governamentais e proposições em tramitação. Brasília: Biblioteca Digital da Câmara dos Deputados, 2011. Disponível em: http://www2.camara.leg.br – Acesso em: 4 jul. 2024.

GASDA, Élio Estanislau. Globalização e migração: implicações ético-teológicas, *Perspectiva Teológica*, v. 41, n. 114, p. 191-210, maio/ago. 2009.

GINZBURG, Carlo. *A micro-história e outros ensaios*. Lisboa: Difel, 1991.

GIRARD. René. *A violência e o sagrado*. Rio de Janeiro: Paz e Terra, 1990.

GIRAUD, Laire José. O *crash* da Bolsa de Nova Iorque e a queima do café. *Revista Cafeicultura*, 4 nov. 2008. Disponível em: https://revistacafeicultura.com.br/o-crash-da-bolsa-de-nova-iorque-e-a-queima-do-cafe/. Acesso em: 4 jul. 2024.

GRAMSCI, Antonio. *Cadernos do cárcere*. Rio de Janeiro: Civilização Brasileira, 2002, v. 1-5.

GODOY, João Miguel Teixeira de; MIGUEL, Bruna Aparecida. A Igreja Católica e o Centro Dom Vital nos anos de 1950. *Revista Eclesiástica Brasileira*, v. 78, n. 310, p. 425-452, maio/ago. 2018.

GOLDMANN, Lucien. *A criação cultural na sociedade moderna*. São Paulo: Difusão Europeia do Livro, 1972.

GOMES, Fernando. *Concílio Ecumênico Vaticano II. Carta pastoral de Dom Fernando Gomes, Arcebispo de Goiânia, aos seus Diocesanos*. Goiânia: Gráfica Brasil Central, 1962.

GOMES, Fernando. *Saudando a Arquidiocese de Goiânia. Por ocasião de sua posse, realizada aos 16 de junho de 1957, Domingo da Santíssima Trindade*. Petrópolis: Vozes, 1957.

GOMES FILHO, Robson Rodrigues. Olhares estrangeiros sobre Goiás: do viajante ao missionário na produção da alteridade sobre o sertão goiano. *Caminhos – Revista de Ciências da Religião*, v. 13, n. 1, p. 66-83, jan./jun. 2015.

GOMES, João Carlos Lino. *Maquiavel e a moderna concepção do político*. 1989. Dissertação (Mestrado em Ciências Humanas) – Faculdade de Filosofia e Ciência Humanas da UFMG, Belo Horizonte, 1989.

GUSDORF, Georges. *Mito e metafísica*. São Paulo: Convívio, 1980.

GUTIÉRREZ, Gustavo. *Teologia da libertação*. Petrópolis: Vozes, 1983.

HERVIEU-LÉGER, Daniele. *O peregrino e o convertido*: a religião em movimento. Petrópolis: Vozes, 2015.

HOORNAERT, Eduardo. História da Igreja no Brasil: primeira época, primeiro período. *In*: HOORNAERT, Eduardo *et al. História da Igreja no Brasil*: ensaio de interpretação a partir do povo. Petrópolis: Vozes, 1979, p. 21-152.

IANNI, Octavio. *Origens agrárias do Estado brasileiro*. São Paulo: Brasiliense, 1984.

IBGE. *Anuário Estatístico do Brasil. Ano XI, 1950*. Rio de Janeiro: Serviço Gráfico do Instituto Brasileiro de Geografia e Estatística, 1951. Disponível em: https://biblioteca.ibge.gov.br/visualizacao/periodicos/20/aeb_1950.pdf – Acesso em: 2 jul. 2020.

IBGE. *Censo Demográfico*. Série Nacional, v. I, Rio de Janeiro, 1956. Disponível em: https://biblioteca.ibge.gov.br/visualizacao/periodicos/67/cd_1950_v1_br.pdf – Acesso em: 23 jul. 2020.

INSTITUTO MAURO BORGES. *Goiás em Dados 2017*. Disponível em: https://www.imb.go.gov.br/files/docs/publicacoes/goias-em-dados/godados2017.pdf – Acesso em: 02 jul. 2020.

JEREMIAS, Joachim. *Jerusalém no tempo de Jesus:* pesquisa de história econômico-social no período neotestamentário. São Paulo: Paulinas, 1983.

JOÃO PAULO II. *Memória e identidade*. São Paulo: Objetiva, 2005.

JUNG, Carl Gustav. *Memórias, sonhos, reflexões*. Rio de Janeiro: Nova Fronteira, 2016.

KRAMPE, Márcia Estela Daltoé da Silva Krampe; BRAMBILLA, Flávio Régio; ANGNES, Derli Luís. Um estudo comparativo entre gerações X, Y e Z em relação às novas tecnologias e com o e-commerce. *Revista Eletrônica de Administração e Turismo*, v. 12, n. 7, jul./dez., 2018. Disponível em: https://revistas.ufpel.edu.br/index.php/ReAT/article/view/1325 – Acesso em: 30 jun. 2024.

KUBITSCHEK, Juscelino. *Por que construí Brasília?* Rio de Janeiro: Edições Bloch, 1975.

LANNA, Ana Lúcia Duarte. Aquém e além-mar: imigrantes e cidades. *Varia História*, Belo Horizonte, v. 28, n. 48, p. 871-887, jul./dez., 2012. Disponível em: https://doi.org/10.1590/S0104-87752012000200018

LÄPPLE, Alfred. *Bíblia. Interpretação atualizada e catequese*. v. 4. São Paulo: Paulinas, 1980.

LAVEAGA, Gerardo. *O sonho de Inocêncio:* ascensão e queda do papa mais poderoso da história. São Paulo: Planeta, 2007.

LEÃO XIII. *Sobre a liberdade humana (Libertas praestantissimum)*. Petrópolis: Vozes, 1946.

LECLERC, Éloi. *O cântico das criaturas ou os símbolos da união*. Petrópolis: Vozes, 1977.

LENHARO, Alcir. *Sacralização da política*. São Paulo: Papirus, 1986.

LÉON-DUFOUR, Xavier *et al*. *Vocabulário de teologia bíblica*. Petrópolis: Vozes, 1972.

LIBÂNIO, João Batista. *A volta à grande disciplina*: reflexão teológico-pastoral sobre a atual conjuntura da Igreja. São Paulo: Loyola, 1983.

LIMA SOBRINHO, Antonio Estevam de. *Fome, agricultura e política no Brasil*. Petrópolis: Vozes, 1981.

LIVRO TOMBO E REGISTROS DO PRIMEIRO VIGÁRIO DE BRASÍLIA. Livro 76, 1959.

LOVEJOY, Arthur. *A grande cadeia do ser*. São Paulo: Palíndromo, 2005.

LÖWY, Michel. *Revoluções*. São Paulo: Boitempo, 2009.

LUDOVICO, Pedro. Foi preciso o golpe de 10 de novembro. *Revista Oeste*, ano II, n. 2, mar. 1943. Reprodução fac-similar. Goiânia: UCG, 1943.

MACHADO, João. *O Distrito Federal e a União*. Rio de Janeiro: Câmara Federal, 1956.

MADURO, Otto. Apontamentos epistemológicos para uma História da Teologia na América Latina. In: VV. AA. *História da teologia na América Latina*. São Paulo: Paulinas, 1981, p. 9-20.

MARCÍLIO, Maria Luiza. O sertão pecuário na época colonial. *In*: SILVA, Severino Vicente da. *A Igreja e a questão agrária no Nordeste*. São Paulo: Paulinas, 1986.

MARQUES, Jarbas Silva. A operação Dom Bosco. *Revista UFG*, ano VIII, n. 2, dez. 2006.

MARRA, Teresinha A. Mendes. *As relações da Igreja Católica com o povo e com o Estado no Brasil*: 1945-1964. Goiânia: Ed. UCG, 1997.

MARTINS, José de Souza. *O cativeiro da terra*. São Paulo: Hucitec, 1986.

MARTINS, Liliane Moura. *Projeção astral, o despertar da consciência*. São Paulo: Centro de Estudos Vida & Consciência Editora, 2012.

MASCARENHAS, Luciane Martins de Araújo. A tutela legal do bioma cerrado. *Revista UFG*, n. 9, p. 20, dez. 2010.

MATOS, Henrique Cristiano José. *Introdução à história da Igreja*. Belo Horizonte: O Lutador, 1987.

MATOS, Henrique Cristiano José. *Um estudo histórico sobre o catolicismo militante em Minas, entre 1922 e 1936*. Belo Horizonte: O Lutador, 1990.

MAZZAROLLO, Isidoro; DALL'AGNOL. *Frei Luís Maria Liberali*: missionário e sertanista. Porto Alegre: Escola Superior de Teologia São Lourenço de Brindes, 1983.

MEIRELES, Evangelino. Lançamento da pedra fundamental. *In*: MEIRELES, José Dilermando (org.). *Apologia de Brasília*. [*S.l.*: *s.n.*], 1960.

MENEZES, Áurea Cordeiro. *Ana Braga*: a têmpera da mulher tocantinense. [*S.l.*: *s.n.*], 1991.

MENEZES, Áurea Cordeiro. *Dom Emanuel Gomes de Oliveira*: arcebispo da instrução. Goiânia: Agência Goiana de Cultura Pedro Ludovico Teixeira, 2001.

MENEZES, Áurea Cordeiro. *História eclesiástica de Goiás*. v. 2. Goiânia: Ed. PUC, 2011.

MESTERS, Carlos. *Deus, onde estás?* Uma introdução prática à Bíblia. Petrópolis: Vozes, 1987.

MILLER, Benjamin Frank. *Enciclopédia & dicionário médico para enfermeiros & outros profissionais da saúde*. São Paulo: Roca, 2003.

MIRA, João Manoel Lima. *A evangelização do negro no período colonial brasileiro*. São Paulo: Loyola, 1983.

MIRANDA, Júlia. Elementos para uma Cartografia da Fé: usos religiosos do espaço urbano e interpelação da laicidade, *Numen: revista de estudos e pesquisa da religião,* v. 19, n. 2, p. 86-110, 2016.

MONDIN, Battista. *O homem, quem é ele?* Elementos de antropologia filosófica. São Paulo: Paulinas, 1980.

MORAES, Lúcia Maria. *A segregação planejada*: Goiânia, Brasília e Palmas. Goiânia: Ed. UCG, 2003.

MORAES, Maria Augusta Santanna. *História de uma oligarquia*: os Bulhões. Goiânia: Oriente, 1974.

MOURA, Laércio Dias de. *A educação católica no Brasil*. São Paulo: Loyola, 2000.

NUNES, Ruy Afonso da Costa. *História da educação no renascimento*. São Paulo: EPU/Edusp, 1980.

OLIVEIRA, Carlos Augusto Ferreira de. A Cristandade: um modelo eclesial de poder. *Revista Fragmentos de Cultura*, Goiânia, v. 21, n. 4/6, p. 307-316, abr./jun. 2011.

OLIVEIRA, Lúcia Lippi. *A conquista do oeste*. Disponível em: https://cpdoc.fgv.br/producao/dossies/JK/artigos/Brasilia/ConquistaOeste – Acesso em: 1 jul. 2020.

OLIVEIRA, Willian Kaizer de. Pré-milenarismos e messianismos na constituição do protestantismo no Brasil. *Plura, Revista de Estudos de Religião*, v. 6, n. 2, p. 233-255, jul./dez. 2015.

PAIVA, Gilberto. *Redentoristas em Goiás*: 100 anos de presença missionária (1894-1994). v. I. Goiânia: Scala Editora, 2023.

PALACÍN, Luís. *Vieira e a visão trágica do Barroco*: quatro estudos sobre a consciência possível. São Paulo: Hucitec, 1986a.

PALACÍN, Luís. *Quatro tempos de ideologia em Goiás*. Goiânia: Cerne, 1986b.

PALACÍN, Luís; MORAES, Maria Augusta de Sant'Anna. *História de Goiás*: 1722-1972. 4. ed. Goiânia: Ed. UCG, 1986.

PALACÍN, Luís. *O século do ouro em Goiás*. Goiânia: Ed. UCG, 1994.

PANG, Eul-Soo. *Coronelismo e oligarquia*: 1889-1943. Rio de Janeiro: Civilização Brasileira, 1979.

PAPA FRANCISCO. *Exortação Apostólica Evangelii Gaudium*. São Paulo: Paulinas, 2013.

PAPA FRANCISCO. *Carta Apostólica Patris Corde*. São Paulo: Paulinas, 2020.

PATTO, Maria Helena Souza. *A produção do fracasso escolar*: história de submissão e rebeldia. São Paulo: T. A. Queiroz, 1990.

PEIXOTO. R. A. *A máscara de Medusa*: a construção do espaço nacional brasileiro através das corografias e da cartografia no século XIX. (Tese de doutorado) – Universidade Federal do Rio de Janeiro, 2005.

PEREIRA, Sueli da Cruz. O legado da "Igreja dos pobres" para a Igreja na América Latina, *PQTEO – Revista Pesquisas em Teologia*, v. 1, n. 1, p. 22-37, jan./jun.2018.

PIAGET, Jean. *A epistemologia genética*. São Paulo: Abril Cultural, 1983.

PIERRARD, Pierre. *História da Igreja*. São Paulo: Paulinas, 1982.

PIKAZA, Javier. *A teologia de Mateus*. São Paulo: Paulinas, 1978.

PIKAZA, Javier. *Os tempos míticos das cidades goianas*: mitos de origem e invenção de tradições. Goiânia: Ed. PUC, 2010.

PIKAZA, Javier (org.). *Cônego José Trindade da Fonseca*. Goiânia: IPEHB/PUC-Goiás, 2019.

PIKAZA, Javier (org.). *Dom Emanuel, arcebispo da providência, da instrução e da paz*. Goiânia: IPEHBC/PUC-Goiás, 2015.

PINHEIRO, Antônio César Caldas. Introdução. *In*: SILVA, E. D. *Passagens*: autobiografia de Dom Eduardo Duarte Silva. Goiânia: Ed. UCG, 2007, p. 11-14.

PINSKY, Jaime. *A escravidão no Brasil*. São Paulo: Contexto, 1988.

PLATA, Oscar Wingartz. Una dinámica complicada: la relación Iglesia-Estado en América Latina, *Estudos Teológicos*, v. 54, n. 1, p. 12-22, jan./jun. 2014.

PONCE DE LEÃO, Cláudio José. *Carta Pastoral do Exm. e Revm. Bispo de Goyaz, saudando aos seus diocesanos e dirigindo-lhes algumas exhortações*. Rio de Janeiro: Typ. do Apostolado, 1881.

PONCE DE LEÃO, Cláudio José. *Carta Pastoral do Bispo de S. Anna de Goyaz, anunciando e convocando o Synodo Diocesano*. Goyaz: Typ. Perseverança de Tocantins e Aranha, 1887.

PORTO, Walter Costa. *Constituições Brasileiras*: 1937. Brasília: Senado Federal, Subsecretaria de Edições Técnicas, 2012 (Coleção Constituições Brasileiras, v. 4.). Disponível em: www2.senado.leg.br. Acesso em: 1 jun. 2020.

PREFEITURA DE GOIÂNIA. História de Goiânia. Prefeitura de Goiânia, Goiânia, *s.d.* Disponível em: https://www.goiania.go.gov.br/sobre-goiania/historia-de-goiania – Acesso em: 12 jun. 2020.

QUEIROZ, Maria Isaura Pereira de. *O messianismo no Brasil e no mundo*. São Paulo: Dominus Editora/USP, 1965.

RAMOS, Alberto. Nos alicerces da futura Capital. *Revista da Arquidiocese*, Goiânia, n. 8, ago. 1958.

REVISTA DA ARQUIDIOCESE. Goiânia, ano XXVIII, n. 6-7, jun./jul. 1985.

REVISTA DA ARQUIDIOCESE. Goiânia, ano II, n. 7, jul. 1958.

REVISTA DA ARQUIDIOCESE. Goiânia, ano II, n. 8, ago. 1958.

REVISTA DA ARQUIDIOCESE. Goiânia, ano IV, n. 4, abr. 1960.

REVISTA DA ARQUIDIOCESE. Goiânia, ano VI, n. 3-4, 1962.

REVISTA DA ARQUIDIOCESE DE BRASÍLIA. Edição especial comemorativa do jubileu de 50 anos, abril de 2010.

REVISTA ESPECIAL SALESIANA. Bicentenário de Dom Bosco em Lorena, 2015.

REZENDE, Maria Valéria. *História da Igreja no Brasil:* período colonial. Lins: Ed. Todos Irmãos, 1982.

RICHARD, Pablo. *Morte das cristandades e nascimento da Igreja.* São Paulo: Paulinas, 1982.

RITO DA BÊNÇÃO DA CIDADE DE BRASÍLIA. 21 de abril de 1960 (opúsculo).

RIVAS, Eugenio; TAVARES, Sinivaldo S. "Novos" messianismos. *Pespectiva Teológica,* Belo Horizonte, v. 52, n. 3, p. 551-557, set./dez. 2020.

ROMANO, Roberto. Introdução. *In*: LUTERO, Martinho. *Da liberdade do cristão*: prefácios à Bíblia (1520). São Paulo: Ed. Unesp, 1998.

RUBERT, Arlindo. *A Igreja no Brasil:* origem e desenvolvimento (século XVI). v. 1. Santa Maria: Ed. Pallotti, 1981.

SALLES, Gilka Vasconcelos Ferreira de. A sociedade agrária em Goiás colonial. *Revista do ICHL*, v. 4, n. 1, p. 55-88, 1984.

SANTOS, Fernando Gomes dos. *Sem violência e sem medo*: escritos, homilias e entrevistas. Goiânia: Ed. UCG, 1982.

SANTOS, Fernando Gomes. A vida e as lutas de um bispo que chegou aos 75 anos. *Revista Eclesiástica Brasileira*, v. 45, fasc. 177, mar. 1985.

SANTOS, Miguel Archângelo Nogueira dos. *Trindade de Goiás, uma cidade santuário*: conjunturas de um fenômeno religioso no centro-oeste brasileiro. 1976. Dissertação (Mestrado em História) – Universidade Federal de Goiás, Goiânia, 1976.

SANTOS, Miguel Archângelo Nogueira dos. *Missionários redentoristas alemães em Goiás, uma participação nos movimentos de renovação e de restauração católicas:*

1894 a 1944. Tese (Doutorado em História) – Universidade de São Paulo, São Paulo, 1984.

SARTRE, Jean-Paul. *A imaginação*. São Paulo: Abril Cultural, 1973.

SAUTCHUK, Jaime. *Cruls*: histórias e andanças do cientista que inspirou JK a fazer Brasília. São Paulo: Geração Editorial, 2014.

SAVIANI, Dermeval. *Política e educação no Brasil*: o papel do Congresso Nacional na legislação do ensino. São Paulo: Cortez: Autores Associados, 1988.

SCHIAVO, Luís; SILVA, Valmor da. *Jesus, milagreiro e exorcista*. São Paulo: Paulinas, 2000.

SCHILLEBEECKX, Edward. *Por uma Igreja mais humana*: identidade cristã dos ministérios. São Paulo: Paulinas, 1989.

SCHWARTZMAN, Simon. Representação e cooptação política no Brasil. *Rev. Dados*, Rio de Janeiro, Instituto Universitário de Pesquisas do Rio de Janeiro, n. 7, 1970.

SEMIN, Amadeu. A personalidade e o apostolado de Frei Demétrio. *In*: AMADO, Wolmir Therezio (org.). *Paróquia Santo Antônio*: origens, protagonismo e caminhada de fé. Goiânia: Ed. PUC, 2017.

SILVA, Clemildo Anacleto. Símbolos religiosos em espaços públicos: para pensar os conceitos de laicidade e secularização. *Numen: revista de estudos e pesquisa da religião*, v. 19, n. 2, p. 154-173, 2016.

SILVA, Eduardo Duarte. *Passagens*: autobiografia de Dom Eduardo Duarte Silva, bispo de Goyaz. Goiânia: Ed. UCG, 2007.

SILVA, José Trindade da Fonseca e. *A nova capital do Brasil*. v. III. Rio de Janeiro: Câmara dos Deputados, 1956a.

SILVA, José Trindade da Fonseca e. *Autobiografia*: versão preliminar (inédita). Arquivo do Cônego Trindade, IPEHBC/PUC-Goiás, 1956b.

SILVA, José Trindade da Fonseca e. *Autobiografia Política* (versão original). Arquivo do Cônego Trindade, IPEHBC/PUC-Goiás, 1956c.

SILVA, José Trindade da Fonseca e. *Autobiografia* (inédita). Arquivo do Cônego Trindade, IPEHBC/PUC-Goiás, 1959.

SILVA, José Trindade da Fonseca e. *Lugares e pessoas:* subsídios eclesiásticos para a história de Goiás. Goiânia: Ed. UCG, 2006.

SILVA, Luiz Sérgio Duarte da. *A construção de Brasília*: modernidade e periferia. Goiânia: Ed. UFG, 1997.

SILVA, Sérgio S. *Valor e renda da terra*: o movimento do capital no campo. São Paulo: Polis, 1981.

SILVA, Siéllysson Francisco da. As fontes e as práticas religiosas da Irmandade do Rosário dos Pretos em Areia – PB. *Paralellus,* ano 3, n. 5, p. 109-120, jan./jun. 2012.

SILVEIRA, Peixoto da. *A nova Capital:* por que, para onde e como mudar a capital federal. 2. ed. [*S.l.*]: Ed. Pongetti, 1957.

SINDICATO DOS CORRETORES DE IMÓVEIS DO ESTADO DE GOIÁS. *Estudo sobre o financiamento da transferência da capital federal para o interior do Brasil.* Goiânia: [*s.n.*], 1951.

SOUSA, Luís Antonio da Silva e. *Memória Estatística da província de Goyaz.* Rio de Janeiro: Typographia Nacional, 1832.

SOUZA, Luiz Alberto Gomez de. *Classes populares e Igreja nos caminhos da história.* Petrópolis: Vozes, 1982.

SPAR/SECRETARIADO PASTORAL ARQUIDIOCESANO. *Caminhada da Igreja de Goiânia.* 1982.

SPINDEL, Cheiwa R. *Homens e máquinas na transição de uma economia cafeeira.* Rio de Janeiro: Paz e Terra, 1979.

SURIAN, Carmelo. *Dinâmica do desejo*: Freud, Cristo, Francisco de Assis. Petrópolis: Vozes, 1982.

TAMANINI, Irineu. Completa 65 anos o suicídio de Getúlio Vargas... *Diário do Poder,* 21 ago. 2019. Disponível em: https://diariodopoder.com.br/politica/completa-65-anos-o-suicidio-de-getulio-vargas-um-dos-momentos-mais-dramaticos-da-historia – Acesso em: 4 jul. 2024.

TANNUS, Lara. Getúlio Vargas comete suicídio. *FFLCH*, São Paulo, 24 ago. 2018. Disponível em: https://www.fflch.usp.br/86 – Acesso em 4 jul. 2024.

TELES, José Mendonça. *Vida e obra de Silva e Souza.* Goiânia: Oriente, 1978.

TOSI, Giuseppe. Religião e política: três possíveis relações. *Religare,* v. 15, n. 2, dez./2018, p. 382-421.

TUBINO, Nina. *Uma luz na história*. Goiânia: Kelps, 2015.

VASCONCELOS, Adirson. *A mudança da capital*. Brasília: Centro Gráfico do Senado Federal, 1978.

VASCONCELOS, Adirson. *A epopeia da construção de Brasília*. Brasília: Centro Gráfico do Senado Federal, 1989.

VASCONCELOS, Pedro L.; SILVA, Valmor da. *Caminhos da Bíblia:* uma história do povo de Deus. São Paulo: Paulinas, 2003.

VAZ, Henrique Cláudio de Lima. Moral, sociedade e nação. *Revista Paz e Terra*, São Paulo, v. 1, 1996.

VIDE, Sebastião Monteiro de. *Constituições primeiras do arcebispado da Bahia*. v. 79. Brasília: Senado Federal, 2011.

VELASCO, Valquíria. Aliança Liberal. *InfoEscola*, 2014. Disponível em: https://www.infoescola.com/historia/alianca-liberal/amp – Acesso em: 22 jul. 2020.

VIDESOTT, Luísa. *Narrativas da construção de Brasília*: mídia, fotografias, projetos e história. 2009. Tese (Doutorado em Arquitetura e Urbanismo) – Escola de Engenharia de São Carlos, Universidade de São Paulo, São Paulo, 2009.

VICENTINO, Cláudio. *História geral*. São Paulo: Scipione, 2002.

VIEIRA, André Guirland. A função da história e da cultura na obra de C.G. Jung. *Rev. Aletheia*, n. 23, p. 89-100, jan./jun. 2006.

VIEIRA, Sofia Lerche; FARIAS, Isabel Maria Sabino de. *Política educacional no Brasil*: introdução histórica. Brasília: Liber Livro Editora, 2007.

VOVELLE, Michel. *Ideologia e mentalidades*. São Paulo: Brasiliense, 1987.

WAND, José Francisco. *Costumes e riquezas de Goiás*: histórias contadas por um missionário do Brasil Central [1924]. Trad. de Valentim Mooser. Goiânia: Scala Editora, 2023.

WEBER, Max. *Ensaios de sociologia*. 5. ed. Rio de Janeiro: Ed. Guanabara, 1982.

WEBER, Max. *Sociologia*. São Paulo: Ática, 1979.

WEFFORT, Francisco. *O populismo na política brasileira*. Rio de Janeiro: Paz e Terra, 1978.

WEISSHEIMER, Vera Cristina. Mulheres visionárias e apóstolas: instrumentos do Divino para a transformação da Igreja e da sociedade. *Encontros Teológicos*, v. 35, n. 1, p. 13-30, jan./abr. 2020.

ZANCHETA, Demétrio. Primórdios dos freis capuchinhos no Centro-Oeste. *In*: AMADO, Wolmir Therezio. *Paróquia Santo Antônio*: origens, protagonismo e caminhada de fé. Goiânia: Ed. PUC-Goiás, 2017.

ZILLES, Urbano. A modernidade e a Igreja. *Revista Teocomunicação*, Porto Alegre, v. 96, p. 172-202, 1992.

ZOPPI, Vergílio. *Retalhos da vida estigmatina*. Goiânia: Ed. PUC-Goiás, 2010.

ZYLBERKAN, Mariana. Centro-Oeste é a região com mais migrantes no país. *Veja*, São Paulo, 18 set. 2014. Disponível em: https://veja.abril.com.br/politica/centro-oeste-e-a-regiao-com-mais-migrantes-no-pais/amp – Acesso em: 4 jul. 2024.

Jornais

JORNAL A GAZETA ESPORTIVA, São Paulo, 16 mar. 1957 (Coleção Hemeroteca Digital da Biblioteca Nacional).

JORNAL CORREIO PAULISTANO, São Paulo, 16 nov. 1956 (Coleção Hemeroteca Digital da Biblioteca Nacional).

JORNAL DIÁRIO DA NOITE, São Paulo, 14 fev. 1957 (Coleção Hemeroteca Digital da Biblioteca Nacional).

JORNAL DIÁRIO DE NOTÍCIAS, Porto Alegre, 30 mar. 1957 (Coleção Hemeroteca Digital da Biblioteca Nacional).

JORNAL O GLOBO, Rio de Janeiro, 11 jul. 1953.

JORNAL O POPULAR, Goiânia, 22 nov. 2019.

JORNAL O POPULAR, Goiânia, 27 jun. 2020.

Periódicos

Revista Encontros Teológicos, Faculdade Católica de Santa Catarina (Facasc).

Numen – Revista de Estudos e Pesquisa da Religião, Programa de Pós-Graduação em Ciências da Religião da UFJF.

Estudos Teológicos, Revista do Programa de Pós-Graduação em Teologia da EST.

Paralellus – Revista de Estudos da Religião, Programa de Pós-Graduação em Ciências da Religião da Unicap.

Plura – Revista de Estudos da Religião, Associação Brasileira de História das Religiões (ABHR).

Religare – Revista do Programa de Pós-Graduação em Ciências da Religião da UFPB.

Caminhos – Revista de Ciências da Religião, Programa de Pós-Graduação *Stricto Sensu* em Ciências da Religião, PUC-Goiás.

Theologica Xaveriana, Pontificia Universidad Javeriana, Bogotá.

Perspectiva Teológica, Faculdade Jesuíta de Filosofia e Teologia, Belo Horizonte.

PQTEO – Revista Pesquisas em Teologia, PUC-Rio.

Revista Eclesiástica Brasileira, Instituto Teológico Franciscano, Petrópolis, RJ.

Horizonte – Revista de Estudos da Teologia e Ciências da Religião, Programa de Pós-Graduação em Ciências da Religião, PUC-Minas.

Locus – Revista de História, UFJF.

Endereços eletrônicos consultados

https://bibliavirtual.com.br/historia-de-santa-rosa-de-lima

AQUINO, Felipe. Para que servem os padroeiros? *Editora Cléofas*, Lorena, 14 jun. 2024. Disponível em: https://cleofas.com.br/para-que-servem-os-padroeiros/ – Acesso em 1 jul. 2024.

ARQUIDIOCESE de Goiânia. Seminário Santa Cruz: história e itinerário vocacional, Arquidiocese de Goiânia, 15 set. 2017. Disponível em: https://www.arquidiocesedegoiania.org.br/ comunicaçao/noticias/194-seminario-santa-cruz-historia-e-itinerario-vocacional – Acesso em: 26 jun. 2024.

ASSOCIAÇÃO DEVOTOS DE FÁTIMA. O importante legado de um padre salesiano na América do Sul. *Associação Devotos de Fátima*, São Paulo, 2020c. Disponível em: https://www.adf.org.br/home/padre-salesiano – Acesso em: 30 jun. 2024.

BRASIL. Carta-testamento – Getúlio Vargas. *Câmara dos Deputados*, Brasília, DF, [2001]. Disponível em: https://www2.camara.leg.br/atividade-legislativa/plenario/discursos/escrevendohistoria/getulio-vargas/carta-testamento-de-getulio-vargas – Acesso em: 3 jul. 2024.

BRASIL. Ministério da Cultura. Israel Pinheiro. *Museu Virtual Brasília*, Escritório de Histórias, Belo Horizonte. Disponível em: http://www.museuvirtualbrasil.com.br/museu_brasilia/modules/news3/article.php?storyid=17 – Acesso em: 27 jun. 2024.

BRASIL. Senado Federal. Pronunciamento de Valmir Amaral em 20/11/2003. *Atividade Legislativa*, Pronunciamentos, Brasília, DF, 2003. Disponível em: https://www25.senado.leg.br/web/atividade/pronunciamentos/-/p/pronunciamento/342111 – Acesso em: 27 jun. 2024.

CALGARO, Fernanda. Tiririca faz primeiro discurso na Câmara para dizer que está "abandonando vida pública", *G1*, Brasília, 6 dez. 2017. Disponível em: ttps://g1.globo.com/politica/noticia/tiririca-se-diz-com-vergonha-da-politica-e-afirma-que-nao-deve-disputar-mais-eleicoes.ghtml – Acesso em: 27 jun. 2024.

CANÇÃO NOVA. Biografia de Dom Bosco. *Blog Canção Nova*, Cachoeira Paulista, SP, [2009]. Disponível em: https://img.cancaonova.com/cnimages/blog/blogs.dir/621/files/2009/11/biografia.pdf – Acesso em: 27 jun. 2024.

DOM Fernando: o pregador da palavra. Goiânia: CARA vídeo, 2011. Disponível em: https:youtu.be/UchslCQPHwQ.Documentário:DomFernando,opregadorda Palavra – Acesso em: 4 jul. 2024.

FERREIRA, Clenon. Monumento ao Bandeirante completa 75 anos. *O Popular*, [s.l.], [29 ago. 2023]. Disponível em: https://opopular.com.br/magazine/monumento-ao-bandeirante-completa-75-anos-1.1387996 – Acesso em: 3 jul. 2024.

GOIÁS. História das artes em Goiás, *Governo de Goiás*, Goiás, 3 ago. 2012. Disponível em: https://goias.gov.br/cultura/h – Acesso em: 26 jun. 2024.

GÓIS, Fábio. Livro reúne 11 mil textos sobre a história da capital federal. https://www.agenciabrasilia.df.gov.br/2020/12/15/livro-reune-11-mil-textos-sobre-a-historia-da-capital-federal/amp – Acesso em: 2 de fev. 2021

IBGE. Distrito Federal: panorama. *IBGE*, Brasília, DF: 2022. Disponível em: https://cidades.ibge.gov.br/brasil/df/panorama – Acesso em: 1 jul. 2024.

KOSLOSKI, Philip. "Santo Anjo do Senhor": mais do que uma oração infantil. *Ateleia*, 20 set. 2020. Disponível em: https://pt.aleteia.org/2020/09/20/santo-anjo-do-senhor-mais-do-que-uma-oracao-infantil – Acesso em: 30 jun. 2024.

MAGIS Brasil. Companhia de Jesus, [s.d.]. Disponível em: https://magisbrasil.org.br/companhia-de-jesus – Acesso em: 4 jul. 2024.

MISSÃO SALESIANA. Especial Dom Bosco – clipe oficial da música "Sonho dos 9 anos". *Missão Salesiana de Mato Grosso*, Campo Grande, 31 jan. 2017. Disponível em: https://www.missaosalesiana.org.br/especial-dom-bosco-clipe-oficial-da-musica-sonho-dos-9-anos – Acesso em: 27 jun. 2024.

MORAIS, Raquel. Mortos famosos atraem "peregrinos" ao cemitério de Brasília; visitantes podem pedir mapas a funcionários. *G1 DF*, Brasília, DF, 2 nov. 2017. Disponível em: https://g1.globo.com/distrito-federal/noticia/mortos-famosos-atraem-peregrinos-ao-cemiterio-de-brasilia-visitantes-podem-pedir-mapas-a-funcionarios.ghtml – Acesso em: 3 jul. 2024.

MUNDO GEO. Qual o maior rio do mundo? Amazonas ou Nilo? *MundoGeo* [2022]. Disponível em: https://mundogeo.com/2006/03/01/qual-o-maior-rio-do-mundo-amazonas-ou-nilo-2 – Acesso em: 30 jun. 2024.

OLIVEIRA, Nielmar de. IBGE: expectativa de vida dos brasileiros aumentou mais de 40 anos em 11 décadas. *Agência Brasil*, Rio de Janeiro, 29 ago. 2016. Disponível em: https://agenciabrasil.ebc.com.br/geral/noticia/2016-08/ibge-expectativa-de-vida-dos-brasileiros-aumentou-mais-de-75-anos-em-11?amp – Acesso em: 30 jun. 2024.

PALMERSTON, Marquinho. Turismo religioso e desenvolvimento em Goiás. *Diário da Manhã*, Opinião, [s. l.], 2015. Disponível em: https://www.dm.com.br/opiniao/2015/03/turismo-religioso-e-desenvolvimento-em-goias – Acesso em: 3 jul. 2024.

PDV. Indústria petrolífera na Venezuela. *PDV do Brasil*, Rio de Janeiro, c2015. Disponível em: https://pdvdobrasil.com.br/industria-petrolifera-na-venezuela – Acesso em: 30 jun. 2024.

REZENDE, Marilia Ruiz e. A Constituição de 1934. *Politize*, [22 maio 2017]. Disponível em: https://www.politize.com.br/constituicao-de-1934 – Acesso em: 2 jul. 2024.

SANCHES, Andreia et al. A vida desde 1820. *Público*, Lisboa, c2024. Disponível em: https://acervo.publico.pt/multimedia/infografia/a-vida-desde-1820 – Acesso em: 30 jun. 2024.

UFBA. Cronologia do pensamento urbanístico, [201?]. Disponível em: https://cronologiadourbanismo.ufba.br – Acesso em: 3 jul. 2024.

VENDA NOVA DO IMIGRANTE. Câmara Municipal. Sessão Solene comemora o centenário do Padre Cleto Caliman. *Câmara Municipal Venda Nova do Imigrante*, Venda Novo do Imigrante, 8 out. 2014. Disponível em: http://www.camaravni.es.gov.br/noticia/ler/1346/sessao-solene-comemora-o-centenario-do-padre-cleto-caliman – Acesso em: 27 jun. 2024.

Anexos

Capítulo 3

1. Dom Emanuel, no Obelisco (pedra fundamental) onde seria construída Brasília – [1992 ?]

Fonte: IPEHBC/PUC-Goiás.

2. Correspondência de Juscelino Kubitschek para Altamiro de Moura Pacheco

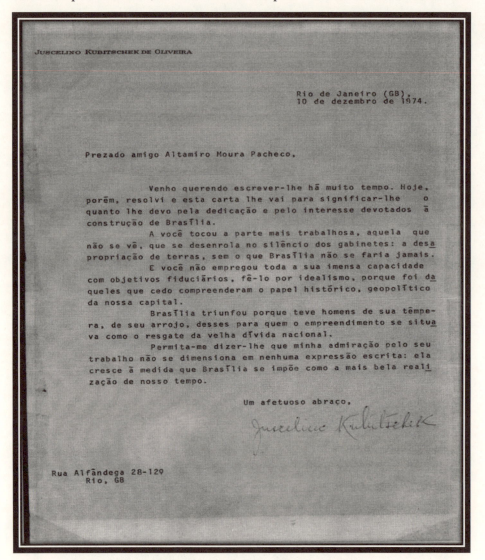

Fonte: Arquivo do Cônego Trindade. IPEHBC/PUC-Goiás.

3. Fotografias de Cônego Trindade, Dom Abel e Dom Fernando, na década de 1950

Fonte: IPEHBC/ PUC-Goiás.

Fonte: IPEHBC/PUC-Goiás.

Fonte: http://sites.pucgoias.edu.br/extensao/idf/Dom-fernando/

Capítulo 4

1. Carta de Ulisses Guimarães – 1956

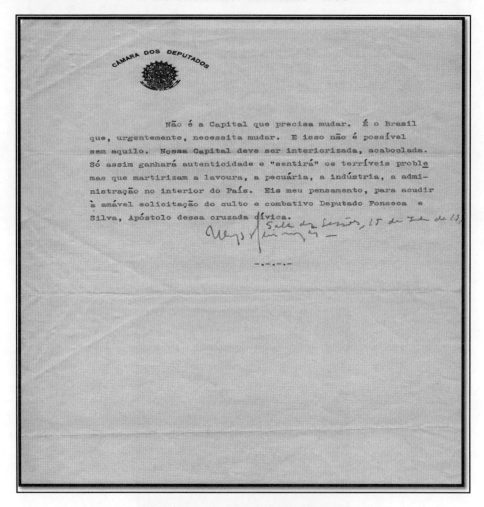

Fonte: Arquivo do Cônego Trindade. IPEHBC/PUC-Goiás.

2. Publicidade da campanha eleitoral de Cônego Trindade

Fonte: Arquivo do Cônego Trindade. IPEHBC/PUC-Goiás.

Viva o P. S. D. de Goiaz!
Viva Orizona e seu municipio.

Fui escolhido pelo sr. Prefeito municipal de Orizona a candidato vereador pelo Partido Social Democrático e aplaudido pelos os convencionais.

Sendo eu, amante do progresso, e filho de Orizona, desejo cooperar com os meus esforços para o desenvolvimento das causas pública de Orizona. Causa eu seja eleito o programa é o seguinte, não medir sacrificio para que tenhamos um Ginasio, vias de comunicações, um Posto de Agro-pecuaria e Agricultura, êste é o meu lema.

Para presidente da República: Cristiano Machado
  „ Governador: Pedro Ludovico Teixeira
  „ deputado federal: Conego Trindade
  „ vereador: Joaquim Luiz Ferreira
  „ prefeito municipal: José da Costa Pereira

ORIZONA, SETEMBRO DE 1950.

Alma católica desta cidade
AMPARAI O CONEGO TRINDADE
com o vosso voto

PARA DEPUTADOS FEDERAIS

Partido Social Democrático

Cônego José Trindade da Fonseca e Silva

Fonte: Arquivo do Cônego Trindade. IPEHBC/PUC-Goiás.

PARA DEPUTADO FEDERAL

E

PARA DEPUTADO ESTADUAL

POVO DE ORIZONA Votai no Cônego José Trindade, um vosso amigo, um homem de Deus a serviço do povo, candidato do Partido Social Democrático, de que é presidente o nosso ilustre co-estaduano e futuro Senador da República, José da Costa Pereira (Zéquinha).

(Do «Comité pró candidatura Côg. Trindade»)

Povo de Orizona

Votai no Cônego Trindade para Deputado Federal, vosso vigário há 17 anos

VOTAI EM

José da Costa Pereira (Zequinha) para Prefeito Municipal - Simbolo de dignidade e honradês.

Fonte: Arquivo do Cônego Trindade. IPEHBC/PUC-Goiás.

Fonte: Arquivo do Cônego Trindade. IPEHBC/PUC-Goiás.

3. Documento de Dom Helvécio Gomes de Oliveira que concede ao Padre José Trindade o título de cônego

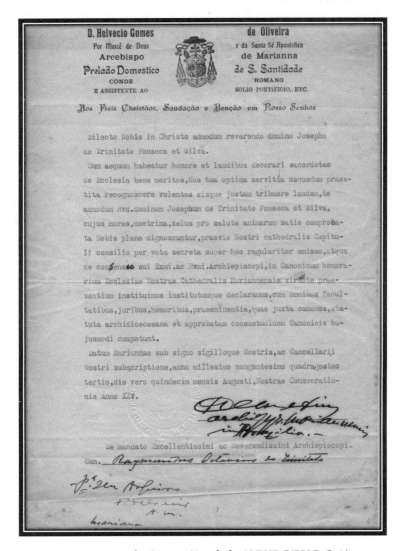

Fonte: Arquivo do Cônego Trindade. IPEHBC/PUC-Goiás.

4. Correspondência de Dom Emanuel Gomes de Oliveira ao Cônego Trindade, secretário de Educação do Estado de Goiás

Fonte: Arquivo do Cônego Trindade. IPEHBC/ PUC-Goiás

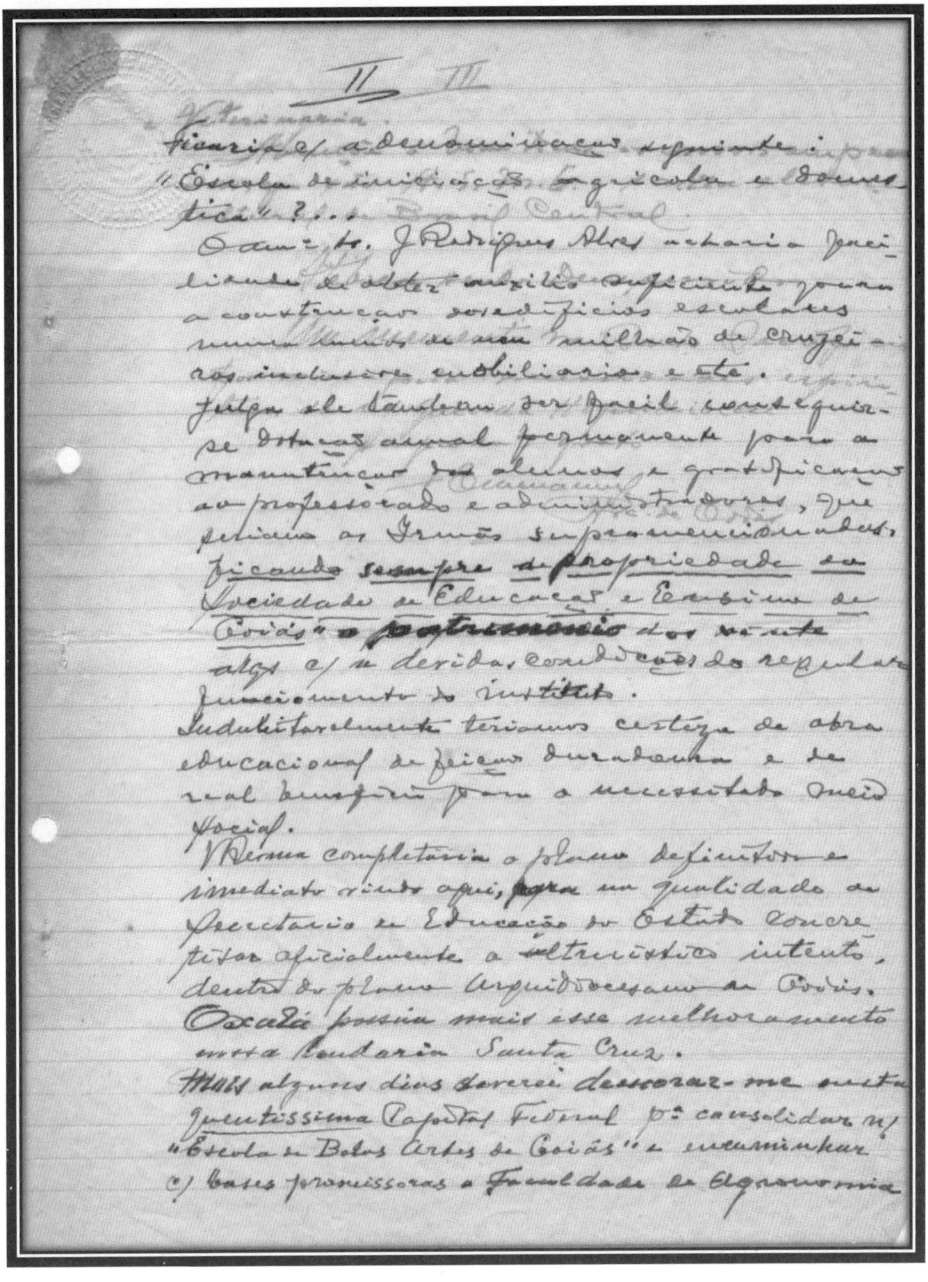

II III

ficaria c/ a denominação seguinte: "Escola de Iniciação Agrícola e Doméstica"?..

O am.º Sr. J. Rodrigues Alves acharia facilidade de obter auxílio suficiente para a construção dos edifícios escolares numa linha de um milhão de cruzeiros, inclusive mobiliário e etc.

Julga ele também ser fácil conseguir-se dotação anual permanente para a manutenção dos alunos e gratificações ao professorado e administradores, que seriam os Irmãos supramencionados, ficando sempre de propriedade da Sociedade de Educação e Ensino de Goiás o patrimônio dos mesmos atos c/ as devidas condições do regular funcionamento do instituto.

Indubitavelmente teríamos certeza da obra educacional de ficar duradoura e de real benefício para o necessitado meio social.

Mesma completaria o plano definitivo e imediato vindo aqui, para na qualidade de Secretário da Educação do Estado concretizar oficialmente o altruístico intento, dentro do plano Arquidiocesano de Goiás.

Oxalá possa mais esse melhoramento nesta Paróquia Santa Cruz.

Mais alguns dias deverei desocupar-me nesta quentíssima Capital Federal p.ª consolidar n/ "Escola de Belas Artes de Goiás" e encaminhar c/ bases promissoras a Faculdade de Agronomia

Fonte: Arquivo do Cônego Trindade. IPEHBC/ PUC-Goiás

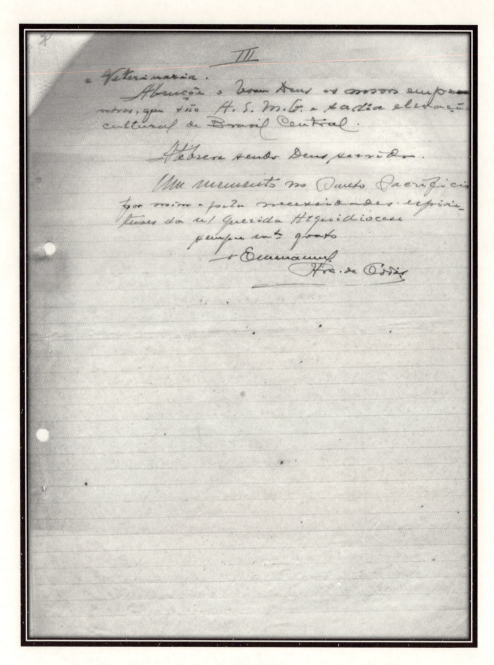

Fonte: Arquivo do Cônego Trindade. IPEHBC/PUC-Goiás.

5. Telegrama de Cônego Trindade ao Deputado Federal Galeano Paranhos, solicitando apoio para o sustento financeiro da Faculdade de Filosofia

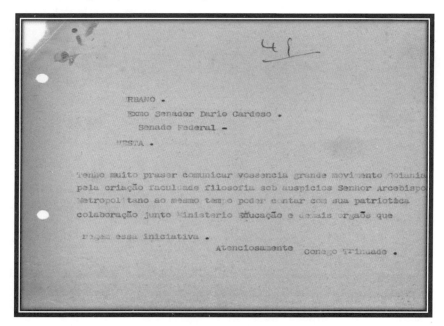

Fonte: Arquivo do Cônego Trindade. IPEHBC/PUC-Goiás.

6. Telegrama do Cônego Trindade ao Senador Dario Cardoso, solicitando-lhe apoio junto ao MEC para a Faculdade de Filosofia

Fonte: Arquivo do Cônego Trindade. IPEHBC/PUC-Goiás.

7. Correspondência do Cônego Trindade ao Governador Coimbra Bueno, solicitando repasse financeiro do Estado à sustentação da Faculdade de Filosofia

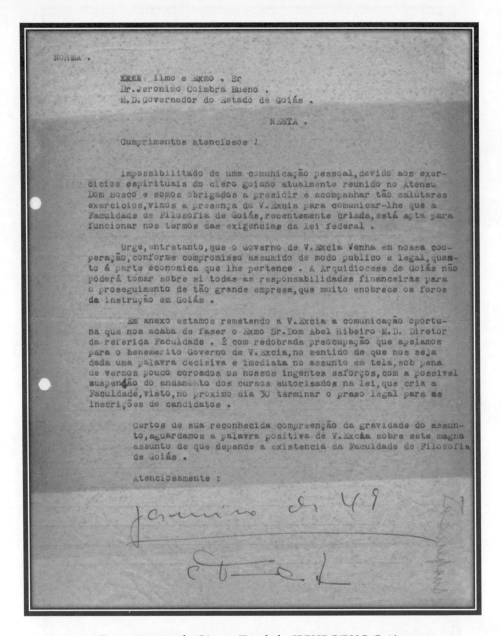

Fonte: Arquivo do Cônego Trindade. IPEHBC/PUC-Goiás.

8. Correspondência de José Augusto ao Cônego Trindade, solicitando-lhe recurso financeiro para a instalação da Escola Goiana de Belas Artes – 1953

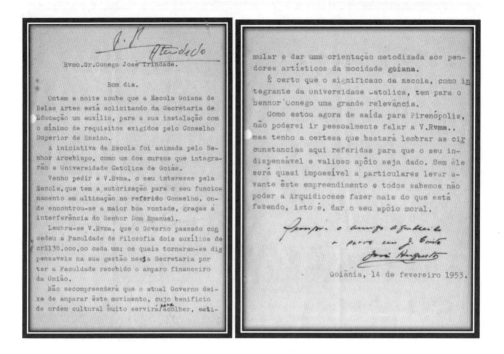

Fonte: Arquivo do Cônego Trindade. IPEHBC/PUC-Goiás.

9. Correspondência do diretor da Faculdade de Farmácia e Odontologia ao Cônego Trindade

Agradecida –
17/VIII/1954
Dev

Faculdade de Farmácia e Odontologia de Goiás

GOIÂNIA – Estado de Goiás

DIRETORIA

Of. 81

Em 19 de junho de 1954

Exmo. Sr.
Deputado Cônego José Trindade da Fonseca e Silva
Palácio Tiradentes
RIO DE JANEIRO = Df.

A Faculdade de Farmácia e Odontologia de Goiás, reconhecida pelo govêrno federal pelo decreto 3o.18o, de 2o de novembro de 1951, iniciou , no ano passado, a construção de seu prédio próprio. Trata-se, sr. deputado, de uma obra orçada em 15 milhões de cruzeiros, com 3 pavimentos , dispondo ainda de an fiteatro e auditório.

Acresce, todavia, que os recursos com que dispõe este Estabelecimento de Ensino Superior são insuficientes para levar a bom têrmo tal iniciativa, pois conta a mesma apenas com uma subvenção federal na importância de Cr$ 2.500.000,oo, que se destina, na sua maioria, ao custeio das despesas de pessoal e material didático, e com mais uma importância de mais ou menos Cr$ 13o.000,oo, proveniente de pagamento de taxas dos alunos.

Assim sendo, vimos apelar para o espirito progressista e compreendedor de V.Excia. Revma., no sentido de conseguir no orçamento da União para o próximo ano de 1955 um auxílio de cinco milhões de cruzeiros , que será destinado ao prosseguimento dessa monumental obra que estamos levando avante.

Tratando-se de uma iniciativa de interesse público, esperamos contar com a valiosa cooperação do ilustre representante de nosso Estado na Câmara Federal, para o que apresentamos os nossos protestos de estima e apreço.

CORDIAIS SAUDAÇÕES

JOEL DE OLIVEIRA LISBOA - Diretor

Emenda – atrazal

Fonte: Arquivo do Cônego Trindade. IPEHBC/PUC-Goiás.

10. Correspondência da diretora da Escola de Enfermagem ao Cônego Trindade

GOIÂNIA, 7 de Maio de 1958

Exmo Revdmo
Conego Trindade
Deputado
RIO DE JANEIRO

A diretora da Escola de Enfermagem de SÃO VICENTE DE PAU=
LO, DE GOIÂNIA, a qual funciona atualmente à Rua Quatro nº 116, em prédio provisório, gentilmente cedido pela Conferência de São Vicente de
Paulo, vem solicitar de Vossa Excelência o apôio integral, ao pedido
de uma verba de C$5.000.000,00 (cinco milhões de cruzeiros), feito ao
D.D. Presidente da Divisão Orçamentária do País, para início da construção do futuro prédio da referida Escola.

A construção do edifício em questão, será no bloco universitário desta Capital, em terreno que nos foi doado pela generosida-
de do Exmo Snr. Dr. José Ludovico de Almeida, D.D. Governador do Estado.

Conto com a elevada compreensão de Vossa Excelência no
sentido de cooperar com esta Instituição educativa, que tanto tem tra-
balhado pela juventude e pela assistência aos pobres doentes de todo
Brasil.

Aproveito a oportunidade para apresentar os meus protestos de elevada consideração e respeito.

Irmã Maria Bueno Bruzzi- Diretora-

Fonte: Arquivo do Cônego Trindade. IPEHBC/PUC-Goiás.

11. Artigo inédito de Cônego Trindade acerca da aprovação do Senado Federal para a fundação de uma universidade em Goiás

A ideia da criação de uma Universidade ou seja do Oeste ou seja do Brasil Central é iniciativa, de fato, do atual governo . Como tal esta iniciativa concretisou-se atravez de uma emenda apresentada no Senado pelos eminentes senadores Lourenço Dias e Atilio Vivaqua . Esta emenda tinha diversos objetivos . O primeiro de encampar, sem nenhuma indenisação, as Faculdades de Filosofia Farmacia e Odontologia ; o segundo de ficar criada, com essa encampação , a Universidade do Brasil Central . Esta emenda, tive eu conhecimento-pessoal, foi elaborada no proprio Departamento de Ensino Superior . Daqui o seu grande valor teÿcnico .

Na Comissão de Educação e Cultura foi-lhe relator o Senador Artur Santos do Paraná, o qual considerou a xxxxxxx a referida emenda, entre varios subterfugios para não aceital-axxxx tratar-se de uma materia muito grandiosa , opinou no sentido de que o assunto viesse atravez de um projeto em separado .

Nesta altura o proprio Governo pede a interferencia de Sua Excia Revma Sr.Arcebispo Metropolitano . E o Sr.Dom Emanuel não mede esforços junto do Senado no objetivo de salvar a situação das Faculdades Goianas . Fala pessoalmente com as grandes Bancadas, dirige-se a cada um dos parlamentares, em cuja mão passaria o projeto . Como estava encaminhado era de tudo impossivel conseguir o desiderato . Em bôa hora vem ao encontro de Sua Excia Revma o eminente Senador Goiano e um dos Secretario do Senado o Sr.Dario Dello Cardoso . Elabora este Senador a sub-emenda salvadora ao mesmo projeto, cujo xxxx numero a memoria agora me tirou . Assisti redigir este documento, em que as mensionadas faculdades seriam subvencionadas, cada uma com a quantia de Cr$. 2.500.000,00 . Para mais garantir o exito da xxxxxx sub-emenda, o Senador Dario Cardoso pediu ao Senador Evandro Viana, Vice-presidente da Comissão de Educação e Cultura que xxxxxxxxxxxxxxxxxx xxxxxxxxxxxxxxxxx se constituisse na sua Comissão o patrono da cultura goiana esteriotipada na concretização das Faculdades em apreço . Levada a materia em discussão foi ela aprovada por unanimidade . Com uma grande particularidade,digna de registro . O Senador Vespasiano Martins de Mato Grosso,que antes tinha votado contra o projeto,declarou peremptoriamente que reformava o seu modo de pensar por causa de Dom Emanuel,o incançavel apostolo da instrução a quem sua terra natal muito deve como educador e como missionario salesiano .

Vitoriosa a sub-emenda Dario Cardoso nesta comissão parpassou igual sorte teve ela na Comissão de Finanças,de que foi relater o eminente Senador Capichaba Santos Neves , amigo pessoal do nosso Arcebispo . Esta é a grande realidade sobre tão palpitante assunto . Ninguem desconhe o esforço comum de todos os nossos representantes . Todos cooperaram . Deixo de entrar em minudencias para não ferir o meu proposito ao encetar a campanha pelo PSD . Havemos de criar um clima de verdadeiro sentimento democratico,de abexxa absoluta isenção de paxxxx argumentos de ordem pessoal,de ataque menos dignos . A politica do chingatorio já não é mais para os nossos dias . Esta politica traz efeitos contrarios para quem assim age . O povo detesta . Isso coisa muito certa e comprovada em nossos dias . Recae no proprio jornal que divulga .

Em nosso caso,procurar impanar e de modo pouco correto e menos digno atraves de qualificativos improprios para imprensa e para o radio,o valor,a iniciativa do Sr.Senador Dario Cardoso é retornarmos aos velhos processos politicos que muito mancharam a historia social e politica de nossa terra .

Para elucidar as suas afirmações o nosso entrevistado tira do bolso uma carta do Sr.Arcebispo de Goiás,nosso querido Pastor e lê este importante topico em que se esclarecem todos os meritos :

*** Em audiencia con o Senhor Presidente da Republica,tratei do unico assunto de importancia que aqui me trouxe-nossas Faculdades . Sua Excia ficou com um memorandum,adrede preparado para garantir da "emenda salvadora -Senador Dario" que me solicitou,nessa oportunidade,lembrar ao Senhor General Dutra o emprestimo para Anapolis e Campinas(Goiania) . Disse-me Sua Excia que amanhã estará comigo o Senador Ivo de Aquino,lider da maioria e alto elemento na Comissão de Finança,para ficar,de fez resolvido tão grande assunto em beneficio de nossa sociedade goiana *** .

Fonte: Arquivo do Cônego Trindade. IPEHBC/PUC-Goiás.

12. Correspondência de Dom Abel aos párocos – 1954

Revmo. e prezado Amigo: Goiânia,18 de agôsto de 1954.
          L. J. C.

  Ciente V.Revma. da licença obtida da Curia Metropolitana pelo Revmo. Sr. Cônego José Trindade da Fonsêca e Silva para candidatar
se a Deputado à Câmara Federal, pelo Estado de Goiás, parece oportuno
manifeste-me perante V.Revma. sôbre o palpitante assunto, digno de
maior sinceridade e madureza de consciência. As circunstâncis atuais
do nosso mêio social assim exigem.

  Embora o Sr. Cônego José Trindade se apresente como um candidato "acima de qualquer significação partidária ou seja de manifestação de ordem politica", a sua candidatura permanece vinculada, inde
clinavelmente, a um partido político. Entretanto, a pessôa do Sr. Cônego José Trindade será sempre a pessôa de um sacerdote. A sua vitória
-será sempre a vitoria de um Padre. E a sua derrota traduzirá sempre a
-de um Padre.

  Para os católicos, em geral, o sentido de uma candidatura
de Sacerdote não vai alem de uma coisa menos comum. A candidatura de
um Padre sôbre a de um leigo expressa um sentido de mais vastas propor
ções.

  O povo não discerne, pela ignorância na matéria, sôbre o valor dos homens públicos. Muito custará, ainda, ao Brasil alcançar um
clima de seleção do seu eleitorado. Temos que lastimar, por tempos a-
fóra, a votação em massa, ao talante dos chefes políticos de cada muni
-cípio. A inconsciência do voto hoje em dia, mata, irrefragavelmente,
o sentido da Democracia. De outro lado, os partidos incluem, nas suas
chapas, nomes que não condizem com a realidade dos seus princípios de-
-mocráticos.

  Admitida a permissão ao Senhor Cônego José Trindade para con
correr, no pleito de 3 de outubro próximo, ao posto eletivo de representante federal, os eleitores católicos de Goiás, votando no seu nome,
acatariam um desejo da autoridade eclesiástica, pois que se trata de
um dos nomes mais expressivos e mais ilustres, merecedor do voto cons-
-ciente dos católicos, como o um Sacerdote capaz de cumprir o mandato
recebido, com vantagem para o Estado e com proveito para o povo Goiano.

  O Sr. Cônego José Trindade, a despeito das dificuldades e in
compreensões ambientes, tem-se revelado amigo da Diocese a que perten
ce. Na Pasta da Secretaria de Estado da Educação, que ocupou com tanto brilho, sempre se manteve em permanente contato com S.Excia. o Sr.
Arcebispo Metropolitano, procurando auxiliar suas beneméritas inicia-

- 2

tivas e assistir a suas multiplas obras sociais, e, principalmente, as suas extraordinárias realizações de carater educacional.

Na Câmara Federal, nas poucas semanas da sua suplência, o Sr. Cônego José Trindade vem militando com entusiasmo e eficiência, dando provas do muito que póde uma inteligência viva e uma vontade decidida a serviço da coletividade, pelo amor à terra, pela ação in vulgar e pela esclarecida mentalidade parlamentar.

Queira V.Revma. excusar-me da liberdade que tomo de encare cer-lhe o amparo à candidatura do Sr. Cônego José Trindade, recomendando-a ao patrocínio de V.Revma. e à benevolência dos seus caro paroquianos.

À não eleição do Sr. Cônego José Trindade, é de frizr.-se, poderia redundar numa fragorosa "diminutio capitis" para o Cléro goiano, que, no momento, poderá oferecer aos homens conscienciosos a nota conviscente de sua robusta vitalidade.

Atenciosamente grato,

+ Alec, Bispo Auxiliar

Fonte: Arquivo do Cônego Trindade. IPEHBC/PUC-Goiás.

13. Correspondência de Altamiro de Moura Pacheco a Dom Fernando Gomes dos Santos – 1959

> Goiânia, 22 de outubro de 1959.
>
> Exmo. Sr. D. Fernando Gomes dos Santos
> M. D. Arcebispo Metropolitano de Goiânia.
>
> Reverendíssimo Senhor:
>
> Não iremos de encontro às aspirações, quando legítimas, da mocidade goiana, sempre vibrante na defesa dos interesses do Estado, porém marcharemos ao encontro das mesmas, auxiliando-as no que ao nosso alcance estiver.
>
> Esta foi e será, em todos os tempos, a nossa norma de proceder.
>
> No caso da greve atual dos acadêmicos da nossa tradicional Faculdade de Direito, entretanto, não endossamos protestos contra a Universidade Católica, nem ataques ao operoso e ilustrado Clero goiano.
>
> Se a Universidade Católica surgiu coroando a perseverança de esforços no mais elevado objetivo da atividade humana — a instrução — a Universidade Federal virá como um imperativo de idêntica natureza e ainda como consequência da rápida evolução de Goiânia e grande desenvolvimento do Estado, ao influxo de Brasília.
>
> Nossos esforços e toda nossa atividade voltam-se para a Federal o que não nos impede de, com entusiasmo, levai a V. Excia. Reverma, os protestos da nossa mais alta consideração.
>
> D. Altamiro de Moura Pacheco
> Presidente da Soc. Fac. de Medicina
>
> Dr. Francisco Leudovico de Almeida Neto
> Diretor da Fac. Med. de Goiás

Fonte: Arquivo do Cônego Trindade. IPEHBC/PUC-Goiás.

14. Correspondência de Cônego Trindade ao secretário Inacinho – 1948

Rio,27 de outubro de 1948 .

Meu carissimo Inacinho .

Abraços .

1) Nunca lhe mandei carta e agora escrevo essa como se
fosse a primeira entre todas que pudessem existir .
Estou cuidando do assunto da aculdade de Filosofia .
Até o presente vae bem . Aguardemos as demarches ...

2) Mas eu lhe escrevo porque estou acompanhando na Camara
e sobretudo na Comissão de Deputados encarregados de
dar paracer sobre a localisação da Fututa Capital Federal . Ao que vejo e escuto e assisto o assunto se pro-
pende a iliminar o quadrilatero do planalto . Ou para
turvar mais o assunto ou para nos tapear as demarches
se encaminham para Goiania(vid.entrevista deputado Galeno com Dr.Jeronimo) ou para o Triangulo Mineiro base
Tupaciguara . Vi de perto a influencia da bancada mineira em oposição ao movimento encabeçado pelo deputado Galeno Paranhos Pró Goiania –

3) Seja como for,agora vae o objetivo principal desta carta ,
escrita de conjunto com Galeno . Que se forme ahi um movimento de carater inteiramente alheio a situação partidaria
absolvendo principais elementos de Goiania e do Estadp e
que tenha como presidente Sr.Arcebispo . Só Você de acordo com Dr.Jeronimo poderia manobrar tudo isso . Não fica
tecnico que Dr.Jeronimo o faça,porque é elemento da Comissão dos tecnicos da Escolha do local: Planalto . O assunto é de fato melindroso . Dada a setença ou Triangulo ou
Goiania,nós não podemos nos calar e deixar que o bairrismo dos mineiros nos venha colocar abeira do caminho .
Urge que Voce seja o tal dessa manobra . Faça ahi uma
Comissão tendo na frente Dom Emanuel,que já o foi quando
da Escolha de Goiania,ponha Altamiro,presidente da Associação Comercial,presidente da Sociedade Goiana de Pecua-
ria,presidentes de todas as entidade de classe e de clubes etc etc . Não se esquecendo de faser um movimento acima do partidarismo apaixonado . Esse meu pedido não é so
meu,é de toda a bancada que ora integra esse movimento
Pro Goiania-Capital Federal . Lamento que haja uma voz
negra contra Goiania na pessoa do Dep.Jales,mas ao que
sei,já foi interpelado pelo Proprio Dr.Jeronimo,conforme
radio expedido ao Governador assinado ppr Abatanio e por
Galeno . É bom faser um movimento de estancar essa ira
do Jales contra Goiania,fica feio para ele que é mineiro mas é deputado por Goiás .
        Enfim,estou escrevendo com pressa e meperdoe
        o modo democratico das minhas expreesões .
        Você para mim não só um secretario de Governo
        é gente de um santo,que muito devo :

Fonte: Arquivo do Cônego Trindade. IPEHBC/PUC-Goiás.

15. Opúsculo *A nova capital do Brasil*, de autoria do Deputado Federal Fonseca e Silva (Cônego Trindade)

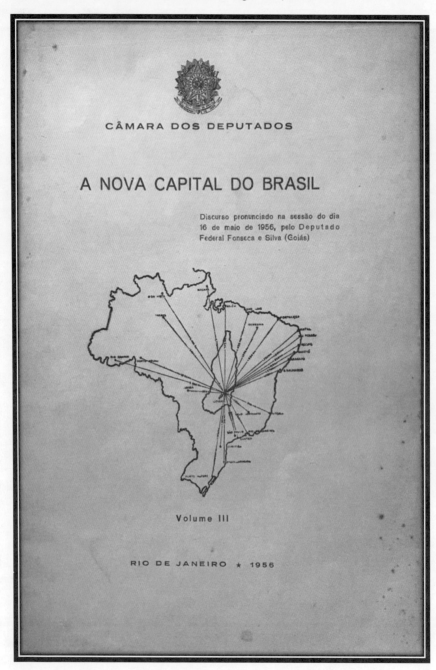

Fonte: Arquivo do Cônego Trindade. IPEHBC/PUC-Goiás.

16. Opúsculo *O Distrito Federal e a União*, de autoria do Deputado
João Machado – 1956

Fonte: IPEHBC/ PUC-Goiás.

17. Declaração pública do Movimento Autonomista do Distrito Federal – 1956

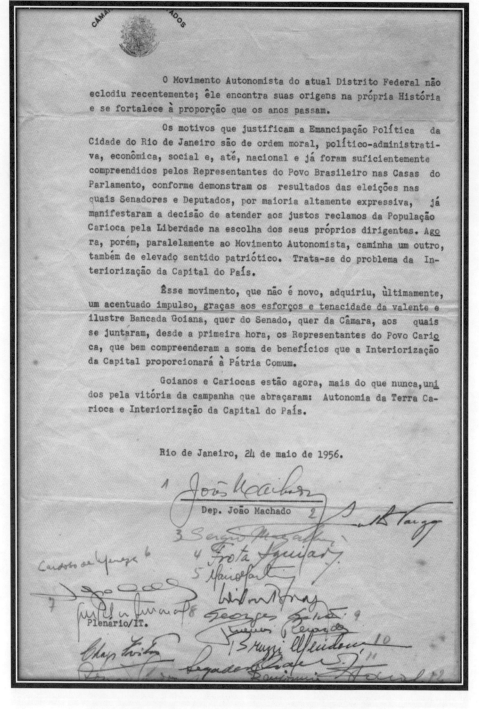

Fonte: Arquivo do Cônego Trindade. IPEHBC/PUC-Goiás.

18. Declaração de Campos Vergal, líder do PSP – 1956

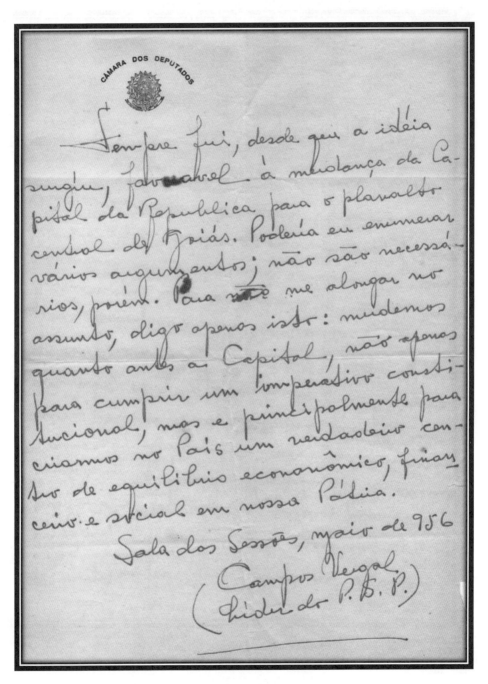

Fonte: Arquivo do Cônego Trindade. IPEHBC/PUC-Goiás.

19. Declaração de Afonso Arinos, líder da UDN – 1956

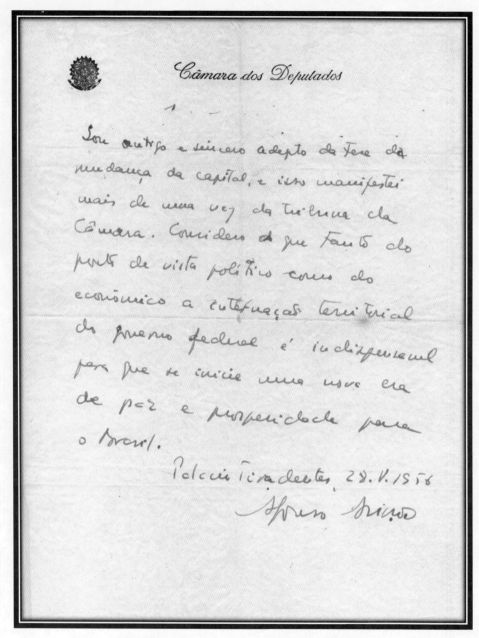

Fonte: Arquivo do Cônego Trindade. IPEHBC/PUC-Goiás.

20. Declaração de Vieira de Melo, líder do PSD – 1956

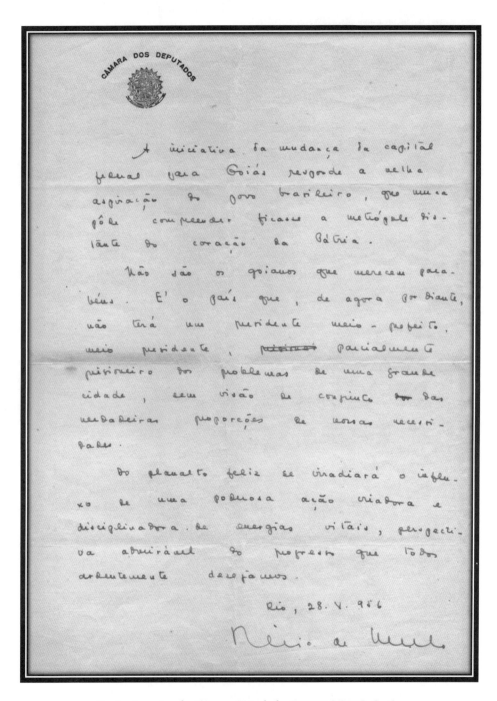

Fonte: Arquivo do Cônego Trindade. IPEHBC/PUC-Goiás.

21. Declaração de Bento Gonçalves, líder do PR – 1956

O Partido Republicano, responsavel pela implantação da Republica no Páiz, considerou e tornou expressa a necessidade de mudança da Capital Federal, manifestada atravez da Carta Constitucional de 1891.

Os motivos que orientaram os republicanos a assim considerar naquela epóca, agravaram com o correr do tempos, tornando-se hoje um emperativo para, não só preservar o regime, como tambem para impedir que todos os brasileiros continuem trabalhando para sustentar o luxo que se instalou no Rio de Janeiro.

Bento Gonçalves

Rio 21-6-956

Fonte: Arquivo do Cônego Trindade. IPEHBC/PUC-Goiás.

22. Declaração de Luiz Compagnoni, líder do PRP – 1956

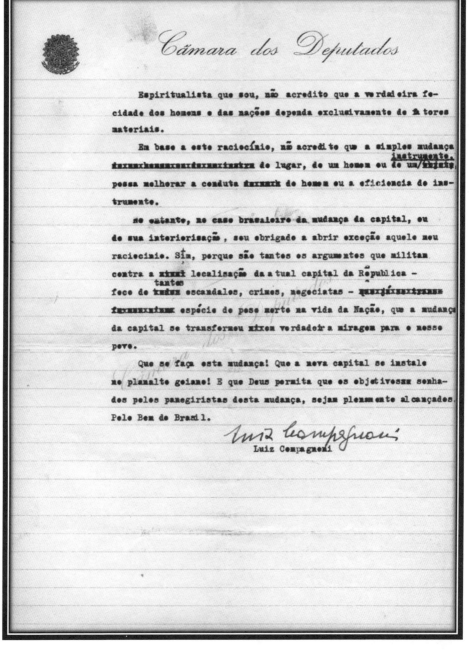

Fonte: Arquivo do Cônego Trindade. IPEHBC/PUC-Goiás.

23. Declaração de Elias Adaim – 1956

CÂMARA DOS DEPUTADOS

Quem teve a ventura de assistir nos primeiros anos, a construção de Goiânia, e, retornando hoje, verifica o conforto urbanístico da cidade, não pode duvidar da possibilidade e das vantagens da transferência do Capital Federal.

Tal medida se impõe, face a grande densidade demográfica e a impossibilidade de melhor traçado urbano, do Rio de Janeiro

Câmara dos deputados, 7 de Julho de 1956.

Dep. Elias Adaim

Fonte: Arquivo do Cônego Trindade. IPEHBC/PUC-Goiás.

24. Declaração de Divandir Côrtes – 1956

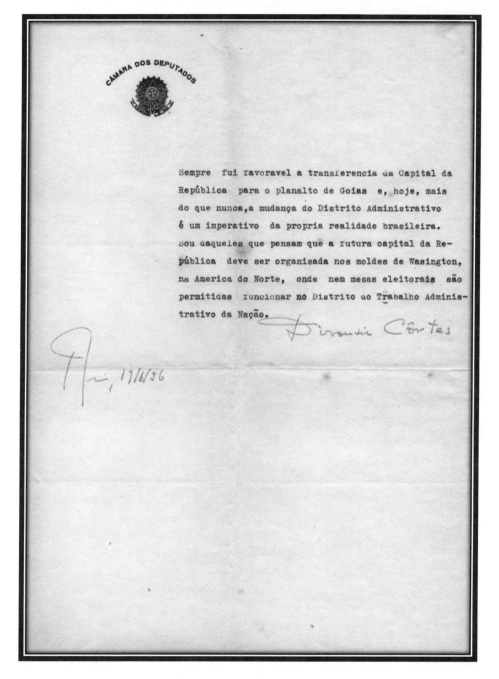

Fonte: Arquivo do Cônego Trindade. IPEHBC/PUC-Goiás.

25. Relatório do Plano Piloto de Brasília – 1957

Fonte: IPEHBC/PUC-Goiás.

26. Visita de Dom Fernando às obras da futura capital federal – 1957

Fonte: IPEHBC/ PUC-Goiás.

27. IV Assembleia da CNBB, ocorrida em Goiânia – 1958

(Nesta página – Episcopado brasileiro junto ao Governador José Ludovico de Almeida, em frente ao Palácio das Esmeraldas;
Na página seguinte – Missa solene celebrada na Praça Cívica, em Goiânia)

Fonte: IPEHBC/ PUC-Goiás.

Fonte: IPEHBC/ PUC-Goiás.

28. Dom Fernando, Juscelino Kubitschek e Dom Hélder Câmara

Fonte: IPEHBC/ PUC-Goiás.

29. Primeira missa celebrada por Dom Fernando, em Brasília – 1957

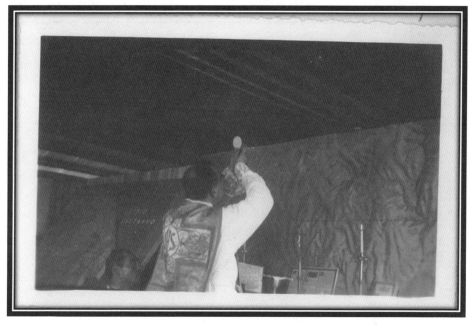

Fonte: IPEHBC/ PUC-Goiás.

30. Primeira visita de Dom Fernando às obras da nova capital federal (ao seu lado, Bernardo Sayão, vice-governador de Goiás) – 1957

Fonte: IPEHBC/ PUC-Goiás.

31. Dom Fernando visita o Catetinho (palácio) e o Palácio da Alvorada (recém-construído)

Fonte: IPEHBC/ PUC-Goiás.

Fonte: IPEHBC/ PUC-Goiás.

Conecte-se conosco:

f facebook.com/editoravozes

@editoravozes

@editora_vozes

youtube.com/editoravozes

+55 24 2233-9033

www.vozes.com.br

Conheça nossas lojas:
www.livrariavozes.com.br

Belo Horizonte – Brasília – Campinas – Cuiabá – Curitiba
Fortaleza – Juiz de Fora – Petrópolis – Recife – São Paulo

EDITORA VOZES LTDA.
Rua Frei Luís, 100 – Centro – Cep 25689-900 – Petrópolis, RJ
Tel.: (24) 2233-9000 – E-mail: vendas@vozes.com.br